高等院校经济管理类
专业应用型系列教材

品牌管理

主 编 卢 晶
副主编 杜 琳 刘 颖

清华大学出版社
北 京

内容简介

本书主要介绍了品牌管理理论与实践。全书共9章，以品牌管理过程为主线，沿着品牌基础、品牌规划、品牌传播、品牌提升和品牌评估的思路展开论述，具体内容主要有品牌管理概述、品牌定位与品牌个性、品牌设计、品牌传播、品牌组合、品牌延伸、品牌国际化、品牌维护和危机管理、品牌资产管理。全书体系完整，逻辑性强，涵盖了品牌管理过程中涉及的主要理论和方法。

本书既可以作为高等院校经济管理类专业的教材，也可以供企业管理人员和营销人员培训及自学使用。

图书在版编目(CIP)数据

品牌管理/卢晶主编. —北京：清华大学出版社，2019（2021.6重印）
（高等院校经济管理类专业应用型系列教材）
ISBN 978-7-302-51913-3

Ⅰ.①品… Ⅱ.①卢… Ⅲ.①品牌－企业管理－高等学校－教材 Ⅳ.①F273.2

中国版本图书馆CIP数据核字(2018)第288552号

责任编辑：左卫霞
封面设计：毛丽娟
责任校对：刘 静
责任印制：沈 露

出版发行：清华大学出版社
网 址：http://www.tup.com.cn，http://www.wqbook.com
地 址：北京清华大学学研大厦A座 **邮 编**：100084
社 总 机：010-62770175 **邮 购**：010-62786544
投稿与读者服务：010-62776969，c-service@tup.tsinghua.edu.cn
质量反馈：010-62772015，zhiliang@tup.tsinghua.edu.cn
课件下载：http://www.tup.com.cn，010-83470410
印 装 者：北京嘉实印刷有限公司
经 销：全国新华书店
开 本：185mm×260mm **印 张**：17 **字 数**：410千字
版 次：2019年6月第1版 **印 次**：2021年6月第3次印刷
定 价：48.00元

产品编号：075511-01

前 言

随着全球经济进入品牌竞争时代，品牌管理已成为企业营销管理领域的热门主题，对企业而言至关重要。尤其在市场竞争日益加剧、消费者需求不断变化、新营销工具兴起、传媒广告技术变革、社会文化不断发展的背景下，企业唯有不断追求品牌发展决策，做好品牌管理工作，才能使品牌永葆青春，立于竞争不败之地。因此，系统地掌握品牌管理的理论和方法无疑是企业塑造强势品牌的有效途径。

在高校中，为了顺应学科发展和市场需求变化，市场营销专业及许多其他经济管理类专业开设了品牌管理课程，选修这门课程的学生越来越多。品牌管理作为市场营销及相关专业的一门专业课程，其内容体系的应用性和实践性是关键，为了适应课程建设和教学需要，使在校大学生能全面深入地理解和掌握品牌管理的基本理论与方法，同时满足企业对高素质管理人才的需求，我们编写了本书。

本书以品牌管理过程为主线，沿着品牌基础、品牌规划、品牌传播、品牌提升和品牌评估的思路展开论述。本书注重对品牌管理理论框架的构建和树立，脉络清晰、内容全面、深入浅出、实例丰富；以培养学生综合应用能力和实际执行能力为主导思想，对重点内容进行挖掘，突出应用性和实践性。每章先以案例导入，引出要介绍的内容；章节内容中穿插阅读材料；每章之后，附有本章小结、复习思考、案例分析，引导学生思考问题并举一反三，有助于学生创造性思维和创新能力的培养，也适合教师在本课程教学中使用。

本书在编写过程中参考和引用了国内外相关教材、论著的宝贵材料和案例，在此表示衷心的感谢。

由于编者水平有限，书中难免有不足和疏漏之处，诚望读者批评指正。

编 者

2019 年 2 月

目 录

第一章

品牌管理概述

开篇引例

企业并购的溢价现象

纵观近50年来的国际企业并购案例，我们发现了一个规律：企业并购的溢价居高不下，并且呈越来越高的趋势。例如，在1985年，英国食品和烈性酒企业大都会公司以55亿美元收购了皮尔斯伯瑞公司(Pillsbury)，皮尔斯伯瑞公司拥有知名品牌包括皮尔斯伯瑞、绿色巨人、伯格·金等，此收购价格比它的股市价格高50%，是其有形资产价值的7倍。

1988年，雀巢公司花费50亿英镑，购买了罗温树公司(Rowntree)，这个价格相当于该公司净资产的5倍、市值的2倍。这是为其旗下著名品牌，如聪明豆(Smarties)、奇巧(Kit-Kat)等的所有权买单。

1988年，美国食品和烟草巨头菲利浦·莫里斯公司花费129亿美元收购卡夫食品，是其有形资产的4倍。显然，那额外的3倍费用也是为品牌无形资产买单。

2000年3月，位居世界第四的日本烟草公司以78亿美元收购位居第三的美国雷诺斯公司(RJR)的海外业务，其中50亿美元为收购美国雷诺斯公司的股票价格，27亿美元是支付骆驼、云丝顿、沙龙这三个知名品牌的价格，另外1亿美元是其他的一些费用支出。

2006年，全球第一大啤酒巨头比利时英博啤酒集团以最高的报价竞走了福建雪津啤酒39.48%的国有股权。雪津啤酒有关负责人透露，未来几年，雪津啤酒的其他股东也将以同等条件、同等价格将剩余的60.52%的股权分两次出让给英博啤酒集团。

果然，在2011年，英博啤酒集团宣布共计以58.86亿元人民币的代价取得雪津啤酒100%的控股权。而雪津啤酒的净资产只有区区5亿元人民币，相当于获得10倍的溢价。

思考：

(1) 上述企业并购案中，企业为什么采取溢价收购？

(2) 品牌对企业而言意味着什么？

现代社会中，品牌扮演着越来越重要的角色。消费者依赖品牌来辨别、选择产品和服务，乃至依靠品牌表现自身的品位、价值观和情感取向；制造商或服务商通过品牌来传达产品质量、情感价值乃至价值取向等诸多内容，以赢得顾客忠诚和随之而来的长远发展。不仅如此，越来越多的非营利机构也采取了品牌化的做法，积极塑造自身的品牌形象，以求利用品牌的强大号召力实现自身的目标。

全球著名的管理大师彼得·德鲁克说：“21世纪的组织只有依靠品牌竞争了，因为除此之外它们一无所有。”美国广告专家赖瑞·赖特指出：“未来的营销是品牌的战争——品牌互争长短的竞争。拥有市场比拥有工厂更重要。拥有市场的唯一办法,就是拥有占市场主导地位的品牌。"这些预言今天已成为现实。在经过产品竞争、价格竞争、广告竞争、服务竞争之后,商品社会已跨入了品牌竞争时代。任何一个试图长久生存并发展的企业都离不开品牌和品牌战略。

那么,什么是品牌?如何实施品牌战略?如何创建强势品牌?如何管理品牌?要回答这些问题,需要首先了解品牌的基本理论、基本方法及树立品牌的基本意识。本章将主要介绍品牌的内涵、品牌的概念辨析、品牌的分类与作用,以及品牌的历史渊源。

第一节　品牌的定义与内涵

一、品牌的由来

英语中"品牌"(brand)一词源于古挪威语"brandr",意思是打上烙印。人们用这种方式标记家畜等需要与其他人相区别的私有财产。到了中世纪的欧洲,手工艺匠人用这种打烙印的方法在自己的手工艺品上烙下印记,以便顾客识别产品的产地和生产者。这就产生了最初的商标,并以此为消费者提供担保,同时向生产者提供法律保护。16 世纪早期,蒸馏威士忌酒的生产商将威士忌装入烙有生产者名字的木桶中,以防不法商人偷梁换柱。到了1835 年,苏格兰的酿酒者使用了"Old Smuggler"这一品牌,以维护采用特殊蒸馏程序酿制的酒的质量和声誉。

二、品牌的定义

经过几百年的历史演进,商业竞争格局及零售业形态不断变迁,品牌承载的含义也越来越丰富,如今"品牌"一词无论是其内涵还是外延方面都已大大地扩展了。那么,现在就有一个显而易见的问题:什么才是品牌呢?不同的人有不同的理解。品牌就是品牌产品;著名土特产就是品牌;品牌只是知名度;品牌就是卖得贵;品牌是炒出来的;品牌是评出来的;品牌一旦获得,终身拥有。你认同以上对品牌的理解吗?你认为究竟什么才是品牌呢?

其实,即使是在学术界也没有一个被大家所普遍认可的定义。20 世纪 50 年代,美国著名广告大师、奥美公司的创始人大卫·奥格威第一次提出了品牌概念,而在中国直到 20 世纪 90 年代才出现这个概念。尽管品牌是理论界和企业界都经常使用的词汇,但它至今都没有一个统一的定义,不同的研究者由于各自学科背景和从业经验的差异,对品牌有不同的理解。纵观目前有关品牌的各种定义,归纳起来有以下四种不同侧重的类型。

(一) 符号说

美国市场营销协会(AMA)将品牌定义为用以识别一个或一群产品或劳务的名称、标记、符号或设计,或是它们的组合,以和其他竞争者的产品或劳务相区别。

美国营销学家菲利普·科特勒(Philip Kolter)认为:品牌是一个名字、称谓、符号、设计或是上述的综合,其目的是要使自己的产品或服务有别于其他竞争者。

美国学者林恩·阿普绍(Lynn B. Upshaw)在《塑造品牌特征》一书中将品牌定义为名称、标识和其他可展示的标记,它能使某种产品或服务区别于其他产品或服务。

我国学者杨欢进等在其著作《名牌战略的理论与实践》中写道："毫无疑问，品牌是商品的牌子，是商品的商标。"

韩光军等在《打造品牌》中认为品牌是指能够体现产品个性，将不同产品区别开来的特定名称、标志物、标志色、标志字以及标志性包装等的综合体，它是消费者记忆商品的工具，是有利于消费者回忆的媒介。

王书卿在其编译的《国际名牌策划与实例》中写道："从最简单的角度来讲，品牌就是一个可依赖的，而且被消费者所确认的、新产品的标志。"

这类定义着眼于品牌的识别功能，它从最直观、最外在的表现出发，将品牌看作一种标榜个性、具有区别功能的特殊符号。消费者对一个品牌的认知无疑是先通过视觉来感知的。因此，一个品牌的设计、包装等个性要素，作为一种能激发视觉印象的符号，如果能够给消费者带来较强的视觉冲击，那么它就能产生很大的威力。许多世界名牌的标志，如麦当劳的M形招牌、耐克的钩形标志等，一直以来都带给消费者强烈的视觉冲击，并且潜移默化地成为其品牌密不可分的一部分。在一些消费者眼中，标志符号几乎就是品牌的全部。

诚然，就像美国品牌专家大卫·阿克(David A. Aaker)所说的那样："一个成功的符号(或标志)，能整合和强化一个品牌的认同，并且让消费者对这个品牌的认同更加印象深刻——可能会替这个品牌奠下成功的基石。"一个完整的品牌所具有的符号或标志的属性，有着重要的识别、区分功能，但这只是作为品牌应具有的一个基本而必要的条件，而不是品牌的全部。识别一个品牌依靠的不仅是它的名称或标志，更重要的是依靠其体现出来的理念、文化等核心价值。所以，符号说只将品牌看成单纯的用以区别的标志或名称，而没有揭示品牌的完整内涵，较片面。

（二）综合说

美国著名广告大师大卫·奥格威认为：品牌是一种错综复杂的象征，它是产品的属性、名称、包装、价格、历史、声誉、广告风格的无形组合。

美国学者林恩·阿普绍认为：品牌是消费者眼中的产品和服务的全部，也就是人们看到的各种因素集合起来所形成的产品表现，包括销售策略、人性化的品牌个性以及两者的结合等，或是全部有形或无形的自然参与，比如，品牌名称、图案等要素。

王海涛等在《品牌竞争时代》中写道："严格来说，广泛意义上的品牌包括三个层次的内涵：首先，品牌是一种商标，这是从法律意义上说的；其次，品牌是一种牌子，是金字招牌，这是从经济或市场意义上说的；最后，品牌是一种口碑、一种品位、一种格调，这是从文化或心理意义上说的。"

何君、厉戟《新品牌——品牌识别经营管理》一书中认为：品牌不仅是不同企业产品的标识，更多的是营销价值资讯的载体。特定品牌往往代表特定的产品品质、产品风格、服务水平、流行时尚等方面的资讯，这些资讯逐渐被市场广泛了解和接受，在消费者心中就成为特定的消费价值和消费情感的代表。

这类定义从品牌的信息整合功能上入手，将品牌置于营销乃至整个社会的大环境中加以分析。他们认为品牌不仅包括品牌名、包装、标志等有形的东西，还将品牌放入历史时空，作横向和纵向的分析，指出和品牌相关的要素，如历史、声誉问题、法律意义、市场经济意义、社会文化意义等，这些都是无形的且容易被人们所忽视的，但它们有时是实际存在的，是构成品牌的必要部分，只有加以整合，品牌才是一个完整的概念。就像美国品牌专家大卫·阿克在《品牌经营法则》中说的那样："除了品牌就是产品外，品牌的认同的基础概念还必须包括'品牌就是企业''品牌就是人''品牌就是符号'的概念，品牌实际上是由其本身整合诸多品牌信息而构成的。"

这类定义虽然对品牌作了较完整的概括，但只是注重从品牌的产出方或品牌本身来说，而对品牌的接受方、评价方——消费者却没有给予足够的重视。事实上，"真正的品牌存在于关系利益人的想法和内心中"。

（三）关系说

奥美广告公司把品牌定义为消费者与产品的关系。消费者才是品牌的最后拥有者，品牌是消费者经验的总和。

联合利华的董事长 Michael Perry 认为：品牌是消费者对一种产品的感受，代表消费者在其生活中对产品与服务的感受而滋生的信任、相关性与意义的总和。

赵军在《名牌在传播中诞生》一书中写道：品牌是一个以消费者为中心的概念，没有消费者就没有品牌，品牌的价值体现在品牌与消费者的关系中。

1989 年伦敦商界召开的题为"永恒的品牌"的研讨会中有这样一个观点："一个品牌是消费者意识感觉的简单收集。"

哈佛大学商学院博士候选人 David Arnold 认为：品牌就是一种类似成见的偏见，成功的品牌是长期持续地建立产品定位及个性的结果，消费者对它有较高的认同。

这类定义从品牌与消费者沟通功能的角度来阐述，强调品牌的最后实现由消费者来决定。这种界定强调品牌是一种偏见，是消费者或某些权威机构认定的一种价值倾向，是社会评论的结果而不是自我加冕的。

这种说法认为品牌最终能够被认同是与消费者的情感化消费密切相关的。消费者的选择往往决定一个品牌的命运，如果消费者对于产品的认知和情感是友好积极的，那么品牌就有可能转化为一种无形资产，从而体现出品牌价值，否则品牌就会面临严重的危机。

正如美国营销学家阿尔文·托夫勒在《权利的转移》中提道的："没有人是冲着苹果电脑和公司里的硬件设备来买他们股票的，真正值钱的不是公司的办公大楼或设备机器，而是其营销业务兵团的交际手腕、人际关系、实力与管理系统的组织规模。"这说明企业有形资产已经不如以往那么重要，取而代之的是关系与沟通。

"关系说"很好地将品牌放到一个更广阔的领域里加以认定，充分肯定了消费环节对对品牌的打造所具有的决定作用，这较以往的定义是一种飞跃。但它又片面强调了消费者的作用，忽视了品牌自身的因素，同时也只偏重产品与消费者之间的关系，而忽略了其他关系利益团体，如政府、供应商、技术市场等对品牌的影响，而整合营销学认为，其他主要关系利益团体对品牌的影响并不亚于消费者。

（四）资源说

美国品牌专家亚历山大·贝尔（Alexander L. Biel）认为：品牌资产是一种超越生产、商品及所有有形资产以外的价值……品牌带来的好处是可以预期未来的进账远超过推出具有竞争力的其他品牌所需的扩充成本。

中国台湾营销学者陈伟航指出：品牌会渗透人心，因而形成不可泯灭的无形资产……品牌资产的妥善运用可以给企业带来无穷的财富……

《大营销——新实际营销战略》一书对品牌这样定义：品牌是一种独立的资源和资本，它是能够进行营运的……品牌是一种知识产权，也可以像资本一样营运，实现增值。

韩志锋在其文章《品牌是一种资源》中说："品牌是企业内在属性在外部环境中创造出来的一种资源。它不仅是企业内在属性在外部环境集中体现出来的(外化的)有价值的形象标志，而且因为其能整合企业外不同资源对企业内在属性发展产生反作用，它更是一种资源。"

《品牌之旅》一文指出：品牌也是一种资产，是一种动态的资产。

"资源说"的定义着眼于品牌具有的价值，它站在经济学的立场上，从品牌的外延如品牌资产方面进行阐述，突出品牌作为一种无形资产给企业带来的财富和利润，给社会带来的文化及时尚等价值意义。它认为品牌是一种价值，在一定程度上脱离产品而存在。可以买卖，具有获利能力。这种说法主要侧重于品牌在市场运营中的作用。

以上四类定义从各自的角度对品牌做出不同界定，各有侧重。在本书中，综合以上定义之所长，将品牌定义如下。

品牌是给拥有者带来溢价、产生增值的一种无形资产，它的载体是用以和其他竞争者的产品或劳务相区分的名称、术语、象征、记号或者设计及其组合，增值的源泉来自在消费者心中形成的关于其载体的印象。

三、品牌的内涵

品牌是一个复杂的现象。有关研究表明，品牌是多面性的概念，它包含丰富的内涵。因此，要成功创建品牌，必须了解它的内涵。

美国营销大师菲利普·科特勒在其著作《市场营销管理》一书中指出：品牌在本质上代表着卖者对交付给买者的产品特征、利益和服务的一贯性承诺。最佳品牌就是质量的保证，是获得消费者信任的保障。从理论上来说，品牌的内涵可以分成以下六个层次。

（一）品牌属性

品牌属性是指品牌产品在性能、质量、技术、定价等方面的独特之处。例如，雀巢意味着安全、放心、营养和健康；奔驰意味着昂贵、技术精良、马力强大、耐用、转卖价值高、速度快等。特定的属性附着在一定的产品上，不同品牌的产品表现为不同的属性差异。消费者可以根据不同的品牌区分出同类产品的属性差异，据此选择自己所需求的产品。

（二）品牌利益

品牌利益是指产品的属性能给消费者带来的好处和收益。顾客不是在买属性，他们买的是利益。属性需要转化为功能性或情感性的利益。例如，奔驰轿车的"技术精良"属性可以给消费者带来安全需要的满足；而奔驰轿车的"耐用"属性能为消费者节约修理或更换新车的成本。

（三）品牌价值

品牌价值是指品牌生产者所追求和所评估的产品价值。如奔驰的品牌价值是“高性能、安全和高声誉”。品牌价值是选择品牌对象(目标市场)的一个重要标准。品牌对象的价值导向最好与品牌生产者接近。如百事可乐的价值导向是“年轻”和“活力”，而且这里所说的年轻和活力是指心理上的，这一点与百事可乐消费者(不仅是年轻人，也包括中老年人)所追求的价值是一致的。

（四）品牌文化

品牌文化是指品牌背景中的精神层面。品牌文化常常代表国家文化或民族文化。如可口可乐代表热情而又奔放的美国文化；松下电器代表严谨而又团结的日本文化；而香奈尔代表浪漫而又高雅的法国文化；梅赛德斯轿车体现德国人的一种精神：讲求严密的组织性(车的结构)、讲求效率(高速)和讲求质量(制作、耐用)；而李维斯牛仔体现一种美国文化，并随着美国文化在世界各地的渗透而得到推广。品牌文化也常常是公司文化(企业文化)的集中体现。如当年松下电器的品牌“National”就体现了所谓“松下精神”之一：爱国。

（五）品牌个性

品牌个性是与品牌相关的一系列人类性格，是品牌形象人格化后所具有的个性。例如，奔驰的品牌个性是“成功、严谨和权威”，百事可乐的品牌个性是“新潮、活泼”，海尔的品牌个性是“真诚”，沃尔玛则使人感受到它的“勤劳、朴实”的个性。品牌代言人常常是品牌形象个性的代表。如欧米茄手表的形象代言人是辛迪·克劳馥，这位世界名模的完美形象代表着欧米茄手表追求完美形象的个性。

品牌个性与品牌文化密切相关。品牌个性是指品牌个性化以后所具有的个性，是“人”的个性，而人的个性的形成是离不开人所处的社会环境的，特别是文化环境。因此，从文化环境来研究品牌个性，可以增加品牌个性研究的深度。

（六）使用者

品牌暗示了购买或使用产品的消费者类型。品牌将消费者区隔开来，这种区隔不但体现在消费者的年龄、收入等表象特征，而且更多地体现在消费者的心理特征和生活方式上。例如，欧莱雅的使用者是时尚、高雅的成熟女性，而奔驰的使用者是成熟、稳重的成功人士。

在阐述上述观点时，菲利普·科特勒认为品牌六层含义之间并不是一种并列的关系，它们之间的关系可以归结为三个层次，具体如图 1-1 所示。

从消费者的认知过程来看，往往是从品牌的利益、属性体验到品牌的功能定位，之后才意识到品牌在用户、文化、个性上的独特，最后才能领悟到品牌的核心价值。例如，消费者总是先体会到奔驰汽车的高性能之后才认同它的市场定位，对它产生文化和个性的联想，再通过长期大量的积累才能相信其做出的价值承诺——“世界上工艺最佳的汽车”。

从企业的品牌塑造过程来看，应该以其作出的价值承诺为核心，建立品牌文化，树立品牌个性，定位目标市场。从这几个方面出发设计品牌的属性和提供的利益，以品牌的核心价值统率品牌的塑造过程，这样才能保证品牌管理的成功。

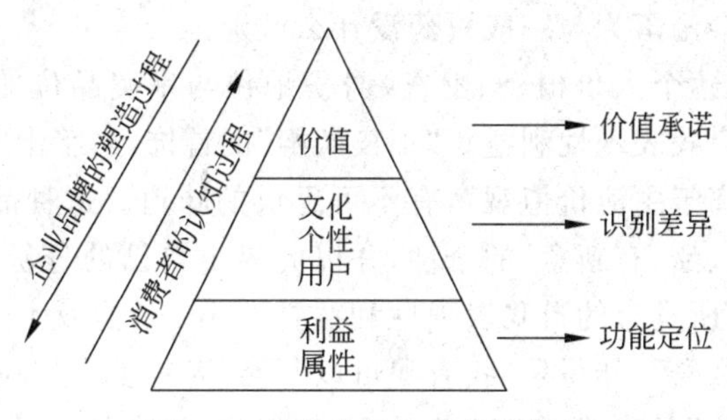

图 1-1　品牌内涵的金字塔模型

四、品牌的核心价值

品牌的核心价值是指品牌的内核，是品牌资产的主体部分，它让消费者明确、清晰地记住并识别品牌的利益点与个性，是驱动消费者喜欢乃至爱上一个品牌的主要力量。例如，舒肤佳沐浴露能“有效去除细菌”；六神花露水代表的价值是“本草精华、凉爽、夏天使用最好”；宝马是“驾驶的乐趣”；沃尔沃定位是“安全”。因为有了自己清晰的核心价值与个性，这些品牌可以凭借其差异化特征，在所选择的目标市场上占据较高的市场份额。消费者也因为对核心价值的认同而产生对品牌的美好联想，并进一步对品牌有了忠诚感。

然而，不少人可能会在理解品牌核心价值时偏重于品牌给消费者提供的物质层面的功能性利益，即产品卖点（独特的销售说辞）或极端地理解为品牌核心价值主要就是品牌给目标消费群传达物质层面的功能性利益。实际上，品牌核心价值完全也可能是情感性利益与自我表现性（社会性）利益，也许是一种审美体验、快乐感觉、表现财富、学识、修养、自我个性、生活品位与社会地位。

随着科技的进步，产品的同质化越来越严重，就要更多地依赖情感性利益与自我表现性利益的品牌核心利益来与竞争品牌形成差异；社会越进步，消费者的收入水平越高，张扬情感性利益与自我表现性利益的品牌核心价值就越对消费者有诉求力与感染力。道理很简单，当大家都很穷，制衣工业很不发达、衣服品质保证还不十分稳定的时候，能买一件布料好、透气舒服、做工精细的衣服就成了主要的购买动机，而制造技术成熟了、服装的品质都很有保障、生活富裕了以后，衣服的原始功能退而求其次，此时消费者需要的也许是能折射出或“富有、尊贵”，或“青春、活力”，或“另类、个性”，或“成熟、稳重、不张扬”等符合自身个性偏好的品牌。

正因为如此，一个具有极高的品牌资产的品牌往往具有让消费者十分心动的情感性利益与自我表现性利益。情感性利益是指消费者在购买使用某品牌的过程中获得的情感满足。“钻石恒久远，一颗永留传”能让我们洗去浮躁，以一颗宁静的心灵感动于纯真爱情的伟大。“不在乎天长地久，只在乎曾经拥有”让每位历经沧桑不禁感叹“此情可待已成追忆”的老人回首往事时，有铭心刻骨的共鸣；美加净护手霜“就像妈妈的手温柔依旧”让我们的内心世界能掀起阵阵涟漪；大白兔奶糖让人们沉浸在对童年天真无邪岁月的温馨回忆。品牌的情感性利益让消费者拥有一段美好的情感体验。在产品同质化、替代品日益丰富的时代，如果产品只有功能性利益没有“爱、友谊、关怀、牵挂、温暖、真情……”，那就会变得十分苍白无力。如果丽珠得乐仅仅是高科技的胃药，没有“其实男人更需要关怀”的情感性利益去感动人们的内心世界，就会沦落为与一般胃药没什么区别。

品牌成为消费者表达个人价值观、财富、身份地位与审美品位的一种载体与媒介的时候，品牌就有了独特的自我表现性利益。“午夜妖姬”的首饰，名字十分鬼魅、香艳撩人，所折射出来的品牌内涵“游离于主流价值观”，有不可思议的味道。这种品牌内涵正好与另类人士表达自我，张扬“叛逆、酷、有新意”的个性，并以此界定自己的身份、确立自我形象的动机十分吻合。“午夜妖姬”所具有的自我表现性利益打造出一个颇为诱人的购买动机；可口可乐宣扬的“从来就是这么酷”；佳得乐“我有我可以”受到渴望长大与独立的少年的热烈追捧；全球通“积极、掌控、品位”意味着一个精英人士“积极挑战、有能力给家人和社会以关爱”的形象和价值观；百事可乐则张扬着“青春的活力与激情”；奔驰车则代表着“权势、成功、财富”；沃尔沃则代表着“含而不露的精英阶层”。这些品牌都是以给予消费者自我表现性利益而成为强势品牌。

然而，这并不是说功能性利益不重要和可有可无，只不过具体到许多产品与行业，情感性利益与自我表现性利益成为消费者认同品牌的主要驱动力，品牌的核心价值自然会聚焦到情感性利益与自我表现性利益。但这都是以卓越的功能性利益为强力支撑的，也有很多品牌的核心价值就是三种利益的和谐统一。没有功能性利益，情感性利益与自我表现性利益就没有根基，像随波逐流的浮萍。尽管阿迪达斯现在以强调个性与情感性利益为主，却仍旧大力宣传先进的产品和技术创新，因为阿迪达斯深知品牌需要物质的支持，阿迪达斯从一开始就形成了技术创新的传统，不断创造令人心动的产品，提供实在的功能性利益。

品牌的核心价值既可以是功能性利益，也可以是情感性利益和自我表现性利益，对于某一个具体品牌而言，它的核心价值究竟是以哪一种为主？这主要应按品牌核心价值对目标消费群起到最大的感染力并与竞争者形成鲜明的差异为原则。比如家用电器，消费者最关注的是“产品的技术、品质、使用便捷等”，所以功能性利益往往成为电器品牌的核心价值；食品、饮料则较多地传达情感性利益去打动消费者；保健品、药品即讲究技术与功效，保健品常用于送礼，药品常能体现家人之间的关怀，故品牌核心价值中功能性利益与情感性利益兼而有之；高档服饰、时尚产品、皮具、名表、名车则主要以自我表现性利益为品牌的核心价值。品牌的核心价值可能是三种利益中的一种，也可能是两种，乃至三种都有。

五、品牌的外延

品牌的外延包括构成品牌的一切内容，如品牌名称、标识、标志物、标准字、标准色、标准包装以及广告曲。

（一）品牌名称

品牌名称是品牌基本的构成要素，是从文字、符号、语音、字形等方面对品牌信息内容的表征。品牌名称不仅能将产品本身的内容加以概括，还反映着企业的经营理念、价值观念、文化等。例如，五粮液所体现的纯粮酿造的品质，金六福所表达的良好祝愿等。

品牌名称在整个品牌中起着提纲挈领的作用是消费者记忆品牌和品牌传播的主要依据。为品牌选一个好名称是品牌成功的第一步，好名称能给消费者带来好的品牌印象。为品牌起一个好名称，会使品牌具有先天的优势，为品牌的传播带来便利，减少传播的信息损失，帮助消费者认知。

一般来说，品牌名称要朗朗上口，要尽量简单、易懂易记，以给消费者留下深刻的印象。如比较成功的品牌名称有“联想”“高露洁”“蒙牛”“王老吉”。还有一些城市用一些简单而又特殊的语言作为城市的解释，如杭州——浪漫之都、沈阳——制造业之城。

（二）标识

标识是品牌用以激发视觉感知的一种识别体系，它能给人以更具体、更可感的形象记忆，帮助消费者更好地识别和记忆品牌。

标识可分为文字标识、图案标识和图文标识。文字标识是用独特的形式书写，标示公司名称和商标。如可口可乐的独特的具有飘逸感的字体，如图 1-2 所示。图案标识是指没有文字的标识。如梅赛德斯——奔驰的三叉星徽、奥林匹克的五色圆环，如图 1-3 所示。图文标识是由文字和图案组合的标识。例如，百度标识，“Baidu(百度)”展示了品牌名称，“熊掌”的图案源于“猎人追寻熊爪印迹”的刺激的感觉，构成了百度的搜索概念，从而既让人记住了品牌名称，又给人一定的联想。

图 1-2 文字标识

图 1-3 图案标识

（三）标志物

标志物是品牌图案标识的一种特殊类型，它不但具象，而且往往取材于现实生活，标志物在广告和包装设计中，起着非常重要的作用。

标志物可以是某种生命的事物，例如，花花公子的兔子、可口可乐酷儿果汁饮料的酷儿精灵等；标志物也可以是活生生的人物，例如，肯德基上校、麦当劳大叔、万宝路牛仔等，如图 1-4 所示。

标志物形象生动，色彩丰富，充满想象力和趣味性，它能使品牌的视觉体系变得活泼生动，品牌形象变得饱满、鲜活，并且使品牌个性得以具体化。标志物可向消费者充分传递产品的特性和品牌的个性，拉近品牌与消费者之间的距离。

（四）标准字

标准字是指品牌中的中外文字，它是品牌中可以读出的那一部分。它常是品牌的名称或企业的经营口号、广告语等，如可口可乐的“永远是可口可乐”、李宁的“一切皆有可能”、雀巢的“味道好极了”。为了使品牌能口头传播，几乎所有的品牌都有文字部分，因此设计品牌标准字是创立品牌的第一步。

（五）标准色

标准色是指品牌中的特殊色彩，是品牌标志的重要组成部分，用以体现自我个性，以区

图 1-4 品牌标志物

别其他产品的色彩体系。它通过强烈的视觉效果所形成的色彩冲击,使消费者产生强烈的心理反应与联想,使品牌的主题乃至整体形象得到强化。例如,柯达的黄色、富士的绿色、可口可乐的红色、百事可乐的红蓝相间等。一般品牌的颜色要选择鲜明的色彩,把产品的理念通过色彩抽象地传递给顾客。

(六)标准包装

标准包装是指某一具体产品的体现个性的独特的包装方式。产品的包装设计包括包装物的大小、形状、材料、色彩、文字说明等具体内容。进入市场的许多产品都应该进行具有个性的包装,但对于价格并不昂贵的产品来说,包装所发挥的作用非常小,而对于价格不菲的产品来说,包装无疑决定了产品的销售。一些世界著名品牌的产品,如"可口可乐"的瓶子,"格蕾丝"女用连裤袜的蛋形包装,喜之郎水晶之恋果冻的心形外壳,等等,其包装已成为强有力的营销手段。具有创意的包装能为消费者带来方便和惊喜,为生产者创造促销价值。包装已经成为产品的一种标志,成为消费者认购产品的依据。

(七)广告曲

广告曲是用音乐的方式描述品牌形象。其鲜明的音乐形象、优美的旋律如同春雨般深入人心,或伴随着广告语长久地铭刻在听众的脑海中。例如,东芝洗衣机、上海三菱电梯、汇源果汁的广告曲等。

第二节 品牌的分类

为了加深对品牌的认知,需要对品牌进行分类。按照不同的标准,品牌可以划分为不同的种类。常见的品牌分类标准有根据品牌的影响力分类、根据品牌化的对象分类、根据品牌的市场地位分类、根据品牌的生命周期分类等。

一、根据品牌的影响力分类

根据品牌的影响力,可以将品牌分为地区品牌、国内品牌和国际品牌。

(一) 地区品牌

地区品牌是指被一定地域范围内的公众认知的品牌,其影响力的辐射范围不大,往往仅限于该地区。像沈阳的八王寺饮料、江苏的东渡香烟、湖北的行吟阁啤酒等均属于这一类。存在地区品牌最主要原因是投资方的实力、战略布局,以及一些地方性自然资源禀赋和地方性的消费习俗的限制使得地区品牌集中于一些行业。最常见的像啤酒、纯净水或饮食业等行业都有地方性品牌,例如,江西的南昌啤酒、内蒙古的金川啤酒、郑州的夏爽纯净水、香港的屈臣氏纯净水、昆明的桥香园过桥米线、重庆的家福火锅等。这些品牌在当地及相近的区域拥有相当大的市场销售额,地区范围内知名度较高、美誉度极好,但是一旦离开这一地区,其知名度可能接近于零,其品牌范围有一个非常明显的边界。

(二) 国内品牌

国内品牌是指被国内的消费市场所认知的、影响力辐射到全国范围的品牌。像长虹彩电、新飞冰箱、小天鹅洗衣机、金六福酒等均属于此类。国内品牌主要集中在汽车、家电、高科技产品行业,如计算机行业的联想、家电行业的 TCL、轿车行业的奇瑞等,因为支撑这些行业发展的市场容量是一个区域无法提供的。此外,一些传统行业通过兼并收购或连锁加盟方式也产生了国内品牌,如家电零售业的国美电器、啤酒行业的雪花、餐饮行业的小肥羊等。

(三) 国际品牌

国际品牌是指在国际市场上知名度、美誉度较高,产品辐射全球的品牌。例如,可口可乐、麦当劳、万宝路、奔驰、爱立信、微软、皮尔·卡丹等。

二、根据品牌化的对象分类

根据品牌化的对象,可以将品牌分为产品品牌、服务品牌、组织品牌、个人品牌、事件品牌、目的地品牌。

(一) 产品品牌

产品品牌是指为有形产品所赋予的品牌。例如,可口可乐、梅赛德斯-奔驰、长虹、海尔、娃哈哈等。产品品牌是人们在现实生活中最经常看到的一类品牌,这类品牌通常与某种特定的产品联系紧密,并且只与这一产品相联系。例如,当人们提到洗发水时,首先联想到的就是海飞丝。具体来看,产品品牌又可以分为消费品品牌和工业品品牌。例如,软饮料行业的百事可乐、涂料行业的立邦等。

(二) 服务品牌

服务品牌是指为无形的服务所赋予的品牌。在服务业快速发展的当今时代,服务品牌已比比皆是,如联邦快递、花旗银行、动感地带等。与有形产品相比,服务的无形性、易变性、生产与消费的同步性等特点决定了服务品牌是以多种相互作用为特点。一件产品可以描述为一个“载体”，而服务则是一种行动。具体来看，服务品牌可分为专业型服务品牌和生产型服务品牌。专业型服务品牌是指超市、旅行社、酒店、航空公司、网站等服务行业的品牌，如百佳超市、中国青年旅行社、香格里拉大酒店、中国国际航空公司、新浪网等。这类品牌在人们生活中非常普遍。生产型服务品牌专指耐用品的维修、咨询等售后服务品牌。最经典的例子当属海尔“真诚到永远”的服务。

（三）组织品牌

组织品牌是指为公司、非营利性组织赋予的品牌。例如，联想、三星、索尼、海尔等。对于企业来说，一些企业采用了与产品一致的品牌，如前面提到的联想、三星、索尼、海尔；另一些企业采用了与产品不一致的品牌，如宝洁、联合利华等。因此，就一个企业来讲，可以同时存在企业品牌和产品品牌，企业品牌之下可以有一个或多个产品品牌，从而组成一个品牌家族。不过，无论是企业品牌还是产品品牌，都必须遵循一个基本的准则，即核心利益承诺和行为的一致性，如丰田公司的汽车有“丰田皇冠”“丰田美凯瑞”“丰田卡罗拉”“丰田花冠”等。

建设企业品牌的目的是在消费者心目中建立专业的、可信的、有实力的企业形象，以便所推出产品“系出名门”，更容易被接受。比如，联合利华在推出清扬洗发水时，由于有联合利华公司品牌作为背书人或担保人，从而加速了产品进入市场的速度。不仅公司这类营利性组织，一些非营利性组织也开始打造品牌，以便更好地发挥其职能，如国际奥委会、红十字会、哈佛大学等都是著名的非营利性组织品牌。

（四）个人品牌

个人品牌是指以人作为品牌化的对象。其实个人品牌古已有之，如孔子、老子、孙中山、耶稣等。如今，对个人进行营销并建立个人品牌逐渐被大众所接受。目前，常见的被品牌化的个人对象主要是一些公众人物，如政客、企业领导人、专业运动员或娱乐业人士等。这些名人的社会影响力已经被一些专业品牌机构量化为品牌价值了，如胡润、《福布斯》、中国品牌研究院都有中国名人价值排行榜出台。从理论上说，不论是名人还是普通人，每个人都能成为个人品牌，因为每个人对于这个社会都具有独特的意义和价值，只不过其影响力的范围和程度不同。

（五）事件品牌

事件品牌是指以事件为载体的品牌。事件可以包括体育、会展、节庆、演出等，如奥运会、世博会、F1 方程式、达喀尔汽车拉力赛、环法自行车赛等。由于越来越多的事件希望获得更多的参与者，而注意力已成为稀缺资源，因此打造事件品牌变成了必然选择。事件品牌往往在获得社会价值的同时，也在收获经济价值。例如，奥运会不仅获得了全世界体育迷的疯狂拥趸，还获得了丰厚的收入，包括电视转播收入、TOP 赞助计划收入、赞助收入、标志许可使用收入、正式供货商收入、纪念币收入等。

（六）目的地品牌

目的地品牌是指将地理作为品牌化的对象，具体包括城市品牌和国家品牌。美国品牌专家凯文・莱恩・凯勒曾指出："如同产品和人一样，地理位置也可以品牌化……它的功能就是让人们认识和了解这个地方，并对它产生一些好的联想。"城市、地区和国家可以通过广告、邮件和其他传播方式向外界推销自己，以提高自己的知名度，塑造积极的品牌形象，从而吸引个人或商业机构来此参观、定居或投资。

城市品牌化的力量就是让人们了解和知道某一区域，并将某种形象和联想与这个城市的存在自然联系在一起，让它的精神融入城市的每一座建筑之中。目前，我国的成都、杭州、大连、青岛、西安、哈尔滨等城市都在以不同的形式为自己的城市品牌进行定位，挖掘竞争优势，打造自身的特色经济和品牌形象。在国际上，一些城市也在通过各种手段推销自己，例如，"音乐之都"维也纳、"时尚之都"巴黎等。

除了城市品牌外，范围更大的地理品牌概念是国家品牌。国家品牌是指一个国家在他国民众心目中的总体印象。2017 年，全球前四大市场研究集团之一的安赫尔特・捷孚凯(Anholt-GfK)发布了 2017 年度的"国家品牌指数"(Anholt-GfK Nation Brands Index-NBI)。参与排名调查的 GfK 集团，是全球五大市场研究集团之一，拥有 80 年发展历史，是享誉全球的市场研究企业。在全球范围内多方面市场研究业务领域中具有绝对的权威。2017 年的"NBI 国家品牌指数"调查共涉及全球 50 个发达国家和发展中国家与地区，对各个国家与地区政治、文化、商业、旅游吸引力、吸引移民/投资的能力以及人口的竞争力与友好度等多方面进行了调研和评估。通过在线的方式采访了 20185 名 18 岁及以上的成年人，对这些数据加权以反映各国 2017 年在线人口的主要人口特征，包括年龄、性别和受教育程度。2017 年，上榜前十的国家与去年一致，依然是美国、英国、澳大利亚、加拿大、德国、法国、意大利、瑞士、瑞典 9 个西方国家以及日本。但在具体排名方面，相较 2016 年发生了较大变化，如表 1-1 所示。

表 1-1　2017 年国家品牌指数

国　家	2017 年排名	2016 年排名	2017 年与 2016 年相比得分变化
德国	1	2	＋0.99
法国	2	5	＋1.56
英国	3	3	＋1.27
加拿大	4	4	＋0.96
日本	5	7	＋2.12
美国	6	1	－0.63
意大利	7	6	＋0.74
瑞士	8	8	＋1.34
澳大利亚	9	9	＋0.76
瑞典	10	10	＋1.30

注：国家品牌指数得分微小变化：＋/－0.26～0.50；中等变化：＋/－0.51～1.00；大变化：＞＋/－1.00。

三、根据品牌的市场地位分类

根据品牌的市场地位，可以将品牌分为领导者品牌、挑战者品牌、追随者品牌和补缺者品牌。

（一）领导者品牌

领导者品牌是指在市场中具有很高的知名度、美誉度和忠诚度及市场占有率远远高于同类产品的品牌。这类品牌在其行业中占据最大的市场份额，拥有毋庸置疑的统治地位，具有较高的知名度，是消费者和竞争者共同关注的品牌。如手机行业中的苹果、软饮料行业中的可口可乐、餐饮行业中的麦当劳等。

（二）挑战者品牌

挑战者品牌是指那些相对领导者品牌来说在行业中处于第二、第三或位次较低的品牌。这类品牌在市场上的知名度也较高，并且具有与领导者品牌不同的品牌个性并符合消费者需要的品质和属性，消费者对其的认同度也较高，因此可向领导者品牌争取更大的市场份额，对领导者品牌形成一种挑战。如软饮料行业中的百事可乐、日化行业中的高露洁等。

（三）追随者品牌

追随者品牌即紧随领导者品牌、挑战者品牌之后的品牌，它们一般尽可能地在各自细分市场中模仿领导者品牌。这类品牌在市场中的占有率一般不高，品牌知名度较低。如手机行业中的金立、家电行业中的夏新等。

（四）补缺者品牌

补缺者品牌是指某一行业内在相关市场上处于补缺者的企业所建立的相关产品品牌，又或是指一些非市场补缺者企业专门针对利基市场而建立起来的子品牌，该品牌的产品往往是在某些被大企业忽视的细分市场上进行专门化的经营，进而获取较大限度的收益，如英国国际性科技期刊《自然》。

四、根据品牌的生命周期分类

根据品牌的生命周期，可以将品牌分为新品牌、上升品牌、领导品牌和衰退品牌。

（一）新品牌

新品牌是指处于市场导入期的品牌，即刚刚进入市场，消费者对其认知较薄弱，还没有占据市场份额的品牌。对于此类品牌，从诞生之日起，生产、销售厂商一般都采取强化营销战略，力图使得品牌有活力地发展，争取获得越来越多的市场份额。处于此发展周期的新产品，应当树立行业正宗产品的市场形象，积极扩大新产品的知名度，努力获得消费者的认可。

（二）上升品牌

上升品牌是指处于市场发展期的品牌，即该品牌已经进入市场一段时间，其产品活力以及消费者对其认知程度都处于上升阶段。此类品牌在市场中已经占据一定份额,有一定的知名度,处于这一市场周期的品牌应当树立应有的品牌形象,加强提高品牌形象的宣传活动,力争获得消费者的认同和赞誉。

（三）领导品牌

领导品牌是指处于市场成熟期的品牌,即该品牌已经取得竞争优势,获得大部分消费者的认可,市场份额稳定,居于该行业品牌的领导地位。一个品牌一旦居于领导地位,就会拥有广泛、忠实的消费者,只要其可以随着市场变幻加以调整,并能跟上社会发展,其品牌地位一般可以维持相当长的时期。此类品牌虽然已经取得了消费者的认可及尊重,但是仍然应该加强营销活力,应有计划地导入新商品,以求品牌的活化性,加强消费者的偏好。因而,在这一市场周期,应当树立特定细分市场的领先者品牌形象,并以活化性的活动来加强品牌力。

（四）衰退品牌

衰退品牌是指处于市场衰退期的品牌,即该品牌开始老化,逐渐失去活力,其产品质量难以提高,市场开始衰退。由于市场环境变化,既有品牌已不适应新的市场环境,厂商一般将重点放在开发新市场上,重新开始新品牌的培育创造工作。处于此市场的品牌,可以采取以下策略:一是通过产品的改进来避免品牌利润的下滑;二是尽全力开拓新市场,开发新产品,并将已有的品牌优势转移到这些新领域;三是降低成本,发展规模经济,增加销售量,提高营销效果。

五、根据品牌产品生产经营的不同环节分类

根据品牌产品生产经营的不同环节,可以将品牌分为制造商品牌和经销商品牌。制造商品牌是指制造商为自己生产制造的产品设计的品牌。如小天鹅、海尔、长虹、娃哈哈,我国知名品牌中大都为制造商品牌。经销商品牌是指经销商根据自身的需求和对市场的了解,结合企业发展需要创立的品牌。如沃尔玛、西尔斯、家乐福等,都是经销商品牌。

六、根据品牌来源分类

根据品牌来源,可以将品牌分为自有品牌、外来品牌和嫁接品牌。自有品牌是指企业依据自身需要创立的,如本田、东风、永久、全聚德等。外来品牌是指企业通过特许经营、兼并、收购或其他形式而取得的品牌。例如,联合利华收购的北京"京华"品牌,香港迪生集团收购的法国名牌商标 S. T. Dupont。嫁接品牌主要是指通过合资、合作方式形成的带有双方品牌的新产品,例如,曾经的琴岛——利勃海尔。

七、根据品牌的原创性与延伸性分类

根据品牌的原创性与延伸性,可以将品牌分为主品牌、副品牌和副副品牌,如"海尔"品牌,有海尔冰箱、海尔彩电、海尔空调等,海尔洗衣机中又分海尔小神童、海尔节能王等。另外,也可将品牌分为母品牌和子品牌,如宝洁公司的海飞丝、飘柔、潘婷等。

第三节 品牌的作用

品牌作为企业的一种无形资产越来越受到企业的重视。如英国品牌专家 Chernatory 和 Macdonald 所说,一个企业的品牌是其竞争优势的主要源泉和富有价值的战略财富。随着市场竞争变得越来越激烈,品牌在现代市场竞争中也将发挥越来越重要的作用。以下主要从消费者和企业两个角度来说明品牌的作用。

一、品牌对消费者的作用

(一) 识别产品来源

为什么消费者能在众多的同质化的产品中迅速地找到自己喜爱的品牌?为什么在你忠诚的品牌出现仿造者时,你仍然能够一眼认出?这就是品牌的直观识别功能。品牌可以帮助消费者辨认出产品的制造商、产地等基本要素,从而区别于同类产品。

(二) 减少购买风险

行为学家研究表明,消费者在购买行为中存在六种可感知的风险。

(1) 功能风险。买这个东西并不像期待中那么好。

(2) 身体风险。产品对购买者或使用者的身体状况或健康构成威胁。

(3) 财务风险。买这个东西可能会浪费钱。

(4) 社交风险。买这个东西使人感到尴尬。

(5) 心理风险。买这个东西可能会感到内疚或不负责任。

(6) 时间风险。买这个东西未能发挥作用,造成寻找另一满意产品的机会成本。

法国品牌专家让·诺尔·卡菲勒认为:消费者的不安全感是品牌产品存在的基础。由于产品本身具有模糊性,消费者只有在将产品买到手并使用后才能对产品的质量有所把握和了解,因此,大多数消费者在购买前存在着不安全感。这就要求产品的外观和外在因素能体现产品的内在特质。品牌是一种外在标志,把产品中无形的,仅靠视觉、听觉、嗅觉和经验无法感觉到的品质公之于众,给消费者安全感。品牌代表着产品的品质、特色,认牌购买缩短了消费者的购买过程。在这个信息爆炸的年代,对生活节奏日益加速的人们来说无疑可减少他们的时间压力,降低为购买商品所付出的精力。世界著名的庄臣公司董事长杰姆斯·莱汉说:"如果你心中有一个了解、信任的品牌,那将有助于你在购物时能更轻松快捷地作出选择。"

(三) 降低搜寻成本

消费者在购买产品前,对品牌的比较、鉴别往往需要花费大量的时间。如果消费者知道某个品牌并对它有一定的了解,那么,在他们选择产品时就不用再做过多的思考或分析有关的信息。从品牌的角度讲,知名品牌可以减少消费者选择的过程,帮助消费者迅速找到所需要的产品,减少其在搜寻过程中所花费的时间和精力。美国品牌专家凯文·莱恩·凯勒从两个方面说明了品牌降低消费者搜寻产品成本的作用,一是内在方面,即消费者不必多思考；二是外在方面，即消费者无须到处搜寻。凯勒认为，在对品牌既有的了解的基础上（包括产品质量、属性、价格等），消费者可以对有关此品牌的一些他们可能不了解的方面作出推断，从而形成期望。

（四）质量信号

品牌是质量的证明。品牌是在用形象和声誉承载与宣扬其背后的质量。对于有些商品而言，消费者可凭手摸、眼观来掌握它的特性，但对于更多的商品而言，消费者则需要在使用后才能有深刻的认知，甚至有些特性和感觉即使在长时间使用后也无法把握。研究人员根据产品的属性或利益将产品分成三类，即搜寻类产品、经验类产品和信任类产品。对于经验类产品，如美容服务，消费者必须在试用后才能对其进行评价（如服务质量、服务的过程等）；对于信任类产品，如保险的责任范围，消费者较少知道这些产品的属性。由于经验类产品和信任类产品的属性与利益很难评估与了解，于是，品牌就成了消费者判断这些产品质量的一个重要的手段。因为，在消费者的眼中，品牌是生产厂家作出的品质承诺和保证。在一定程度上，品牌就代表了质量。比如，一提到奔驰、宝马，大家的第一反应就是品质好、质量高。

（五）象征功能

品牌具有象征功能，能够实现消费者投射自我的目的。这是因为品牌能够积累独特的个性和丰富的内涵，反映不同的价值观或特质。消费者可以购买与自己的个性、气质吻合的品牌来展现自我。根据自我概念理论，消费者在（社会）现实自我和（社会）理想自我之间通常有一道鸿沟，而品牌正是横跨这一鸿沟的桥梁。成功的品牌一般都具有鲜明的品牌个性和形象，通过使用某一品牌，消费者在内心实现了理想自我，或者将（社会）理想自我彰显出来，被他人接受。品牌的社会象征意义，可以显示出消费者与众不同的个性特征，加强和突出个人的自我形象，从而帮助消费者有效地表达自我；可以获得消费同种品牌的消费者群体的认同，或产生与自己喜爱的产品或公司交流的特殊感情，从使用该品牌中获得一种满足。

二、品牌对企业的作用

（一）区隔功能

由于产品供大于求及产品的同质化越来越明显，企业要想在市场竞争中凸显自己的优势，就必须通过提供具有差异化的个性的方式，与其他品牌形成明显的区隔，同时提高产品的附加价值，形成产品的独特之处。例如，海飞丝洗发水具有去屑止痒的功能，飘柔可以使头发更柔顺。这些都说明品牌之间的不同之处，从而将自己与其他品牌区隔开来。

（二）保护产品特色

品牌使企业能够对其产品的特色或独到之处进行法律保护。通过商标注册，品牌拥有者可以享受法律上的排他性权利，禁止他人非法利用。未经许可，其他公司的产品不得使用或仿冒品牌的标志、专利和外观。比如，宝马与比亚迪的商标之争。宝马汽车的标识为蓝白黑圆形车标，比亚迪汽车的标识为蓝白黑椭圆形车标，宝马汽车认为比亚迪的蓝白黑椭圆形车标与它们的蓝白黑圆形车标非常相似，容易在消费者中造成混淆，因此，宝马集团向比亚迪方面提出异议，并与比亚迪进行了长时间的交涉，以维护自己的权益。

（三）塑造企业形象

对于企业来说，品牌是一种超越企业实体和有形产品以外的资产，代表着企业的形象。在消费者的心目中，他们总是把品牌实力与企业的形象联系在一起。品牌有利于塑造企业的形象，提高企业的知名度，并使消费者、社会媒体等受众对企业产生良好的印象，从而为企业的多元化发展和品牌延伸打下坚实的基础。

（四）降低企业成本

企业可以通过顾客建立的对其品牌的偏好，有效降低新产品的市场推广成本。根据80/20法则，企业80％的收益来自20％的高贡献度顾客，并且取得新顾客的成本要远远高于维护老顾客的成本。因此，品牌的认可度和偏好一旦建立，消费者就会对品牌产生忠诚。当消费者对某一品牌产生忠诚后，就会信赖该品牌旗下的所有产品。因为转换品牌通常存在适应风险和使用风险，因此，消费者会对其所信赖的品牌存有更多的宽容，使用后更容易达到满足，进而当企业推出新产品时，已获得消费者信赖的品牌能充分利用其品牌声望，将顾客对原品牌的认同顺利转移到新产品上，从而有效降低新产品的市场推广成本，使新产品顺利进入市场。以海尔为例，海尔以冰箱起家，然后利用海尔这一品牌进行品牌延伸，将产品种类扩展到了洗衣机、手机、电视、空调等产品，取得了良好的效果。

（五）获取竞争优势

品牌代表了一种偏见。例如，在消费者眼中，只要是“索尼”的产品就一定是精品，甚至完全没有使用经验的人也会给予很高的评价。也就是说，消费者可以在脱离产品具体属性的情况下，单独对“索尼”所代表的整体品质作出评价。竞争者可以抄袭企业产品的实体特征，但品牌的个性和形象却难以模仿。从认知心理学角度来讲，消费者对某种功能利益的联想，通常是与特定的产品品牌相联系的。如果竞争者品牌声称在该领域具备同等或更高的优势，则会引起消费者的怀疑。对于新进入者来说，如果想在消费者知晓、认同方面获得平等，势必需要更多的投入。因此，从这个意义上来说，品牌实际上是企业获取竞争优势的一种有力手段。

（六）溢价功能

品牌是一种无形资产，它本身可以作为商品被买卖，为企业带来巨大的经济效益。随着品牌的知名度、美誉度的提高，品牌本身的价值也会逐年上升。例如，前面提到，2009年，可口可乐的品牌价值为687.34亿美元，较上年的666.67亿美元上升了3％。而对企业来说，品牌带给企业的价值并不仅仅是产品本身的价值，更多是品牌文化、品质、价值等所带来的高额附加利润。同样质量的产品，名牌产品的价格要比非名牌产品高出许多，这些高出的利润就是品牌给企业带来的超额附加利润。例如，一双普通的运动鞋可能只需120元，如果贴上“耐克”的品牌，售价可能达到700元以上；一台“美的”品牌的电饭煲可能只需800元左右，但若换上日本OEM的品牌，售价则上升为1300元/台；同为国产品牌，海尔品牌的电器售价总比一般国产电器高出15％～30％，这些都体现了品牌溢价功能。

三、品牌对国家的作用

品牌是国家形象的代表。品牌不仅是企业开拓市场、战胜对手的有力武器，更是国家综合实力和整个民族财富的标志。民族品牌不但代表国家产业水平，而且代表国家的国际形象，承载着重构民族自尊心和自信心的历史责任。

据联合国工业计划署统计，世界上各类名牌商品共约 8.5 万种，其中发达国家和新兴工业化经济体拥有 90%以上的所有权，处于垄断地位，而我国拥有的国际知名品牌却寥寥无几。目前，我国有 170 多类产品的产量居世界第一位，却少有世界水平的品牌，是典型的“制造大国、品牌小国”。在经济全球化时代，如果一个国家没有优秀的民族品牌，它可能永远只能充当他国的贴牌生产基地，耗费大量的人力、物力来赚取可怜的加工费。近年来，我国把技术创新和品牌培育列为工业经济发展的重点，表明培育国际品牌已经成为经济发展的重中之重。

品牌与国民经济存在相关性。从英特品牌公司、福布斯等各类机构对全球最有价值的品牌和最大企业业绩的排行榜来看，一个国家或地区的经济实力和地位，与品牌的多与寡、强与弱密切相关。近年来，世界经济开始进入品牌竞争的时代，品牌对国家经济发展的贡献率也在不断提高，美国品牌所创造的价值占 GDP 的比重达 60%，而中国名牌产品对经济增长的贡献率仅为 20%。由于品牌少而弱，虽然我国对外贸易规模不断壮大，但效益并不是很高。因此，培育品牌无疑是中国经济实现强大目标的关键路径。

第四节　品牌管理的内涵

近年来，由于品牌价值的日益凸显，品牌管理成为当前企业管理领域里一个重要组成部分，并引起了企业足够的重视。世界著名企业品牌的背后，都有一套科学系统的品牌管理体系作为支撑。尽管在品牌管理过程中，各企业面临的环境以及采用的策略有所不同，但品牌管理也有一些共同的基本规律。因此，企业高层领导或品牌管理的有关人员需要把握品牌管理的主要内容和基本决策，并根据企业、行业、产品等具体情况，设置合理的品牌管理组织形式，有效地对品牌进行管理。

一、品牌管理的定义

对于一个企业而言，创造出一个品牌并不难，难的是在品牌创立之初就想到要做百年品牌的打算，在品牌打造出来后，还能设法将其保持巩固下来并继续发展下去。而要突破这个难关，最重要的就是品牌管理。

所谓品牌管理，就是管理者对培育品牌资产而展开的以消费者为中心的规划、传播、提升和评估等一系列战略决策和策略执行活动。这一定义明确指出以下几层含义。

（1）品牌管理的主体是品牌管理者，必须为品牌确立责任明晰的管理者。

（2）品牌管理的目的是培育品牌资产，包含感知质量、品牌知名度、品牌忠诚度、品牌联想和其他资产。品牌资产是企业通过长期投资和营销努力，在消费者脑海中建立了品牌知识，从而产生的市场回报。

（3）品牌管理的中心是消费者，一切品牌管理活动必须围绕消费者来展开。

(4) 品牌管理的内容是战略决策和策略执行,具体包括品牌的规划、传播、提升和评估等工作。

二、品牌管理的特点

(一) 系统性

品牌管理是一个系统工程。品牌管理的系统性,从品牌关系而言,是涉及所有品牌利益人的关系系统;从品牌机构全员参与的角度看,是细部的努力、细节的关注;从品牌价值链来说,涉及采购、生产、营销、财务、人力资源等价值链的各个环节;从品牌管理的范围而论,从最初的原材料选择一直延伸至最终的用户服务,涉及企业的整体业务规划。

从品牌管理的战略性地位来说,强势品牌都把品牌管理上升到战略管理的高度,设立战略性品牌管理部门。其主要职责包括:制定品牌管理的战略性文件,规定品牌管理与识别运用的一致性策略;建立母品牌的核心价值及定位,并使之适应公司文化及发展需要;定义品牌架构与沟通组织的整体关系并规划整个品牌系统,使公司每一个品牌都有明确的角色;品牌延伸、提升等方面战略性问题的解决;品牌检验、品牌资产评估、品牌传播的战略性监控等。

(二) 全方位性

创造品牌价值、决定品牌胜负的不是品牌注册商标,而是公司的品牌管理策略。消费者购买的是企业有形的和无形的综合实力所凝聚而成的品牌关系的价值载体;不仅仅是产品本身,而且是一个完整的系统。优质的品牌都是精心策划的系统,涉及采购、生产、营销、财务、人力资源等价值链的各个环节,其范围从最初的原材料选择一直延伸至最终的用户服务,涉及企业的整体业务规划。

要塑造一个成功的强势品牌,就必须加重资金和其他资源的投入,使投资力度与重点相得益彰。仅仅增加广告预算、进行广告传播推广是不够的,品牌经营管理者必须投入广泛的资源。例如,利用特有的研究方法分析消费趋势,通过制造及辅助网络提供低成本优质零售服务,配置零售商信息处理系统以降低存货成本,以及通过新产品研制功能加强产品更新进程。可以说,需要调整整体战略配合的力度。这时的品牌管理就不仅由营销部门或品牌推广部门独立担当,而是需要在品牌价值链的每个环节作出决策和行动,因此涉及品牌企业各职能部门并贯穿整个商业流程,成为企业整体战略的核心。品牌管理工作必然会成为跨部门、具有战略意义的工作;品牌管理者必须在价值链的每个环节作出抉择,而不能只关注市场和销售两个方面。品牌管理也随着其战略地位的提升,被赋予新的含义——全方位品牌管理。

(三) 长期性

品牌管理是一项长期的、持续的工作,从产品品质开始到产品形象的深入,最终承担一种责任。广告可以使一个品牌一夜成名,但是品牌的知名度绝不仅是品牌的美誉度和忠诚度,也与品牌的重复购买率没有太大的相关性。塑造强势品牌不是一蹴而就、立竿见影的事情,因而品牌管理不是一个短期工程,需要持之以恒、长久统一地进行。

品牌战略需要打持久战，需要经过几代人的努力。品牌管理应视质量为生命，以创新求发展；以完善品牌美誉度和提高品牌忠诚度为指数，扎扎实实地培育、塑造和管理品牌，才能使品牌健康、稳定、快速地发展，实现品牌价值的最大化。

品牌管理是一项系统性工程，需要运用科学严谨的规律，站在战略管理的高度，持之以恒、统一细致地进行整合性规划，实现提升品牌核心竞争力的目的。如同木桶原理一样，每一块木板都要精心呵护、管理到位，容不得半点含糊与怠慢，不要倚仗某一两块木板就想用到整桶水，也不要以为品牌建立起来以后，一切就完事大吉，木桶也可能有漏洞。任何走捷径、对顾客不负责任、故步自封的念头都有可能毁掉辛辛苦苦树立的品牌。

第五节　品牌管理的流程与内容

品牌创建、品牌维护和品牌价值提升是在企业战略引导下进行的，品牌战略是企业战略的重要组成部分。在企业战略下，品牌战略按其管理流程的步骤逐渐深化，并逐步积累品牌资产，品牌管理的内容也伴随着管理流程的步骤逐渐开展。

一、品牌管理的流程

品牌管理是一项系统工程，牵涉到环境和资源、战略和策略、内部和外部等多方面问题。为此，学者们对品牌管理问题进行了思考，提出了各种品牌管理框架。以下是几个比较具有代表性和权威性的品牌管理流程。

（一）凯勒的战略品牌管理流程

美国品牌专家凯文·莱恩·凯勒教授在第三版《战略品牌管理》一书中，将战略品牌管理的流程概括为以下四个主要步骤。

1. 识别和确定品牌定位与价值

首先要清晰地理解品牌代表什么及应该如何定位。品牌定位是指“设计公司承诺或形象的行动，从而在目标顾客的印象中占有独特的价值地位”。其目标是占据消费者脑海中的位置，使得企业的潜在利润最大化。从本质上来说，品牌定位就是让消费者信服该品牌的优势或者相对于竞争者的差异点，同时，减少任何可能不利的劣势。定位通常也规定了核心品牌联想和品牌精髓。核心品牌联想是指能最好地描述、刻画一个品牌所具有的联想子集（属性和利益）。品牌精髓被看作品牌的精髓或者核心品牌承诺，它可以用三言两语来概括品牌的关键部分及其核心品牌联想。核心品牌联想、共同点、差异点和品牌精髓可以被看作品牌的心脏和灵魂。

2. 规划并执行品牌营销活动

品牌营销活动的目的在于创建品牌资产，即建立消费者能够充分感知，同时能够产生强势、积极、独特的品牌联想的品牌。这种知识的构建流程取决于三个因素：①品牌要素的初始选择或者识别品牌的构成，以及如何进行组合搭配；②营销活动及营销支持方案，以及将品牌整合进去的方式方法；③通过与其他一些实体（如公司、原产国、分销渠道）相关联，从而间接产生的品牌联想。

3. 评估和诠释品牌绩效

评估和诠释品牌绩效对了解品牌营销活动计划的效率非常重要。其中，品牌审计是对品牌的全面考察，它可以评价品牌的健康状况，揭示品牌资产的来源，并就改善和提升品牌资产提出建议。而品牌价值链则是测量和诠释营销绩效的有效工具，是追踪品牌价值的创造过程、更好地理解品牌营销活动支出和投资的财务效果的工具。

4. 提升和维系品牌资产

品牌资产管理活动是从更广阔和更多元化的视角理解品牌资产——理解品牌战略应如何反映公司所想，以及根据时间、地理位置或者细分市场进行调整，包括多品类品牌管理、品牌延伸、品牌的长期管理、跨越地理界线的品牌管理等。

（二）切纳托尼的创建品牌八阶段

英国著名品牌学者、伯明翰大学品牌营销教授莱斯利·德·切纳托尼（Leslie de Chernatony）在《品牌制胜：从品牌展望到品牌评估》一书中提出了创建品牌的八个步骤。

1. 品牌展望

首先是对品牌未来的环境和趋势进行预测，如一家传统书店需要分析互联网对自己的冲击；其次是对品牌目标的明确，如五年内品牌成为业内前三名等；最后是确定品牌价值观，即公司所持有的一种持久的信念，如美体小店的品牌价值观是“有原则地获利”。

2. 组织文化

一个品牌可以通过一种特定的职员行为方式来实现其竞争优势的方法，而这种职员行为方式是与作为组织文化特征的价值观相联系的。组织文化能够作为一种“黏合剂”将各地区员工凝聚起来，统一行动。它激励员工，并通过一致的员工行动帮助产生一种品牌的稳定感。例如，华为公司崇尚狼性组织文化，总裁任正非说：“企业就是要发展一批狼。狼有三大特性：一是敏锐的嗅觉；二是不屈不挠、奋不顾身的进攻精神；三是群体奋斗。企业要扩张，必须有这三要素。”强大的组织文化还能提高股东对品牌的信任水平，最终提高品牌业绩。

3. 品牌目标

品牌经营理念要有方向感，这种理念要转化成特定时期内必须达到的明确目标。明确目标包括长期目标和短期目标两种，长期目标指导了短期目标的制定。例如，波音公司的长期目标是希望永远处于航空业的领先地位，而短期目标可能是开发全新的787型飞机。

4. 审查品牌环境

本阶段的目的是确定可能促使品牌线路向其展望发展的关键因素，并确定品牌在哪里会面临最大的挑战。通常，有五个环境因素可能促进或阻碍了品牌的成功，分别是公司、分销商、竞争者、消费者和宏观环境。其中，公司的环境属于内部环境，分销商、竞争者、消费者的环境属于微观环境。微观环境与宏观环境的区别在于前者是某个具有品牌所面临的影响，后者是整个行业所有品牌都要面临的影响。

5. 品牌本质

在本阶段，管理团队需要确定定义品牌的中心特征，通过一个以区分属性作为开始的阶梯程序来定义出那些体现品牌的理性收益、感情回报、价值观和个性特征。这样将澄清思想，认明品牌应如何定位、个性隐喻将如何帮助人们认识到品牌的价值观。例如，雪铁龙的毕加索汽车的外观特征像一滴水，利益是时尚，感情回报是与众不同，价值观是个人主义，个性品质是外向，综合起来，毕加索汽车的品牌本质正如毕加索的画风一样是抽象、个性、时尚和艺术。品牌本质可以进一步深化为品牌定位和品牌个性。

6. 内部实施手段

对公司内部进行品牌传播有两条途径：一条是注重功能性利益的机械主义途径；另一条是注重情感性利益的人文主义途径。机械主义途径包括价值链分析、外包战略、核心竞争力和服务流程图；人文主义途径包括员工价值观、员工授权和相互关系等。

7. 寻找品牌资源

这一阶段我们需要弄清楚诸如品牌命名、传播媒介选择和质量等问题。品牌原子模型由用来表现品牌本质的八个元素组成：特色名称、所有权符号、功能能力、服务元素、降低风险元素、法律保护、速记符号、象征特征。

8. 品牌评估

品牌是多维的实体，因此也需要多维的指标进行评估，这些指标又被分为内部评估和外部评估两大板块。根据这些标准调整品牌，品牌团队就能够更好地发现品牌需要改进的地方，并作出能够强化品牌的调整。

（三）戴维斯的品牌资产管理框架

美国著名品牌学者斯科特·戴维斯在《品牌资产管理》一书中，从资产的角度出发去考虑品牌的管理途径。他将品牌资产化管理的整个过程分为四个阶段，共计 11 个步骤。

1. 制定品牌愿景

首先要明确品牌能为企业带来的战略目标和财务目标。

第一步：品牌愿景的要素。

从战略的角度看，制定品牌愿景具有三方面的作用：①促使管理者在长期发展战略方面达成共识，并对增长点进行监控；②指明探讨研究的方向；③向所有利益相关者阐明企业为品牌所创建的最终目标。因此品牌愿景应该包括以下陈述：品牌含义、目标受众、品牌优势点、品牌的财务和战略目标，并且品牌愿景必须与企业战略和企业愿景完全结合。

2. 描绘品牌图景

这一阶段的目的是在竞争和机遇并存的大环境下，了解消费者对我们品牌的看法和认知。

第二步：确定品牌形象。

品牌形象包括品牌的利益联想和“角色”（品牌个性），它是顾客与品牌之间的利益关联点，是品牌在顾客眼中所具备的特征和个性。确定品牌形象有助于我们清楚地认识品牌在市场领域中象征的意义以及顾客对品牌价值的认知程度。

第三步：制定品牌契约。

品牌承诺是企业对消费者作出的承诺，以及消费者对这些承诺的认知程度，它的目的在于最大限度地获得顾客的满意和认同。良性的品牌契约必须讲求诚信，否则将会失去所有顾客的信任。

第四步：建立基于品牌的顾客模型。

通过顾客模型，我们可以清晰地了解到顾客从思考到行动、从产生购买意识到作出购买决定的整个过程；同时它也让我们认识到品牌成长的机会和障碍。尤为重要的是，它提供了顾客作出购买决定时自己习惯依据的特殊购买标准。另外，顾客模型也显示了顾客对品牌、行业和竞争的看法。

3. 制定品牌资产管理战略

这一阶段的目的是立足品牌制定正确的战略目标。

第五步：为了成功而定位品牌。

品牌定位实际上是我们的品牌在顾客心中所处的地位——当顾客想起我们的品牌时，我们期望他们联系到的利益。它是对一个目标市场确定品牌的差异点以及利益卖点，包括三个部分基本内容：①希望进军的目标市场定义；②所在业务范围或参与竞争的行业或产品类别的定义；③品牌差异点和关键利益的陈述。通常可以使用以下形式表示：在(目标市场)，X品牌是(业务范围定义)，提供给顾客(陈述差异点和关键利益)。

第六步：延伸你的品牌。

确定品牌定位后，应该开始考虑品牌界线及品牌拓展的范围。由此，我们可以发现品牌的潜力，并且判断品牌愿景里所建立的增长目标是否遥不可及。品牌拓展必须致力于以下几点：①最大限度地提升品牌价值；②使目前的客户保持满足愉悦；③为逐渐发展的顾客群提供更多的机会和利益。

第七步：宣传品牌定位。

品牌定位宣传涉及的是选择怎样的信息传播组合工具，以最大限度地发挥企业达成既定目标的潜能。

第八步：利用品牌实现渠道影响最大化。

最大限度地强化品牌能够提升企业的渠道地位。品牌越强势，企业控制渠道的能力就越大，而受制于渠道的可能性就越小。

第九步：溢价定价。

溢价定价是以品牌为基础的定价，它是相对于竞争对手而言品牌所得到的溢价。品牌忠诚度激发消费者愿意支付溢价。通常，市场认为这样一种战略不但是可接受的，而且是值得期待的。当然，实际情况还得看具体的品牌定位和品牌形象。

4. 支持品牌资产管理的文化

这一阶段的目的是决定如何使企业重整品牌资产以及确定所施行的战略是可执行的、可测量的。

第十步：衡量品牌投资回报。

不能测量就无法管理，品牌投资可以从定性和定量两个角度进行衡量。定性角度建立在与品牌相关联的市场感知和购买行为基础上，而定量角度建立在财务和市场的基础上。

第十一步：建立基于品牌的文化。

如果缺乏深入的以品牌为基础的文化，企业对品牌的期望就会受到限制。强势的品牌文化会影响每个职能领域的员工和高层管理者、内部沟通以及薪酬评估体系。建立强势品牌资产管理文化最关键的因素是持续性，它需要高级管理者的领导、员工的参与和激励以及内部沟通与培训。

（四）余明阳、姜炜的品牌战略管理过程五步骤

我国学者余明阳、姜炜认为品牌战略管理过程(brand strategic management process)是指一个品牌战略的规划、实施、评估的过程。品牌战略管理过程最重要的是实施和客观评估实施的绩效，其基本思想：品牌战略管理过程的每一个环节都必须考虑品牌机构的实力和核心竞争力、外部环境状况和发展趋势、消费者行为和心理的演变方向。每一个致力于塑造强势品牌的机构所面临的最大的挑战就是缺乏对自身状况的客观评估，对外部环境的科学监测和对目标消费者的把握。

余明阳、姜炜将品牌战略管理过程分为以下五步骤。

1. 内部审视

品牌战略管理过程始于内部审视。首先，确立品牌机构宗旨。每一个品牌机构都有一个统一的品牌战略思想，在各自的品牌战略思想的指导下，要确定品牌机构的宗旨，向人们说明本品牌机构从事什么样的事业，通过什么样的主营业务来实现这一宗旨，从而明确品牌机构所能够提供的产品或服务的范围。其次，分析品牌机构资源。以摸清品牌机构现实拥有哪些资源，考虑自身是否有基本的资源和管理能力作为品牌创建的支撑。

2. 外部环境分析

品牌战略管理过程的第二个步骤是对品牌机构的外部环境进行分析。目的是准确地把握外部环境的状况、未来变化和发展趋势及其对品牌机构的重要影响。环境分析是品牌战略规划过程的关键要素。品牌环境分析包括对品牌机构的一般环境和具体环境的分析，品牌机构的具体环境和一般环境在很大程度上限定了品牌管理者的可选择性。实践证明，成功的品牌战略大多是与其环境相适应的战略。

3. 进行 SWOT 分析

品牌战略管理过程的第三个步骤是进行 SWOT 分析。品牌机构若能够把握和利用机会，就能够增强品牌的核心竞争力，获得竞争优势；相反，若不能有效地回避或恰当地处理品牌危机，就会导致动摇或侵蚀品牌的优势和核心竞争力。品牌机构的领导层和管理层必须对优势和劣势进行明确的评价，进而识别出什么才是本机构所具有的与众不同的能力，即决定进行外部竞争的独特技能和资源所形成的核心竞争力。

4. 构建战略规划

品牌战略管理过程的第四个步骤是构建战略规划。依照科学的决策程序，品牌机构的战略领导层需要开发和评估不同的战略选择方案，然后确定在品牌总战略指导下相互协调一致的各级战略体系，这些战略必须能够最佳地整合利用品牌机构的所有资源和充分利用环境所赋予的机会。成功的战略体系选择将使品牌机构得到最为有利的品牌竞争优势，并能够使这种竞争优势长期地保持下去，以达到永续经营的境界。

5. 实施品牌战略

品牌战略管理过程的第五个步骤是实施品牌战略。品牌战略的实施过程不单单是依赖品牌机构的领导者和管理层自身的身体力行，而更重要的是采用科学的领导和管理方法，借用员工和其他要素的能力去实现战略目标。因而，有效的品牌战略的实施应该始终是督促他人的过程，也即借力行为过程，以保证应该实施的行动已经在进行，使各级层次的员工朝着战略目标迈进。这就涉及战略实施过程的控制职能和控制机制，因为它们是实施环节中

的监控环节；控制作用的价值依赖于战略规划和授权的关系。

（五）周志民的品牌管理流程四阶段十一步骤

综合国内外学者的观点，我国学者周志民认为，品牌管理的流程和框架应当更多以品牌为核心来组织各项建设和管理工作，因此，其以凯勒教授的观点为蓝本，提出品牌管理流程的四阶段 11 个步骤。

1. 第一阶段：品牌规划（brand planning）

这一阶段的目的是描绘出品牌应该在消费者心目中所呈现的图景。品牌图景是要在综合分析宏观环境、微观环境、公司愿景及品牌自身资源的前提下，从消费者角度提出的品牌未来可能的价值内涵，并以品牌符号外显出来。

第一步：品牌识别（brand identity）。

品牌识别解决的是"品牌是什么"的问题，它是管理者对品牌内涵的描述，以期在消费者心目中形成理想的品牌形象。这一步的价值在于使品牌从无到有，为产品增加了一个附加价值。核心品牌价值的提炼是品牌识别当中的核心内容。

第二步：品牌符号（brand signals）。

品牌符号是品牌识别的外在元素，如名称、标志、口号、象征物等。这些符号就像品牌的代号和化身，能够在一定的场合下直接指代品牌。它们并不直接给消费者带来价值，但是却强化了品牌核心价值的传递。

2. 第二阶段：品牌传播（brand communication）

这一阶段的目的是围绕所规划好的品牌识别进行品牌定位和品牌体验设计，然后策划各种传播工具和手段。这三个方面将帮助品牌在消费者脑海中建立起来。

第三步：品牌定位（brand positioning）。

品牌定位是针对一个目标市场所确定的品牌的独特卖点，具有指向性、差异性和相关性。如果说品牌识别是品牌身份的确定，品牌定位就是将品牌向消费者传播过程中的方向选择。

第四步：品牌体验（brand experience）。

品牌定位帮助找到目标受众心中一个差异性的位置，而品牌的形成来自消费者对品牌全方位体验。在进行品牌传播之前，必须对消费者可能获得的体验进行精心设计。

第五步：整合品牌传播（integrated brand communication）。

品牌传播是在消费者心目中建立品牌形象的过程，而"整合"的意义在于注重企业内外品牌传播的结合以及注重 4P 营销组合的配合。

3. 第三阶段：品牌提升（brand advancing）

这一阶段的目的是对已经建立起来的品牌进行进一步的调整和经营，以帮助品牌资产的提升。相关工作包括品牌延伸与授权、品牌组合管理、品牌更新、品牌国际化等。

第六步：品牌延伸与授权（brand extension and licensing）。

一旦品牌建立起来，管理者能充分利用品牌的影响力来推出新的产品，或者授权给别的企业使用。在延伸和授权的过程中，品牌也得到进一步提升。

第七步：品牌组合（brand portfolio）。

企业如果不将品牌运用到其他产品上面，就会采用"一品一牌"的方式来处理产品与品牌的关系。这时，它们将面临多个品牌管理的问题。

第八步：品牌更新(brand renewal)。

品牌像人一样，如果不勤加保养，就可能会出现老化现象。品牌强化和激活是应对品牌化的两种策略。

第九步：品牌国际化(brand internationalization)。

在全球经济一体化趋势下，越来越多的品牌走向国际市场，成为国际品牌。在这一过程中，企业将面临诸多障碍，并有多种进入和经营战略可选择。

4. 第四阶段：品牌评估(brand evaluation)

这一阶段的目的是掌握品牌资产的现状，以检验品牌管理的成效，同时采取措施对已形成的品牌资产进行保护。

第十步：品牌资产评估(brand equity evaluation)。

不对品牌进行评估就无法进行有效的品牌管理，也无法进行品牌间的买卖。管理者可以从来源(消费者)和产出(财务)角度对品牌资产进行评估。

第十一步：品牌保护(brand protection)。

已经建立的品牌资产由于种种原因会受到损害，管理者应该建立完善的品牌保护系统，以维护“胜利果实”。

以上四个阶段应该成为一个闭环系统。根据第四阶段的评估结果，重新检查前三个阶段的工作，对出现问题的环节进行调整。另外，成立时间不长的企业一般没有“品牌提升”这一阶段，因此它们的品牌管理流程可以直接从品牌传播到品牌评估。

二、品牌管理的内容

品牌管理的具体活动贯穿于品牌创建、品牌维护、品牌发展以及品牌更新等品牌建设与成长全过程的每一环节，是一项长期、系统的工作。当企业建立起品牌管理体系，其品牌经营就逐步从纯粹的产品管理、市场管理中摆脱出来，进而将产品经营与品牌这一无形资产结合成统一整体。同时，品牌管理的业务活动也超出了品牌命名、品牌推广，扩大为涉及品牌创造的全过程的各方面工作。

一般而言，品牌管理的基本内容包括以下几部分。

1. 制定品牌管理的方向与目标

环境是企业生存与发展的空间，环境分析为企业制定战略和管理品牌提供主要依据。品牌发展服从于企业战略，打造著名品牌往往是企业战略的重要组成部分。

根据企业发展战略，品牌管理的目标是通过研究目标消费者的需求，通过整合企业资源和有效运用各种营销手段，使目标消费者对品牌有深入的了解，在消费者的心目中建立品牌地位，促进品牌忠诚。一般而言，品牌管理的目标有三个：品牌的增值(品牌创利能力)；潜力挖掘(扩大品牌的获利范围)；延长品牌作用时间(防止品牌随主导产品的过时而失去依托，造成品牌价值的流失和浪费)。

2. 建立品牌管理组织

建立品牌管理组织是企业的一个重要决策。在现实中，一些企业并没有设立专门的品牌管理机构，品牌管理由某些相关部门来执行，如市场部、销售部或营销部。因此，企业应根据自身的实际情况，确定是否建立品牌管理组织，以及建立何种形式的品牌管理组织。

品牌管理组织主要负责品牌的具体运作。品牌管理组织由企业内部组织与企业外部组织组成。对于外部品牌管理组织而言,可以选择专业机构介入的方式,请他们担任品牌管理与部分执行工作的代理人。欧美国家在品牌管理方面还分成了专门的职能管理制或推行某品牌管家制等。

3. 品牌决策

品牌决策是品牌管理的基础,在品牌管理体系中占有举足轻重的地位。品牌决策是决定企业是否使用品牌、使用哪种类型的品牌,以及使用什么形式的品牌等一系列决策过程。品牌决策包括品牌建立决策、品牌使用者决策、品牌名称决策、品牌战略决策和品牌再定位决策。

在品牌决策过程中,企业高层需要关注市场的变化,对需求和竞争态势进行判断,并结合企业自身的实际情况,制定创建强势品牌的战略目标,然后下达给营销管理者,让其严格执行并适时控制与反馈。随着需求日益多样化,产品种类增加,品牌决策者面临着很多难题,例如,新产品究竟是沿用原有品牌进行品牌延伸呢,还是采用一个新品牌,若新产品采用新品牌,那么原有品牌与新品牌之间的关系如何协调等。

4. 品牌定位

在品牌决策之后,企业的下一个重要决策就是品牌定位。品牌定位就是"让消费者信服该品牌的优势或者相对于竞争者的差异点,同时减少任何可能不利的劣势(创建共同点)。竞争性品牌定位就是要在消费者心目中创建品牌优势地位,使得企业潜在利润最大化"。

面临众多同类产品和竞争性品牌,企业的品牌定位决定了品牌的特性以及品牌未来发展的潜力。因此,品牌定位必须在深入调查的基础上,对准目标顾客,体现差异,凸显个性。

5. 品牌设计

品牌设计用于表达品牌的内涵,所涉及的元素往往包括品牌的名称、标志、口号、包装、音乐、故事等。通过品牌设计,以核心价值为中心的品牌识别系统得以建立,从而使品牌识别和品牌整合营销传播活动具有可操作性。因此,品牌设计是实现品牌定位的重要环节。

一个优秀的品牌设计,可以触动消费者内心世界,能以较少的广告传播费用使消费者认同品牌。一整套的品牌识别系统包括品牌理念识别、品牌行为识别、品牌视觉识别、品牌听觉识别以及品牌网络识别。

由于不同的品牌元素的优点各不相同,对于如何选择、设计有利于强化品牌认知或促进强势、积极及独特品牌联想的品牌元素或品牌元素组合,成为品牌战略管理的关键内容。

6. 品牌推广

品牌推广的主要工作是通过营销传播活动影响目标顾客。品牌管理人员应当力图使每一次营销行为都传达品牌的核心价值,不折不扣地在任何一次营销和广告活动中演绎出核心价值,即从包装设计、电视报纸电台广告、海报等,促销品、新闻报道等活动,都要把握与消费者沟通的机会,从而使消费者在任何一次接触品牌时都能感受到核心价值的信息。

整合营销传播分为间隔性的整合营销传播以及持续性的整合营销传播。

间隔性的整合营销传播包括广告、公共关系、直接营销、事件营销、销售促进,以及产品与服务、价格、销售渠道。从传播角度看,这些因素都是向顾客传达信息的载体,都应纳入传播途径中。这个阶段的品牌形象,更多的是满足特定的某一时期顾客与竞争的要求,或者是特定的某一市场区域顾客群与竞争的要求,因此,它具有阶段性特点。

持续性的整合营销传播是运用统一的大众传播组合以及互动式沟通的办法，按照既定的品牌设计，调动沟通性传播与非沟通性传播的各方面创造性努力，形成面向顾客的统一品牌形象与品牌价值实证。品牌的创造需要一个较长的时间周期和覆盖一个较大的市场，只有在长期的、持续的传播过程中保持品牌的一致性，才能在消费者心目中形成深刻的品牌形象。

7. 品牌延伸

品牌一旦建立起来，管理者往往会充分利用品牌的影响力推出新产品。在延伸的过程中，品牌也得到进一步提升。

在企业推出新产品的过程中，品牌延伸已成为最常使用的一种策略。所谓品牌延伸，是指借助原有的已建立的品牌地位，将原有品牌转移至适用于新进入市场的其他产品或服务(包括同类的或异类的)，以及运用于新的细分市场之中，以达到以更少的营销成本占领更大市场份额的目的。被延伸的品牌称为母品牌，延伸的新产品称为延伸产品。品牌延伸是一把双刃剑，在发挥作用的同时也会出现一些问题，可能使企业落入陷阱，甚至陷入危机。因此，企业在进行品牌延伸时应遵循一定的步骤，以规避品牌延伸可能带来的风险。

8. 品牌组合

如果企业不将品牌运用到其他产品上，企业就会采用“一品一牌”的方式来处理产品与品牌之间的关系。这时，企业将面临多个品牌的管理问题。

品牌组合是指公司出售的各个特定产品大类下面所包含的所有品牌的组合。品牌组合战略详细说明了品牌组合的结构，以及品牌的范围、职能和相互关系，处理多品牌组合以及某一产品品牌层级的关系。理解和管理品牌组合对于制定一个制胜的企业战略，以及成功实施该战略都十分关键。

一般来说，品牌组合战略包括单一化品牌战略、多品牌战略、主副品牌战略以及品牌联合战略等。同时，每一个品牌组合战略都有其优缺点，因此，企业应根据自身的发展目标和职责，合理选择品牌组合战略。有效的品牌组合战略规划是品牌战略管理中品牌提升的重要内容。

9. 品牌国际化

随着经济全球化步伐的加快，品牌国际化已经成为不可抗拒的历史潮流。企业走品牌国际化道路，一方面可以为企业在地域组织上寻求更为广阔的发展空间；另一方面可以在世界范围内营造品牌优势和竞争优势。

品牌国际化的障碍与风险、程序、模式与路径选择等问题，成为品牌国际化成功的主要因素，如此也成为品牌管理的主要内容。

10. 品牌危机

企业面临的所有危机和品牌所处环境充斥着如经济动荡、科技进步、潜在威胁、消费者偏好改变及市场权力重构等众多问题，都可能使品牌在建立、维护和发展阶段出现品牌危机，并且恶化的品牌形象很难在短时间内进行恢复。

对品牌危机进行危机管理已经是相当一部分企业的共识。海尔、华为等一些企业就很重视危机管理。如何预防品牌危机的发生，以及当企业在危机发生以及品牌出现危机时，如何有效地进行品牌危机管理，让品牌资产保值增值，也就成为品牌管理中的一个难题。

11. 品牌更新

由于内部原因和外部原因，企业品牌会出现市场竞争的知名度、美誉度下降，以及销量、市场占有率降低等品牌老化现象。

品牌更新成为品牌自我发展的必然要求，是克服品牌老化的唯一途径。一个成功品牌只有不断更新，才能不被消费者抛弃。但如何预防品牌老化、延长品牌的生命，是品牌管理必须研究和实践的内容。

12. 品牌资产评估与管理

品牌管理以品牌资产为核心。品牌资产是由品牌形象所驱动的资产，它形成的关键在于消费者看待品牌的方式而产生的消费行为。品牌资产关系企业的未来与发展。

对品牌资产进行评估与管理，有利于掌握品牌资产的现状，检验品牌管理的成效，以实施对品牌的有效管理，从而保持和扩展品牌资产。

第六节 品牌管理的组织形式

品牌管理组织是实现品牌价值的维护和提升的基本保障。为了合理配置企业的各种资源，提升企业各类品牌管理资源的积累效应，确保企业战略的实施，企业管理者必须做好品牌管理组织的设计和优化工作，通过不断的变革和调整以适应企业内部环境和外部环境的变化，从而提升品牌的适应能力和品牌的价值。尤其是当企业采用多品牌策略时，企业应注意多种品牌之间的协调与管理，避免品牌个体力量的相互抵消。常见的品牌管理组织形式有以下几种。

一、业主负责制

针对公司规模小、管理人员少的创业阶段的企业，在培育品牌的过程中，业主直接负责品牌决策、品牌沟通、品牌定位和传播的组织实施工作，是一种高度集权的品牌管理组织模式，如图 1-5 所示。这种制度在 20 世纪 20 年代以前是西方企业品牌管理的主流形式，因为企业规模小、品牌经营还比较简单，光靠高层管理者个人就能够应付。例如，福特汽车公司的亨利 · 福特、麦当劳餐厅的雷 · 柯洛克、可口可乐公司的坎德勒等在创业之初，都把品牌的创建和发展作为毕生的使命，亲自参与品牌决策的制定和活动组织。中国目前的中小企业也多采用这种品牌管理形式。

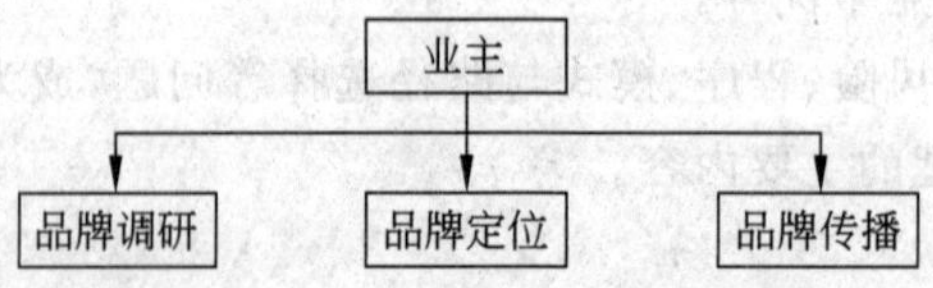

图 1-5 业主负责制品牌管理组织形式

业主负责制的优点：①决策迅速，能方便地整合资源。能根据市场状况和消费者需求，迅速确定品牌定位，并传播到消费群体中，在整个过程中，业主能有效整合企业资源和个人资源来实现品牌管理目标；②能为品牌注入企业家精神，使品牌具有鲜明的企业家个性。业主是企业的主人，也是品牌管理的执行人。业主的执着、热情、诚信等个性很容易被消费群体接受，使品牌具有鲜明的个性。其缺点是一旦企业规模扩大，业主要承担企业众多的管理工作，个人已无精力再处理与所有品牌相关的事宜，品牌管理权限产生了分化。

二、职能管理制

职能管理制是将品牌管理的职责分配到各个职能部门当中去的一种品牌管理组织模式，如图 1-6 所示。例如，市场部承担品牌调研工作，广告部承担品牌传播推广等工作。职能管理制是品牌管理工作分化的结果，在企业发展到一定规模，企业高层管理者把工作重点放在战略、人事、财务等领域，品牌管理工作就由职能部门承担。20 世纪 20—50 年代，这种制度非常普及，至今在我国仍有很大一部分企业采用这种品牌管理模式。

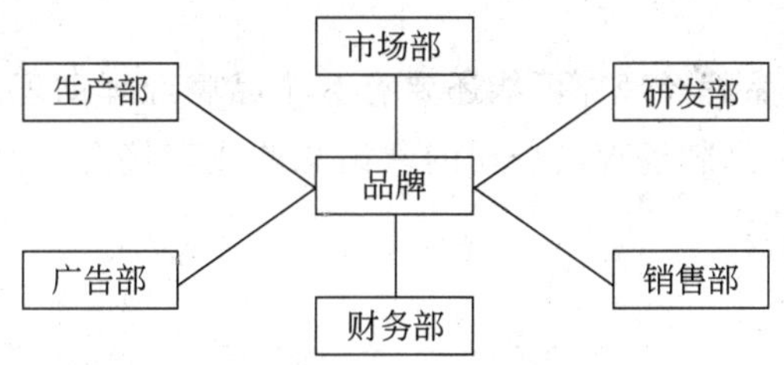

图 1-6　职能管理制品牌管理组织形式

职能管理制的优点：①使高层管理者摆脱品牌具体事务的纠缠，分身出来做其他重大的战略决策；②将专业化的职能分工和科学管理引入品牌管理当中，使品牌在更复杂的环境下成长。其缺点：①各职能部门属于平行机构，缺乏一个上级领导来进行有效的协调和沟通，容易出现扯皮和推诿现象，产生品牌管理的“真空”；②缺乏一个强有力的部门之间的协调人，各职能部门承担多项工作，不一定把品牌作为部门的重要职能，在与市场和消费者的衔接中出现失误或误判的概率增加。

按终端客户需求层次不同，把市场划分为多个层次。例如，计算机设备既卖给个人消费者，也卖给企业用户，还卖给学校、机关等政府机构。这种按不同需求和购买行为或产品偏好划分客户类别，使得一个新的组织营运而生——客户管理中心。客户管理中心为弥补职能管理制各职能机构缺乏协调沟通提供了一种新的选择。这种顾客驱动型的组织也为品牌管理提供一种新的组织形式——客户品牌管理模式。

客户经理负责制是一种以客户为中心的品牌管理形式。客户经理主要负责市场的长期计划和年度计划，分析客户的动向，分析公司应向客户提供什么新产品，然后协调公司各职能部门实现品牌管理计划。他们的工作成绩常用市场份额的增加状况进行评估，而不是看其市场现有的赢利状况。这种市场组织的最大优点是，其管理活动是按照满足各类不同的顾客需求来组织和安排的，而不是集中在营销功能、销售地区或产品上。

三、品牌经理制

品牌经理制是指企业为每一品牌设置一名经理，由其全面负责品牌的创建、维护和提升的一种品牌管理组织形式，如图 1-7 所示。

品牌经理制最早出现在 1931 年的宝洁公司，是对品牌进行管理的一种制度模式，它打破了以往各个品牌的管理工作职能进行分割的做法，让每个品牌都只由一个品牌经理全面

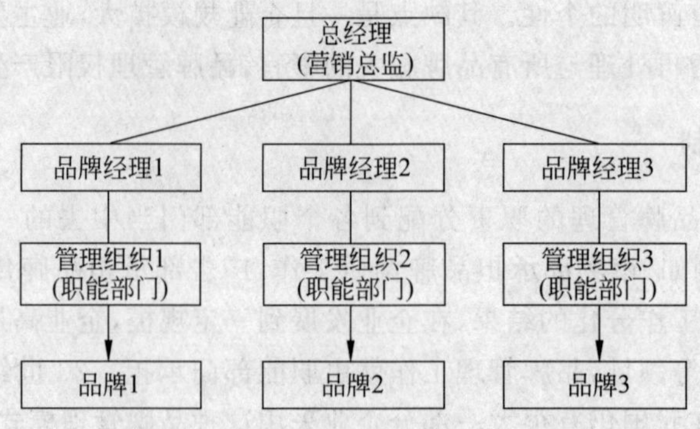

图 1-7 品牌经理制品牌管理组织形式

负责,大的品牌除了一个品牌经理外可能还要有数个品牌经理助理。几个小的品牌也可能同归一个品牌经理负责。品牌经理向公司的营销总监或直接向总经理负责,承担品牌几乎全部的管理与运营的责任。

阅读材料

品牌经理制的诞生

麦克·爱尔洛埃是世界第一位品牌经理。1923 年,宝洁推出了新的香皂品牌"佳美",但销售业绩一直不尽如人意。出现这一局面的重要因素,就是"佳美"的广告及市场营销"太过于象牙皂化"的思维,不同程度上造成了"象牙"皂的翻版。"象牙"皂是宝洁公司的重要产品之一,自 1879 年诞生以来,"象牙"皂通过印刷广告等形式,已成为消费者心目中的名牌产品,销售业绩一直很好。与"象牙"皂面对同一消费群体,又被规定"不允许进行自由竞争"的"佳美"皂,自然成为宝洁公司避免利益冲突的牺牲品。1930 年,宝洁公司决定为"佳美"选择新的广告公司,并向这家广告公司承诺,绝不为竞争设定任何限制。在此之前,负责"佳美"和"象牙"品牌广告的是宝洁自 1922 年起唯一指定的广告公司。"佳美"香皂有了自己的广告公司后,为赢取市场,可以自由地、毫无顾忌地与"象牙"皂展开竞争,就如同与当时别的公司的力士、棕榄等品牌竞争一样,其销售业绩随之迅速增长。1931 年,负责"佳美"品牌的促销和与广告公司日常联系工作的麦克·爱尔洛埃发现,由几个人负责同类产品的广告和销售,不仅造成人力与广告费用的浪费,更重要的是容易对顾客造成顾此失彼,宝洁需要一个与其市场相匹配的特别的管理系统。于是,他提出了"一个人负责一个品牌"的构想,并于 1931 年 5 月 31 日起草了一个具有历史意义的文件。文件中详列了品牌经理的工作职责:品牌经理应能够把销售经理工作的大部分接过来,使销售经理能将主要精力放在销售产品的工作上。麦克·爱尔洛埃"品牌管理"方法,得到了以醉心于改革创新而闻名的宝洁公司总裁杜普利的赞同。从此,宝洁公司的市场营销的理念和市场运作方法开始发生了改变,以"品牌经理"为核心的营销管理体系逐步建立。

(一) 品牌经理的职责

品牌经理是从事品牌业务的主要负责人,在品牌管理中起到重要作用。他的职责是协调企业内部各个部门，以及各个职能部门与市场、消费者之间的关系。品牌经理通过对市场的研究活动，并组织和协调企业的科研、生产、财务、销售等各个职能部门快速反应，采取针对性的措施，使品牌产品不断得到适时调整，更好地适应竞争需要、消费者的需求。品牌经理作为产品品牌的主要责任人，不仅要制订品牌的发展计划，还要督导计划的执行，采取纠正行动等。品牌经理的任务大致包括以下六项内容。

(1) 在对于消费者、竞争者和外部市场环境进行分析研究的基础上，提出品牌管理的具体方案。

(2) 为品牌制订每年的营销计划和预算，并对销售额进行预测。

(3) 与广告和销售代理商共同策划广告方案、节目方案和宣传活动。

(4) 激励品牌的销售队伍和经销商，获取他们的兴趣和支持。

(5) 不断收集市场上有关客户、经销商、竞争者等方面的消息，不断寻找新问题和新机会。

(6) 组织产品的改进和创新计划，以适应不断变化的市场需求。

为完成这些任务，一般来说品牌经理在企业内部要承担以下四项职责。

(1) 市场分析。品牌经理必须综合所有的市场数据来分析所管理品牌的强势、弱势、问题及机会。因此，品牌经理必须具有对数据的高度敏感性和良好的分析能力。

(2) 计划。品牌经理必须制定出该品牌发展的目标，以及实现该目标的途径和方法。

(3) 协调。一旦计划获得批准，一般来说计划人就应承担该计划执行的职责。然而品牌经理却并不一定拥有直接指挥各职能部门的权力，很多情况下都要通过协调工作才能使计划得到施行。为使计划能够顺利执行，品牌经理不仅不许与企业内部几乎所有的部门发生联系，还必须协调和企业外部各关联组织的关系。因此，如果说计划工作需要品牌经理具有良好的判断能力和创造力的话，那么协调工作则要求品牌经理具备更强的领导能力以及耐心。

(4) 控制。品牌经理必须衡量计划的执行结果是否与计划存在重大的偏差，然后决定是否采取行动纠正偏差或进一步改进计划。

（二）品牌经理制的优缺点

品牌经理制的优点：①为每一个品牌设置了专职管理者，负责品牌分析、规划和执行等全过程，从而为品牌的成长提供保障；②品牌经理为品牌建设进行有条不紊的安排，从而增强了各职能部门的协调性；③品牌经理制强化了与企业内部和企业外部的沟通，有利于形成以消费者为中心的品牌模式，培养消费者的偏好和忠诚；④为企业培养了高级的综合管理人才。“品牌经理制”的提出者麦克·爱尔洛埃后来荣升为宝洁公司总裁，再后来被艾森豪威尔总统赏识，出任美国国防部部长。

品牌经理制的缺点：①对品牌管理人员的素质要求很高，一个品牌经理必须能够全面应付品牌管理的各项工作；②品牌管理费用过高，由于同一家企业的每个品牌都需要独立投入，结果出现重复建设、资源内耗等现象。

品牌经理制开创了品牌管理的新模式，与以前的品牌管理组织形式存在明显的不同，如表1-2所示。

表 1-2　品牌经理制与传统做法的比较

项　目	传 统 做 法	实行品牌经理制后
产品开发	工程师考虑最多的是竞争，而非顾客	品牌经理与工程师共同努力，确保产品满足消费者需求
产品定位	相似产品争夺同一消费群	每个品牌的产品必须明确自己的位置
市场营销	由不同的人分管广告、定价和计划	一个人对某种产品的营销全权负责
产品形象	也许每年都会改变产品	一个连续的主题
承担责任	个人对某一产品的成功与否不负责任	品牌经理的收入与产品成功与否挂钩

近年来，尽管品牌管理组织形式也有所改变，但主导思想和模式与品牌经理制联系紧密，或者可以说是品牌经理制的完善和发展。

四、品类经理制

品牌经理制使宝洁成为营销实力最强的企业，但 20 世纪 80 年代后期，品牌经理制的弊端逐渐显现出来，品牌数目过度膨胀，不但造成了资源的分散和浪费，而且影响了企业的有效经营，宝洁开始探索是否有更好的一种品牌管理组织制度，品类经理制应运而生。

品类经理制是品牌经理制的演变，也称为“品牌事业部制”，是指为多个品牌构成的一个产品类别设置一名经理，由其负责该品类的管理和赢利，如图 1-8 所示。品类经理制与品牌经理制本质上是一样的，都是设置专职管理人员来负责品牌管理，而且都是由各职能部门人员共同组成的一种矩阵式管理组织形式；不同之处在于品牌经理制是负责具体一个品牌的管理，而品类经理制是负责几个同类产品的品牌管理。例如，美国纳贝斯克食品公司就实行了品类经理制。该公司设有三个饼干种类管理小组，分别负责成人浓味饼干、营养饼干和儿童饼干的品类管理。每一个品类小组由来自财务、研发、制造和销售部门的专家构成，在一定程度上整合了公司内部的资源，近似于独立的赢利单位，对该品类的成长负有全责。

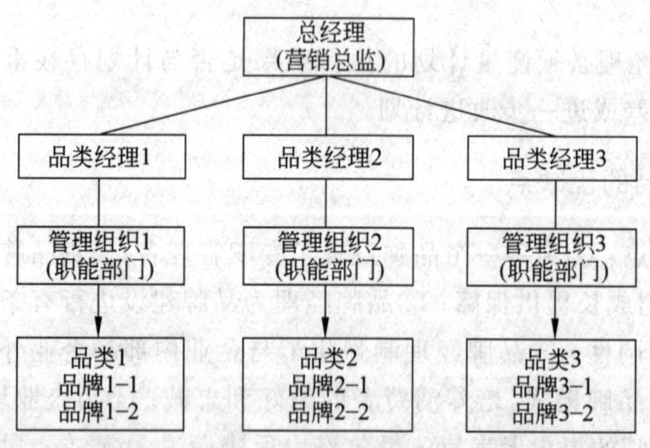

图 1-8　品类经理制品牌管理组织形式

品类经理制的优点：①能够协调品类内各品牌的关系，整合各品牌的优势，避免品牌经理制中出现的资源内耗和重复建设问题；②充分利用品类经理的行业专业优势，提高管理效率。其缺点是各品类之间缺乏整合，依然会出现公司整体品牌形象不统一、不鲜明的问题。

五、品牌管理委员会

21世纪初，一些跨国公司的品牌管理组织又演变成一种新的模式。这种模式由高层管理者直接担任品牌负责人，各职能部门和各品类负责人担任负责人，注重各品类以及各职能协调，称为“品牌管理委员会”，如图1-9所示。这种组织形式以一个战略性的品牌管理部门或人员来弥补品牌经理制和品类经理制的不足，是在品类经理制的基础上，在管理高层加了一个品牌管理委员会。

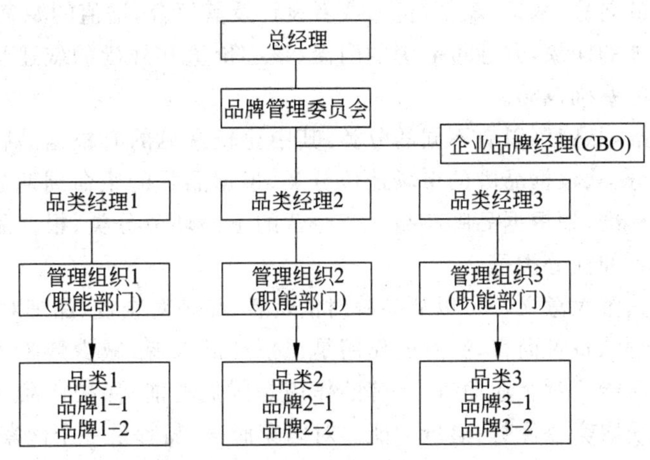

图1-9　品牌管理委员会品牌管理组织形式

品牌管理委员会主要的人员构成包括企业的主管副总、品牌管理委员会(通常由各主要职能部门负责人承担)、品牌项目负责人、品类经理、品牌经理、技术人员、营销人员、财务人员等。此外，还要聘请品牌方面的专家学者作为“外脑”。一些企业设置了首席品牌官(Chief Brand Officer)一职来主持品牌管理委员会的工作。

品牌管理委员会的职责和具体工作包括：①制定品牌管理的战略性文件，规定品牌管理与识别运用一致性策略方面的最高原则；②建立母品牌的核心价值及定位，并使之适应公司的文化及发展需要；③ 定义品牌架构与沟通组织的整体关系，并规划整个品牌系统，使公司每一个品牌都有明确的角色；④品牌延伸、提升等方面战略性的解决；⑤品牌体验、品牌资产评估、品牌传播的战略性监控等。

具体的品牌管理工作有：①为决策层面及时提供品牌信息；②申请注册商标；③设计或参与设计品牌；④研究竞争对手的品牌特点与竞争战略；⑤监控品牌运营；⑥加强品牌知识培训；⑦打假护真；⑧管理商家档案；⑨管理品牌标识的复制、领用与销毁；⑩处理品牌纠纷；⑪ 品牌更新工作的展开等。

GE、惠普、3M等公司成立了品牌管理委员会，其主要职责是建立整体的品牌战略，确保各事业部品牌之间的沟通与整合。

品牌管理委员会的优点：①能够有效协调各类之间的关系，统一企业整体形象；②能够有效协调各职能部门之间的关系，因为各职能部门的主管都是该委员会的委员；③有助于建立全员品牌导向，因为品牌管理委员会处于公司的高层位置，对整个公司都有管理权限。其缺点：①高层管理者身居高位，对各品牌、品类的一线市场了解不足，难免出现一些决策过于主观的问题；②对高层管理者的品牌管理水平要求高，高层管理者并不等同于品牌的专业管理人士，在做决策时难免会出现一些非专业的错误。

本章小结

在综合了符号说、综合说、关系说、资源说这四类品牌概念的基础上，提出了品牌的定义：品牌是给拥有者带来溢价、产生增值的一种无形资产，它的载体是用于和其他竞争者的产品或劳务相区分的名称、术语、象征、记号或者设计及其组合，增值的源泉来自在消费者心中形成的关于其载体的印象，并通过品牌的内涵、核心价值和外延的叙述与举例，为理解品牌概念给出了初步的基础范畴。

依据不同的标准，品牌可以有不同的分类，其中比较常见的有根据品牌的影响力分类、根据品牌化的对象分类、根据品牌的市场地位分类、根据品牌的生命周期分类四种。另外，还有一些其他分类标准，如根据品牌产品生产经营的不同环节分类、根据品牌来源分类、根据品牌的原创性与延伸性分类等。

品牌的存在有其重大意义。可以从品牌对消费者、品牌对企业、品牌对国家三个方面来分析品牌的作用。对消费者而言，品牌的作用是识别产品来源；减少购买风险；降低搜寻成本；质量信号；象征功能。对企业而言，品牌的作用是区隔功能；保护产品特色；塑造企业形象；降低企业成本；获取竞争优势；溢价功能。对国家而言，品牌是一个国家实力和整个民族财富的象征。

品牌管理就是管理者对培育品牌资产而展开的以消费者为中心的规划、传播、提升和评估等一系列战略决策和策略执行活动。其中，品牌管理的主体是品牌管理者，品牌管理的目的是培育品牌资产，品牌管理的中心是消费者，品牌管理的内容是战略决策和策略执行，具体包括品牌的规划、传播、提升和评估等工作。品牌管理具有三个特点：系统性、全方位性和长期性。

品牌管理是一项系统工程，牵涉到环境和资源、战略和策略、内部和外部等多方面问题。为此，学者们根据自己的看法提出了各种流程步骤。其中，凯勒的战略品牌管理流程，切纳托尼的创建品牌八阶段，戴维斯的品牌资产管理框架，余明阳、姜炜的品牌战略管理过程五步骤，周志民的品牌管理流程四阶段十一步骤等是具代表性和权威性的观点。

品牌管理的基本内容包括：制定品牌管理的方向与目标、建立品牌管理、品牌决策、品牌定位、品牌设计、品牌推广、品牌延伸与授权、品牌组合、品牌危机、品牌更新、品牌国际化、品牌资产评估与管理。

品牌管理组织是实现品牌价值的维护和提升的基本保障。常见的品牌管理组织形式有业主负责制、职能管理制、品牌经理制、品类经理制和品牌管理委员会等。这些组织形式都是为适应品牌发展而出现的品牌管理模式。

复习思考

(1) 联系某一品牌，分析品牌的内涵。

(2)“麦当劳的 M 形招牌就是它的品牌”，这是品牌定义中的哪一类观点？请进行分析说明。

(3) 你最喜欢的品牌,它的品牌名称有什么含义?

(4) 品牌与产品、商标、名牌之间有哪些区别?

(5) 对于消费者、企业、国家来说,品牌的作用分别是什么?

(6) 品牌管理的内涵是什么?

(7) 品牌管理的特点是什么?

(8) 品牌管理的流程框架主要有哪几种?请运用一种品牌管理流程理论来描述联想的品牌管理。

(9) 品牌管理的内容有什么?

(10) 品牌管理的组织形式演变经历了哪几个过程?每一种品牌管理组织形式的优缺点是什么?

案例分析

一个关键词引发的诉讼纠纷

北京市朝阳区人民法院就"桔子酒店告格林豪泰酒店不正当竞争"一案作出判决,认定:格林豪森酒店与雅虎网的经营方北京阿里巴巴信息技术有限公司的行为构成不正当竞争,对桔子酒店的经营造成影响,格林豪泰酒店赔偿桔子酒店6.7万元,并需在其官方网站首页连续三十日刊登消除影响的声明。

另一被告雅虎网则与桔子酒店达成庭外和解。至此,这场沸沸扬扬耗时一年之久的"桔子酒店门"一案终以桔子酒店的胜诉而正式收场。

2009年3月,桔子酒店在雅虎网站的搜索引擎输入"桔子酒店"后,页面上即显示出"桔子酒店99.8元商务房",同时附注"订桔子酒店不如来格林豪泰酒店"等字样,而点击该标题后,链接的是格林豪泰酒店的公司网站。桔子酒店据此将两者告上法庭,认为雅虎网以营利为目的,协助格林豪泰酒店在其网站提供上述虚假信息,其行为已经超出传统搜索引擎的服务范畴,应当与格林豪泰酒店承担共同侵权的责任,要求索赔10.7万元。

桔子酒店公司的代理律师陈诉称,桔子酒店在全国有16家分店,定位于时尚、个性化酒店,在同行业拥有良好口碑及品牌知名度。格林豪泰该行为会使消费者混淆或误解该标题链接的网站是桔子酒店的网站,其目的在于吸引该酒店的客源,进而挤占桔子酒店的市场份额,影响其市场竞争力,给酒店的商业信誉带来负面影响。势必造成潜在客户对桔子酒店评价的降低和市场宣传的困难。

针对判决结果,桔子酒店相关负责人表示:获赔金额与索赔金额虽有差距,但桔子酒店相信法律的公正判决。

案例思考:

(1) 对桔子酒店公司而言,关键词"桔子酒店"意味着什么?

(2) 品牌与产品及消费者之间到底有什么关系?

麦当劳的品牌形成

麦当劳是由曼利斯和麦克唐纳两位犹太兄弟在1937年创建的,起名为麦当劳餐厅。1952年为适应其拓展经营连锁店的需要,他们把品牌标志画成一个并排的双拱门,十分耀眼夺目，让人很远即可望见。凑巧这个双拱门与店名 McDonald's 的首字母 M 极为相似，麦克唐纳兄弟决定将此金黄色造型，作为企业标志与商标图形。1965 年麦当劳股票上市，从此扶摇直上。1985 年营业收入 110 亿美元，就在这年，公司在全球开设了 597 家分店，在美国本土已经达到 8854 家。到目前为止，麦当劳在全球 100 多个国家拥有 20000 多家餐厅。

麦当劳品牌发展迅速，与其经营理念是分不开的。它的经营理念——QSCV。Q 代表质量(quality)。麦当劳推行严格的品质管理，拥有成套设备以保证作业系统化，产品标准化，出售的汉堡包出炉后不得超过 10 分钟，炸薯条超过 7 分钟即舍弃不卖。S 代表服务(service)，包括店铺建筑的舒适感、营业时间的设定与服务态度等，让顾客身心得到放松。从客人选定食品到送到客人手上不超过 1 分钟，北京展览馆门店曾以准备食物只用 16 秒打破世界最快服务速度纪录。C 代表清洁(cleanliness)，它一直作为员工的行为规范。如在麦当劳的员工行为规范中有一条“与其背靠休息，不如起身打扫 ”；以确保用餐地点的清洁维护。V 代表价值(value)，传达了麦当劳提供物超所值的高品质食品给顾客的理念。以上四点结合，就是麦当劳快餐公司成功的法宝。

除了经营理念之外，麦当劳的营销行为识别和视觉识别也对其品牌价值的创造作出了不少贡献。40 年来，M 标志已成为“世界通用的语言——麦当劳”，同时，“麦当劳游乐场”与造型可爱的“麦当劳叔叔”也是公司形象设计的一个部分。麦当劳快餐公司认为，儿童对企业营销具有不寻常的意义，因而把环境布置得更加幽雅而有趣，不仅能更多地吸引小朋友及其家长，而且是企业形象的象征，是优质服务的具体展示。可亲而滑稽的“麦当劳叔叔”，自 1963 年第一次在华盛顿登台后，更是企业微笑服务的代言人，在儿童心目中，它已成为仅次于圣诞老人的卡通形象。所有这一切，都为 McDonald's 一举登上世界十大品牌之首奠定了根基。

案例思考：

(1) 麦当劳的经营理念是什么？它对增加麦当劳的品牌价值有什么作用？

(2) 麦当劳的主要顾客是谁？他们有什么心理特点？麦当劳通过什么样的做法使顾客形成品牌忠诚？如果你是一个麦当劳餐厅的负责人，你会怎么做？

第二章

品牌定位与品牌个性

开篇引例

万宝路的市场定位

一提到万宝路，在全球消费者心目中便涌现出了那粗犷豪放、自由自在、纵横驰骋、浑身是劲、四海为家、无拘无束的美国西部牛仔形象。如今，万宝路无疑是知名度最高和最具魅力的国际品牌之一。就销售而言，全球平均每分钟消费的万宝路香烟就达100万支之多。

大概谁也不会想到风靡全球的万宝路香烟也曾面临倒闭的窘况。

万宝路香烟创立于美国20世纪20年代。当时的美国，被称为“迷惘的时代”。经过第一次世界大战的冲击，许多青年都自认为受到了战争的创伤，并且认为只有拼命享乐才能将这种创伤冲淡。他们或在爵士乐的包围中尖声大叫，或沉浸在香烟的烟雾缭绕当中。于是，定位于女性烟民的“万宝路”问世了。

“万宝路”这个名字也是针对当时的社会风气而定的。“MARLBORO”其实是“Man Always Remember Lovely Because of Romantic Only”的缩写，意为“男人们总是忘不了女人的爱”。其广告口号是“像五月的天气一样温和”。用意在于争当女性烟民的“红颜知己”。为了表示对女烟民关怀，菲利普·莫里斯公司把“MARLBORO”香烟的烟嘴染成红色，以期广大爱美女士为这种无微不至的关怀所感动，从而打开销路。然而几个星期过去，几个月过去，几年过去了，菲利普·莫里斯公司期待的销售热潮始终没有出现。热烈的期待不得不面对现实中尴尬的冷场。

“万宝路”从1924年问世，一直至20世纪50年代，始终默默无闻。它的温柔气质的广告形象似乎也未给广大淑女们留下深刻的印象。这是否意味着广告定位上的失败呢？

20世纪20年代的市场观念明显偏重于产品经营与消费者利益的考虑，而缺乏以长远的经营、销售目标为引导的带有主动性的广告意识。菲利普·莫里斯公司的广告口号“像五月的天气一样温和”显得过于文雅，而且是对妇女身上原有的脂粉气的附和，致使广大男性烟民对其望而却步。这样的一种广告定位虽然突出了自己的品牌个性，也提出了对某一类消费者(这里是妇女)特殊的偏爱，但为其未来的发展设置了障碍，导致它的消费者范围难以扩大。

香烟是一种特殊商品，它必须形成坚固的消费群，重复消费的次数越多，消费群给制造商带来的销售收入就越多。而女性对烟的嗜好远不及对服装的热情，而且一旦她们变成贤妻良母，她们并不鼓励自己的女儿抽烟！并且女性往往由于其爱美之心，担心过度抽烟会使牙变黄，面色受到影响，因此，在抽烟时较男性烟民要节制得多。这样，其重复消费的次数很少，而且难以形成坚固的消费群，所以香烟生产者在女性烟民那里赚钱的设想总是不容乐观的。"万宝路"的命运在上述原因的作用下，也趋黯淡。

在20世纪30年代，"万宝路"同其他消费品一起，度过由于经济危机带来的"大萧条岁月"。这时它的名字鲜为人知。第二次世界大战爆发以后，烟民数量上升，而且随着香烟过滤嘴出现，可以承诺消费者，过滤嘴可以使有害的尼古丁进入不了身体，烟民们可以放心大胆地抽自己喜欢的香烟。菲利普·莫里斯公司也忙着给"万宝路"配上过滤嘴，希望以此获得转机。然而令人失望的是，烟民对"万宝路"的反应始终很冷淡。

抱着心存不甘的心理，菲利普·莫里斯公司开始考虑重塑形象。公司派专人请利奥·伯内特广告公司为"万宝路"做广告策划，以期打出"万宝路"的名气销路。"让我们忘掉那个脂粉香艳的女子香烟，重新创造一个富有男子汉气概的举世闻名的'万宝路'香烟!"——利奥·伯内特广告公司的创始人利奥·伯内特对一筹莫展的求援者说。一个崭新大胆的改造"万宝路"香烟形象的计划产生了。产品品质不变，包装采用当时首创的平开式盒盖技术，并将名称的标准字(MARLBORO)尖角化，使之更富有男性的刚强，并以红色作为外盒主要色彩。

广告的重大变化是："'万宝路'的广告不再以妇女为主要对象，而是用硬铮铮的男子汉。"在广告中强调"万宝路"的男子汉气概，以吸引所有爱好追求这种气概的顾客。菲利普·莫里斯公司开始用马车夫、潜水员、农夫等做具有男子汉气概的广告男主角。但这个理想中的男子汉最后还是集中到美国牛仔这个形象上：一个目光深沉、皮肤粗糙、浑身散发着粗犷、豪气的英雄男子汉，在广告中袖管高高卷起，露出多毛的手臂，手指总是夹着一支冉冉冒烟的"万宝路"香烟，时刻流露着美国西部牛仔的英雄气概，魅力非凡。当时的广告词：哪里有男士，哪里就有万宝路。给世人留下了深刻的印象。

这种洗尽女人脂粉味的广告于1954年问世，它给"万宝路"带来了巨大的财富。仅1954—1955年，"万宝路"销售量提高了三倍，一跃成为全美第十大香烟品牌，1968年其市场占有率上升到全美同行第二位。

菲利普·莫里斯公司投入数额巨大的广告费，终于在人们心中树立起哪里有男子汉，哪里就有万宝路的品牌形象。那粗犷豪放、自由自在、纵横驰骋、浑身是劲、四海为家、无拘无束的牛仔代表了在美国开拓事业中不屈不挠的男子汉精神，而这也作为万宝路的形象深入了人心。

现在，"万宝路"每年在世界上销售香烟3000亿支，用5000架波音707飞机才能装完。世界上每抽掉4支烟，其中就有一支是"万宝路"。从这一点来说，万宝路已经成为一个世界品牌毫不夸张。

思考：

(1) 万宝路为什么要进行品牌重定位?

(2) 万宝路的品牌重定位有何特点?

在商品极度丰富的买方市场，同类产品争夺消费者的竞争日趋激烈，很多企业都已经体会到了品牌的好处，千方百计地通过塑造品牌来赢得消费者，使自己的品牌在消费者心目中占有一席之地，在消费者产生某种需求时，能立即联想到该品牌。但是要怎样才能在众多的品牌中突出自己的品牌特点呢？如何提高品牌在消费者心目中的地位呢？这就需要创造品牌的差异化，塑造品牌的独特鲜明的个性形象。也就是说，要进行品牌的定位和个性塑造。

因此，本章主要阐述品牌定位理论概述、品牌定位的内涵、品牌定位的过程、品牌定位的策略、品牌的重定位、品牌个性的内涵以及品牌个性的来源与塑造。

第一节　品牌定位的内涵

一、品牌定位的定义

美国营销专家艾尔·里斯和杰克·特劳特认为，定位是从产品定位开始的，可以是一件商品、一项服务、一家公司、一个机构，甚至是一个人。但定位并不是对产品做什么事情，而是为产品在潜在消费者的脑海里确定一个合适的位置。产品的确需要配合定位来进行设计和生产，但其目的是在潜在消费者心目中得到有利的地位。可见，定位的焦点是消费者的心智，即让产品信息占据消费者心智中的空隙。

菲利普·科特勒给定位下的定义："定位是指公司设计出自己的产品和形象，从而在目标顾客心中确立与众不同的有价值的地位。"所以具体来说品牌定位就是希望顾客感受、思考和感觉该品牌不同于竞争者的品牌的一种方式。

特劳特(中国)品牌战略咨询有限公司以品牌定位策划而见长，其总裁邓德隆对定位有颇深的认识。他指出，所谓定位，就是让品牌在消费者心智中占据最有利的位置，使品牌成为某个类别或某种特性的代表品牌。当消费者产生相关需求时，便会将定位品牌作为首选，也就是说这个品牌占据了这个位置。

结合以上各位学者的观点，本书对品牌定位所下的综合定义：指为某一特定品牌确定一个适当的市场位置，使商品在消费者的心中占据一个有利的位置，并与其建立一种内在的联系，这样，当某种需要一旦产生时，人们会先想到某一品牌。例如，海飞丝长期以来一直定位于"去头屑"，当消费者饱受头屑之苦、亟须解决问题时，就立刻会想到专业的去屑专家——海飞丝，从而在购买欲望的驱使下，作出有利于海飞丝品牌的决策。

这一定义有以下三个要点。

(1) 定位的焦点是消费者的心智。从概念中可以看出，定位的本质是"心理占位"，是对顾客心理的运作，即向顾客传播一种有关品牌的事情或观念，使其在认同和接受时对品牌形成一个独特的印象和信念。

(2) 定位的诉求点必须是与消费者需求相关，同时与竞争者之间存在差异。不与消费者的需求相关，其诉求点不可能打动消费者；而不与竞争者之间产生差异，其诉求点无法在繁杂的信息中脱颖而出。

(3) 定位的结果将产生一个品类的代表或者特性的代表。品类是指产品所处的某种类别，而特性是指产品所具备的某种利益特点。例如，清扬已成为"男士去屑洗发水"这一品类的第一品牌。

二、品牌定位的意义

(一) 品牌定位有助于消费者记住企业所传达的信息

现代社会是信息社会，消费者被信息围困，应接不暇。各种信息、资料、新闻、广告铺天盖地。以报纸为例，美国报纸每年过千万吨，这意味着每人每年消费 94 吨报纸。一般而言，一份大都市的报纸，像《21世纪经济报道》，可能包含有50万字以上，以平均每分钟读300字的速度计算，全部看完几乎需要30小时。如果仔细阅读的话，一个人一天即使不做其他任何事情，不吃不睡，也读不完一份报纸。更何况现代社会的媒体工具种类繁多，电视、杂志、网络上的信息也铺天盖地，更新快速。如此多的媒体，如此多的产品，如此多的信息，消费者无所适从是必然的，这也使得企业的许多促销努力付诸流水，得不到理想的效果。研究发现，人只能接受有限量的感觉，超过某一点，脑子就会一片空白。在这个信息过量的时代，人们对如此多的产品产生了过量的感觉，企业只有压缩信息，实施定位，也就是一方面简化自己品牌的信息；另一方面努力使自己的品牌与众不同，这样才能为自己的产品塑造一个最能打动潜在顾客心理的品牌形象，这才是在今天这个市场环境下明智的选择。Lee是"最贴身的牛仔"、七喜是"非可乐"、Joy是"世界上最贵的香水"……品牌定位使潜在顾客能够对该品牌产生正确的认知，进而产生品牌偏好和购买行动，它是企业信息成功通向潜在顾客心智的一条捷径。品牌的独特定位为其不同于竞争者的产品或服务提供了竞争性的理由，从而使企业在越来越同质化的激烈竞争中脱颖而出。

（二）品牌定位是确立品牌个性的重要途径

科学技术的飞速发展使同类产品的质量和性能十分接近，同质化现象越来越严重，已无法满足消费者在情感和自我表现上的需求。因此，品牌的情感诉求已成为品牌竞争的焦点之一，品牌个性则是品牌情感诉求的集中体现。那么，如何凸显品牌个性呢？这就需要品牌定位。品牌定位清晰，品牌个性就鲜明；品牌定位不明确，品牌个性就模糊。可见，品牌定位是确立品牌个性的重要途径。

美国著名品牌专家大卫·阿克在其《品牌经营法则》一书中提出，品牌个性可以借助人口统计项目（年龄、性别、社会阶层和种族等）、生活形态（活动兴趣和意见等）或是人类的个性特点（外向性、一致性和依赖性等）来加以描述。他将品牌个性分为纯真、刺激、称职、教养和强壮五类。同时，每类个性特征又细分为不同的面相（共15个面相）。例如，个性要素纯真的柯达，代表了纯朴、诚实、有益、愉悦的面相，其特点是表现以家庭为主的、诚心的、友善的、温暖的、快乐的；个性要素刺激的保时捷，代表了大胆、有朝气、富有想象力、新潮的面相，其特点表现为极时髦的、刺激的、精力充沛的、冒险的、创新的。这五大个性要素和15个面相的不同构成比例可以使品牌呈现不同的个性特征。对有些品牌是正面的个性特征，对另一些品牌可能就是负面的，如阳刚、强壮对万宝路来说是正面的个性特征，温柔、体贴则是其负面的个性特征。品牌定位中对品牌蕴涵情感的设计，也确定了该品牌所具有的个性。

（三）品牌定位是品牌传播的基础

品牌传播是指借助于广告、公关等手段将所设计的品牌形象传递给目标消费者，品牌定位是指让所设计的品牌形象在消费者心中占据一个独特的、有价值的位置，二者相互依存，密不可分。一方面，品牌定位必须通过品牌传播才能完成。因为只有及时准确地将企业设计的品牌形象传递给目标消费者，求得消费者认同，引起消费者共鸣，该定位才是有效的。另一方面，品牌传播必须以品牌定位为前提，因为品牌定位决定了品牌传播的内容。离开了事先的品牌整体形象设计，品牌传播就失去了方向和依据。因此，品牌定位是品牌传播的基础。

以广告为例，如果说品牌定位是勾勒形象，那么广告就是描绘形象。如果说品牌定位是攻心策略，那么广告便是攻心手段。一方面，广告诉求作为企业与消费者沟通的主题，是品牌个性的重要体现。品牌定位需要借助于广告的强大力量和消费者发生心理共鸣。另一方面，广告策略必须以品牌定位为前提。广告主题、广告创意、广告表现等要素都要紧紧围绕着品牌定位，服从和服务于品牌定位。特别是广告创意，它是广告的生命和灵魂，是广告之眼，必须与品牌定位密切相关，而不能脱离品牌定位。如果创意和定位的方向相一致，创意的增量越大，定位实现的希望越大，品牌跃升的能量就越多；如果创意和定位的方向不一致，创意的增量越大，定位实现的希望越小，对品牌的伤害也就越大。因此，如果没有一个清晰、准确的品牌定位，投了许多广告而见不到效果，也就不足为怪。再多的小木船也绑不成一艘航空母舰，道理是一样的。

（四）品牌定位为消费者提供了一个明确的购买理由

差异化不是品牌竞争成功的充分条件，因为消费者需要的是满足他们需求的东西。品牌定位是在消费者心智中找到一个能打动消费者的位置，并通过各种传播工具告知消费者，从而为消费者提供一个明确的购买理由。例如，捷达汽车的外观并不时尚，但其耐用的特性吸引了大批消费者购买。

（五）品牌定位是品牌占领市场的前提

经过品牌定位，品牌个性就可以在目标消费者心中占据一个有利的位置，就可以使消费者与之产生心理共鸣，接受和认可品牌。品牌定位的目的在于塑造良好的品牌形象，对消费者产生永久的魅力，吸引消费者，使消费者产生购买欲望，作出购买决策，充分体验品牌定位表达的情感诉求。赢得消费者，就意味着赢得市场竞争的胜利。因此，品牌定位是品牌占领市场的前提。假如没有品牌定位，那么产品营销和品牌形象的塑造将是盲目的。万宝路在世界各地市场的巨大成功，正是量体裁衣、因地制宜实施品牌定位的结果。

三、品牌定位的原则

品牌定位在品牌经营和市场营销中有着不可估量的作用，因此在企业对品牌进行定位的过程中，也应遵循一定的品牌定位原则。

（一）心智主导原则

品牌定位是品牌与这一品牌所对应的目标消费者群建立一种内在的联系，并在消费者心中占据一个有价值的位置。品牌定位必须针对目标顾客，因为只有目标市场才是其特定的传播对象。如果品牌不能定位在顾客所偏爱的位置，或者说没有抓住他们的需求点，那么这一定位就无法与顾客产生共鸣，获得他们的认同。只有在对目标顾客深入了解的基础上，认准了顾客需求，才能找到品牌所要满足的目标顾客群的特定偏好，这样才能获得成功的定位，占据顾客的心。麦当劳说，“我们不仅是餐饮业，我们还是娱乐业”。它所卖给消费者的不仅仅是快餐食品，满足了人们对于清洁、方便、快捷的快餐食品需求，而且它标准化的门店设计和优质服务所营造的热闹、快乐、轻松的氛围体现了其独具特色的餐饮文化，更是满足了人们对轻松、快乐体验的深层次需求。

（二）差异化原则

品牌定位的本质就是塑造品牌的差异性，在同质化的时代，差异化成为企业制胜的法宝，如果品牌定位不能凸显品牌的差异性特征，甚至跟随其他品牌的特征描述，在众多的竞争品牌中就无法区别竞争对手。比如，为提高收视率，我国各大省份的卫视展开了定位之争，如湖南卫视的娱乐定位、安徽卫视的电视剧定位、海南卫视（旅游卫视）的旅游定位、贵州卫视的西部定位等。

品牌差异化定位的塑造需要分析消费者的需求和市场状况，从而在市场上找到消费者未实现的诉求空白点，然后利用企业配称技能型资源，把空白点变成品牌的定位点。例如，1994年年末白加黑推向市场时，并没有跟进当时感冒药的领导品牌康泰克的“长效”定位和泰诺的“速效”定位。而是另辟蹊径，提出“白天吃白片，不瞌睡；晚上服黑片，睡得香”，将两位领先者重新定义为黑白不分的感冒药，自己是“日夜分服”。凭此定位，白加黑上市仅180天其销售额就突破了1.6亿元，在拥挤的感冒药市场上占据15%的份额，登上了行业第二品牌的地位，从此进入了三强品牌之列。

（三）稳定性原则

企业对品牌进行定位后，必须长期坚持，以强化品牌形象。除非是原有定位不合时宜，否则品牌定位不要随意更改。世界上许多著名品牌的建立，都是长期坚持的结果，如奔驰汽车和宝马汽车。如果企业随意改变品牌的定位，就有可能会招致顾客的反感，导致资源的浪费，也会给竞争对手可乘之机，丧失原有的竞争力。例如，多年来，派克笔象征着一种身份和地位，因此同竞争对手相比其价格一直维持在很高的地位。很多上层社会的人物都喜欢使用派克笔，以彰显自身的身份地位，满足自己的心理需求。但20世纪80年代，管理当局为了扩大市场份额，推出3美元一支的大众化派克笔，结果派克公司非但没有顺利打入低档钢笔市场，反而扰乱了以前的品牌定位，使其也丧失了在高档钢笔市场的竞争地位，导致企业经营陷入困境。再如，“沃尔沃就是安全”的认知也是因为沃尔沃长期坚持“安全”定位的结果。

当然，品牌定位也不是一成不变的，当原有定位不合时宜或错误时，企业就需要进行重新定位。这时，企业需根据社会的进步、人们生活方式和价值观念的变化、消费者需求的改变、产品的升级换代以及周围市场环境的变化而不断调整，进行再定位，使品牌拥有活力，始终贴近消费者的需求。

阅读材料

计时器还是价值符号

钟表的诞生源于人们对准确计时的渴求。1906年机械手表的诞生，不但大大提高了计时的准确性，而且因其方便易携带的特点，而得到迅速普及。到20世纪三四十年代，全球每年生产3000多万只手表，其中瑞士的产量占了2/3，稳居世界第一，成为机械手表时代当之无愧的龙头老大。1970年石英表的发明改变了这一格局。由于采用了石英谐振器，石英表计时的准确性大幅度提高。广泛采用石英表技术的日本钟表制造商迅速崛起，严重冲击了瑞士的手表制造业。当时，瑞士许多企业倒闭，数万人失业。著名的天梭公司的亏损高达2000多万美元。瑞士在全球钟表市场的份额由43%降至15%。日本制造的西铁城、精工、卡西欧等石英表占领了主要市场，截至此时，计时准确性似乎对钟表业的发展起到了决定性的作用。

决定钟表企业成败的真的只有计时准确这一因素吗？瑞士制造商很快给出了另一个截然不同的答案。震惊于石英表巨大冲击力的瑞士制造商们聪明地舍弃了在计时准确性上的过度追求，转而立足于开发手表品牌的潜在文化内涵，如身份象征、品位等符号性要素。通过对品牌进行重新定位，将手表由简单的计时器转化为融入个人生活品位、身份象征的特殊装饰品，并采用独特的设计和制作工艺来凸显其品位的独特与尊贵。瑞士钟表业通过对手表的重新定位和营销努力，夺回了大部分市场。目前，瑞士生产的手表约占世界产量的5%，却占世界手表销售额的70%。

但总的来说，一旦品牌定位确定了，就应在一定时期内保持相对的稳定性，以便巩固品牌在消费者心目中的形象。

（四）简明性原则

很多企业管理者想当然地认为品牌的卖点越多吸引力越大，消费者就越会购买，殊不知，喜欢简单的信息是消费者心智的一大特征。在大量的品牌信息充斥消费者脑海的时候，唯有简明清晰的定位才能使品牌脱颖而出。简单明了的品牌定位有助于消费者的接收、记忆和传播。例如，联合西银行只说“快”，王老吉凉茶说“预防上火”，北京同仁医院是中国最著名的眼科医院等。沃尔沃曾一度把自己定位成可靠、奢华、安全、开起来好玩的车，结果造成了消费者混乱的认知，后来修正定位，只讲“安全”，从而形成现在一提到最安全的车就想到沃尔沃的理想结果。

第二节　品牌定位的过程

品牌定位的过程是企业对自身所处的市场环境包括竞争对手、消费者充分分析的基础上，结合自身的特点，确立品牌在消费者心目中形象的过程。为了获得清晰准确的定位，必须遵循一定的操作程序。一般来说，一个完整、有效的品牌定位的形成要遵循以下步骤。

一、市场分析

品牌定位首先要进行深入的市场分析，以建立对市场宏观环境、竞争格局、渠道终端状况、消费者行为、心理特征的认知范式，从而准确把握消费者需求动态，准确构建产品的利益点，建立准确的品牌定位。市场分析作为品牌定位的第一步，其分析所得的数据是否准确可信，将决定品牌定位的准确性。在市场分析中，比较重要的分析是对竞争对手的分析和对消费者的分析。

（一）对竞争对手的分析

“知己知彼，百战不殆。”企业要成功地进行品牌定位，首先必须对同行业竞争者的相关情况进行分析。具体来说，就是要了解行业内竞争对手的数量、他们提供的产品类别及所占的市场份额、在市场中处于什么样的竞争地位、他们的优势和劣势分别是什么及未来的发展方向等。为了准确了解这些问题，需要调研人员运用相关的调研方法和手段，对市场和消费者等展开深入的调查，运用科学的研究方法，系统地分析所搜集到的资料和数据，形成一些有价值的分析结果，为决策者提供一个客观、准确的认知。

（二）对消费者的分析

在消费者分析上，企业要做好相关的市场调研，准确把握消费者的需求。品牌定位总是建立在对顾客需求准确把握基础之上的，只有充分了解顾客的消费需求，才能洞悉消费者的消费心理，从而为塑造与之呼应的品牌个性提供科学的决策依据。消费者分析主要包括对目标消费者收入状况、生活方式、价值观、心理需求、购买动机、媒体偏好等信息的调查与把握。

大多数成功的品牌定位和失败的品牌定位，其原因都是在是否对消费者的需求有充分的了解。例如，经过 20 世纪 90 年代中期的房地产泡沫后，广州及广东很多大城市的房地产出现了许多空置的商品房，这主要是由于在开发时，众多开发商盲目乐观，忽视了大部分居民收入水平还不高的这一现实，虽然广东大部分城市居民的人均居住面积不到 15 平方米，而且随着城市化的不断加强，对住宅的需要越来越旺盛，但大多数消费者对过高的住宅价格只能是望而却步。而碧桂园集团却注意到了广东消费者的这种需求特点，在开发房地产时，通过大规模化成片开发和实施纵向一体化策略，大幅降低了房地产开发成本，同大多数房地产开发商相比，碧桂园将自己的房地产品牌定位为物美价廉，通过低价获得了消费者的青睐。十多年来，碧桂园先后开发了多个房地产项目，大都取得了辉煌的业绩。

二、企业内部条件分析

这里所说的企业内部条件分析实际上也就是战略管理上所说的内部环境分析。内部条件分析的目的主要是明确企业自身拥有哪些资源和能力，从而找出企业拥有哪些优势和存在哪些劣势。成功的市场定位总是建立在对消费者需求准确把握，对竞争对手充分了解，对自身所具备的能力充分认知的基础之上的。

企业内部条件分析主要包括以下几点。

（一）企业战略

品牌定位战略作为公司品牌战略的一部分，必然受到整个企业发展战略的影响。也就是说，品牌定位战略必须与公司的品牌战略相一致，与企业的发展战略相吻合，这样才符合品牌和公司长远的发展要求。

（二）产品

产品是品牌定位的基准和依托点，只有深度的分析和挖掘与产品有关的信息，才能找到最适合自身产品的品牌定位与传播方式。主要包括产品质量、性能、包装、式样、技术、功能以及产品的耐用性、可靠性和安全性等。

（三）服务水平

企业现有的服务水平是对企业品牌定位的有力支撑，是企业品牌定位的依据之一。主要包括订货、送货、安装、顾客培训、咨询服务和售后服务等各个方面。

（四）企业形象

企业形象是指企业在消费者心目中的印象感知，以及由此产生的消费者对企业的看法和评价。影响企业形象的主要因素包括企业标志、传播媒体、公共关系和广告宣传等。对企业形象的分析可以帮助企业找出企业品牌定位的基点。

（五）企业规模

衡量企业规模的指标包括企业现有资金实力、市场占有率、员工人数、销售收入、销售利润率等。企业在进行品牌定位的时候，要根据自身实力和规模来进行。同时，企业规模是一个动态的概念，在品牌定位初期就要对现有企业规模扩张的幅度进行预测。

（六）营销渠道

营销渠道也称为营销网络或销售通路。美国著名营销专家菲利普・科特勒将其定义为："营销渠道就是指某种货物或劳务从生产者（制造商）向消费者（用户）转移时取得这种货物或劳务的所有权的所有组织和/或个人。"企业销售系统属于企业操作层面，企业品牌定位属于企业战略层面，而企业现有销售渠道是联结这两个层面的桥梁。

（七）人力资源

企业人力资源是指企业现有员工的数量及素质，员工的工作能力、忠诚度、应变能力及沟通能力是企业战略顺畅执行的保证。因此，企业人力资源是企业品牌定位方案执行的保证。

三、市场细分

市场细分是指企业根据企业自身的条件和营销意图把消费者按不同标准分为一个个较小的，有着某些相似特点的子市场的做法。企业进行市场细分是因为在现代市场条件下，消费者的需求是多样化的，而且人数众多，分布广泛，任何企业都不可能以自己有限的资源满足市场上所有消费者的各种需求。通过市场细分，向市场上的特定消费群提供自己具有优势的产品或服务已是现代营销最基本的前提。

（一）市场细分的依据

消费者人数众多，需求各异，但企业可以根据需求按照一定的标准进行区分，确定自己的目标人群。市场细分的依据主要有地理标准、人口标准、心理标准和行为标准，根据这些标准进行的市场细分分别为地理细分、人口细分、心理细分和行为细分。

1. 地理细分

地理细分是将市场分为不同的地理单位，地理标准可以选择国家、省、地区、县市或居民区等。地理细分是企业经常采用的一种细分标准。一方面，由于不同地区的消费者有不同的生活习惯、生活方式、宗教信仰、风俗习惯等偏好，因而需求也是不同的。比如，欧洲和亚洲的消费者由于肤质、生活条件的不同，对护肤品、化妆品的需求有很大差别，因此，当靳羽西在中国打出“特别为东方女性研制的化妆品”的口号时，其产品得到了中国女性的青睐。另一方面，现代企业尤其是规模庞大的跨国企业，在进行跨国或跨区域营销时，地理的差异对营销的成败更是显得至关重要。正所谓“橘生淮南则为橘，橘生淮北则为枳”。同时，小规模的厂商为了集中资源占领市场，也往往对一片小的区域再进行细分。

阅读材料

雷诺公司的市场细分

美国雷诺公司(R. J. Reynlods)将芝加哥分成三个特征的香烟小型市场。

(1) 北岸地区市场。这里的居民大多受过良好的教育，关心身体健康因此公司就推销焦油含量低的香烟品牌。

(2) 东南部地区市场。该地区是蓝领工人居住区，他们收入低并且保守，因此公司就在此推销价格低廉的云丝顿香烟。

(3) 南部地区市场。该地区是黑人居住区，因此公司就大量利用黑人报刊和宣传栏促销薄荷含量高的沙龙牌香烟。

2. 人口细分

人口细分是根据消费者的年龄、性别、家庭规模、家庭生命周期、收入、职业、受教育程度、宗教信仰、种族以及国籍等因素将市场分为若干群体。

由于消费者的需求结构与偏好不同，产品品牌的使用率与人口密切相关。同时人口因素比其他因素更易于量化，因此，人口细分是细分市场中使用最广泛的一种细分。

年龄、性别、收入是人口细分最常用的指标。消费者的需求购买量的大小随着年龄的增长而改变。青年人市场和中老年人市场有明显的不同，青年人花钱大方，追求时尚和新潮刺激；而中老年人的要求则相对保守稳健，更追求实用功效，讲究物美价廉。因此，企业在提供产品或服务，制定营销策略时，相对这两个市场应有不同的考虑。

性别细分在服装、化妆品、香烟、杂志中使用较为广泛。男性市场和女性市场的需求特点有很大不同，比如，女士香烟和男士香烟的诉求点截然不同。万宝路男士香烟强调男性的健壮、潇洒一如西部牛仔，而库尔女士香烟则突出女性的神秘优雅。

根据收入可以把市场分为高收入阶层、白领阶层、工薪阶层、低收入阶层等阶层。高收入阶层和白领阶层更关注商品的质量、品牌、服务以及产品附加值等因素，而低收入则更关心价格和实用性。比如轿车企业，房地产公司针对不同的收入人群提供不同的产品和服务。

当然，许多企业在进行人口细分时，往往不仅仅依照一个因素，而是使用两个或两个以上因素的组合。

3. 心理细分

心理细分是根据消费者所处的社会阶层、生活方式及个性特征对市场加以细分，在同一地理细分市场中的人可能显示出截然不同的心理特征。比如，美国一家制药公司就以此将消费者分为现实主义者、相信权威者、持怀疑态度者、多愁善感者四种类型。

4. 行为细分

行为细分是根据消费者对品牌的了解、制度、使用情况及其反应对市场进行细分。这方面的细分因素主要有以下几项。

时机：顾客想出需要，购买品牌或使用品牌的时机，如结婚、升学、节日等。

购买频率：是经常购买还是偶尔购买。

购买利益：价格便宜、方便实用、新潮时尚、炫耀等。

使用者状况：曾使用过、未曾使用过、初次使用、潜在使用者。

品牌了解：不了解、听说过、有兴趣、希望买、准备买等。

态度：热情、肯定、漠不关心、否定、敌视等。

（二）市场细分的要求

企业根据所提供产品或服务的特点选择一定的细节标准，并按此标准进行调查和分析，最终要对感兴趣的细分市场进行描述和概括。有时，分别使用上述四种细分标准无法概括出细分市场时，就必须考虑综合使用上述四个标准，资料越详细越有利于目标市场的选择。最终概括出来的细分市场至少应符合以下要求。

（1）细分后的市场必须是具体、明确的，不能似是而非或泛泛而谈，否则就失去了意义。

（2）细分后的市场必须是有潜力的市场，而且有进入的可能性，这样对企业才具有意义。如果市场潜力很小，或者进入的成本太高，企业就没有必要考虑这样的市场。

（三）市场细分的“七步细分法”

（1）估计顾客需求。由决策层通过“头脑风暴法”从地理、人口、心理特征、购买行为特征等方面大概估计潜在顾客的需求。

（2）分析顾客需求。分析潜在顾客的不同需求，初步形成若干消费需求相近的细分市场。

（3）划分细分市场。剔除初步形成的几个子市场之间的共同特征，以它们之间的差异作为市场细分的基础。

（4）命名细分市场。为子市场暂时定名。

（5）明确细分市场特点。进一步认识细分市场的特点，以便进行细分或合并。

（6）评估细分市场赢利水平。衡量各细分市场的规模，估计可能的获利水平。

（7）确定细分市场。七步细分法概括了市场细分的一般程序，企业在实际操作时，应根据现实条件灵活运用。

四、目标市场的确定

在市场细分的基础上对细分出来的子市场进行评估以确定品牌应定位的目标市场。确定目标市场的程序如下。

（一）评估细分市场

企业评估细分市场的核心是确定细分市场的实际容量，评估时应考虑三个方面的因素：细分市场的规模、细分市场的内部结构吸引力和企业的资源条件。

1. 细分市场的规模

潜在的细分市场要具有适度需求规模和规律性的发展趋势。潜在的需求规模是由潜在消费者的数量、购买能力、需求弹性等因素决定的。一般来说，潜在需求规模越大，细分市场的实际容量也就越小。但是，对企业而言，市场容量并非越大越好，“适度”是个相对概念。对小企业而言，市场规模越大需要投入的资源越多，而且对大企业的吸引力也就越大，竞争也就越激烈，因此，选择不被大企业看重的较小细分市场反而是上策。

2. 细分市场的内部结构吸引力

细分市场的内部结构吸引力取决于该细分市场潜在的竞争力，竞争者越多，竞争越激烈，该细分市场的吸引力就越小。有五种力量决定了细分市场的竞争状况，即同行业的竞争品牌、潜在的新参加的竞争品牌、替代品牌、品牌产品购买者和供应商，这五种力量从供给方面决定细分市场的潜在需求规模，从而影响到市场实际容量。如果细分市场竞争品牌众多，且实力强大，或者进入壁垒、退出壁垒较高，且已存在替代品牌，则该市场就会失去吸引力。如我国胶卷市场，柯达、富士两大国际品牌虎视眈眈，实力雄厚，占据市场的绝大多数利润，乐凯在民族产业中的口号下力求扩大市场份额，中小企业要进入这样一个市场，成功的可能性很小。如果该细分市场中购买者的议价能力很强或者原材料和设备供应商议价能力很强，则该细分市场的吸引力也会大大下降。

3. 企业的资源条件

决定细分市场实际容量的最后一个因素是企业的资源条件，也是关键性的一个因素。企业的品牌经营是一个系统工程，有长期目标和短期目标，企业行为是计划的战略行为，每一步发展都是为了实现其长期目标服务，进入一个子市场只是企业品牌发展的一步。因此，虽然某些细分市场具有较大的吸引力，有理想的需求规模，但如果和企业的长期发展不一致，企业也应放弃进入。而且，即使和企业目标相符，但企业的技术资源、财力、人力资源有限，不能保证该细分市场的成功，则企业也应果断舍弃。

因此，对细分市场的评估应从上述三个方面综合考虑，全面权衡，这样的评估对于品牌定位才有意义。

（二）选择进入细分市场的方式

通过评估，品牌经营者会发现一个或几个值得进入的细分市场，这也就是品牌经营者所选择的目标市场，下面要考虑的就是进入目标市场的方式，即企业如何进入的问题，本部分提供五种进入方式以供参考。

1. 集中进入

企业集中所有的力量在一个目标市场上进行品牌经营，满足该市场的需求，在该品牌获得成功后再进行品牌延伸。这是中小企业在资源有限的情况下进入市场的常见方式。许多保健品企业在进入市场时常采用一个主打品牌进行集中营销的策略。比如，太太集团以“太太口服液”针对年轻女性养颜补血的心理进入市场获得了成功，现在又推出了“静心口服液”进入中年女性市场，也同样取得了成功。集中进入方式有利于节约成本，以有限的投入突出品牌形象，但风险也比较大。

2. 有选择的专门化进入

品牌经营者选择了若干个目标市场，在几个市场上同时进行品牌营销，这些市场之间或许很少或根本没有联系，但企业在每个市场上都能获利。比如，宝洁公司在洗发水市场、牙膏市场、洗衣粉市场上同时开展营销活动且都取得了成功。这种进入方式有利于分散风险，企业即使在某一市场失利也不会全盘皆输。

3. 专门化进入

专门化进入是品牌厂商集中资源生产一种产品提供给各类顾客或者专门为满足某个顾客群的各种需要服务的营销方式。例如，只生产“太阳能”热水器想供给所有消费者；或者为大学实验室提供所需要的一系列产品，包括烧瓶、试剂、显微镜、紫光灯等。

4. 无差异进入

品牌经营者对各细分市场之间的差异忽略不计，只注重各细分市场之间的共同特征，推出一个品牌，采用一种营销组合来满足整个市场上大多数消费者的需求。无差异进入往往采用大规模配销和轰炸式广告的办法，以达到快速树立品牌形象的效果。

无差异进入的策略能降低企业生产经营成本和广告费用，不需要进行细分市场的调研和评估。但是风险也比较大，毕竟在现代要求日益多样化、个性化的社会，以一种产品、一个品牌满足大部分需求的可能性很小。

5. 差异进入

品牌经营者有多个细分子市场为目标市场，分别设计不同的产品，提供不同的营销组合以满足各子市场不同的需求，这是大企业经常采用的进入方式。如海尔集团仅冰箱一种产品就区分出“大王子”“双王子”“小王子”“海尔大地风”等几个设计、型号各异的品牌，以满足家庭、宾馆、餐厅、农村地区等不同细分市场对冰箱的需求。

差异进入由于针对特定目标市场的需求，因而成功的概率更高，能取得更大的市场占有率，但其营销成本也比无差异进入要高。

五种市场进入方式各有优缺点，企业在选择时应考虑自身的资源条件，结合产品的特点，选择最适宜的方式进入。

五、品牌的具体定位

选择产品所要进入的目标市场，也就是确定了产品的目标顾客，接下来就要对产品品牌进行具体的定位，选择正确的定位策略，形成品牌的竞争优势和核心价值，并通过一定的策略和途径传给消费者。这一阶段主要完成以下工作。

（一）分析目标市场的顾客价值观

市场营销的关键是识别顾客的需求，然后企业根据自己的资源来满足顾客的需求。但是了解顾客真正的需求并不是一件容易的事，有时候我们只了解顾客购买某个产品的行为，却不能了解他们背后的真正动机。所以，我们在确定目标市场后，必须能够透过消费者表层、多变的行为和需要，寻找到其内心根深蒂固的价值需要。里斯和特劳特一再强调定位的中心在于消费者心理，对消费者心理把握得越准，定位策略就越有效。定位不在于产品本身，而是在于消费者心理，但是消费者内在的价值观是很难改变的。因此，对目标市场的顾客心理需求活动的把握是品牌定位最重要的环节。

（二）提炼品牌核心价值

任何一个成功的品牌都有它自己的核心价值。比如，汽车中的劳斯莱斯，其核心价值就是“皇家贵族的坐骑”；宝马是“驾驶的乐趣、潇洒、激情和活力”；沃尔沃则是“世界上最安全的汽车”。这三大汽车品牌的所有营销策略都是围绕着其品牌的核心价值而展开的。为什么企业要有自己品牌的核心价值呢？因为目标市场内顾客价值观不是一模一样的，不同个体的消费者即使面对同一需求，也还存在着需求心理上的强度差异。

从目标市场顾客的核心价值到品牌核心价值的形成，对于品牌建设具有重要的意义，一个品牌拥有自己的核心价值，那么它在消费者心目中的地位就非常牢固，也就具有了很强的竞争地位；相反一个品牌失去了核心价值，那么它就失去了竞争的基础。核心价值是品牌资产的主体部分，它让消费者明确、清晰地识别并记住品牌的利益点与个性，是驱动消费者认同、喜欢乃至爱上一个品牌的主要力量，也是品牌营销传播活动的原点。

（三）建立优秀的品牌联想

凝练了品牌核心理念之后，企业要做的工作就是把自己品牌的核心价值传递给消费者。由于品牌的核心价值是抽象的，要想消费者马上接受并且理解是很困难的。因此，必须把品牌的核心理念通过对品牌的设计和包装传递到消费者的大脑中，并且在他们的心智中占有一席之地。品牌定位的一个重要任务就是把品牌的理念和品牌识别特征有机地结合起来后主动与目标受众进行交流。比如，人们提起麦当劳，就会立刻联想起金色的拱门和小丑打扮的麦当劳叔叔。鲜明的品牌视觉形象是麦当劳实现一致性的识别体系。这不但是一种服务商标，有麦当劳的特许经营权，而且意味着麦当劳的一整套独特的快餐美味，有麦当劳店里欢快的气氛，有麦当劳优越的质量和服务。

（四）有效地传递品牌定位理念

一个品牌具有自己的核心价值和核心理念，并建立了自己独特的品牌识别特征和形象，但这些无法确保它能成为一个很成功的品牌，因为企业还要把这些理念和价值传递给消费者，否则，消费者就不会知道或无法认同企业的这些价值。品牌信息传播的方式有很多，包括广告展现、公共关系展现、人员推广和促销展现等形式。但无论采用什么样的形式，展现的方式必须包含品牌的理念和价值，否则消费者不知道企业品牌的含义和价值。换句话说，展现方式是没有价值的。品牌核心价值和核心理念定位以后，一旦得到市场认同，就应该保持其相对稳定性，不要随便改变品牌的价值和识别特征，否则消费者就会对品牌价值感觉到模糊。

（五）强化定位理念

定位确定了以后，还要坚持不断地向目标顾客反复传播，目的是在顾客心中形成特定的心理烙印。强化的目的就是一方面增强品牌知名度；另一方面强调品牌特征，促使消费者一提到某个产品的某个特征，脑海中首先出现的就是你的品牌。强化定位理念有两个关键：一是不断重复；二是一致性，无论是产品研发与设计、包装、宣传，都要围绕品牌定位的理念。

阅读材料

沃尔沃汽车的安全理念

在汽车行业中，沃尔沃是“安全”的代名词，“安全”是沃尔沃的核心价值，沃尔沃强调安全，并不意味着乘坐沃尔沃就不舒服，也不是说沃尔沃就没有驾驶乐趣，这是为了在汽车品牌中突出沃尔沃的个性。沃尔沃始终一贯地在维护这一核心定位理论，每年都要投入巨额的研发费用，注意相关安全事件。20世纪英国王妃戴安娜因为车祸而不幸辞世，事件第三天，《澳门日报》上就登出了一篇文章：如果戴安娜乘坐的是沃尔沃，她还会香消玉殒吗？从这件事中我们可以看出，沃尔沃的“安全”定位理念已经深入消费者心中。

第三节　品牌定位的策略

品牌定位的目的在于创造品牌鲜明的个性，塑造独特的品牌形象，因此，必须讲究策略和方法。品牌定位的策略是指挖掘品牌定位点时所采取的视角。品牌定位的策略有很多，不同学者的提法都不统一，如定位论的提出者美国营销专家里斯和特劳特提出八种策略、新加坡品牌专家保罗·唐波拉尔提出十三种策略、我国品牌学者何桂讯教授提出十种策略等。但策略太分散并不容易掌握，还是需要对其进行分组。

法国著名品牌学者卡普菲勒教授指出，品牌定位必须考虑四个问题：①品牌的服务内容，即产品或服务；②品牌的服务对象，即目标消费者；③品牌的消费情境，包括时间和场合；④品牌的竞争者。这四个问题也可以被看作是品牌定位的四个角度。另一种比较流行的观点认为品牌定位的角度包括产品、消费者、竞争者和品牌识别，如图2-1所示。而本书采用后一种观点，一方面是因为卡普菲勒提出的目标消费者和消费情境都可归为消费者的范畴；另一方面品牌识别的部分内容也可以作为定位的视角。对于一个企业来说，必须综合考虑这四个角度来为品牌定位，这样定位才能准确，才能更好地指导传播。

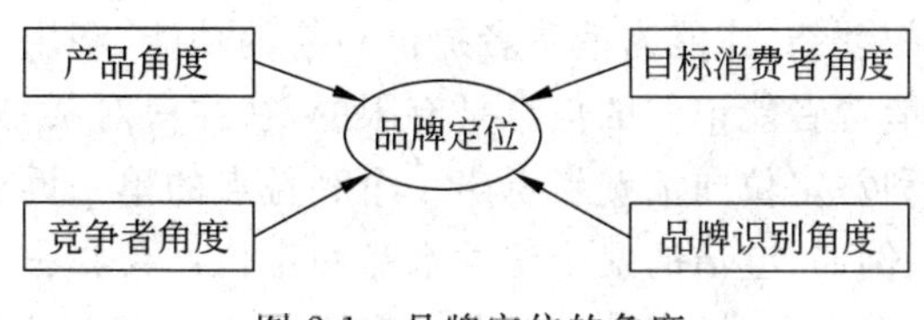

图2-1　品牌定位的角度

一、产品角度

（一）产品属性定位

产品属性是指产品或服务自身所具有的特征。这一特征通常是竞争品牌所不具有的。例如，20世纪90年代中期，重庆奥妮洗发水采取了鲜明的“植物一派”定位，从而与宝洁、联合利华等日用化工洗发水产品区别开来；又如，有“三种水果在里面”的农夫果园凭借“混合果汁”的新定位在果汁饮料行业独树一帜。

阅读材料

甲壳虫汽车

德国大众公司的甲壳虫汽车曾因其又小又丑而在美国市场受到冷遇。20世纪60年代的美国汽车市场是大型车的天下，大众的甲壳虫刚进入美国时，根本就没有市场。甲壳虫和当时流行于美国的大型豪华轿车相比，既小又丑、呆头呆脑的样子，并不讨人喜欢，使它在一定程度上遭到厌弃。广告大师威廉·伯恩巴克通过调查发现甲壳虫价格便宜、马力小、油耗低的优点，是与美国汽车相对抗的完全不同的车子。因此，伯恩巴克采用反传统的逆向定位方法，反其道而行之，就以其外形的"小"作为甲壳虫的卖点，为其创作了名为"柠檬"的广告，提倡买汽车"想想还是小的好"(Think Small)主张。广告中正话反说引出甲壳虫的优点，改变了美国人的观念，使美国人认识到小型车的优点。从此，大众的小型汽车的销量稳居全美之首，直到日本汽车进入美国市场。这则广告一直被视为经典之作，同时也成就了甲壳虫在世界汽车历史的神话。

产品属性定位的本质在于将鲜明的产品特色与品牌相联系，但可能面临的问题是产品特色很容易被竞争者模仿，而且竞争者在此基础上添加一些新元素后还可能会将本品牌超越。例如，前面提到的果汁品牌"农夫果园"，以"三种水果的混合汁"为特色，并以"摇一摇"为"卖"点，引起了消费者的关注，形成了一个以"混合汁"为特色的品牌定位和相应的消费者群。而娃哈哈紧随其后，在三种水果的基础上，推出了"四种水果还加钙"的高钙果汁。这样，农夫果园"三种水果"的定位资源就成了娃哈哈"四种水果还加钙"的一个"梯子"，娃哈哈达到在品牌定位上"借梯登楼"的目的。

(二) 产品利益定位

产品利益定位就是根据产品所能满足或所提供的利益、解决问题的程度来定位的。这里的利益主要是指功能性利益。从这一点来说，产品利益定位与美国广告大师罗瑟·瑞夫斯的 USP 理论同义。快速消费品牌和耐用品通常会采用产品利益定位。

如果产品有功能上的创新，或能为消费者提供独特的功能，利用功能性利益进行品牌定位就十分明智。但由于消费者能记住的信息是有限的，往往只对某一功能有强烈诉求，产生深刻的印象，因此，产品利益定位向消费者承诺一个利益点的单一诉求往往更能突出品牌的个性，获得成功的定位。例如，宝洁的几个洗发水品牌定位：飘柔是"柔顺"，海飞丝是"去头屑"，潘婷是"健康亮泽"，夏士莲是"中药滋润"，这些定位都各能吸引大批消费者，分别满足他们的特殊要求；又如，高露洁旗下推出的牙膏子品牌：防蛀的高露洁全面防蛀牙膏、美白的高露洁冰爽劲白牙膏、清新口气的高露洁维 C 爽牙膏等；在冰箱行业，新飞宣传自己"节能"，而美菱把文章做在了"保鲜"上等。因为一类产品给予消费者的利益就那么几点，因此必定会有很多品牌采用相同的利益点来定位(如高露洁、佳洁士等品牌都推出防蛀牙的牙膏)，从而加剧了品牌竞争度。

(三) 产品类别定位

产品类别定位是将自己的产品与某些知名而又常见的普通类型的产品区别开来，给自己的产品定位为与之不同的另外一种类型的产品。产品类别定位成功的典范当属美国的七喜汽水。当时可口可乐和百事可乐是市场领导品牌，地位非常稳固。七喜汽水为了成功进入市场，宣称自己是"非可乐"型饮料，与两"乐"不是同类，是代替可口可乐和百事可乐的消暑解渴饮料。这种定位不仅避免了与实力强大的两"乐"的正面冲突，还巧妙地将自己与它们并列在同一位置，得益于其成功的类别定位，七喜汽水成为美国第三大软性饮料。

产品类别定位成功的关键在于消费者对品类的接受程度，如果非油炸方便面市场规模很小的话，那五谷道场也不具有成长的潜力。产品类别定位的一个弊端就是品牌一旦与某个具体的品类挂上钩，就很难再顺利延伸到其他品类去了。IBM 已成为“大型机”和“商用机”的代名词，所以它曾经推出的软件、芯片、个人电脑都很难成功。

（四）产品价格定位

由于不同消费者群体的收入差异甚大，所以不同的品牌可以选择高收入者或低收入者作为目标市场来展开定位。常见的定位有高价位、低价位和中等价位三种。高价位不仅表示产品具有高质量，还象征事业成功和社会地位；低价位大受普通老百姓的青睐；中等价位则居于二者之间，表明质量要比低价品牌好，而价格又比高价品牌要便宜。一些显示成就感和社会地位的高价品牌是一些奢侈品的品牌，如价值 1188 万元的宾利汽车、几千元钱一支的万宝龙钢笔、上万元的 LV 手提包等；另一些代表高质量的高端品牌如特仑苏 OMP 牛奶、云南白药牙膏、哈根达斯冰激凌等。低端定位的品牌很多，如靠低价短线航运持续赢利的美国西南航空公司、“天天平价”的沃尔玛超市、“为老百姓造买得起的好车”的吉利汽车。中等价格定位的品牌如中国香港港丽酒店，曾经在香港经济不景气的时候将自己定位为“四星半”，言下之意，比五星级酒店的价位要低些，比四星级酒店的服务还好些。

产品价格定位能够旗帜鲜明地吸引到目标消费者，但容易出现的问题是今后很难将品牌向上或向下延伸，如当年丰田公司的汽车低档定位在美国已深入人心，为提升形象，丰田开发了高档次的凌志车（雷克萨斯），却不敢直接告诉顾客这是丰田生产的汽车；又如派克钢笔的品牌形象已大不如前，原因就是其推出的几美元的低档钢笔破坏了原来高档次的定位。

二、目标消费者角度

（一）消费群体定位

消费群体定位是以某类消费群体为诉求对象，突出产品为该类消费群体服务，来获得目标消费群的认同。把品牌与消费者结合起来，有利于增进消费者的归宿感，使其产生“我自己的品牌”的感觉，从而诱导目标消费者购买产品。例如，太太口服液定位的消费群体是中年已婚女士，宣扬“太太口服液，十足女人味”；金利来定位为“男人的世界”；哈尔滨制药厂的护彤定位为“儿童感冒药”；百事可乐定位为“青年一代的可乐”等都是消费群体定位策略的运用。成功运用消费群体定位，可以将品牌个性化，从而树立独特的品牌形象和品牌个性。

（二）情境定位

情境定位是将品牌与特定的环境、条件、场合下产品的使用情况联系起来，以唤起消费者在特定情境下对该品牌的联想。使用这种品牌定位策略，可以使消费者在自己所处的情境中自然而然地联想到该品牌，从而将品牌定位传播给消费者。例如，启东盖天力制药公司生产的“白加黑”感冒片，根据人生活工作在白天和黑夜的不同，将感冒片分成白片和黑片两种，“白天吃白片，不瞌睡；晚上服黑片，睡得香”，就是典型的情境定位。白天感冒了就会想到服用“白加黑”感冒片的白片，晚上则会自然而然地使用黑片。“八点以后”巧克力薄饼声称是“适合八点以后吃的甜点”；米开威（Milkey Way）则自称为“可在两餐之间吃的甜点”。它们在时段上建立了区分。金宝汤（Canbells）定位于午餐用的汤，配合这一定位，一直以来不断地在午间通过电台广告宣传，提起午餐汤，金宝汤就会冒上人们的心头。

使用情境定位的关键点有两个：①确定使用场合或时间的重要性，要让消费者觉得某个场合或时间有必要使用一个特定的品牌，如白加黑提出了白天和夜间服用不同感冒药的必要性；②要让品牌与使用场合或时间相联系，使该品牌成为该场合或时间消费时的指定品牌，如“八点以后”和“白加黑”品牌命名就非常形象和直白。

（三）情感定位

美国广告协会(BDW)的广告顾问沃尔特·舍恩纳特(Walter Schonert)在《广告奏效的奥秘》中写道：“人首先依赖于情感，其次才是理智。情感是维系品牌忠诚的纽带，它能够激起消费者的联想和共鸣。”这种定位策略是指运用产品直接或间接地冲击消费者的情感体验而进行定位，以消费者的情感为诉求，用一定的情感唤起消费者内心深处的认同和共鸣，适应或改变消费者的心理。这种定位策略基于消费者是感性的这一重要属性。在同类产品或替代产品竞争激烈的情况下，情感定位策略作用特别突出。例如，浙江纳爱斯的雕牌洗衣粉，在品牌塑造上大打情感战，其“懂事篇”上篇以“……妈妈，我能帮你干活了”的真情流露引起了消费者内心深处的震颤以及强烈的情感共鸣；下篇以母亲对儿女的关怀打动了多少母亲，成功的情感定位使得“纳爱斯”和“雕牌”深入人心。另外，丽珠得乐的“其实男人更需要关怀”和穿“红豆”衬衣产生相思情怀也是情感定位策略的绝妙运用。

阅读材料

雕牌洗衣粉的情感定位

1999年，纳爱斯拿出了1亿元的资金来投其广告的“懂事篇”，一时之间，全国人都被这一个故事打动了：妈妈下岗了，为找工作辛苦的四处奔波。懂事的小女儿非常心疼妈妈，在家悄悄地帮妈妈洗衣服，天真可爱的小女孩用稚嫩的童音说出，“妈妈说，‘雕牌’洗衣粉只要一点点就能洗好多好多的衣服，可省钱了！”那一瞬间，消费者的心都为这个懂事的小女孩敞开了一片柔弱之地。晚上，门帘轻动，妈妈无果而回，满脸的疲劳，拖着无力的身子正想亲吻熟睡中的爱女，却看见女儿的留言——“妈妈，我能帮你干活了！”妈妈不禁感动得热泪盈眶。情到深处自然浓，母女相依为命的感觉跃然纸上，怎么不让人深深感动。

1999年之前的国企改革和一些企业的“关停并转”造成了一大批的“下岗”工人，一个庞大的下岗消费群已经形成，他们一边面临巨大的就业压力，一面还要承担养家糊口的重担。雕牌的广告刚好把这个群体里一种真实的亲情再现了出来，直击人心，有此体验的家庭怎能熟视无睹？童音阵阵，雕牌的形象也就深深地印在了人们的脑海中，这一年，雕牌洗衣粉销量获得了突破性的增长。

有效的品牌建设需要与根深蒂固的人类情感建立恰当而稳固的联系。伟大的品牌都知道必须尊重顾客的物质需求与情感需求。然而，同巨大顾客群建立的情感纽带并不是万无一失的。正如美国品牌专家斯科特·贝得伯里所说：“消极的情感反应后果严重，即使是只有一小部分顾客有这种反应，也可能产生强烈的影响。由于媒体对大公司越来越多的评判，微小的错误都可能成为公司的灾难之源，花费数年心血建立的品牌信任纽带会在一瞬间断裂。要使纽带建立在更深的基础上，就要给予顾客以尊重。要永远记住，爱与恨之间往往只有咫尺之遥。”

三、竞争者角度

（一）首席定位

首席定位也叫领导者定位，或者领先者定位，就是追求成为行业或某一方面的“第一”的市场定位。在信息爆炸的时代，消费者无法记住大量的信息，但对具有领导地位的品牌印象深刻。人们总是容易记住第一名，如在奥运比赛中，冠军总是那么光彩夺目，但亚军、季军是谁关心的人就不多；谁都知道世界第一高峰是珠穆朗玛峰，但极少有人能说出第二高峰。首席定位正是利用人们的这种行为特征展开的定位。常见的首席定位通常会用“最”“第一”等词来表述，如企业规模最大、市场份额第一、产品技术最先进、推出时间最早、口味最正宗等。例如，百威啤酒宣称是“全世界最大、最有名的美国啤酒”；AT&T 是世界上首家电话公司；广州香江野生动物园是全国最大野生动物园；双汇强调“开创中国肉类品牌”；雅戈尔宣称是“衬衫专家”；格兰仕推出柜式空调，宣称是“柜机专家”，致使其他的竞争品牌不能采用相同的定位策略，这些都是首席定位策略的运用。

一旦在消费者心目中确定了首席地位，那么当消费者购买产品时，他们首先想到的必定是领导品牌。但是，并不是任何企业都可以运用首席定位策略，只有那些具有规模优势、范围优势的大企业才有能力运作。对于一般的企业而言，如果要运用此策略，需做好目标市场的细分，在某一方面成为领导者就可以了。

（二）比附定位

当本品牌实力不错但知名度不高的时候，通常可以采用比附定位的方法。比附定位就是攀附名牌、比拟名牌来给自己的产品定位，利用名牌的影响力和市场地位使自己的品牌从中获取无形的利益。常见的比附定位主要有以下三种。

1. 甘居“第二”

甘居“第二”品牌定位策略就是明确承认同类中自身品牌不是最强的品牌，只不过是第二而已。使用这种策略会使消费者对公司产生一种谦虚诚恳的印象，相信公司所说是真实可靠的，这种较容易使消费者记住这个通常难以进入人们心智的序位。

最为经典的例子是美国安飞士出租汽车公司。美国安飞士出租汽车公司从 1952 年成立至 1962 年一直亏损，到 1962 年年底亏损已达 125 万美元。面对愈演愈烈的态势，安飞士开始反击了。经过周密调查，公司发现行业最厉害的、瓜分全部市场份额 1/4 的是赫兹租车公司。于是，安飞士公司打出了这样的口号：We Are No. 2(我们是第二)；因为我们第二，所以我们更努力！它们是第二吗？当然不是，一家连续亏损 10 年之久的公司怎么可能是行业的第二，但既然行业没有人承认第二，我让大家相信我是第二总比默默无闻、慢慢死去的好，至少我可以树立一人之下万人之上的品牌形象。安飞士第二形象的推出，极大地吸引了广大消费者，安飞士广告宣传中诚恳、自谦的精神有力地赢得了消费者的信任和赞扬。同时，公司内部全体员工的思想和行动得到了空前的统一，每一个人的工作更加努力。于是，自称“第二”，结果它真的成为行业中的第二品牌，而且出现了直逼第一的局面。

在中国乳业竞争中，蒙牛也成功运用了比附定位。当蒙牛刚刚诞生之时，面对强大的竞争对手——伊利，行业排名远在千名之外的蒙牛喊出了争做“乳业第二品牌”的豪言，而短短几年后，蒙牛真的成为“乳业老二”。蒙牛的策略与安飞士有异曲同工之妙。自己不是“第二”，却甘做“第二”，而结果真的成为“第二”，从这个意义上说，蒙牛、安飞士何尝不是第一，它们是成长的冠军，是消费者心智中甘做“老二”的“第一名”。

2. 攀龙附凤

攀龙附凤品牌定位策略也承认同类中已有实力强大、广负盛名的品牌，本品牌实力和影响力无法与该品牌相比，但在某些地区或某一方面还可与这些最受消费者欢迎和信赖的品牌相媲美。如内蒙古的宁城老窖，宣称是“宁城老窖——塞外茅台”，无疑是大大提升其档次。比利时国家旅游局为了加快发展旅游业，不惜攀附上邻国荷兰的著名旅游城市阿姆斯特丹，极富创意地推出“比利时有5个阿姆斯特丹”的广告宣传攻势，产生了巨大效果。

3. 高级俱乐部策略

许多实力一般的品牌经常采用这种定位方式。这些品牌借助群体的声望和模糊数学的手法，打出认为限制严格的俱乐部式的高级团体牌子，强调自己是这一高级群体一员，从而提高自己的地位形象。如可宣称自己是“某某行业的全国五十强之一”“10家驰名商标之一”等。例如，美国克莱斯勒汽车公司宣布自己是美国“三大汽车之一”，使消费者认为克莱斯勒和美国通用“第一”、福特“第二”一样都是知名轿车了，从而收到了良好的效果。

（三）空当定位

空当定位是指企业寻求市场上尚无厂商重视，但为许多消费者所重视的、尚未被开发的市场，从而使自己推出的产品能适应这一潜在目标市场的需要。任何企业的产品都不可能占领同类产品的全部市场，也不可能拥有同类产品的所有竞争优势。市场中机会无限，就看企业有没有善于发掘的机会。谁善于寻找和发现市场空当，谁就可能成为后起之秀。例如，美国M&M公司的巧克力以“只溶在口，不溶在手”为诉求点，抓住了市场的空当，定位获得极大成功；可口可乐公司推出的果汁品牌“酷儿”，在营销界堪称成功的典范，一个重要原因是它瞄准了儿童果汁饮料市场无领导品牌这一市场空当。

寻找和发现市场机会是品牌经营成功的必要条件，而空当定位策略正是捕捉市场机会的有力武器。品牌经营者可以从以下几个角度加以考虑。

1. 时间空当

“反季销售”是利用时间空当的典型例子。空调厂家、冰激凌厂家往往在夏天来临之前加大其品牌宣传，而有些企业在夏天推出羽绒服、棉鞋，给顾客一种便宜实用的感觉。这些季节性产品，占领季节是很重要的，但人们都有一种求异心理在淡季进行品牌宣传，往往能取得出其不意的效果。

2. 年龄空当

年龄是人口细分的一个重要变量，品牌经营者不应当捕获所有年龄阶段的消费者，而应寻找合适的年龄层，它既可以是该产品最具竞争优势的，也可以是被同类产品品牌所忽视的或还未发现的年龄层。圣达牌“中华鳖精”是一种有益于中老年人的保健品，而在当时的保健品市场上，针对中老年人的保健品并不多，知名品牌更是没有，此时，如果圣达牌“中华鳖精”能在中老年人心目中树立起品牌形象，它能收到良好的效果。遗憾的是，圣达把自己的目标市场定在了儿童这个消费群，其诉求直接与当时实力强大的“娃哈哈”相对抗，从而失去了成为市场“老大”的机会。

3. 性别空当

现代社会,男女地位日益平等,其性别角色的区分在许多行业已不再那么严格,男性中有女性的模仿,女性中有男性的追求。对某些产品来说,奠定一种性别形象有利于稳定顾客群。如服装、领带、皮鞋等产品,由于具有严格的性别区分,其消费群也截然不同。常规的做法是加强品牌形象定位,强调其性别特点,如西装领带着重于体现男士的潇洒高贵,而纱裙则强调女性的柔媚端庄。但有时改变诉求对象,强调品牌对异性的吸引力能取得更有效的市场效果,这便是利用了性别空当定位策略。例如,珠宝项链等饰品是女性的专属,但这些饰品的购买者往往是男性,向男性诉求不失为一种好的策略。

4. 使用量上的空当

每个人的消费习惯不同,有人喜欢小包装,方便携带,可以经常更新;而有人喜欢大包装,一次购买长期使用。利用使用量上的空当,有时能取得意想不到的效果。例如洗发水,从 2mL 的小袋包装到 200mL、500mL 的瓶装,满足了不同消费者的需要,增加了销售量。

(四) 对比定位

对比定位,即通过与竞争品牌的客观比较,来确定自己的市场地位的一种定位策略。在市场经济发达的国家和地区,产品、品牌成千上万,企业要发现市场空当不是一件容易的事情。此时,企业要让自己的品牌在消费者心目中占有一席之地,只有设法改变竞争者品牌在消费者心目中现有的形象,找出其缺点或弱点,并用自己的品牌进行对比,从而确立自己的地位,让自己的品牌在消费者心目中占有一席之地。例如,泰诺击败在止痛药市场上占“领导者”地位的阿司匹林,就是使用这一定位策略。由于阿司匹林有潜在的引发肠胃微量出血的可能,泰诺对此发起针对性的广告,宣传“为了千千万万不宜使用阿司匹林的人们,请大家选用泰诺”,最终凭此广告,泰诺一举击败了阿司匹林成为止痛药市场的“领导者”。又如,农夫山泉通过天然水与纯净水的客观比较,确定天然水优于纯净水的事实,宣布停产纯净水,只出品天然水,鲜明地亮出自己的定位,从而树立了专业的健康品牌形象,从一些纯净水生产商中抢夺了一片市场。当然,由于我国禁止比较广告,因此竞争品牌的名称不能在广告中点明。

四、品牌识别角度

(一) 品牌个性定位

通过品牌传播,品牌会具有像人一样的个性。如果品牌的个性能够与目标消费者的个性产生共鸣,那么消费者将会喜欢上这个品牌。所以,在对品牌进行个性定位之前,首先需要明确目标消费者的个性。英国最大的民营企业维珍公司(Virgin)在 CEO 理查德·布兰森的带领下,努力打造鲜明的“叛逆、反权威”品牌个性;万宝路的美国牛仔形象带给万宝路“粗犷、豪迈”的男子汉气概;贺曼卡片(Hallmark Cards)则代表了“纯真”。

(二) 品牌文化定位

品牌文化定位是指将文化内涵融入品牌,形成文化上的品牌差异定位策略。这种文化定位不但可以大大提高品牌的品位,而且可以使品牌形象独具特色。产品的功能与属性容易被模仿，但品牌的文化却很难模仿。品牌文化定位按照文化内容的不同又分为下面两种定位策略。

1. 以民族精神为代表的历史文化

这种定位策略将本民族的民族精神和历史文化渗透到产品品牌中，使消费者认为该品牌就是该民族的产品，从而提高品牌影响力和感染力。“可口可乐”不仅是一种享誉全球的碳酸饮料品牌，更是美国文化的象征；“麦当劳”蕴涵着工作标准化、高效率、快节奏的美国文化；“奔驰”品牌则代表“组织严谨、品质高尚和极富效率”的德国文化；珠江云峰酒业推出的“小糊涂仙”酒，借“聪明”与“糊涂”反衬，将郑板桥的“难得糊涂”的名言融入酒中；“舍得”酒倡导的“舍得精神”成功地实施了文化定位；“百年张裕”以其浓厚的文化底蕴和葡萄文化资源，打出了“传奇品质，百年张裕”的文化定位；“麦氏咖啡”进入中国，发现中国人非常重视友情，提出了“好东西与好朋友分享”的品牌定位，利用文化拉近了与中国消费者的距离，创造了极佳的市场效果。

2. 以企业经营理念为代表的现代文化

这种定位策略将企业自身的经营理念融入产品品牌中，用具有鲜明特点的经营理念作为品牌的定位诉求，并在营销和品牌管理的各个方面与环节向消费者传播。IBM 的“IBM 就是服务”，飞利浦的“让我们做得更好”，TCL 的“为顾客创造价值”，海尔的“真诚到永远”等都是经营理念定位的典型代表。这些成功的文化定位不但宣传了企业的经营理念，更重要的是让消费者对其品牌产生了认同感，加强了这些品牌的美誉度和消费者的忠诚度。

第四节　品牌的重定位

一、品牌重定位的内涵

品牌重定位是对品牌的重新定位，旨在摆脱困境，使品牌获得新的增长与活力。要对品牌进行重新定位，首先需要清楚本品牌在消费者心中原有的位置，再创造一个有利于自己的新位置。要把旧有的认知搬出消费者的记忆并非易事，因为原有的品牌形象已经根深蒂固，不会轻易改变。而且，如果改变的不彻底，还容易造成消费者对品牌的认知混乱。例如，索尼是什么？娱乐、影音、游戏、在线下载、消费电子？索尼原本希望通过涉足更多有发展前途的行业来打造更加强势的品牌，但却在不知不觉中从单一的消费电子领域延伸得让人摸不到头脑，虚弱的业绩说明索尼已经没有强势的业务主导板块。即使在消费电子领域，索尼曾经的高端产品形象也打了折扣。

二、品牌重定位的时机

品牌重定位如果处理不好，就很容易犯“品牌精神分裂症”，即消费者对品牌的认知模糊混乱。然而，在一些不利的情况下，如果还不及时进行重定位，品牌将陷入困境。因此，需要在合适的时候对品牌进行重定位。一般来说，品牌重定位的时机可能有以下八种。

1. 原有定位老化

由于时代变迁，消费者的需求和兴趣会发生改变，如果品牌的定位不能及时跟进，那么定位将出现老化现象，表现为消费者没有了新鲜感，品牌对受众心理形不成刺激，品牌生命力日渐衰落。这时必须对品牌重新定位，为企业注入新活力。以麦当劳为例，2003 年 9 月 25 日，麦当劳中国全面更新品牌形象，其品牌口号、个性、电视广告即主题歌曲、员工制服等，全面更新为“I'm Lovin' it”(我就喜欢)嘻哈一派，以时尚现代的价值观来重新阐释麦当劳的品牌理念。事实证明，麦当劳公司重新定位之后的时尚年轻、充满活力的形象赢得了更多小孩和年轻人的青睐，公司业绩明显回升。

阅读材料

美国西尔斯公司的动态调整定位

美国西尔斯公司也是一个随环境变化不断调整自己定位策略的成功例子。这家世界上数一数二的零售公司自 1886 年创办以来一直生意兴隆、财源茂盛，与它同时期创业的蒙哥马利、伍尔沃斯、梅西公司都相继走进了历史。西尔斯成功的原因主要在于善于寻找良机和及时调整定位策略；准确定位和根据环境变化及时调整市场定位，使其经营管理与不断变化的环境相适应。

创办之初，他们把自己定位在“农场主的购买商”，因为当时一家一户的农场主处于分散孤立状况，不能随时进城去选购商品，西尔斯便选择了这一部分人作为自己的目标顾客，开展邮购业务。到第一次世界大战结束，西尔斯已发展成全国性的大邮购商。

1921 年后，美国形势起了变化，公路四通八达，农场主拥有了自己的汽车，进城购物相当方便，同时，大量农村人口流向城市。为了适应这一变化，西尔斯不再提自己是农场主的购买商，而是在城市中心设立零售店铺，把自己定位在社区市民的购买商上，为城市消费者服务。

“二战”之后，美国城市人口向郊区迁移，城市中心出现消费者空心化。为适应这一变化，西尔斯率先在郊区开设大型商场，并设有宽敞的停车场，把自己定位为区域购物中心，为城乡消费者服务。

20 世纪 90 年代以来，随着零售业竞争加剧，市场细分化程度加深。为了形成自己的特色，西尔斯明确地将自己定位在美国中年母亲上，公司形象宣传更注重“柔和的一面”，店铺陈列也配合这一形象宣传，到处摆放着与美国中年母亲相关的商品。西尔斯公司正是这样不断调整自己的定位策略，保住了它 100 多年来在零售王国的领导地位。

2. 原有定位错误

由于目标消费者需求分析的偏差、竞争品牌分析的疏漏，或者自身资源和实力的缺陷，有些品牌定位一开始就是错误的，再怎么加大传播力度都是徒劳。所以，碰到这种情况，企业必须尽快重新为品牌进行定位。

江中健胃消食片初期定位也曾出现这样的问题。该产品原定位是中药保护的健胃药，而消费者对用于消化不良的日常小药根本就不在乎它是否是中药保护，他们需要的只是一种可以常吃而没有太大副作用的药。2003 年，公司对江中健胃消食片进行重定位，根据消费者实际需求将其定位为“日常助消化用药”。这一重定位说明江中是可以日常吃同时又只是助消化的日常小药(意味着不是治疗，副作用不大)，从而奠定了自己在日常消化不良用药行业“领头羊”的位置。结果，销售额迅速突破两亿，创造了一年 7 亿元的销售神话。此外，最经典的案例莫过于万宝路的“变性手术”，将万宝路从一个女士香烟变成了男人味十足的品牌。

3. 原有定位模糊

一些品牌由于不断延伸，结果冲淡了在消费者心目中最初的印象，品牌定位变得模糊。如美国雪佛兰汽车公司就经历过这样的事情。过去，雪佛兰汽车是美国家庭汽车的代名词，但在雪佛兰将生产线扩大到涵盖卡车、跑车等车型后，消费者心中原有的“雪佛兰就是美国家庭房车”的印象焦点模糊了，而让福特趁势坐上了家庭汽车第一品牌的宝座。如果雪佛兰能及时地将定位聚焦，像其他汽车公司一样不同车型推出不同品牌，后果将会是另一种情况。

4. 原有定位过窄

在公司实力还不够强大的创业初期，品牌总是跟某一种产品、某一类消费者或某一个地域紧密相关的，以至于品牌成了某类产品的代名词。消费者会觉得，Intel 就是做 CPU 的、Dell 就是做计算机的、康师傅就是做方便面的、娃哈哈就是儿童营养品品牌、金利来就是男士服饰品牌、湖北证券就是扎根于湖北的证券公司等。这在创业初期是品牌的优势，到了后期却成为品牌延伸和扩张的障碍。因此，拓宽原有定位的边界变得十分重要。

例如，我国知名的电子生产商“夏新”原为“厦新”，后来将“厦门”的“厦”改为了“华夏”的“夏”，从而淡化了品牌的地域限制；全国销售量最大的杂志之一《家庭》以前叫作《广东妇女》，其当时的影响力可想而知；深圳太太药业由于在原来畅销产品太太口服液基础上增加了精心口服液、鹰派花旗参等新产品，因此公司名称也相应改为“健康元药业”，以打破“太太”这一群体的限制；强生婴儿沐浴露在广告中声称“宝宝能用，你也能用”，以吸引年轻的女性市场，巴黎欧莱雅的广告在我国一向都是请巩俐、李嘉欣、裴蓓等女星代言，现在也开始聘请男星吴彦祖代言，以期开拓男性市场，广告片尾的一句“你也值得拥有”点出了这一意图。

5. 竞争品牌模仿

一个好的定位点通常会吸引竞争者加入，如果对本品牌产生了较大危害，企业应当稍微变通一下。例如，联邦快递公司(FedEx)一直强调自己“使命必达”，后来者中外运敦豪快递公司(DHL)一开始说自己“最了解亚太地区”，与联邦快递形成了差异。但近年来，敦豪又打出了与联邦快递类似的“一路成就所托”，使得二者颇为相似。所以，联邦快递在坚持“使命必达”的同时，推出“国内限时”的全新服务，以此来拉开与敦豪的差距。又如，在去屑洗发水行业，针对一些以“去屑”为卖点的竞争者，海飞丝增加了海鲜活力型、丝质柔滑型、水润滋养型、清爽控油型、莹采乌黑型、深层洁净型、轻柔呵护型、怡神舒爽型八个品种，以此细化去屑的定位点。

6. 原有定位遭遇变故

由于政治、经济、文化、技术、自然等宏观环境的变化，品牌原有的定位点可能带来负面的影响。这时品牌的重定位可能要划分立场，与原有定位正好相反。例如，肯德基全称为“肯塔基州炸鸡”(Kentucky Fried Chicken)，因为“油炸”(fired)这个词与人们的健康意识相佐，所以缩写为“KFC”。再如，中美史克公司在 2001 年 9 月推出重定位于“不含 PPA 的速效感冒药”的“新康泰克”，原因是 2000 年 11 月国家发布了一项“暂停含有 PPA 的 OTC 药品在市场上销售”的政策规定，而原来的康泰克正含有 PPA。PPA 即苯丙醇胺，它是感冒咳嗽药中一种常见的成分，其主要作用是控制鼻塞、流鼻涕等感冒初期症状，但服用该成分也存在一定的弊端，如可能引起血压升高、心脏不适、过敏等不良症状。因此，我国医药部门在

2000 年 11 月颁布通法，停止使用和销售所有含有 PPA 的药用制剂。

7. 品牌战略转移

宏观环境的变化迫使一些企业在产业投资方向上发生转移，品牌定位也要随之变化。例如，2006 年 1 月，柯达公司宣布全球换标，更换了 1971 年开始启用的黄色方框和"K"图形。柯达表示："新标识体现了柯达向多元化品牌形象转变的最新发展，也反映了柯达已经成为跨多种行业的数码影像领导者。"无独有偶，还是在 2006 年 1 月，英特尔公司也宣传全球换标，使用了 37 年的老标识从此退休。英特尔从 2005 年 1 月开始进行一系列包括组织架构、产品线在内的调整，以期从单一的芯片产品提供商转型为提供全套技术组件，包括微处理器、芯片组、通信芯片、基本软件能力及其他支持工具的平台产品的提供商，同时其发展重点也开始转向消费电子市场。核心战略的转型使得英特尔原来针对计算产品的品牌标识已经不能完整地表现英特尔现有的产品定位，其标识的改变也成为战略转型的一个重要部分。

8. 发现了一个更有价值的定位

如果随着时间的推移，企业能找到一个更有价值的定位，那么也可以为品牌做重定位，以期获得更大的收获。例如，当五谷道场和油炸方便面阵营打得不可开交的时候，四川白家方便粉也顺势加入进来，提出要建立"非油炸食品联盟"。而事实上，在五谷道场尚未出来以前，白家方便粉并没有最先提出"非油炸"的概念。再如，著名品牌诺基亚的品牌口号"科技以人为本"有口皆碑，谁能想到该企业前身竟是一家芬兰的木材厂。企业转型定位于移动通信领域，重新规划了企业的整体框架，提出"科技以人为本"的品牌口号。

三、品牌重定位的步骤

企业进行品牌重定位时，不能盲目地进行定位，要按一定的程序和步骤操作。一般来说，品牌重定位有以下四个基本步骤，如图 2-2 所示。

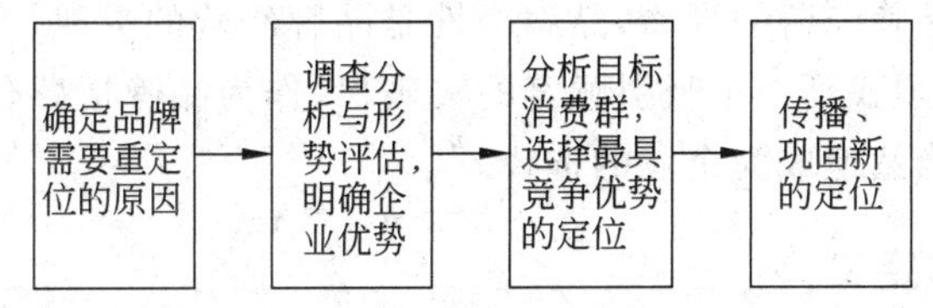

图 2-2　品牌重定位的步骤

(1) 确定品牌需要重定位的原因。品牌重定位有多方面的原因，有企业自身的原因，也有外部市场的原因，上文已详细阐述，这里不再赘述。

(2) 调查分析与形势评估，明确企业优势。明确了品牌重定位的原因，确定了重定位的必要性以后，必须对品牌目前的状况进行形势评估，评估的依据来源于对消费者的调查，调查内容主要包括消费者对品牌的认知和评价、消费者选择产品时的影响元素及其序列、消费者对品牌产品的心理价位、消费者认知产品渠道及其重要性排序、消费者对同类产品的认知和评价等，并根据调研的结果对现有形势作出总体评估。同时重新评价企业在市场化中的地位，看与竞争对手比，企业有何明显的被消费者认同和重视的优势，从而得出企业产品品牌的优势。另外，对企业自身的调查和评估，明确企业的资源优势，为品牌的重定位提供支持和保障。

(3) 分析目标消费群,选择最具竞争优势的定位。明确企业优势之后,还必须对目标消费群进行进一步的分析,对目标消费群的生活方式、价值观、消费观念、审美观念进行广泛的定性和定量的调查研究,以确定新的定位策略。一般来说,企业可以选择的品牌定位不止一个,这种情况下,就需要企业根据竞争对手情况、消费者偏好和自身优势进行筛选,选择最具有竞争优势的定位。

(4) 传播、巩固新的定位。品牌重定位策略确定以后,要制订新的营销方案,将品牌信息传递给消费者,并不断强化,使它深入人心,最终完全取代原有定位。企业制订营销方案应以新的品牌定位为核心,防止新定位与传播的脱节,甚至背离。在现在的市场环境下,企业最好实施整合营销传播,以广告和促销为主要手段,通过广告将信息广泛传播,通过促销让消费者在接触产品的过程中不断强化这一定位。让消费者通过更多的渠道接触品牌的信息,以强化对品牌的印象。

第五节 品牌个性的内涵

性格的概念原本只用于人,如有的人活泼、有的人孤僻、有的人高傲、有的人谦卑……但没有两个人的性格会是完全一样的,一百个人就会有一百种不同的性格。性格特点鲜明的人令人难以忘怀,缺乏个性的人很难给人留下深刻印象。时至今日,性格的概念也被用于动物,如老虎凶猛,兔子乖巧,狐狸狡猾,犬类忠诚。性格甚至被用到形容某个城市,如有人说巴黎最浪漫、纽约最奢华、拉萨最神秘、耶路撒冷最伤感……一个短短的词语就把一个城市的特质概括了出来。

我们说品牌就像一个人,它有特殊的文化内涵和精神气质,也是有性格的,这就是品牌个性。品牌个性是区分品牌与品牌之间差别的重要依据。美国广告大师大卫·奥格威在其品牌形象论中提出:最终决定品牌市场地位的是品牌总体上的性格,而不是产品微不足道的差异。此话道出了品牌经营的真谛,品牌个性是品牌经营的灵魂。在当今品牌竞争日益激烈的情况下,品牌必须找到一个吸引顾客的突破口,作为品牌情感化、人性化价值集中体现的品牌个性就理所当然地成为企业的选择。

一、品牌个性的定义

关于品牌个性也有诸多定义,这里将介绍有代表性的几种。

美国品牌专家大卫·阿克指出,品牌个性是品牌所联想出来的一组人格特性。

作为美国实务界专家的林恩·阿普绍(Lynn Upshon)认为:"品牌个性是每个品牌向外展示的个性……是品牌带来生活的东西,也是品牌与现在和将来的消费者相联系的纽带。它有魅力,也能与消费者和潜在消费者进行情感方面的交流。"

美国斯坦福大学营销教授詹妮弗·艾克(Jennifer Aaker)作为品牌个性研究的知名学者,她给出品牌个性的定义:品牌个性是指与品牌相连的一整套人格化特征。她举例说,伏特加倾向于被描述成"酷的、赶时髦的、25 岁当代青年"。因此她定义的品牌个性,既包括品牌气质、品牌性格,又包括年龄、性别、阶层等排除在人格、性格之外的人口统计特征。她还进一步指出,与产品相连的属性倾向于向消费者提供实用功能;而品牌个性倾向于向消费者提供象征性或自我表达功能。

总的来说，品牌个性就是使品牌具有人的特征，是品牌通过其在各种营销活动中表现出来的类似于人的个性，它使消费者有了与品牌进行情感交流和建立关系的可能性。

二、品牌个性的特征

消费者的个性和价值观是多元化的，消费需求的取向也因此不一样，这样品牌个性的存在就具有了客观基础。随着经济的不断发展，各个行业对品牌的重视，导致大量的品牌涌现出来，人们选择品牌的行为由集中化变得分散化，各种品牌都能拥有一部分消费者。由于购买力的增强，消费者选择品牌的经济因素弱化，情感性因素、自我表达、寻求差异化的因素的影响力在上升，这些背景使企业对品牌个性越来越重视。要塑造一个独特的品牌个性，有必要先了解一下品牌个性的相关特征。

（一）品牌个性具有人格化特征

消费者容易把品牌看作特定的人群，人为地赋予品牌不同的人性化的特征。尤其是现在很多品牌都有相应的品牌形象代言人，在移情的作用下，消费者把品牌看作和品牌形象代言人一样具有某些独特的属性。宝洁旗下的飘柔、潘婷、海飞丝三种洗发水的个性十分鲜明。在海飞丝的广告中出现的多半是被头皮屑困扰的年轻人，海飞丝的品牌个性一般被理解为年轻的、有朝气的；在飘柔的广告中则是自信的职业女性，飘柔被理解为是自信的、聪明的；在潘婷的广告中，宝洁起用当红明星作为品牌形象代言人，被认为是迷人的、上层阶级的。

阅读材料

风靡世界的芭比娃娃

20 世纪 50 年代，芭比是美国第一个有着可弯曲的腿的玩偶。到 20 世纪 60 年代，芭比的发色有了变化，女孩子们喜欢给她做各种发型。20 世纪 70 年代的芭比有了可弯曲的手腕、肘，并且有了脚关节，这使芭比能参加体操、马术、芭蕾舞表演。20 世纪六七十年代好莱坞系列之“奥黛丽·赫本”型展现了好莱坞明星的魅力，芭比娃娃摇身一变，幻化成了各路女星。赫本特别将这款娃娃的肖像版税捐给慈善机构，以援助世界饥荒。

20 世纪 80 年代，收集芭比的热潮在成年人中扩散。美泰推出第一个陶瓷芭比时，30 万个当即销售一空。2001 年上市的陶瓷芭比，设计得于名画《舞台上》。这款造型曾获得 2001 年的“年度娃娃”大奖。20 世纪 90 年代，一些世界著名的设计师加入了芭比的设计队伍。每位设计师设计的芭比，都能代表他们独特的风格，从 Polo 的经典骆驼皮毛外套，搭配深蓝色大衣的造型，到 CK 的街头装扮，还有 Givenchy 典雅的黑礼服，带给芭比完全不同的面貌。

（二）品牌个性具有独特性和不易模仿性

品牌个性之所以能够为品牌塑造提供强有力的支撑，就在于品牌个性是独一无二的，是难以模仿的。品牌个性会造成独特的卖点和诉求，为品牌差异化的建立提供一条途径。即使竞争对手的品牌名称、价格、产品包装等品牌属性和你一样，但是独特的、不可模仿的品牌个性却是不可复制的，这也造就了不同的品牌竞争力和吸引力。比如，飘影和飘柔，两者的名称只相差一个字，但是飘柔自信、聪明的品牌个性却是飘影不可模仿的，即使飘影的价格比飘柔便宜，在品牌竞争力和吸引力上，飘影还是逊色了不少。

（三）品牌个性具有持续性和一致性

品牌个性的塑造是一个长期、系统化的过程，需要一段时间的积淀。变幻不定的品牌个性不仅使企业投资于品牌的资源无法产生效果，还会使消费者的认知产生混乱，难以吸引稳定的消费者和促使消费者达成品牌忠诚。就像一个性情经常变化的人一样，他将难以与他人建立一种稳定牢固的人际关系。

（四）品牌个性会随着时代演进

历史悠久的品牌会随着时代的发展，丰富和演变自身品牌的内涵，以保持生命力，维系与顾客发展起来的品牌关系。时代的变迁，经济环境、自然环境、政治环境、消费者自身需求的不断变化，都要求品牌与时俱进，保持与时代的一致性，以迎合消费趋势。

综上所述，品牌就像一个具有生命力的人，它与消费者建立牢固关系的一个关键因素就在于它是否具有鲜明的个性。消费者选择品牌时，会自然而然地赋予品牌一定的人性化色彩，从企业的营销活动中感知品牌的个性，并且会对品牌具有的个性和自身所想表达的自我形象进行评判，以决定是否选择一个品牌。通过对品牌个性特征的把握，使企业在塑造品牌个性的时候不至于盲人摸象，只看到和把握品牌个性的一部分，而失去整体上的理解，导致品牌个性的塑造具有片面性，缺乏系统性和一致性。

三、品牌个性的维度

为了描述品牌个性特征，学术界提出了品牌个性维度的概念。关于品牌个性维度一直是营销理论研究和营销实践领域中的一个热点课题。詹妮弗·艾克于 1997 年首次系统地发展了基于美国的品牌个性维度及量表，随后日本和西班牙的品牌个性维度及量表也相继诞生。然而，中国的本土化品牌个性维度即量表却仍然是一个空白。2003 年，中山大学卢宏泰教授和他的学生，就对中国文化环境下的品牌个性维度进行了研究，得出了一些有价值的结论。

（一）美国品牌个性的五大维度

美国斯坦福大学营销教授詹妮弗·艾克是这一领域的权威学者。1997 年，詹妮弗·艾克发表了一篇题为“品牌个性维度”的论文，文中第一次根据西方人格理论“五大”模型，以个性心理学维度的研究方法为基础，以西方著名品牌为研究对象，提出了品牌的五大个性维度，即纯真（sincerity）、刺激（exciting）、称职（reliable）、教养（sophisticated）和强壮（raggedness），在学术界引起了较大的轰动。

在研究过程中，詹妮弗·艾克教授初步获得了 309 个意义比较单一的品牌个性形容词，并通过淘汰测试获得了 114 个用于测试品牌个性特质的词汇。然后通过对 631 个具有代表性（代表美国）的样本、37 个品牌的初步测试，得到一个包括五个维度的量表。同时，为了使品牌个性的表述更为准确，在这五大维度下面又有15个层面，并包括42个品牌个性特性，具体如表2-1所示。

表2-1　美国品牌个性维度量表

个性维度	不同层面	品牌个性特质词语
纯真	纯朴 诚实 有益 愉悦	纯朴的、家庭为重的、小镇的 诚心的、真实的、真诚的 新颖的、有益的 感情的、友善的、愉悦的
刺激	大胆 有朝气 富于想象 新颖	时髦的、刺激的、勇敢的 年轻的、活力充沛的、酷的 独特的、富于想象力的 独立的、现代的、最新的
称职	信赖 聪明 成功	勤奋的、安全的、可信赖的 技术的、团体的、技术的 领导者的、有信心的、成功的
教养	上层阶级 迷人	有魅力的、好看的、上层的 女性的、迷人的、柔顺的
强壮	户外 强韧	男子气概的、西部的、户外的 强硬的、粗犷的

这五大个性要素将很多品牌个性描述得非常到位。例如，贺曼卡和柯达的品牌个性是真诚，保时捷和维珍的品牌个性是刺激的，劳力士和香奈儿的品牌个性是精致的，万宝路和卡特皮勒的品牌个性是强韧的。如同人的个性是复杂的一样，品牌也可能同时具有多种个性，如麦当劳兼具称职与纯真两个个性特征；伏特加是时尚和富有想象力的；李维斯牛仔裤在纯真、刺激、称职和强壮四个个性特征上都非常清楚，但强壮是其主要的特征。

这套量表是迄今为止对品牌个性所做的最系统、最有影响力的测量量表。据说，它可以解释西方93%的品牌个性的差异，其理论在西方营销理论和实践中得到广泛的运用。

（二）其他国家品牌的个性维度

品牌个性维度的词汇都是一些描述人的词语，不同国家和地区的人由于文化差异，可能会出现不同的个性特征，因此不同国家的品牌个性维度可能会存在跨文化的差异。2001年，为了探讨品牌个性维度的差异性，詹妮弗·艾克教授与当地学者合作，继续沿用了1997年关于美国品牌个性维度开发过程中使用的方法，对日本和西班牙这两个分别来自东方和拉丁文化区的代表国家的品牌个性维度和结构进行了探索和检验，并结合1997年对美国品牌个性的研究结果，对三个国家的品牌个性的维度及原因进行了综合分析。结果发现，美国品牌个性的独特性在于“强韧”；日本品牌个性的独特性是“平和”；西班牙没有“称职”，而是“平和”和“激情”。随后，许多学者也都利用詹妮弗·艾克的研究方法寻找自己国家的品牌个性维度，如表2-2所示。结果表明，品牌个性维度受到文化影响，不同国家会表现出一个至两个特色的品牌个性。

表 2-2　各国品牌个性维度对比

学　　者	国家	年份	品牌个性维度
J. Aaker	美国	1997	纯真、刺激、称职、教养、强韧
Ferrandi, Valette-Florence & Fine-Falcy	法国	2000	纯真、刺激、称职、教养、爱好
J. Aaker, Benet-Martinez & Barolera	日本	2001	纯真、刺激、称职、精致、平和
	西班牙	2001	纯真、刺激、称职、激情、平和
黄河胜	韩国	2001	仁、义、乐、勇、信
Magne & Kjell	俄罗斯	2003	成功、纯真、刺激、强韧、精致
Jose, Isabel & Elizabeth	智利	2004	纯真、刺激、称职、教养

（三）中国的品牌个性维度

显然，品牌个性中融合了国家和民族文化的特性。由于中国的东方文化与西方文化具有很大的差异性，应该来说其品牌个性量表也具有其独特性，为了与国际同类研究进行比较，识别品牌个性与文化之间的真正关系，我国学者卢宏泰和黄胜兵(2003) 最早对中国文化背景下的品牌个性维度进行了系统性的研究。他们以西方的词汇、因子分析和特质论作为方法论基础，以来自中文语言、中国品牌为内容，经过中国消费者的实证研究，发展出了中国的品牌个性维度及量表，并从中国传统文化角度阐述了中国的品牌个性维度——仁、智、乐、勇、雅，并且每个维度又分为多个方面，具体如表 2-3 所示。

表 2-3　中国品牌个性维度量表

个性维度	不同层面	品牌个性特质词语
仁	诚家	温馨的、诚实的、家庭的
	和	和谐的、平和的、环保的
	仁义	正直的、有义气的、仁慈的
	朴	质朴的、传统的、怀旧的
	俭	平易近人的、友善的、经济的
智	稳谨	沉稳的、严谨的、有文化的
	专业	专业的、可信赖的、领导者的
	创新	进取的、有魄力的、创新的
乐	勇德	勇敢的、威严的、果断的
	勇形	奔放的、强壮的、动感的
勇	群乐	吉祥的、欢乐的、健康的
	独乐	乐观的、自信的、时尚的
雅	现代之雅	体面的、有品位的、气派的
	传统之雅	高雅的、美丽的、浪漫的

为了识别中国文化背景下的品牌个性维度与西方品牌个性维度的区别及一致性，卢宏泰和黄胜兵(2003) 还比较了美国、日本两个国家的品牌个性维度量表与中国品牌个性维度量表。研究表明，一方面，中国品牌个性继承了中国文化传统，保留了本土化的独特性；另一方面，随着中国与世界经济文化的交流和融合，中国的品牌个性也不可避免地受到西方文化

的影响。“仁”“智”“雅”三个维度具有较强的跨文化一致性，这可以说是世界多元文化的共性所在。“仁”是中国品牌个性中最具有中国文化特色的一个维度，其次是“乐”。中国与美国品牌个性相比较，中国更加强调群体性利益，而美国更加重视个人利益，强调个性的表现，这是两种不同文化的差异在品牌个性中的体现；中国品牌个性中的“勇”与美国的“强壮”相关性很强，这一维度在中国的出现，表明中国品牌的建立在一定程度上受到西方理论及文化的影响。

第六节　品牌个性的来源与塑造

一、品牌个性的来源

人们会从一个人的言行举止来把握他的个性，他的名字和外貌以及他的出生地和家庭背景，也会影响人们对其个性的判断。同样，影响人们对一个品牌个性的认知的因素分为两大类：与产品有关的因素和与产品无关的因素。从这些影响因素中我们可以发现，品牌个性的来源，以对企业的品牌个性塑造提供有益的指导。

（一）与产品有关的因素

与产品有关的因素包括产品品质、产品属性、产品包装和产品价格。

1. 产品品质

产品是和消费者最为接近的实体，从消费产品的过程中体验到的产品品质对消费者的影响最大。一个制作工艺精良的手机，无论处于多么恶劣的环境，它的信号依然良好。在你同伴的手机都没信号的时候，你拿出手机轻松交谈，这个时候你是不是会觉得自己选择的品牌是值得信赖的？

2. 产品属性

当海飞丝宣称其去头屑的功能，潘婷着重强调它滋养头发的理念的时候，强生婴儿洗发露以没有刺激，可以使头发微微卷曲赢得了消费者的青睐。海飞丝和潘婷可以从不同的角度解决消费者头发的问题，而强生使人感觉到它是纯真的、可爱的。不同的产品属性使人对品牌个性的感知显然不同。

3. 产品包装

虽然近些年来一直提倡节约、经济、环保概念，但是不可否认的是一盒包装精美的月饼和一盒包装普通的月饼给我们的感觉是不一样的。我们会认为包装精美的月饼是属于上层阶级的；而一个包装普通的月饼，我们会认为它是纯朴的。产品的包装就像一个无声的推销员，把品牌的个性诠释出来。

4. 产品价格

产品价格的高低反映出产品内在的品质，除了影响人们对产品品质的认知外，产品价格就像一个信号一样反映出不同的品牌个性。吉利轿车的低价竞争策略让人感觉到它是蓝领的、低阶层的。奥迪的高价给人的感觉是成功的、上层阶级的。

（二）与产品无关的因素

与产品无关的因素包括品牌的名称和标志、品牌使用者、品牌代言人、企业形象、品牌历史、品牌来源地等。

1. 品牌的名称和标志

象征符号心理学家的一项调查显示，在人们接收到的外界信息中，83%以上是通过眼睛，11%要借助听觉，3.5%要依赖触觉，其余的则源于味觉和嗅觉，视觉符号的重要性可见一斑。

品牌的名称和标志除了有帮助消费者辨认的作用外，还会引起消费者潜意识的变化，影响消费者对品牌个性的感知。它以符号的形式刺激消费者的视觉感官，使消费者在脑海中留下印象、产生联想。丰田公司的雷克萨斯轿车原名为凌志。凌志给人的感觉是雅致的、迷人的、沉稳的，雷克萨斯则让人联想到男子气概的、强韧的、精力充沛的、冒险的。一个成功的标志性符号是品牌个性的浓缩。如麦当劳金黄色的M形拱门对其品牌欢乐、友善的个性具有强化效果。再如，雀巢是人们熟悉的品牌，它的标志性符号是一个鸟巢，一只鸟在哺育两只小鸟，这极易使人联想到嗷嗷待哺的婴儿、慈爱的母亲和健康营养的育儿乳品。雀巢通过这个标志在消费者心中注入了慈爱、温馨、舒适和信任的个性。

2. 品牌使用者

不同的品牌会有不同的目标市场，因此也会有不同的使用者。当某些具有相同特征的消费者经常使用同一个品牌的时候，久而久之，这群消费者的个性也就会附着在产品上，组建成为品牌的个性。

Levi's“结实、耐用、强壮”的品牌个性，在很大程度上来源于使用者的形象。Levi's的创始人Levi Strauss原籍德国，1847年发迹于美国旧金山。当时他靠卖帆布为生，后来发觉当地矿工十分需要一种质地坚韧的裤子，于是他把原来造帐幕的咖啡色帆布造了一批裤子，卖给了当地矿工。由于这种裤子不容易破，所以很受矿工们的欢迎。随后，他便迅速成立了Levi's Strauss&Co.，主力生产牛仔裤而Levi's的神话由此展开。牛仔裤最初的使用者是矿工，他们结实、坚韧、强壮的个性特征也逐渐变成了Levi's的品牌个性。

3. 品牌代言人

通过品牌代言人也可以塑造品牌个性。通过这种方式，企业可以将代言人的个性传递给品牌，这有助于品牌核心价值的塑造。

百事可乐在这方面就做得非常成功。它将自己定位于“新生代的可乐”，通过不断地变化代言人来树立“年轻、活泼、时尚”的形象。在美国本土，有迈克尔·杰克逊和小甜甜布兰妮、詹妮弗·洛佩兹、克里斯蒂娜·阿奎莱拉、贝克汉姆、瑞奇·马丁等超级巨星作为其形象代言人；在中国，继邀请张国荣和刘德华做其代言人之后，百事可乐又力邀郭富城、王菲、周杰伦、郑秀文、谢霆锋、古天乐、蔡依林、五月天、黄晓明、罗志祥、阮经天、杨幂、韩庚、谢娜、何炅、张梓琳、吴莫愁、李易峰等加盟，将百事可乐“独特、创新、积极”的品牌个性演绎得淋漓尽致，赢得了无数的年轻消费者。

4. 企业形象

整体的企业形象由企业的领导者和创始人、企业的经营理念、企业文化、企业员工等构成。一个形象良好的企业创始者，对品牌的影响是巨大的。我们是通过比尔·盖茨大二中途辍学、天才的程序编写者、激进的垄断者等事迹对微软有了初步的感知，进而购买微软的产品。比尔·盖茨使得微软从其他的软件供应商中区别出来，在于盖茨赋予了微软聪明的、领导的、激进的品牌个性。

5. 品牌历史

品牌拥有的历史会影响消费者对品牌的感知。一般来说，诞生较晚、上市时间短的品牌在人们心目中有年轻、时尚、创新的品牌个性，而历史存续时间较长的品牌在人们心目中有传统的、沉稳的、世故的品牌个性。不一样的产品类别对于品牌历史的要求也不一样。比如，对于酒类品牌来说，历史时间越长，越有利于形成专业的、有魅力的品牌个性。

6. 品牌来源地

由于历史、文化、经济、自然资源、产业集群等因素的不同，每一个地方会形成别具特色的地方形象，它深深地影响着消费者对这些地方产品的认知。来自法国巴黎的香水，人们认为它是迷人的、有魅力的、性感的。对于产自意大利的服装，人们认为它是上层阶级的、雅致的。人们觉得来自日本的电子产品是可信赖的。

除了这些方法外，品牌个性还可来源于企业领袖、广告风格、营销策略等多个方面，这里就不一一介绍了。

二、品牌个性塑造的原则

企业在实施品牌个性策略的过程中要遵循以下四个原则。

（一）持续性原则

品牌个性是消费者对品牌由外而内的整体评价，它的形成是一项长期的、系统的工程。稳定的品牌个性是持久地占据消费者心理的关键，也是品牌形象与消费者经验融合的要求。品牌个性如果缺乏持续性，就会使消费者无法认清品牌的个性，自然也就无法与消费者自己的个性相吻合，而且他们也不会选择这样的品牌。正如美国某公司创始人大卫·马丁在他的《品牌的罗曼化》一书中写道的，著名的品牌是在很长一段时间里塑造起来的，一直都会有广告诚实地介绍产品个性……品牌个性需要稳定性。失去了稳定性，也就失去了品牌所具有的感染力。

保持品牌个性的持续性，可以从内容和形式两个方面入手。从内容上讲，品牌个性的内在特质及其内涵、对目标顾客的生活态度和价值观的理解等，要始终保持一致；从形式上讲，品牌的包装和设计、传播的方式和风格，也要尽量保持持续性，具有的图文音色可以更换，但设计的精髓和灵魂，以及体现出的个性风格、气质要尽量保持连续性。长期的持续性可以有效地防止其他品牌在短期内克隆成功。

（二）独特性原则

世界上没有两片完全相同的树叶，市场上也不存在两个完全相同的成功品牌，每个成功品牌都是独特的、与众不同的、唯一的。

独特新颖制造了差异化，这样的事物总是很容易让人记住。品牌个性作为品牌的独特气质和特点，同样也必须具有差异性，如果与竞争品牌雷同，就会丧失个性，无法发挥品牌个性的巨大魅力。

当然，也要注意到，独特不是奇特，不是为新而新，为奇而奇；个性只是手段，不能特意为了个性的独特性，而选择与消费者个性格格不入的一些离奇、古怪的个性，这样的标新立异是毫无价值的。所以，要评价一个品牌个性的独特性是否有效，就要看他是否能成功地打动目标消费者,引起情感的共鸣。

宝洁公司可谓是这方面的行家里手,多年来它的品牌经营管理经验一直成为各个公司研究和学习的焦点。以洗发水为例,它同时拥有飘柔、海飞丝、潘婷、沙宣等多个品牌。虽然都是洗发水,但是不同的品牌通过不同的广告形象代言人、品牌标志、广告诉求等多方面传播,树立了他们与众不同的品牌个性:飘柔代表的就是"自信"、海飞丝是"潇洒"、潘婷是"靓丽",而沙宣则意味着"时尚",等等。

(三)人性化原则

为什么要对品牌进行人性化塑造呢?这是因为品牌个性的树立是一个浇灌情感的过程,人性化的品牌能够使消费者产生某种情感,而此时的品牌不再是缺乏生命的产品和服务,而是消费者的亲密伙伴和精神上的依托。

现如今,在市场产品极为丰富、消费者生活上水平有了较大提高的背景下,消费者购物时就更加注重心理需求的满足。海尔的"真诚到永远"、苹果的"think different"、全球通的"沟通从心开始"等,都体现了企业通过以人为本、充分满足人性的需要来达到企业经营的宗旨。

(四)简约原则

有的企业为了能让品牌有更好的表现,让其品牌有十多个个性特点,这其实是一个错误的认知。著名的雀巢品牌虽然强调"温馨的"和"美味的"两个特点,但对品牌的管理却相当出色,这才使得它多年来一直跻身于世界最具价值的品牌行列。

品牌个性过多、过于复杂,会使企业很难面面俱到地表达众多的个性,这样反而容易把消费者搞糊涂。一个品牌究竟应该有多少个特点,这没有什么标准答案。一般来说,最多不应该超过七八个;但最好能重点建立三四个,并使之深入人心。

三、品牌个性的塑造

品牌个性塑造不是一朝一夕就可以做到的,它需要几年甚至几十年的持之以恒的努力,需要企业经营管理部门全方位的通力合作,更需要企业具有科学的营销观和娴熟的营销技能。具体来说,品牌个性塑造可从以下几个方面入手。

(一)考虑消费者未来的期望

企业为了与消费者保持更长久的关系,不仅要考虑到消费者对品牌个性的想法和需求,还必须根据社会的发展趋势及时预见消费者未来的期望。如今社会每天都在发生着巨大的变化,消费者的期望也会跟着改变。如果品牌个性仅仅满足于消费者现在的需要,那么就有可能落伍。如果是食品品牌的个性,可以预见,未来的消费者对绿色环保等问题会提出更多的期望。

(二)根据品牌定位,塑造品牌个性

品牌定位是品牌个性的基础,而品牌个性是品牌定位的延伸。品牌定位与品牌个性联系得越紧密,消费者被品牌吸引的可能性也就越大。柯达的"真实的颜色"的广告宣传活动,

将公司的胶卷定位成最完美的自然色的再现。为了将其人性化，柯达公司使用了格外清晰的标志，也就是一个明亮的童声男高音，配合漂亮的彩色照片翻片的声音，其效果是广告媒介与信息的完美配合，它既烘托了柯达的品牌特征，又暗示了只有柯达才是这个领域里的专家。

（三）从核心情感出发，建立品牌个性

品牌个性与人的情感是密不可分的，每一种情感都可能帮助形成品牌个性。比如，在海尔的星级服务计划中，其核心的品牌情感就是真诚。当然，除了真诚外，还可能包含了细心、期望、成功甚至谅解等多种情感因素，而每一种情感都可能形成海尔品牌的个性，但核心的情感只能有一个，如果想面面俱到，那品牌个性就太杂乱了。

（四）展示品牌个性的潜力，增强信心

人们对品牌的信心也是很重要的。没有信心，潜在的消费者就不会相信品牌在广告宣传中所说的话和作出的各种承诺，同时也就不会有购买行为的发生。因此，企业不能单纯地向消费者空洞地描述未来，而是要通过多种方式，充分发掘品牌个性的潜力，增强消费者对品牌的信心。

（五）品牌个性投资要有长期性

塑造一个品牌的个性，是一项十分艰巨的工作。它需要工作人员像照顾和抚养小孩子一样，在很长一段时间里不断地投入大量的时间、精力、财力和才智等。这些投资可能在刚开始的时候成效不大，但通过日积月累，就会形成一个鲜明的、独特的个性特征，这才是品牌的持久竞争力。

本章小结

品牌定位是指为某一特定品牌确定一个适当的市场位置，使商品在消费者的心中占据一个有利的位置，并与其建立一种内在的联系，这样，当某种需要一旦产生时，人们会先想到某一品牌。品牌定位在品牌经营和市场营销中有着不可估量的作用，有助于消费者记住企业所传达的信息；是确立品牌个性的重要途径；是品牌传播的基础；为消费者提供了一个明确的购买理由；是品牌占领市场的前提。在实施品牌定位的过程中应该遵循四大原则：心智主导原则、差异化原则、稳定性原则、简明性原则。

品牌定位的过程是企业对自身所处的市场环境包括竞争对手、消费者充分分析的基础上，结合自身的特点，确立品牌在消费者心目中形象的过程。一般来说，一个完整、有效的品牌定位的形成要遵循以下五个步骤：①市场分析；②企业内部条件分析；③市场细分；④目标市场的确定；⑤品牌的具体定位。

品牌定位的策略是指挖掘品牌定位点时所采取的视角。品牌定位的角度包括产品、消费者、竞争者和品牌识别。对于一个企业来说，必须综合考虑这四个角度来为品牌定位，这样定位才能准确，才能更好地指导传播。其中，产品角度包括产品属性定位、产品利益定位、产品类别定位、产品价格定位；目标消费者角度包括消费群体定位、情境定位、情感定位；竞争者角度包括首席定位、比附定位、空当定位、对比定位；品牌识别角度包括品牌个性定位和品牌文化定位。

品牌重定位是对品牌的重新定位，旨在摆脱困境，使品牌获得新的增长与活力。一般来说，品牌重定位的时机可能有以下八种：①原有定位老化；②原有定位错误；③原有定位模糊；④原有定位过窄；⑤竞争品牌模仿；⑥原有定位遭遇变故；⑦品牌战略转移；⑧发现了一个更有价值的定位。品牌重定位的步骤包括：①确定品牌需要重定位的原因；②调查分析与形势评估，明确企业优势；③分析目标消费群，选择最具竞争优势的定位。

品牌个性就是使品牌具有人的特征，是品牌通过其在各种营销活动中表现出来的类似于人的个性，它使消费者有了与品牌进行情感交流和建立关系的可能性。品牌个性具有人格化特征、独特性、不易模仿性、持续性、一致性和互动性等特征。学界对品牌个性结构和维度比较权威的划分是詹妮弗·艾克教授的品牌五大个性要素，即纯真(sincerity)、刺激(exciting)、称职(reliable)、教养(sophisticated)和强壮(raggedness)。在这五大维度下面又有15个层面，包括42个品牌个性特性。随后，许多学者也都利用詹妮弗·艾克的研究方法寻找自己国家的品牌个性维度，如日本、西班牙、法国、中国等纷纷提出本国的品牌个性维度。通过对不同国家品牌个性维度的比较，发现品牌个性维度受到文化影响，不同国家会表现出一个到两个特色的品牌个性。

品牌个性的来源可分为与产品有关的因素和与产品无关的因素。其中，与产品有关的因素包括产品品质、产品属性、产品包装、产品价格等；与产品无关的因素包括品牌名称和标志、使用者形象、品牌代言人、企业形象、品牌历史、品牌来源地等。企业在实施品牌个性策略的过程中要遵循以下四个原则：持续性原则、独特性原则、人性化原则、简约原则。品牌个性的塑造具体包括五个方面：①考虑消费者未来的期望；②根据品牌定位，塑造品牌个性；③从核心情感出发，建立品牌个性；④展示品牌个性的潜力，增强信心；⑤品牌个性投资要有长期性。

复习思考

(1) 简述品牌定位的含义和原则。

(2) 试以某一成功品牌定位的企业为例，分析其品牌定位的步骤。

(3) 品牌定位的策略有哪些？举例说明各种策略的运用。

(4) 什么时候应该对品牌进行重定位？

(5) 什么是品牌个性？并以现实中的一个品牌为例，说明其个性。

(6) 简述品牌个性的特征。

(7) 简述美国品牌个性维度及其结构。

(8) 简述中国品牌个性维度及其结构。

(9) 品牌个性的来源有哪些？如何通过这些因素塑造品牌个性？

(10) 品牌个性的塑造应注意哪些原则？

案例分析

重振雄风的奶球品牌

奶球牌糖果是史维哲·克拉克公司的产品，它是一种装在一个小小的黄棕色盒中的糖果，是青少年们在看电影时爱吃的一种零食。但是，克拉克公司不满足于现有的市场，他们想让年龄较小的儿童成为消费对象。

于是，克拉克公司着手准备。首先分析潜在消费者的心理。调查表明，奶球最佳的潜在消费者是刚懂事的儿童，他们平均年龄在十岁以下，喜欢吃糖果，而且对糖果极端敏感。

那么，当有关糖果的想法出现时，这些儿童的心中想到的是什么呢？当他们想到糖果时，会联想起糖棒的概念，如赫西(Hershey's)、杏仁乐(Almond joys)、银河(Mile Ways)、雀巢(Nestle's)等品牌的糖棒。这些品牌都享有很高的知名度，且花得起大钱做广告宣传。相形之下，奶球牌糖果并无优势。

如果把奶球品牌继续定位为糖棒形象，这意味着克拉克公司必须花费数百万美元的广告费，才能与那些已享有很高知名度的竞争者们分享市场。如何以最少的花费让奶球牌糖果进入潜在消费者的心智并深深扎下根呢？这的确是一个难题。

经过再三调查分析，公司的管理层发现了竞争者的一个弱点：即市场中的糖棒都很小，不耐吃，一个小孩一般两三分钟就可以吃掉一根价值五元钱的赫西牌糖棒。这使得这些小消费者们感到不高兴，因为他们的零用钱是有限的，而糖棒这么容易变小。他们的抱怨不断。这些小孩的想法启发了奶球公司，他们决定利用竞争者的弱点，将竞争者所花费的数百万美元的广告费为己所用。于是，一种新型奶球糖出现了，它们装在盒子里，每盒有15颗。小孩可以把它们分开一颗颗地吃。显然，一盒奶球糖果比一根糖棒要吃得久一些。糖棒的另一耐吃选择品，这就是奶球牌糖果的重定位。在具体的产品的广告宣传中，也依据耐吃的特点进行广告制作。这则广告不但止住了奶球牌糖果销售下滑的趋势，而且在以后的几个月中，大大增加了克拉克公司的销售额和品牌知名度。

案例思考：

(1) 史维哲·克拉克公司奶球牌糖果采取的是什么定位策略？

(2) 史维哲·克拉克公司品牌定位的过程是否合理？为什么？

哈雷——戴维森：品牌个性造就的经典

1901年，在美国的北部小镇——威斯康星州密尔沃基，年仅21岁的威廉姆斯·哈雷和20岁的阿瑟·戴维森在一个德国技师的帮助下，在一间150平方英尺的小木房里忙碌不停。2年以后，终于制造出第一台哈雷摩托车。2001年，哈雷公司共生产销售整车23.4万辆，销售收入为30.36亿美元，被《福布斯》杂志评为“2001年度最佳公司”，被《幸福》杂志评为“最受尊敬企业之一”。

哈雷——戴维森来自美国的西北部，西部的蛮荒和辽阔对生存在那里的人们来说，意味着自由、粗犷、奔放、洒脱和狂放不羁，甚至带有浓郁的野性。身怀绝技、独来独往的西部牛仔们没有高贵的出身，凭着过人的胆识、精湛的枪法和骑术就可以在辽阔的天地间建功立业。牛仔文化彰显力量、个性、正义和激情，其精髓就是自由、平等、富有和进取。哈雷——戴维森品牌文化与牛仔文化一脉相承，是牛仔文化的演绎和物化。哈雷——戴维森彻头彻尾都流淌着美利坚的血液，如果说可口可乐代表美国精神，那么哈雷——戴维森就像在世界性的体育盛会上披上星条旗。一个世纪的沉浮、一个世纪的文化沉淀，孕育出灿烂丰富的哈雷摩托车文化——自由、个性、进取，一直作为哈雷品牌的特种精神含义，令无数的哈雷车迷为之倾倒、为之痴狂。

哈雷车独有的颜色——橄榄绿色，在战后一直延续下来，甚至成为象征胜利的流行色，在人们心目中，它代表勇敢、活力和必胜的信念。从外形看，哈雷摩托车的最大特点就是体积硕大，它给人一种突出的存在感；外观庄重，装备整齐，整装豪华；马力强劲，接近汽车的大排气量、大油门带来的独特的轰响。炫目的色彩、硬朗的线条、独特的造型，甚至烫人的排气管都令哈雷车迷疯狂。哈雷之所以受到如此的欢迎，主要就是因为经得起时间考验的经典设计，哈雷车的造型是那样的古典、浪漫、粗犷，甚至最流行的车型往往是最古典的车型。哈雷还有一个美学原则是裸露美，能裸露的地方尽量裸露。尽管哈雷裸露的是钢铁的心脏、金属的质感，但在男人心目中犹如裸露的女神，与其说哈雷是交通工具，不如说哈雷是一件巧夺天工的艺术品。模仿哈雷的很多，如宝马、雅马哈，它们都试图模仿哈雷，但它们都没有获得哈雷的真谛，无法做到形神兼备。哈雷车的发动机也是相对落后的，但这不意味着哈雷车的落后。从选料到加工工艺及将 CAD 技术运用到车架设计当中，令模仿者望尘莫及。尤其是驾驶哈雷的那种从容、卓尔不群的气度、无与伦比的自豪感是很多人心驰神往的。加上沉重的车身，没有强健的体魄、过人的胆识就谈不上是驾驭，驾驭哈雷其实就是一种征服的快感，能够驾驭哈雷的人没有理由不骄傲。怪不得有人说哈雷是自由的钢铁、滚动的风景。

哈雷车的一个最大特点是比轿车还贵。一般流行的哈雷车的售价在 15000～20000 美元，20 世纪五六十年代的哈雷车型的身价为 25000 美元，三四十年代的老车型现在仍然可以卖到 30000～40000 美元以上。不菲的价格让普通的消费者望尘莫及，玩得起哈雷摩托的人大都是商界名流、影视大腕、体育明星和政界精英。哈雷的驾驶者来自不同国家的不同领域，但他们有共同的梦想和追求，他们都追求个性、崇尚自由、积极进取，有很高的经济收入和不俗的生活品位。哈雷时尚的初始拥有者，恐怕要数美国摇滚鼻祖猫王了，当年猫王的一大嗜好就是驾驶哈雷摩托车。猫王的这一做法相当于担当了哈雷的形象大使，免费为哈雷做了广告。我们熟悉的名字还有约旦国王侯赛因、伊朗前国王巴列维、著名演员施瓦辛格、美国亿万富翁福布等。不管是好莱坞的明星大腕、F4 赛车手还是 MBA 工商管理硕士、律师及政界要员，无不以哈雷为乐、以哈雷为荣，他们都在为哈雷做广告，人人都宣传自己的爱车是精品，哈雷是他们的价值取向和精神寄托，并逐渐成为一个阶层的生活方式。

案例思考：

(1) 哈雷的品牌个性来源于哪几个方面？

(2) 哈雷的消费者有哪些个性？他们的形象与哈雷的品牌个性有何关系？

第三章

品牌设计

开篇引例

宏碁电脑

被誉为华人第一国际品牌、世界著名的宏碁电脑1976年创业时的英文名称叫Multitech，经过十年的努力，Multitech刚刚在国际市场上小有名气，但就在此时，一家美国数据机厂商通过律师通知宏碁，指控宏碁侵犯该公司的商标权，必须立即停止使用Multitech作为公司及品牌名称。经过调查，这家名为Multitech的美国数据机厂商在美国确实拥有商标权，而且在欧洲许多国家都早宏碁一步完成登记。商标权的问题如果不能解决，宏碁的自有品牌Multitech在欧美许多国家恐将寸步难行。在全世界，以“～tech”为名的信息技术公司不胜枚举，因为大家都强调技术，这样的名称没有差异化；又因雷同性太高，在很多国家都不能注册，导致无法推广品牌。因此，当宏碁加快国际化步伐时，就不得不考虑更换品牌。宏碁不惜成本，将更改公司英文名称及商标的工作交给世界著名的广告公司——奥美广告。为了创造一个具有国际品位的品牌名称，奥美动员纽约、英国、日本、澳大利亚、中国台湾省分公司有创意的员工，运用计算机从4万多人名字中筛选，挑出1000多个符合命名条件的名字，再交由宏碁的相关人士讨论，前后历时七八个月，终于决定选用Acer这个名字。

宏碁选择Acer作为新的公司名称与品牌名称，出于以下几方面的考虑。

(1) Acer源于拉丁文，代表鲜明的、活泼的、敏锐的、有洞察力的，这些意义和宏碁所从事的高科技行业的特性相吻合。

(2) Acer在英文中，源于词根Ace，有优秀、杰出的含义。

(3) 许多文件列举理事、厂商或品牌名称时，习惯按英文字母顺序排列，Acer第一个字母是A，第二个字母是C，取名Acer有助于宏碁在报章媒体的资料中排行在前，加强消费者对Acer的印象。

(4) Acer只有两个音节，四个英文字母，易读易记，比起宏碁原英文名称Multitech，显得更有价值感，也更有国际品位。

宏碁为了更改品牌名称和设计新商标共花费近百万美元。应该说宏碁没有在法律诉讼上过多纠缠而毅然决定摒弃平庸的品牌名称Multitech，改用更具鲜明个性的品牌名称Acer，是明智之举。

思考：

(1) 公司为什么摒弃原有的品牌英文名称？

(2) 品牌名称对公司的作用是什么?

美国品牌专家戴维森(Davidson)在1997年提出了品牌冰山理论,指出品牌就像是大海中的一座冰山,消费者只能看到品牌浮在海面上的一部分,海面下面的一部分只能去感受和体会。其中,海面下的是隐性的品牌内涵,如品牌核心价值、品牌个性、品牌文化等,海面上的就是显性的品牌外延。品牌外延又称品牌要素,是指品牌当中能够被消费者感官认知的部分,包括品牌名称、品牌标识、品牌口号、品牌故事、品牌音乐和品牌包装等。其中,品牌名称和品牌标识是品牌的必备要素,其他则是品牌的可选要素。品牌要素是品牌内涵的载体,没有品牌要素,品牌的内涵将仅仅停留在精神世界,而不能融入消费者的生活当中。所以,对于品牌要素的设计显得格外重要。

品牌设计就是对品牌外延或要素的设计。品牌设计是品牌管理的一项基础工作,对其他品牌管理工作都起着重要的作用。合理的设计有助于品牌信息的传递和强化。本章先介绍品牌设计的一般原则,然后介绍品牌诸要素的设计。

第一节 品牌设计原则

为了保证品牌要素作用的最大化,在设计品牌要素时需要遵循一定的标准,如表3-1所示。

表3-1 品牌要素设计标准

可记忆性	容易识别 容易回忆
有含义性	描述性 说服性 趣味性 联想性
可转换性	产品门类 地域和文化界线
可适应性	灵活 可更新
可保护性	法律角度 竞争角度

从建立品牌资产的角度出发,进行品牌要素的选择,其中可记忆性和有含义性更适合品牌创立阶段的设计,而可转换性、可适应性和可保护性更适合品牌维护阶段的设计,为了适应品牌长期维护管理的需要,在品牌延伸、品牌扩张甚至是在品牌保护时发挥作用。

一、可记忆性

设计品牌要素的出发点就是为了使品牌在消费者记忆中形成深刻的印象,不能达到这一功效的要素设计就不能称为成功的设计。为此,可选择那些有内在记忆性的品牌要素,使得顾客在购买和消费时很容易记忆与辨认。换言之,某些名字、符号、标识及类似因素的固有特征，即它们的文字内容、视觉形象等，可以增强它们的记忆性，进而提高品牌资产。例如，麦当劳的黄色M标识，即是“Mc Dondald's”的首字母，其黄色的造型又富有趣味性，消费者很容易在店铺繁多的闹市区一眼认出它来。

在注意力经济时代，品牌设计得让人容易记忆是非常重要的。为此，让人容易记忆的品牌要素应有以下特点。

（一）具有独特性

例如，“他＋她—”饮料命名独特，吸引了众多的消费者；玩具反斗城的“反”字是倒着写的，其英文Toys“R”us中“R”也是反着写的，非常特别，如图3-1所示；耐克的标识是一个简单的“勾”，让人印象深刻；爆果汽黑色的瓶子以及五谷道场黑白色主色调的外包装都使其在货架上十分显眼。

图3-1 玩具反斗城标识

（二）消费者熟悉的元素

如江苏红豆集团的品牌名称以及品牌标识都让人不由得想到王维的诗《相思》，全球最大的中文搜索引擎百度的品牌命名源于南宋词人辛弃疾的一句“众里寻他千百度”。

（三）与产品类别相关

如Rejoice翻译成“飘柔”，就与洗发水行业紧密相关，如果根据字面意思翻译成“欢乐”或“欢庆”的话，那品牌的回忆度就不会很高；“康师傅”当中的“康”是健康的意思，而“大师傅”通常是对厨师的称谓，所以消费者在购买方便面、饼干的食品时想到康师傅这个品牌就是很自然的事情了；奔驰、宝马等名词很适合作为汽车的品牌等。一些命名模仿了使用产品时的声音，如柯达是照相时按快门的“咔嗒”声，酷儿是喝饮料时的“咕嘟”声，恰恰是嗑瓜子时发出的“咔咔”声等。

二、有含义性

品牌要素所具有的内在含义可以加强品牌联想的形成，有利于品牌意识的建立。一个好的品牌要素必须具有丰富的含义，即包括描述性、说服性、联想性和趣味性等。品牌含义越丰富，品牌的信息量就越大，就越能全面地满足消费者的需要，唤起他们的消费兴趣和购买欲望。

首先，描述性含义反映出该品牌类别、使用者、产地等信息。这样，当看到某品牌的时候，消费者很容易就联想到其所在的产品类别，如奔驰反映出汽车的特点、飘柔反映出洗发水的特点、小肥羊是吃羊肉的地方、娃哈哈给人一个儿童品牌的印象、湘桂酒显然是产自湖南的酒等。其次,说服性含义反映出该品牌和产品的利益,如奔驰反映出汽车开起来的快感、飘柔反映出头发的柔顺飘逸、红牛反映出喝完该饮料后所表现出来的活力。此外,联想性含义和趣味性含义可以加深品牌在消费者心中的印象,可以造成消费者对品牌特定的感知和特殊的感情。例如,麦当劳有 20 个主要的联想和 30 个次要的联想,消费者尤其是孩子们只要一提到麦当劳就会想到金拱门、汉堡、炸薯条、麦香鸡,还有麦当劳玩具、麦当劳娱乐场、麦当劳竞赛等。一提到海尔,人们心中就会出现两个小孩的商标图案、优良的家电产品质量、周到而迅速的星级服务、以人为本的企业形象和企业文化等。一个品牌要素带来的联想不一定与产品有关,品牌要素有时可以选择那些富有视觉和语言想象力的,且充满情趣的。

不具有描述性、说服性、联想性和趣味性含义的品牌将要花费更多的传播费用才可达到一定的认知度和记忆度。更严重的是,不良的含义联想会招致一个品牌失败,如可口可乐在中国最早的译名"口渴口蜡""蝌蚪嚼蜡",使得产品无人问津;日本丰田越野车 PRADO 最初被译为"霸道",结果引起了很多中国人的不满,后来改名为"普多拉",避免了名称的负面含义。

三、可转换性

一个好的品牌要素应当具有大的包容性,即可以转移到不同的产品类别和不同的地理区域上去。这样,在进行品牌延伸和地域扩张的时候,品牌就能够利用原有的影响力而不至于"白手起家"和"另起炉灶"。品牌要素的可转换性是指品牌在种类和地域两个层面的延伸与转换的特性。

(1) 品牌要素应该能够适应新产品的增加,即能够对产品线和产品种类的延伸起到促进作用,能在相同或不同的种类中利用品牌扩展新的产品。一般而言,品牌要素越是具体表现出产品的种类和属性,其在不同产品类别上的转移性就越差。例如,"飘柔"在消费者心目中已等同于洗发水,所以其推出的沐浴露和香皂并不很成功;"面点王"一看就是做面食的餐厅,想吃炒菜的顾客是不会去的。

(2) 品牌要素要能够增加地域间和细分市场间的品牌资产,尤其当品牌进入一个不同地域文化内涵的市场,品牌要素能够实现顺利转化并被当地消费者所接受。因为在一个地区内具有良好含义的品牌到了另一个地区可能会成为羁绊。例如,"芳芳"(FangFang)化妆品到了国外成了"毒牙"(Fang 在英文当中是"蛇的毒牙"的意思);科斯啤酒的广告语是"放松一下",被翻译成西班牙语就变成了"腹泻"。正因为如此,EXXON 石油在取这个名字的时候调查了 55 个国家。

四、可适应性

品牌要素的可适应性是指品牌设计能通过修改或调整适应市场的变化。随着社会的进步和发展,消费者的消费习惯、消费方式、消费取向和价值观念在不断地变化,市场的潮流也在发生变化,所以品牌要素也需要及时进行更新。品牌要素越是具有可塑性,它的更新也就越容易。例如,可以对标志和内涵做一次新设计,使它们看上去更具现代感和相关度。例如,2003 年 2 月,可口可乐在中国市场首次更换中文标志——传统的中文字体被弯曲流畅的斯宾塞中文字体所取代,使可口可乐的标志更具现代感与时尚感。

品牌要素调整的原因主要有消费者审美观改变、公司战略调整，以及企业兼并收购等。既然品牌要素要反映出视觉美，那么随着人们审美观的改变，品牌要素也要进行调整。例如，美国通用磨坊(General Mills)公司旗下品牌贝蒂·克罗克(Betty Crocker)在80多年间更换了8次品牌虚拟代言人，因为美国人理想中的妇女形象发生了改变。公司战略调整时，品牌元素也相应地调整。例如，腾讯QQ的品牌标识从一只企鹅改成了三色环绕企鹅，意为腾讯从网络即时聊天工具服务商转型为互联互通的门户网站。企业兼并收购的背后是企业文化的融合，在品牌要素当中也要得以体现。例如，1998年，德国戴姆勒——奔驰公司收购美国第三大汽车制造商克莱斯勒公司的时候，公司改名为"戴姆勒——克莱斯勒公司"，而2007年二者分道扬镳，公司名称重新回到"戴姆勒公司"。

五、可保护性

有人曾做过这样的判断：市场竞争的实质是品牌的竞争。在品牌的环境里，善于保护自己也是竞争取胜的重要方面。品牌要素的可保护程度可以从法律和竞争两个角度去理解。

从法律角度看，品牌要素必须及时向工商管理部门申请注册，成为注册商标，受法律保护。如果今后企业还有国际发展战略，还应当在各目标国家申请注册，寻求目标国家的法律保护。2003年4月28日，联想放弃了已经使用了具有15年历史的英文标志"Legend"，更换后的英文标志为"Lenovo"。联想当时的品牌价值大约在400亿元，之所以"忍痛割爱"，就是出于保护联想品牌，否则，联想品牌的国际化进程势必遭遇障碍。随着我国企业品牌意识的不断增强，为自己的品牌进行商标注册已非常普遍。然而，在国际上进行商标注册并未引起国内企业的足够重视，一些著名商标被抢注的现象也极为严重。如"同仁堂""竹叶青""狗不理"等被日本人抢注；"青岛啤酒"在美国被抢注；"红塔山""云烟"在菲律宾被抢注；海信等中国企业的商标在德国被竞争对手西门子抢注。

从竞争角度看，品牌要素要能够便于竞争中的自我保护。一个品牌要素即使已经受到了法律保护，但市场竞争行为仍然可能侵占品牌要素所表达的品牌资产。如果品牌要素中的名称或包装很容易被模仿，该品牌就失去了独特性和独享性。因此，竞争对手可能选择"搭便车"的方式，对本企业品牌的名称、标志等进行模仿。例如，由厦门某食品公司罐装、珠海某公司经销的Hanlissy法国干邑白兰地系列酒，其包装盒、酒瓶和标贴上使用的"Hanlissy"及"图形＋Hanlissy"商标，与雅斯·埃内西公司的组成商标Hennessy(轩尼诗)干邑白兰地十分相似，结果被法院裁定侵权处以罚款；与此相似还有广东江门一家企业模仿广西梧州的豆浆晶系列产品品牌"冰泉"推出"冰泉百分百"，我国三家企业将索尼的品牌SONY模仿成SQNY等，同样都是侵权。因此，企业需要尽可能多地注册相关的品牌名称，以降低被竞争者模仿的可能，如娃哈哈注册了"娃娃哈""哈哈娃""哈娃娃"等诸多类似商标，只使用"娃哈哈"，其他起防御作用。

第二节　品牌名称设计

通常来说，品牌视觉感知固然极为重要，然而品牌名称才是创立品牌的第一步。一个好的品牌名称不仅可以帮助消费者进行品牌认知，并容易在消费者的心智中建立相应的品牌联想，由此而建立一个牢固的消费情绪。因此，好的品牌名称是一个企业、一种产品拥有的一笔永久性的精神财富。当然它的前提是，你必须依据产品品类及一些独特点来选择一个恰当的名称。

一、品牌名称的设计原则

品牌名称的设计原则实际上是指企业经营者在为企业的品牌命名时应遵循的原则。一般来说，首先遵循易读、易记的原则是对品牌名称最根本的要求。品牌名称只有易读、易记，才能高效地发挥它的识别功能和传播功能。如何使品牌名称易读、易记呢？这就要求企业经营者在为品牌命名时，遵循以下原则。

（一）简洁明快

名字单纯、简洁明快，易于和消费者进行信息交流，而且名字越短，就越有可能引起顾客的遐想，含义更加丰富。今天，我们耳熟能详的一些品牌名称都是非常简洁的，如微软、奔驰、家乐福、海尔等。日本《经济新闻》的一项调查结果表明，品牌名称的长度与消费者的认知相关：如品牌名称长度为 4 个字的平均认知度为 11.3%；5～6 个字的为 5.96%；7 个字的为 4.86%；8 个字的认知度仅为 2.88%。因此许多著名品牌多为 2～3 个音节，如宝马、索尼等。

参照中国给人取名的习惯，品牌取名一般不宜超过 3 个字。如杭州的“盾”牌链条只有 1 个字，非常简明扼要：链条像盾一样牢固。外文名字不宜超过 3 个音节，字母也应尽量少。如 Coca Cola 现在已被减缩为“Coke”。

品牌名称的另一种简明的方法是取字头大写字母的组合（缩写）。例如，IBM 是全球十大品牌之一，身为世界最大的计算机制造商，它被誉为“蓝色巨人”。其全称是“国际商用机器公司”（International Business Machines），这样的名称不但难记忆，而且不易读写，在传播上首先就自己给自己制造了障碍。于是，国际商用机器公司设计出简单的 IBM 的字体造型对外传播，造就了其高科技领域领导者形象。再如，HP 来自 Hewlett Packard（惠普公司），3M 来自 Minnesota Minning&Manufacturing（明尼苏达采矿和制造公司），NEC 来自 Nippon Electric Company（日本电气公司），BMW（宝马）来自 Bavarian Motor Works（巴伐利亚汽车公司）。但大写字母组合的品牌名称不一定是原名的缩写，如中国的 TCL。

（二）语音朗朗上口

品牌名称要易于上口，难发音或音韵不好读的字，都不宜用作品牌名称。好听的品牌名称能增加消费者对品牌的好感，如可口可乐、雪花、海尔等；而易读的品牌名称将有利于消费者对品牌的记忆和传播，如联想、奇瑞 QQ、金利来等。反之，一些品牌名称则违反了这些要求，失去消费者对其的传播机会。如一种益肤霜的品牌名称叫作“军献”，不好听也不易读；欧洲第一奶品公司“帕拉马特”的名称拗口、难记且无意义，不适合在中国消费者当中传播；BWM 早年被译为“巴依尔”，让人不知所云，后改为“宝马”才开始大放异彩。因此，在品牌命名时应注意以下几点语音要求。

（1）要容易发音。例如，我国“娃哈哈”三个字的元音都是“a”，是婴幼儿最易发音和模仿的。一些国际品牌如 SONY、Cannon、Philips 等，国内的品牌如“中华”“光明”“伊利”等，都是易于发音的例子。

(2) 读起来或听起来让人感到愉快。尽管"娃哈哈"一词是杜撰的,但既顺口,又蕴涵高兴、快乐之意。春兰、水仙等品牌听起来也都令人愉快。

(3) 当商品出口时能在所有的语言中以单一方式发音。如日本的SONY,我国的四通(Stone)和我国台湾的宏碁(Acer)等音节简单,响亮易读。

(三) 正面联想

正面联想是指品牌的名称要有一定的寓意。通过品牌名称与产品功能在意念上的联想,来启发人们丰富的想象力,让消费者能从中得到愉快的联想,从而影响消费者行为。如家乐福、上好佳、喜力、金六福等。因此,品牌名称设计时语意最好不要太具体,包容度要大,要能给人以一定的联想空间。如中国的"春兰"空调,就给人以美好温馨的联想——春天的兰花让人感觉一阵清新迎面扑来;而"可口可乐""雪碧""芬达"这样音韵好听,同时还能反映出软性饮料带给人们的生理感觉的品牌名称也是众人皆知的,一看到他们就会联想起饮用时自由畅快的感觉。

由于品牌名称往往包含一些引申的含义,因此在进行品牌名称设计时要格外慎重,稍有不慎就会在消费者心中产生误解和谬误。如金字招牌"金利来"原来取名"金狮",对香港人来说,便是"尽输"。香港人非常讲究吉利,面对如此忌讳的名字自然无人关照。后来,公司创始人曾宪梓先生将Goldlion分成两部分,前部分Gold译为金,后部分lion音译为利来,取名"金利来"。之后,情形大为改观,吉祥如意的名字,立即为"金利来"带来了好运。可以说,"金利来"能够取得今天的成就,其美好的名字功不可没。再如,通用汽车公司一款名为"Nova"(新星)汽车,到了南美西班牙语国家经营惨淡,原因是Nova在西班牙语中是"走不动"的意思,谁会买一辆"走不动"的车呢? 此外,我国北方有一种水饺的品牌名称叫作"毛毛",尽管这个与很多中国人小名同名的名字感觉亲切,但是"毛"和食品"水饺"联系在一起的时候,不免让人吃后感觉嘴巴里面不舒服。一些品牌不但没有让人产生正面联想,而且还让人觉得恶俗露骨。

阅读材料

LUX(力士)香皂以"名"取胜

联合利华的LUX是当代著名品牌之一,LUX今天之所以在全球风行,除了它大量借助国际影星做广告树立国际形象以外,LUX这个品牌名称典雅高贵的优美含义也为它的发展起到很好的推动作用,甚至可以说,初期的LUX能够成功的关键就是依赖于其杰出的品牌名称。

1899年,英国联合利华公司研制了一种新型优质的香皂,在产品进入市场的初期是失败的,原因是名字的问题,起名为"猴牌"(MONKEY)有不洁的含义,使大众产生反感。后来经过专家反复研究,采用LUX作为香皂名称。品牌名称更换之后,香皂产品销量大增,很快风靡于全球,成为世界知名的名牌。

LUX是一个近乎完美的品牌名称,它是西方国家拉丁字母品牌命名的经典之作,备受业内人士推崇。它几乎能满足优秀品牌的所有优点:①LUX只有三个字母,易读易记,简洁明了。它在所有国家语言中发音一致，易于在全世界范围进行传播。②LUX来自古典语言Luxe，具有典雅高贵的含义。它在拉丁语中是“阳光”之意，用作香皂品牌，令人联想到明媚的阳光和健康的皮肤，甚至可以使人联想到夏日海滨度假的浪漫情调。③LUX读音和拼写令人联想到另外两个英文单词Luckys（幸运）和Luxury（精美华贵）。

（四）个性独特

个性独特是指企业与品牌名称应别具匠心，突出个性鲜明的风格，使其在众多企业即品牌名称中突出重围。命名时应尽量避免同其他企业及品牌名称相似与雷同。如世界名牌轿车——德国大众汽车公司生产的桑塔纳小轿车。桑塔纳原是美国加利福尼亚的一座山谷的名称，该地因盛产名贵的葡萄而闻名于世。在此山谷中，还经常刮起一股强劲的旋风，当地人称这种旋风为“桑塔纳”。该公司遂以“桑塔纳”为新型轿车命名，使消费者联想到此轿车会像桑塔纳旋风一样风靡全球。又如，中国老字号“六必居”，命名取其酿酒时，六项必备步骤，以保证酒的质量，此“六必”就是指黍稻必齐、曲蘖必实、湛炽必洁、陶瓷必良、火候必得、水泉必香。品牌命名独具一格，因此名声大振，经久不衰。

品牌名称贵在标新立异，不落俗套，有独特的个性与风格，不与其他品牌名称相混淆，这样有利于发挥品牌独到的魅力，给消费者以鲜明的印象和感受，经久难忘，要做到这一点并非易事。同时，命名折射出企业的文化内涵，优良的企业文化，又可以烘焙出与众不同的品牌。

阅读材料

SONY的品牌命名

以发明随身听、单枪式彩色电视、8厘米手提摄像机而赢得全世界的索尼最初的名字不叫“SONY”。1946年创业之初有一个不大吸引人的名称“东京通信工业”。1953年，公司创始人盛田昭夫早年去美国谈生意时，发现西方人特别是美国人念他公司的名字很拗口，没有一个人能准确地拼读出这个日语名字，不但影响沟通，而且影响业务的开展。为了给别人留下深刻记忆，盛田昭夫决定将公司名字改成一个易记、好读，全世界都能通用的名字。回日本后，盛田昭夫动员了很多人为公司改名。他要求这个新名字必须在世界各地都容易辨认，人们用任何语言都能同样拼读这个品牌名称。原本公司打算取原公司名称三个词的缩写TTK作为公司名称，但当时市场上这类公司名称实在太多（多如牛毛），如RCA、AT、ABBC、NBC等。盛田昭夫认为，为了企业的国际化发展，品牌名称一定要风格独特、醒目简洁，并能用罗马字母拼写，因此这一提案被拒绝了。随后，他们做了几十次实验，查阅了各种字典。有一天，他们查阅时无意中翻到拉丁字“Sonus”，译为“声音”，这恰好与公司行业有关，他们经营的行业就是给人们带来声音的行业。于是便把目标对准了“Sonus”，从该词开始找起。当时日本使用外语的现象日渐普遍，借用英语的俚语，有些人把聪明可爱的男孩叫作“Sonny”（小家伙），而属于同一词根的“Sounny”（艳阳）和“Sonny”都有乐观、明亮的意思，这体现了公司刚刚起步，期望前途光明的现实。遗憾的是“Sonny”日文的罗马拼音是“Sohnnee”（路线的意思），显然不能用来推出新产品。经过数日的冥思苦想后，有一天盛田昭夫茅塞顿开：何不去掉一个字母而将“Sonus”（声音）和“Sonny”（小家伙）两个单词合二为一,变成"SONY"(索尼)。于是这个新创造的单词"SONY"就成了公司的品牌名称。这个新名字的好处是,在任何语言中,"索尼"这个词都没有恶意的解释,非常容易读出,而且有聪明、可爱、幼稚、乐观、光明等丰富的内涵。索尼公司后来成功的事实印证了这一名称的妙趣。具有高度概括力和强烈吸引力的企业名称,对大众的视觉刺激和心理等各方面都会产生影响。一个设计独特,易读易记,并富有艺术性和形象性的企业名称,能迅速抓住大众的视觉,诱发其浓厚的兴趣和丰富的想象,能使之留下深刻的印象。

(五) 适应性

适应性是指品牌名称的使用能够适应时间和空间上的变化。在时间上不能有过强的时代特征,因为时过境迁显得陈旧过时;在空间上不会因地域不同而引起文化冲突,要尊重各地区消费者不同的消费文化和习惯。

如某一个品牌在这一个国家是非常美好的意思,到了另一个国家其含义可能会完全相反。例如,蝙蝠在我国因蝠与福同音,被认为有美好的联想,因此在我国有"蝙蝠"电扇。但在西方国家,蝙蝠的英语 bat 却有吸血鬼的意思,所以会引起人们不好的联想。再如,熊猫在我国乃至多数国家和地区均颇受欢迎,是"和平""友谊"的象征,但是在伊斯兰国家或信奉伊斯兰教的地区,消费者则非常忌讳熊猫,因为它形似肥猪;大象在我国含有稳重、踏实、吉祥("象"与"祥"同音)的意味,被广泛用于产品的品牌,但在英语里,大象还有"愚蠢""笨拙"的含义,往往不受欢迎;山羊在中国人眼里象征着快捷与灵敏,而在英国,"goat"(山羊)这个字则是人见人烦,因为它被喻为"不正经的男人""淫乱的人""恶人"等;菊花在意大利被奉为国花,但在拉丁美洲有的国家则视菊花为妖花,只有在送葬时才会用菊花供奉死者,法国人也认为菊花是不吉利的象征,因此,我国的菊花牌电风扇如果出口到这些国家,销售前景必然黯淡。由此可知,品牌经营者应本着适应性原则,在为产品命名时,要全面综合考虑,给产品起一个走遍世界都叫得响的名字,这样才能有利于产品的销售,才能形成世界著名品牌。

阅读材料

Coca Cola 中文品牌名称的设计

1920 年,美国的 Coca Cola 开始进入中国市场,根据它的发音,当时译出的汉语名称为"口渴口蜡"。当数千个这样的广告牌竖立起来后,Coca Cola 公司才发现这蹩脚的英译汉既让人不知所云,作为饮品又令人不忍入口。1979 年,Coca Cola 重返中国内地时,就以"可口可乐"这个名字一举夺魁。时至今日在中国,"可口可乐"可谓家喻户晓,妇孺皆知。

如今,可口可乐在中国市场的表现充分证明了这一品牌名称的策划是非常成功的。第一,"可口可乐"这一品牌名称没有时代印记,且明明白白地显示了饮料的功效,满足了消费者愉悦心理,体现了品牌定位的内涵;第二,"可口可乐"这一品牌名称符合中国文化音义双佳的审美价值、双声叠韵,凸显了汉字文化的魅力,成为全世界最为成功的品牌名称设计的典范。

(六) 合法性

合法性是指品牌名称可以在法律上得到充分的保护,即能注册,最好可以在全球注册。

尽量回避使用已经被注册了的品牌，这是品牌命名的首要前提。再好的品牌名称如果不能注册，得不到法律保护，就不是真正属于自己的品牌名称。现实中，很多企业在这方面意识很薄弱，以至于自己经营几十年的品牌，被竞争对手抢先注册，而丧失了应有的法律权利。例如，“南极人”的品牌大战。在2000年的保暖内衣大战中，“南极人”品牌就是由于缺乏保护，而被数十个厂家共享，一个厂家所投放的广告费为大家作了公共费用，非常可惜。大量厂家对同一个品牌开始了掠夺性的开发使用，使得消费者不明就里、难分彼此，面对同一个品牌，却是完全不同的价格、完全不同的品质，最后消费者把账都算到了“南极人”这个品牌上，逐渐对其失去了信任。再如，前面提到的联想集团英文品牌名称的更换。2003年，联想集团将原先使用了10年的英文名称Legend改为Lenovo原因就在于此。联想在解释更名动机时说：“联想品牌要国际化，首先需要一个可以在世界上畅通无阻、受人喜爱的英文品牌，但Legend这个英文名称在国外很多国家已经被注册过，所以必须未雨绸缪，为未来公司业务拓展做好先行部署。”联想英文品牌名称变更的案例充分诠释了合法性的原则。

阅读材料

修正药业公司的更名

修正药业公司现在是有一定知名度的大公司，在前些年，修正药业公司不叫“修正”，而叫康达药业公司。当时修正的“脑舒通”卖得刚火时，市场上只要有“康达”二字的产品，经销商和消费者就接受，结果市场上出现了许多“康达”二字的医药产品。修正药业公司后来才意识到名称的重要性，去注册“康达”商标，最后发现有一家医药企业早已经注册了。修正药业公司想到花1亿元的高价希望转让这个品牌名称，却遭到拒绝。修正药业公司后来不得不重新花大力气改名，更名为“修正”，也就是今天的修正药业公司。

因此，品牌经营者应及时将品牌名称在销售地和潜在销售地申请注册，以便获得法律保护。为此，需要注意以下两点。

(1) 该品牌名称是否有侵权行为。企业要通过有关部门，查询是否已有相同或相近的名称被注册。如果有，则必须重新命名。

(2) 该品牌名称是否在允许注册的范围以内。有的品牌名称虽然不构成侵权行为，但仍无法注册，难以得到法律的有效保护。企业经营者应向有关部门或专家咨询，询问该品牌名称是否在商标法许可注册的范围内，以便采取相应的对策。

二、品牌命名的来源

(一) 按品牌的特性命名

1. 功能性品牌

功能性品牌以产品的某一功能效果作为品牌命名的依据，如奔驰(汽车)、飘柔(洗发水)、波音(飞机)、佳能(相机)、捷豹(汽车)、舒肤佳(香皂)、汰渍(洗衣粉)、固特异(轮胎)、锐步(运动鞋)等。这种方式直观、易懂，便于被消费者所接受。很多药品采用了功能明示的方法，如感冒灵、胃泰、泻痢停、六必治等。

2. 情感性品牌

情感性品牌以产品带给消费者的精神感受作为品牌命名的依据，如登喜路(服装)、金利来(服装)、贺喜(巧克力)、美的(家电)、百威(啤酒)、七喜(饮料)、吉列(刀片)等。消费者在对品牌的认知过程中,往往会对情感属性较强的品牌产生好感,有时还会产生共鸣。因此消费者在购买产品的功能性利益的同时,也购买了产品带来的情感属性。如“乐百氏”愿将欢乐随着产品送给千家万户,“万家乐”让千家万户快乐。有的品牌不会产生直接的亲和力,但能使人受到启发,产生美妙的联想。如“美加净”护手霜让人想起南方秀美的城市、湛蓝的天空和一双轻柔的手,女孩子便有可能不知不觉地把自己纳入这一幅美景中,变成那双手的主人。此外,麦当劳的质量和服务也与“舒适、开心、快乐”联系在一起,“和路雪”的富有人情味的红黄搭配的“双心”标识,衬托出这个品牌的温暖亲切。这种品牌都不知不觉地成为企业与消费者的情感纽带。

3. 中性品牌

中性品牌无具体意义,呈中性。如海尔(家电)、索尼(电器)、埃克森(石油)等。这类品牌名称没有具体的中文含义,但企业可以赋予无意义的品牌名称以内涵,并且使之成为消费者所期待的品牌。

(二) 按品牌名称的出处命名

1. 以人名命名

以人物的名字作为品牌名称,如羽西、李维斯、劳斯莱斯等。企业以人名作为商品品牌名称时,大多选用创业者、设计者和名人姓名来命名,选择不同的人物命名,反映不同的意义。如宝洁公司(P&G)是1837年由威廉·宝特(Willian Procter)和詹姆斯·洁保(Games Gamble)创建的,取这两位功臣的“P”和“G”作为品牌,十分具有纪念意义。

以人名作为品牌名称,大致有以下几种类型:一是以产品的发明者和生产者的名字来命名,如李维斯牛仔裤、奔驰汽车、周林频谱仪等。二是以生产经营者的名字命名,如李宁牌运动服装等。三是用名人的名字命名,如孔府家酒、中山装等。四是用虚拟人物来命名,如孔乙己茴香豆等。

在世界畅销商品中,以人物姓名作为商品品牌名称占相当大的比重,几乎涉及各类产品,如酒类中有轩尼诗、马爹利;食品中有雀巢、麦当劳;电子产品中有王安;汽车产品中有福特、丰田;服装产品中有皮尔·卡丹、香奈儿;化妆品中有郑明明、丁家宜等。

2. 以地名命名

以地名作为品牌名称,这种命名方式是过去比较盛行的做法,如上海牌手表、石林牌香烟等。一般来说,以地名命名的产品会受到地域的局限。在烟酒等产品中,这种以地名命名的现象非常普遍,青岛、燕京、茅台等,在每个省及下属的各个地区,几乎都会拥有以地名命名的品牌,如白沙啤酒、哈尔滨啤酒、天津啤酒等,像这些地方品牌,除了本地以外,其他地方很少会有人消费,因为带有地方特色的品牌名称首先就让其他地方的人在购买时产生心理障碍。

以地名作为品牌名称,大致有以下几种类型:一是以产品的原产地作为品牌名称,以示正宗、老牌、享有盛誉,如金华火腿、龙泉宝剑、景德镇瓷器、茅台酒等。二是以生产者所在地来命名,如青岛啤酒、徐州工程机械。三是以名胜古迹、神话及小说中令人神往的地方作为品牌名称,这样可以使品牌借势成名,如藏秘干红酒、黄山香烟、长城电扇等。

阅读材料

香格里拉品牌名称的由来

香格里拉原本只是美国作家詹姆斯·希尔顿创作的小说《失落的地平线》中一个虚构的地名，风景宜人，犹如世外桃源，后来被用作饭店的品牌名称。香格里拉背后蕴藏的巨大的旅游价值被逐渐发现，我国云南和四川为了争夺香格里拉的地名展开了一场大规模的宣传战，最后云南取胜。

各国目前对于以地名作为品牌名称的做法，都有不同程度的限制。根据我国《商标法》规定，县级以上行政区的地名或公众知晓的外国地名不得作为商标，但是具有其他含义的除外。

3. 以动植物名命名

以动植物的名字作为品牌的名称。以动植物名命名可以使消费者联想到与动植物有关的属性，使产品形象化、具体化，让消费者可以感受到产品的功能，从而勾起消费者购买欲望，如椰树饮料、莲花味精、凤凰自行车、红豆衬衫等。同时，以动植物名命名还可以将人们对动植物的喜好转嫁到品牌身上，从而诱导消费者进行消费行为，如熊猫香烟、猎豹越野车、小天鹅洗衣机等。

尽管以动植物名命名的品牌很多，但真正成为世界品牌的却不多，这可能与各国居民对动植物的熟悉度或喜好程度有关。所以运用这种品牌命名方式的企业想让产品在世界范围内畅销不太容易，但要想在地区内畅销，这种命名却不失为一种行之有效的方法。在使用动植物名作为品牌名称时，一要注意找准该动植物与产品的内在联系；二要注意该动植物的象征意义和能够产生的很好的联想；三要注意由于文化背景不同，动植物在不同的国度有着不同的象征意义，要入乡随俗，避免出现歧义。如鹤在我国有超凡脱俗、松鹤延年之意，但在英国则暗示男人对妻子的不忠。因此，以鹤作为品牌名称的产品到英国推广肯定有阻碍。

4. 自创命名

有些品牌名称是词典里没有的，它是经过创造后为品牌量身定做的新词。这些新词一方面具备了独特性，使得品牌容易识别，也比较容易注册；另一方面具备了较强的转换性，可以包容更多的产品种类。自创命名体现了品牌命名的发展方向，是今后最常用的品牌命名方式。

在今天，这类品牌最为常见。如全聚德，这个名字并无特别意义，但拆开看单个的字，都有很好的解释，周总理曾解释为“全而无缺、聚而不散、仁德至上”；著名的钟表品牌 Timex（铁达时），是 time（时间）和 excellent（卓越）两个词的拼缀。又如三位从德州仪器公司辞职的工程师，准备在个人计算机（PC）市场自行创业时，他们认为，在 PC 业，最重要的是保持产品的兼容性（compatibility）和质量（quality）。于是，他们将这两个词各取其头，创造出 Compaq（康柏）这个品牌。

阅读材料

柯达 Kodak

柯达的英文名称“Kodak”一词，是由摄影先驱乔治·伊斯曼发明的，并于 1888 年 9 月申请专利。它不是一个普通的英文单词，也不是来自某个词，是一个没有意义的字母组合。伊斯曼在其关于促使它选择这个特殊名字的原因的记录中说，他选择这个词是“因为我知道一个贸易标志应该是简短的、朝气蓬勃的、不会被误拼写以致损害其识别，而且为了满足商标注册法，它必须没有意义。字母 K，我比较喜欢，它似乎有强有力、锋利的意思。因此我要求必须以 K 开头。这样剩下的问题就是尝试大量的字母组合使词的第一和最后字母都是 K。‘Kodak’就是这样考虑的结果”。后来有人还指出，“Kodak”还是个象声词，就像照相机快门的咔嗒声。此外，K 字母是 Eastman 母亲家族姓名的第一个字母，这也是很重要的。

（三）按品牌的文字类型命名

1. 以汉字命名

以汉字命名的品牌名称即中文品牌，这类品牌不仅是国内企业最主要的命名方式，而且也是一些国际品牌进入中国后实施本地化策略的命名方式。如美国宝洁公司的飘柔洗发水，在美国名为 Pert-Plus，在亚洲地区改名为 Rejoice，在中国则是飘柔；美国万国宝（CitiBank）在我国香港地区针对中产阶级，在我国内地则称为“花旗银行”；在我国的日本“松下”电器，在香港却称为“乐声”牌。其他成功的品牌还有高露洁（Colgate）、佳能（Cannon）、锐步（Reebok）、舒肤佳（Safeguard）等。

2. 以拼音命名

以拼音为品牌命名是国内企业的独特做法，如 Haier（海尔）、CHANGHONG（长虹）等等。拼音品牌一般与汉字品牌组合使用。

3. 以外语命名

以外语命名是国外品牌的常见命名方式，我们常见的大多是以英文命名的，如 Intel、Kodak、Dell、Dove 等。国内品牌进入国际市场，通常也会选择一个外文名称，如 Mexin（美心）、Youngor（雅戈尔）、KELON（科龙）等。

4. 以数字命名

（1）纯数字品牌名称。纯粹数字组成的品牌不多，一旦运用成功品牌的知名度也很高。纯数字品牌名称易记、易识，比较上口，这是确保数字品牌名称取得成功的主要因素。纯数字品牌名称大多有以下特点：①数字组合有特色，一是某个数字重复出现；二是数字有对称性。例如，555 烟、999 医药、101 生发精、505 元气袋等。②入选数字大多集中于“0、1、5、9”这几个数字上，其他数字偶尔被选用，但是概率较低。③数字组合一般为三个，长短适宜，节奏清晰。

（2）数字文字组合品牌名称。数字作为品牌名称的一部分，与有关的文字结合，是构成品牌名称的又一种选择。如三枪、三株、三利、三洋、三菱、四通、五菱、无争、六神、七喜、八仙、九鼎等。

在数字文字组合品牌名称中，以“三”字为首的居多，这可能是受中国古代哲学的“一生二，二生三，三生万物”的思想影响所致。“三”还表示多的意思。还有例外形式，如21金维他、798艺术中心、活力28等。

三、品牌命名的过程

1. 成立命名工作小组

工作小组的成立除命名专业组织和企业领导外，还应包括产品设计人员、市场调查人员等。命名工作小组要明确职责和工作目标，理清工作程序和工作思路，进行工作分工和协调，组织命名工作。

2. 前期调研

在取名之前，应该先对目前的市场情况、未来国内市场及国际市场的发展趋势、品牌命名企业的战略思路、产品的构成成分与功效以及人们使用后的感觉、竞争者的命名等情况进行摸底，并且我们要以消费者的身份去使用这种产品，以获得切身感受，这非常有助于灵感的降临。

3. 选择合适的命名策略

前期调研工作结束后，便要针对品牌的具体情况，选择适合自己的命名策略。一般情况下，功效性的命名适合于具体的产品名称；情感性的命名适合于包括多个产品的品牌名称；无意义的命名适合于产品众多的家族式企业名称。人名适合于传统行业，有历史感；地名适合于以产地闻名的品牌；动植物名给人以亲切感；新创名则适合于各类品牌尤其是时尚、科技品牌……当然，在未正式定名之前，也可以各种策略进行尝试。

4. 动脑会议

在确定策略后，可以召开动脑会议，火花碰撞。在动脑会议上，任何怪异的名称都不应该受到责难，都应该记下来，一次动脑会议也许得不到一个满意的结果，但可以帮助我们寻找到一些关键的词根，这些词根是命名的大致方向。

5. 名称联想

由一个字联想到100个词语，由一个词语，发展出无数个新的词语，在这个阶段，是名称大爆发的阶段，发动公司所有的人，甚至向社会征集，名称越多越好。

6. 法律审查

由法律顾问对所有名称从法律的角度进行审查，去掉不合法的名称，品牌命名企业对无法确定而又非常好的名称，应先予以保留。

7. 语言审查

由文字高手对所有名称进行审核，去除有语言障碍的名称。

8. 内部筛选

在公司内部，对剩下的名称进行投票，筛选出其中较好的10～20个名称。

9. 目标人群测试

将筛选出的名称，对目标人群进行测试，根据测试结果，选择出比较受欢迎的2～5个名称。

测试消费者的反应，可以用问卷的方式进行。这些调查问卷中包括以下内容。

(1) 词语联想：测试是否出现了任何不理想的品牌联想。

(2) 可记性调查：向管理者给出可能的名称清单，经过一段转移精力的时间，让其写出所有能够想起的名字。这个测试不但能判断名称的可记性，而且能测出各名称用词的可拼性。

(3) 衡量品牌：针对与产品类别及定位相关的重要属性。

(4) 衡量品牌偏好：偏好的不同往往与品牌名称有关。

10. 确定名称

与客户一起，从最后的几个名称中决定出最终的命名。

第三节　品牌标志设计

如果说品牌名称是品牌的抽象符号，那么品牌标志就是品牌的具象符号。品牌标志是用于识别品牌的视觉符号。如可口可乐的红色圆柱曲线、奔驰汽车的三叉星环等。作为品牌必备的要素，一个成功的品牌标志不但帮助区隔不同品牌，而且有利于消费者产生相应联想，引导消费者的品牌偏好，进而影响消费者的品牌忠诚度。因此，企业格外重视品牌标志的设计，许多公司花大量资源以保护这些符号。

品牌标识、标准字、标准色与品牌标志物等是构成完整的品牌标志概念的要素。

一、品牌标识的设计

品牌标识是品牌中那些可以被识别，但不能用语言表达出来的部分，包括图案、文字或色彩等组成部分。例如，奥迪是四环相连、大众标识则是由"V"和"W"构成等。品牌标识是品牌视觉识别的核心，它构成了视觉形象的基本特征，体现了识别对象的内在素质。

1. 文字标识

文字标识是用独特形式书写的品牌全称或首个文字。品牌全称如 SONY、KFC、TCL、3M、IBM、健力宝、Lenovo、Asahi(朝日啤酒)等；首个文字如麦当劳金黄色的 M、京基地产的"京"字等，如图 3-2 所示。文字标识是品牌名称和品牌标识的统一，它直截了当地将品牌名称展示给消费者，从而增强了品牌名称的识别度。

图 3-2　文字标识

2. 图案标识

图案标识是将标识设计成图案，包括形象标识和抽象标识。形象标识如苹果电脑的"一个被咬了一口的苹果"、美林证券的"一头扬起尾巴的牛"、中国银行的"中"字古铜板；抽象标识如奔驰的"简化了的形似汽车三叉星方向盘"、宝马的"蓝天白云螺旋桨"、奥迪的"四个紧扣圆环"等，如图 3-3 所示。形象标识能够让人想到被树上掉下的苹果砸到头的牛顿，并由此想到了智慧和创新；而抽象标识则往往只起到区隔的作用，尽管抽象标识背后通常也有其寓意，例如，奥迪的四个环表示奥迪当初是由霍赫、奥迪、DKW 和旺德诺四家公司合并而成的，但这很少有人知道。因此，从激发联想的角度来看，形象标识要比抽象标识效果好。

图 3-3 图案标识

3. 图文标识

文字标识尽管直接展示了品牌名称，但不容易引起联想，而图案标识尽管容易引起联想，但又不能直接展示品牌名称。因此，很多品牌采用了图文标识，即将品牌名称中的某个字母或字母某一部分转化为图案的形式，从而既让人们记住了品牌名称，又给人一定的联想。与图案标识相仿，转化的图案可以是形象的，也可以是抽象的。形象图文标识的例子如Sina(新浪)的i就设计成了一只眼睛，表示搜寻；CATERPILLAR(卡特皮勒)当中的第一个A下面被设计成一个三角形的黄土堆，表示该品牌与挖土机有关。抽象图文标识的例子如Hisense(海信)更换标识，海信标识形状不变，但会将黄绿相间的色彩变成全绿色。公司希望通过这样的微调达到时尚年轻化的视觉效果，如图 3-4 所示。相比而言，抽象图文标识难以清晰地让人知道其寓意，而形象图文标识则让人一目了然。

Hisense海信

图 3-4 图文标识

二、品牌标识的设计原则

(一) 简洁鲜明原则

品牌标识是一种视觉语言，要求产生瞬间效应，因此标识设计要简练、明亮、醒目，切忌图案复杂，过分含蓄。品牌标识的简洁符合记忆规律特点，并且能够超越国家、民族、语言以及文化程度等的限制，更容易被消费者记忆与识别。比如，日本的"三菱"汽车，其标识是三角形排列的三个菱形，人们易于识别和记忆，在商标中的三个菱形是三颗钻石的形象，这个图像风格特征简洁、明快，与公司相配。

(二) 独特新颖原则

品牌标识是用来表达品牌的独特性格的，又是以此为独特标记的。要让消费者认清品牌的独特品质、风格和感情，因此，品牌标识在设计上必须与众不同，新颖独特，别出心裁，以展示出品牌独特的个性。品牌标识要特别注意避免与其他品牌的品牌标识雷同,更不能模仿他人的设计。要做到这一点,设计人员务必吃透品牌的相关内涵。例如,苹果电脑公司的产品标识是一个被咬了一口的苹果,新颖独特、简洁明了,富有原创性、视觉冲击力和想象力。2008 年的北京奥运会标识,则是一个舞者变形为一个篆体的"京"字,把主办地、书法文化和人们翩翩起舞的高兴心态紧密结合,形成一个优秀的艺术创意。

(三)适应性原则

适应性是指要设计出符合现代潮流以及消费者心理变化趋势的品牌标识。一方面品牌标识具有相对的稳定性,为的是强化整体形态,引导消费者识别,但是当时代和产品自身发生变化时,品牌标识的内容、风格可能与时代的节拍不相吻合,如果再沿用以前的品牌标识,就显得古板、陈旧;另一方面也反映企业的创新能力有限。所以,品牌标识的设计要在保持相对稳定的前提下进行相应的变化。

目前,世界上许多大品牌为了吻合时代精神、领导潮流,毅然放弃陈旧过时的视觉符号,明确地向受众展示出品牌创新突破、追求卓越的精神,采取视觉表现力强的品牌标识,以增强品牌竞争力。当然,与时俱进还需传承历史,彰显民族风格。因为只有能够传承历史、彰显民族风格的东西才容易成为人们心灵的图腾,构建起牢固的情感纽带,具有永恒的价值。

(四)优美精致原则

优美精致原则是指品牌标识造型要符合美学原理,要注意造型的均衡性,图形要给人一种整体优美、强势的感觉,保持视觉上的均衡。并在线、形、大小等方面做造型处理,使图形能兼具动感美及静态美。例如,耐克图标简洁、动感、优美、独特、令人赏心悦目,同时合理利用图案的大小、形状、密度、色彩,使图案富有视觉冲击力,给人印象深刻。

20 世纪初,劳斯莱斯汽车公司的第一任总经理克劳德·约翰逊邀请《汽车画册》的绘画师赛克斯为其劳斯莱斯轿车设计标识。经过多次研究,赛克斯决定以"飞翔女神"为其标识,而且以气质高雅的埃莉诺·索思顿小姐为女神原型。埃莉诺小姐身材修长,体态轻盈,淡金色的长发,深蓝色的眸子,小巧而坚挺的希腊鼻子无不显示美的韵律。以她为模型的"飞翔女神"代表着"静谧的速度、无震颤和强劲动力"。克劳德将它称为"雅致的小女神""欣狂之魂,她将公路旅行作为至高享受,她降落在劳斯莱斯车头上,沉浸在清新的空气和羽翼震动的音乐声中"。

(五)合理合法性原则

品牌标识的设计要符合产品行销地法规和风土人情,这与品牌命名相类似。各国的法律对商标、标识的合理设计都有规定,违反了就不能注册。这一点在商标、标识设计时要考虑到。

三、品牌标识的设计流程

(一)调查分析

标识不仅仅是一个图形或文字的组合,它是依据企业的构成结构、行业类别、经营理念,并充分考虑标识接触的对象和应用环境，为企业制定的标准视觉符号。在进行品牌标识设计之前，首先要对企业做全面深入的了解，包括经营战略、市场分析以及企业最高领导人员的基本意愿，这些都是标识设计开发的重要依据。对竞争对手的了解也是重要的步骤，标识的识别性，就是建立在对竞争环境的充分掌握上。因此，我们首先会要求客户填写一份标识设计调查问卷。

（二）要素挖掘

要素挖掘是为设计开发工作做进一步的准备。我们会依据对调查结果的分析，提炼出标识的结构类型、色彩取向，列出标识所要体现的精神和特点，挖掘相关的图形元素，找出标识的设计方向，使设计工作有的放矢，而不是对文字图形进行无目的的组合。

（三）设计开发

有了对企业的全面了解和对设计要素的充分掌握，可以从不同的角度和方向进行设计开发工作。通过设计师对标识的理解，充分发挥想象，用不同的表现方式，将设计要素融入设计中，标识必须达到含义深刻、特征明显、造型大气、结构稳重、色彩搭配能适合企业，避免流于俗套或大众化。不同的标识所反映的侧重点或表象会有区别，经过讨论分析修改，找出适合企业的标识。

（四）标识修正

提案阶段确定的标识，可能在细节上还不太完善，我们经过对标识的标准制图、大小修正、黑白应用、线条应用等不同表现形式的修正，使标识使用时更加规范，同时标识的特点、结构在不同环境下使用时也不会丧失，可达到统一、有序、规范的传播。

四、标准字和标准色的设计

品牌标识是由文字和图案组成的。标识不但要具有区别其他品牌的特征，而且要具有视觉冲击力，给人以深刻印象，因此标识中文字的字体和颜色及图案的颜色就是标识设计的重要环节。

（一）标准字的设计

标准字(logo type)本来是印刷术语，意指两个以上的文字铸成一体的字体。标准字是企业形象识别系统中的基本要素之一，是专门设计用来表现企业或品牌名称的字体。标准字将企业的规模、性质、理念、精神，通过具有可读性、说明性、独特性的组合字体，以达到识别的目的，并据此塑造企业形象，增进社会大众对企业的认知度和美誉度。它应用广泛，常与标识联系在一起，具有明确的说明性，可直接将企业或品牌传达给公众，与视觉、听觉同步传递信息，可强化企业形象与品牌的诉求，与标识具有同等重要性。

经过精心设计的标准字除了外观造型与普通印刷体不同外，更重要的是，它是根据企业或品牌的个性而设计的，对其形态、粗细、字间的连接与配置都作了细致严谨的规划，与普通的字体相比更美观，更具有特色。

1. 标准字的种类

(1) 企业名称标准字。经过专门设计的企业名称标准字,主要用于传达企业的经营理念和品格,以树立企业的良好形象,建立信誉。企业名称标准字是标准字中最主要的,也是其他各种标准字的基础。

(2) 品牌名称标准字。企业为了突出品牌的个性特点,依据产品特性和目标市场,设立多种品牌,并竭力提高品牌的知名度,达到促销的目的。因此,设计品牌名称标准字就成为业务发展的迫切需要。如可口可乐公司的产品除了可口可乐外,还开发了雪碧、芬达等品牌。

(3) 字体标识。将企业和品牌名称设计成具有独特性格、完整意义的标志。达到容易阅读、认知、记忆的目的,具有视觉、听觉同步表达的优点,是当今企业标识设计的主要趋势,如 SONY、IBM、FUJI 和 NEC 等所用的就是字体标识。

(4) 活动标准字。活动标准字是指专为新产品推出所举办的庆典活动、展示活动、竞赛活动、社会活动、纪念活动等特定活动所设计的标准字。这类标准字因为使用时间短,设计风格大多自由、活泼,给人印象深刻。

(5) 标题标准字。标题标准字是指运用于各种广告文案、专题报道、电影电视广告、海报标题等的字体设计。

2. 标准字的设计原则

(1) 易辨性原则。标准字要易于辨认,不能造成信息传达障碍。易于辨识的标准字体现在三个方面:一是要选用公众看得懂的字体;二是要避免与其他企业、其他品牌似曾相识;三是字体的结构要清楚、线条要明晰,放大缩小都清楚。

(2) 艺术性原则。标准字,应具有一种创新感、亲切感和美感,只有比例适当、结构合理、线条美观的文字,才能够让人看起来比较舒服。在标准字上加以具有象征、暗示、呼应的因素,可使标准字显示出不同的意境。法国阿尔卡特的标准字"ALCATEL"将标准字中的第二个 A 用▲代替,形成了独特的视觉效果。

(3) 传达性原则。标准字是企业理念的载体,也是企业理念的外化,因此标准字的设计要能够在一定程度上传达企业的理念,而不能把设计作为孤立的事件,单纯追求形式。欧米茄手表一般都把 Ω 和 OMEGA 放在一起。单独一个 Ω 已经足够醒目,单独一个 OMEGA 也十分不错,将两个标识经常放在一起宣传,消费者常常将 Ω 这个图形标识和 OMEGA 联系在一起,其效果明显好于单独宣传 OMEGA。

3. 标准字的设计方法

标准字的设计可划分为书法标准字体、装饰字体和英文字体的设计。

(1) 书法标准字体设计。中国书法具有三千多年历史,是汉字表现艺术的主要形式,既有实用性,又有艺术性。设计书法标准字体作为品牌名称,有特定的视觉效果,活泼、新颖、画面富有变化。书法字体设计是相对标准印刷字体而言,设计形式可分为两种:一种是针对名人题字进行调整编排,如中国银行、中国农业银行的标准字体。另一种是设计书法标准字体或者说是装饰性的书法体,是为了突出视觉个性,特意描绘的字体,这种字体是以书法技巧为基础而设计的,介于书法和描绘之间。

在设计书法标准字时,要根据企业的经营特征以及消费者对各种字体所能产生的印象和对商品的联想,选择最有表现力、最适当的字体形式。汉字书法可以分为传统书法和现代美术书法两种形式。传统书法分篆书、隶书、行书、楷书、草书四种。篆书历史悠久,能唤起怀古之情;隶书洒脱飘逸,有古朴之感;楷书端庄清晰,稳重大方;行书则流畅活泼;草书结构简单,笔画连绵。现代美术书法字运用最为广泛,可分为宋体、仿宋体、黑体等。其中,宋体显得庄重;仿宋体较为秀丽;黑体粗壮有力。在设计中可依据企业的形象定位,结合字体的表现力来选择。例如,四通集团的标准字采用美术字体,显得严谨、稳重,其笔画在锐钝处理上协调均衡,充分显示了企业的实力与进取的精神。

(2) 装饰字体设计。装饰字体是在基本字形的基础上进行加工变化而成,富有装饰性。海尔、科龙的中文标准字体即属于这类装饰字体设计。装饰字体的特点是美观大方,便于阅读和识别,应用范围广等优点,它摆脱了印刷字体的字形和笔画的约束,根据品牌或企业经营性质的需要进行设计,可以加强文字的含义并富于感染力。

装饰字体表达的含义丰富多彩。如细线构成的字体,容易使人联想到香水、化妆品之类的产品;圆厚柔滑的字体,常用于表现食品、饮料、洗涤用品等;浑厚粗实的字体则常用于表现企业的实力强劲;有棱角的字体,则易展示企业个性等。

总之,装饰字体设计离不开产品属性和企业经营性质,所有的设计手段都必须为企业形象的核心——标志服务。它运用夸张、明暗、增减笔画形象、装饰等手法,以丰富的想象力,重新构成字形,既加强了文字的特征,又丰富了标准字体的内涵。同时,在设计过程中,不仅要求单个字形美观,还要使整体风格和谐统一,以便于信息传播。

(3) 英文字体设计。为了便于同国际接轨,参与国际市场竞争企业名称和品牌标准字体的设计,一般均采用中英两种文字。英文字体(包括汉语拼音)的设计,与中文汉字设计一样,也可分为两种基本字体,即书法体和装饰体。书法体的设计虽然很有个性、很美观,但识别性差,不常用于标准字体设计,常用于人名,或非常简短的商品名称。装饰体的设计,应用范围非常广泛。

从设计的角度看,英文字体根据其形态特征和设计表现手法,大致可以分为四类:一是等线体,字形的特点几乎都是由相等的线条构成,如 Microsoft;二是书法体,字形的特点活泼自由、显示风格个性,如 Ford;三是装饰体,对各种字体进行装饰设计,变化加工,达到引人注目、富于感染力的艺术效果,如 IBM;四是光学体,是摄影特技和印刷用网绞技术原理构成。

4. 标准字的设计程序

(1) 调查研究。当企业、公司、品牌确定后,在着手进行标准字设计之前,应先实施调查工作,尤其是注意广泛收集国内外同行业中各企业的标准字,并进行系统的整理分析及归纳比较,内容包括字体的总体风格、编排格式、识别性、易读性、延展性、系统性等。另外,还应避免雷同产生混淆不清的现象。调查要点包括:①是否符合行业、产品的形象;②是否具有创新的风格、独特的形象;③是否能为商品购买者所喜好;④是否能表现企业的发展性与值得依赖感;⑤对字体造型要素加以分析。

(2) 构思基本造型。组成标准字的各字符间的关系不是意义上的,而是造型上的。因此,应根据企业的特点、实际应用字体的条件以及企业传达的内容和希望建立的形象,确定字体的造型。如正方形、长方形、扁形、斜形,或外形自由、形式活泼,或根据具象图案内嵌字体等。

(3) 校正视觉误差。由于字体结构,笔画繁简不一,实际粗细相同,大小一致的字形视觉上并不完全相同，这就是错视。校正错视的重点是字形大小的修正和字距的修正。汉字的笔画多少不一，字形变化也很多，仅靠打格子控制字形大小并不能完全解决问题，必须进行调整。笔画顶天立地、左右充满的字体，由于形体丰满，容易显大，书写时应稍加缩小；而呈三角形或菱形的字容易显小，书写时宜略微出格。同样，英文字母本身形态也有很大变化，必须经过视觉修正来统一大小，中文字体多为方块字，字的间距容易把握，而英文字母则不然，容易发生字间松散的现象，甚至产生误读。这就只能依据视觉感受，适当斟酌加减，使之看上去匀称平稳。

(4) 统一字体形象。标准字体之所以能表现出差异性的风格，传达企业的经营理念、文化精神，主要在于字体具有统一的特征。从现代美术字体角度来看，中文字体无论如何变化，基本是以宋体和黑体为最基本的字体形式，这两种字体在笔画造型上有着截然不同的风格和特征。另外，字体的统一还在于统一线端形式与笔画弧度的表现。

(5) 标准字的排列。由于中文字体多为方形，具有较好的适应性，因此可根据需要选择横排或竖排，比英文字体容易排列。但现代企业经营趋于国际化，在企业标准字中采用中英文对照的做法越来越多。这就需要在设计时考虑使用的需要，设计一个横排一个竖排，根据需要选择使用。

（二）标准色的设计

企业标准色是指经过设计后被选定的代表企业形象的特定色彩。标准色一般是一种或多种色彩的组合，常常与企业标识、标准字等配合使用，被广泛应用于企业广告、包装、建筑、服饰及其他公共关系用品中，是企业视觉识别重要的基本设计要素。

1. 色彩的心理效应

色彩能给人不同的感觉，它不但能传达不同的感情，而且能影响人们的精神、情绪及行为。每一种颜色都能诱发出特定的情感。

(1) 红色。红色富有刺激性，给人一种活泼、生动和不安的感觉。它包含着热情、向上和冲动，许多企业都以红色为标准色，就是取其视觉上的巨大冲击力。红色在改变了对比条件时，会使其自身特性发生相应变化。例如，在深红色底色上的红色能起到平静和熄灭热度的作用；在黄绿色底色上的红色又幻化出一种冒失与鲁莽，激烈而不寻常；在橙色底色上的红色显得黯淡而无生气；在黑色底色上的红色能迸发出它最大的、大可征服的、超人的热情来。广州太阳神口服液的商标色彩就采用了这种红与黑的强烈对比，给人以强烈的震撼。

(2) 橙色。橙色是活泼、富有朝气的颜色。橙色也是温暖的颜色，能够引起人的食欲，给人香蕉般的香甜之感。它象征着充足、饱满、有活力、明亮、健康、向上、兴奋等。当它被淡化时，即失去其生动的特征。白色与其混合就会使它苍白、无力；黑色与其混合时，它又衰退成模糊的、干瘪的褐色。

(3) 黄色。黄色给人以光明、醒目、庄重、高贵、忠诚、轻快、纯洁和充满希望的印象。黄色使人愉快，给人们以幸福的感觉，让人觉得年轻、活泼、充满阳光和活力。

(4) 绿色。绿色能使人感到稳定而平静，并有助于消除视觉的疲劳，如同自然界那样的清新，显出一种青春的力量，具有旺盛的生命力，给人以活泼、充实、平静、希望以及知识和忠实的感觉。同时，它又象征着和平和安全。像日本“富士”胶卷，就采用明亮的绿色，给人以娇艳欲滴的生命感。

明亮的绿色被灰色弄模糊后，给人一种悲伤衰退的感觉。绿色一倾向蓝色，就靠近了蓝绿色，是冷色的极端色，具有一种端庄的效果。

(5) 蓝色。蓝色具有消极性，易使人想到蓝天、海洋、远山、严寒，使人具有崇高、深远、透明、沉静、凉爽的感觉。它也象征着幸福、希望，是现代科学的象征色彩，给人以力量和智慧。蓝色也是后退色彩，给人以神秘莫测之感。在西方蓝色又是绝望的同义语，有时也是不吉利的象征。

在色彩对比中，蓝色也同样具有多种变化。黑色底色上的蓝色，因其纯度而鲜明；淡紫红色底色上的蓝色，显得退缩、空虚和无能。

(6) 紫色。紫色是高贵、庄重的色彩，给人以神秘、高贵、奢华和优越感觉。在古代的中国和日本将紫色作为高官显宦阶层的服饰颜色。在古希腊，紫色也常用于国王的服饰。紫色系统也多用于化妆品，近年来家电用品也选用紫色调了。

(7) 黑色。黑色在视觉上是一种消极色彩，它象征着悲哀、沉默、神秘、肃穆、绝望和死亡，不吉利。但同时，黑色又使人得到休息，具有稳定、深沉、庄重、严肃大方、坚毅等特点。黑色与其他颜色一起使用，往往可以使设计收到生动而有分量的效果。

(8) 光泽色(金色、银色)。这种颜色有光泽，如金色显示出质地坚实、表层平滑，具有反光能力，给人以辉煌、珍贵、华丽、高雅、活跃的感觉，具备现代化气息，但多用会产生浮华之感。

2. 色彩的民族特性

世界上不同的国家和地区由于受民族文化的影响，对色彩的象征意义的理解及喜好、禁忌各有不同。了解、研究色彩的民族特性，有利于本企业的色彩选择，对于树立良好的企业形象，参与国际竞争会大有益处，具体如表 3-2 所示。

表 3-2　部分国家和地区对色彩的喜好与禁忌

国　家	喜　　好	禁　　忌
德国	南部喜欢鲜艳的色彩	茶色、深蓝色、黑色的衬衫和红色的领带
爱尔兰	绿色及鲜艳色彩	红色、白色、蓝色
西班牙	黑色	
意大利	绿色、黄色和砖红色	
保加利亚	较沉着的绿色和茶色	鲜明色彩，鲜明绿色
瑞士	彩色相间、浓淡相间色组	黑色
荷兰	橙色、蓝色	
法国	东南部男孩爱穿蓝色服装，少女爱穿粉红色服装	墨绿色
土耳其	绯红色、白色、绿色等鲜明色彩	
巴基斯坦	鲜明色、翠绿色	黄色
伊拉克	红色、蓝色	黑色、橄榄绿色
港澳地区	红色、绿色	青色、蓝色、白色
缅甸	鲜明色彩	

续表

国　家	喜　　好	禁　　忌
泰国	鲜明色彩	黑色(表示丧色)
日本	红色、绿色	
叙利亚	青蓝色、绿色、红色	黄色
埃及	绿色	蓝色
巴西		紫色、黄色、暗茶色
委内瑞拉	黄色	红色、绿色、茶色、黑色、白色表示五大党，不宜用在包装上
古巴	鲜明色彩	
墨西哥	红色、白色、绿色	
巴拉圭	明朗色彩	红色、深蓝色、绿色等不宜用作包装
秘鲁		紫色(十月举行宗教仪式除外)

3. 标准色的设计原则

(1) 突出企业风格，反映企业理念。企业视觉识别的各个要素都必须围绕企业理念这个核心，充分反映企业理念的内涵，标准色也不例外。由于色彩引起的视觉效果最为敏感，容易给人留下深刻的印象，因此选择适当的标准色对传达企业理念、展示企业形象、突出企业风格具有特别的作用。如蓝色象征幸福、希望和理性，是现代科技以及智慧的象征，高科技企业一般多用此色，表示科技的力量，如IBM、四通等公司的标准色。海尔集团就采用蓝色为标准色，容易使人联想到海洋，象征企业阔步世界，向全球进军的目标，同时借蓝色冷静、智慧的形象，体现企业对科技的追求，这无疑是一个成功的范例。

(2) 制造差别，体现企业个性。色彩无论怎样变化，人眼可视范围无非赤、橙、黄、绿、青、蓝、紫这几种，而成千上万的企业都要有自己的标准色，因此标准色的重复率或相似率是极高的。在此种情况下，就必须考虑如何体现出企业的个性，既要反映出企业的理念内涵、产品和服务特色，又要尽量避免与同行业的雷同或混淆。例如，郑州是中原交通枢纽，商战十分激烈，其中各大百货零售商场也打色彩战。色彩战最集中体现在员工制服的颜色选用上，亚细亚商场选用湖蓝色，商城大厦选用翠绿色，紫金山百货大楼选用邮差绿，市百货大楼选用藏青色，后开业的华联大厦也在制服上动脑筋，经营者认为绝不能步人后尘，经过反复的对比挑选，最终选择浅青莲色为制服色彩，既与其他商场形成了差异，又不失独特个性，从而在一定程度上提高了市场竞争力。

(3) 符合社会大众的消费心理。这主要是考虑色彩的感觉、心理效应、民族特性以及大众的习惯偏好等因素。首先，要特别注意避免采用禁忌色，要使得社会大众普遍能够接受，否则，势必影响竞争力。如美国大企业高露洁公司推出的高露洁牙膏的包装色彩以红色为主，在全美非常畅销，然而进入日本市场却抵挡不住日本狮王洁白牙膏的阻截，节节败退，最后不得不退出市场。究其原因，恰恰是败在色彩上。虽然两种牙膏的包装色彩均采用红、白两色，但高露洁以红色为主，狮王以白色为主，而日本人喜欢淡雅之色，尤其是白色(白色历来是天子服饰的颜色)，相反红色在其国民心理上却占有较弱的地位，高露洁牙膏正是以自己的标准去衡量他人的好恶，才遭此败绩；其次，要尽量投其所好，选择大众比较喜欢的色彩。例如,富士胶卷采用绿色作为其标准色,使人联想到生机盎然的大自然、森林、绿树等,给人带来积极、愉悦的心理感受。

(4) 适应国际化潮流。随着世界经济发展,跨国公司和金融资本的国际化,许多企业都已走上国际化经营之路。因此,标准色的设计也应符合国际潮流。目前,在世界上企业的色彩正由红色系渐渐转向蓝色系,追求一种理智和高科技精密度的色彩象征,这值得我们注意和借鉴。

4. 标准色的设计程序

标准色的设计程序可分为以下四个阶段。

(1) 理念设计阶段。色彩是表现品牌理念的视觉元素,确定了品牌理念,色彩才有了设计的思路和导向。品牌理念基于三方面分析:消费者分析、竞争者分析和企业自身分析。这三个分析将帮助确立一个既符合消费者需求,又与竞争者相异,同时还符合企业资源、能力和愿景的品牌理念。

(2) 色彩设计阶段。基于以上确立的品牌理念,设计者可以选择相应的色彩作为标准色。如果是要体现高科技感,那么通常会选择蓝色,如创维和美的等家电企业近年来都将标准色改为蓝色;如果是要体现激情和活力,那么通常会选择红色,如可口可乐、维珍、耐克等品牌都以红色为标准色。有时一种颜色可能不能很好地诠释品牌理念,因此可能会确定多种颜色作为标准色。如百事可乐的标准色有红、白、蓝三种颜色,Google 的标识用了蓝、红、黄、绿四种颜色。一方面要考虑这些颜色所代表的含义;另一方面还要考虑这些颜色之间的协调性。

(3) 色彩管理阶段。在实际使用中,不同情况下色彩会产生一定的色差,因此需要制定一个规范的文件进行色彩管理。例如,说明什么时候用黑白色,什么时候用标准色。

(4) 效果测试阶段。在品牌标识面市之后,需要对消费者进行色彩认知的测量,以掌握所确定的标准色是否真的能够适合消费者的口味、是否真的具有竞争区别性、是否真的体现出品牌的价值理念。

五、品牌标志物的设计

品牌标志物又称为品牌卡通形象、品牌吉祥物或品牌象征物,是指采用人或其他生物的形象来作为一种特殊的品牌象征符号。品牌标志物与品牌标识一样都是图形,但品牌标识是比较抽象的图形,而品牌标志物是比较具体的图形。如迪士尼的米老鼠、米其林的轮胎人、万宝路的牛仔、鳄鱼恤的鳄鱼仔等随处可见。在广告、包装及一些推广活动当中,品牌标志物起到了非常重要的作用。

(一) 品牌标志物的种类

1. 卡通形象与真实人物

通常,品牌标志物可以划分为卡通形象和真实人物两种。卡通形象是艺术化、拟人化的角色形象,具体又分为卡通人物和卡通动物。卡通人物如酷儿、海尔兄弟、Lee 牌牛仔的 Buddy、蒙牛的奶人多多等;卡通动物包括蓝猫、瑞星狮子、永备电池的兔子等。真实人物实际上并不是现实中的某个明星,而只是一个塑造出来的真人形象,如万宝路牛仔、贝蒂·克罗克等。品牌标志物的卡通形象更能增加品牌的活力和纯真,如凯蒂猫(Hello Kitty)吸引众多年轻女生，而真实人物形象这更具有生活感和真实感，如贝蒂·克罗克就像亲切的邻家主妇。

2. 唯一标志物与系列标志物

根据传播的要素，标志物可以分为唯一标志物和系列标志物。唯一标志物可以与品牌个性直接对应，方便塑造。如七喜的标志物 FIDO DIDO，直接映射了七喜品牌自然清新、自由不羁的品牌个性。而有时则为了品牌传播的需要，要求塑造系列标志物来满足消费者的认知，如长安汽车的“奔哥奔妹”由台湾知名漫画家朱德庸创作，两个角色通过一系列浪漫诙谐的爱情故事，展现了追求自由、爱奔放的个性生活方式，因此“奔哥奔妹”与广大网友产生了深深的共鸣。一夜间，以他们为男女主角的“奔奔族”和奔奔小车一举走红，奔奔小车也因此受到年轻人的追捧和喜爱。如今，奔奔已经由一款单一车型发展为包括奔奔Ⅰ、奔奔LOVE、奔奔 MINI 的大家族，拥有了大量忠实粉丝。

再如奥运福娃就采用了鱼、大熊猫、奥林匹克圣火、藏羚羊和燕子的形象，以代表海洋、森林、火、大地和天空，从而全面展现中国的灿烂文化；高乐高创造了“乐颠一族”，按照不同的成分导入不同的虚拟代言人：钙奇妹、贪吃铁、大头锌、百变麦、维灵娜、大力可。

（二）品牌标志物的设计步骤

1. 精确细分与定位

标志物是根据目标客户的心理情感需要创新产品概念，再根据产品概念设计形象进而开发产品的。若细分不精确，定位不可能准确，而定位不准确，虚拟代言人的个性则要么不鲜明、要么不能体现目标客户的心理情感需求，也就不可能抓住消费者的心。近年来，随着手机消费价位趋于平民化，高中生、大学生基本都购买了手机，中国移动看准了这一市场，推出了一款针对普通年轻人的 SIM 卡——动感地带，并创造了一个 M 仔为其代言。M 仔代表了这群年轻人追逐时尚、充满朝气、富有个性的特点。因而，M 仔的形象设计迎合了年轻人的口味和心理。

2. 创造性地塑造角色

标志物就像一个真实的人，其塑造要从外形与个性双方面的协调统一出发，而外形与个性的创造则来源于消费者的心理情感要求。这样，才能让标志物起到沟通作用，给产品与消费者搭桥。标志物塑造，要注重为标志物确立一个明确的、有深厚社会基础的品牌价值观，对某种价值观念的认同是人们“标志物确认”的文化依据和“标志物实践”的思想动力，同时要使角色具有极大的亲和力与体验的空间。“酷儿”之所以深入人心，很大程度上在其成功的标志物所造——请日本漫画大师设计出一个顶着大大脑袋、圆圆的脸、可爱而又笨拙的卡通塑造，同时赋予其丰富的性格。

3. 多方位科学的市场测试

标志物的诞生，除了吻合前两个条件外，还要接受市场的检验。这一检验是在标志物投放到市场之前的小范围、特定人群的检测。如果在这个特定人群中受欢迎，那么它是行之有效的；反之，则要回溯源头。经过几个轮回，标志物才能推出市场。

4. 积极有效地宣传标志物

标志物创造出来了还要积极地宣传。标志物因为在现实中不存在，故其推出对消费者来说是新鲜的，需要不断地宣传及开展有效的公关活动，才能让消费者快速地记住它，接受它。佳宝集团的“清然”青梅的虚拟代言人“清儿”刚推出时，受众对它一无所知，但是通过整合营销传播，标志物被消费者逐步认知。

本章小结

品牌要素是品牌内涵的载体，没有品牌要素，品牌的内涵将仅仅停留在精神世界。品牌设计就是对品牌外延或要素的设计。品牌设计是品牌管理的一项基础工作，对其他品牌管理工作都起着重要的作用。合理的设计对于传递和强化品牌信息有着重要的作用。为了保证品牌要素作用的最大化，在设计品牌要素时需要遵循五个原则：可记忆性、有含义性、可转换性、可适应性和可保护性。

品牌名称是创立品牌的第一步。一个好的品牌名称不仅可以帮助消费者进行品牌认知，并容易在消费者的心智中建立相应的品牌联想。品牌名称设计需要遵循的原则：①简洁明快；②语音朗朗上口；③正面联想；④个性独特；⑤适应性；⑥合法性。常见的品牌命名的来源有按品牌的特性命名、按品牌名称的出处命名和按品牌的文字类型命名。按品牌的特性命名有功能性品牌、情感性品牌和中性品牌。按品牌名称的出处命名有以人名命名、以地名命名、以动植物名命名和自创命名。按品牌的文字类型命名有以汉字命名、以拼音命名、以外语命名和以数字命名。品牌命名的过程可分为十大步骤：①成立命名工作小组；②前期调查；③选择合适的命名策略；④动脑会议；⑤名称联想；⑥法律审查⑦语言审查；⑧内部筛选；⑨目标人群测试；⑩确定名称。

品牌标志又称品牌标识，是用于识别品牌的视觉符号，包括图案、文字或色彩等组成部分。常见的品牌标志有三种：文字标志、图案标志和图文标志。品牌标志的设计有五大原则：简洁鲜明原则、独特新颖原则、适应性原则、优美精致原则和合理合法性原则。品牌标志的设计流程包括调查分析、要素挖掘、设计开发和标志修正四个阶段。标准字和标准色的设计是品牌标志设计当中的重要环节。

标准字有企业名称标准字、品牌名称标准字、字体标志、活动标准字和标题标准字等。标准字的设计原则有易辨性原则、艺术性原则和传达性原则。标准字的设计方法有书法标准字体设计、装饰字体设计和英文字体设计三种。标准字的设计程序包括调查研究、构思基本造型、校正视觉误差、统一字体形象和标准字的排列五个阶段。

不同的颜色具有不同的意义，设计中要考虑地区对色彩的敏感和喜好程度。标准色的设计原则有突出企业风格，反映企业理念；制造差别，体现企业个性；符合社会大众的消费心理；适应国际化潮流。标准色的设计程序有理念设计阶段、色彩设计阶段、色彩管理阶段和效果测试阶段四个阶段。

品牌标志物又称为品牌卡通形象、品牌吉祥物或品牌象征物，是指采用人或其他生物的形象来作为一种特殊的品牌象征符号。品牌标志物可以划分为卡通形象和真实人物两种，也可以分为唯一标志物和系列标志物。品牌标志物的设计步骤包括精确细分与定位、创造性地塑造角色、多方位科学的市场测试及积极有效地宣传标志物。

复习思考

(1) 品牌设计的一般准则是什么?
(2) 什么是品牌的可转移性? 试举例说明。
(3) 品牌命名有哪些原则? 举出五个你认为存在不足的品牌名称,并给出修改意见。
(4) 为什么有些原来令人恐惧或厌恶的动植物名也可能被选为品牌名称?
(5) 举出你认为最成功的十个品牌命名的例子,并分析它们成功的原因。
(6) 品牌标志的作用是什么?
(7) 品牌标志设计有什么原则? 举出你认为最成功的十种标志设计。
(8) 选择某一品牌,为其重新设计标志、标准字和标准色。

案例分析

英特尔公司 Pentium(奔腾)的品牌命名决策过程

1989 年英特尔开始研制代码为 P5(俗称 586) 的处理器,期望 1992 年秋季导入市场。由于由数字构成的名字不能作为商标,于是英特尔公司任命 Karen Alter 负责 P5 的命名工作。她迅速组建一支广告团队来为新处理器选择一个名字。他们要求新的品牌名字既要体现自己的特点,又要指出新芯片是第几代。在具体阐明 P5 名字的选择标准时,团队决定名字的必要条件:①竞争者难以仿造;②可作为贸易标志;③指出新一代技术,以便有效地从上一代过渡过来;④有积极联系,且适应全球;⑤支持英特尔品牌资产;⑥听起来像一个部件,以便它能与英特尔合作伙伴的品牌名字相配合。

在选择名字过程中,团队的初期目标受众是零售消费者。尽管一个关键目的是建立早期采用者(行业技术专家)对新产品的信任,但他们知道这个群体不会真正关心微处理器的真实名字。英特尔销售团队在为期两个月的对大量顾客进行的关于他们不采用数字名字的想法的调查中,有些消费者告诉英特尔不使用 586 而改变行业语言是不可行的。他们认为,行业变化太快,市场已经达到一定成熟水平,产品太复杂,重新教育消费者很困难。而另一些人,特别是技术老练的原始设备制造商(OEM),则喜欢这种区分英特尔技术的想法。他们认为,一个区别性的名字有利于将他们的产品与 PC 市场低级制造商的产品区别开,也有利于在工作站和服务器市场区别于不同的竞争者。

为了给 P5 找一个好名字,英特尔进行了一项历史上最昂贵的调查研究。除了任务团队自己采用头脑风暴法产生的数以百计的名字之外,英特尔雇用了一家叫作 Lexicon 的命名公司为他们服务。同时在公司范围内举办命名竞赛,全世界有 1200 名英特尔雇员参加,其中一些较为幽默的入围名字包括 iCUCyrix,iAmFastest,GenuIn5,586NOT 等。业内出版物 ComputerResellerNews 甚至自己进行命名比赛。此外,公司还收到来自世界各地许多个人主动提出的建议。一个 16 岁的澳大利亚男孩建议使用 SWIFFT,即 Speed WithIntel's Fastest Future Technology 的缩写。全部选择过程一共产生 3300 个名字。Karen Alter 对这个过程作以下描述:“与 586 相比较,其他名字听起来都是可怕的,因为它缺乏 X86 命名图式的熟悉感。”

似乎没有令人激动的可保护的名字出现，但我们必须找到一个。我们将所有名字分成三个类别：①与英特尔密切联系的；②技术上“冷酷的”，如建筑风格的名字；③全新的，但有某代的概念嵌入其中。在名字选择过程中，英特尔公司进行非常具体的全球化的研究，以确保每个名字不会被复制，确保每个名字在各种语言中都是有效的。在确定了每个名字都是可注册的和符合语言规则的之后，公司测验了每个名字以及该名字与管理资讯系统(MIS)和美国、欧洲终端用户相关的概念，以确定每个名字符合已经设定标准的程度。团队还专门要求参加者评价每个名字的正面联想和负面联想、是否容易记忆、对产品的适合性以及促销的能力。

类似的测验除了在欧洲、美国进行外，还在亚太地区和日本进行。任务团队对10个测验名字的每一个进行讨论，并从每个类别中选择一个呈送给名字选择最高执行官。最终的三个名字分别是InteLigence，RADAR1，Pentium。在正式名字公布的前10天，公司最高执行官和任务团队成员一起作出最后的选择。会议由英特尔首席执行官Grove主持。他要求每个与会者从中选择一个名字并说出原因。不足为奇的是，任务团队成员几乎是平均地支持三个名字。任务团队的公关成员喜欢InteLigence，因为该名字是他们最容易向公众解释的。技术成员喜欢“冷酷”的名字RADAR1。而销售和营销人员喜欢Pentium，他们觉得Pentium是新的，代表着最彻底的突破，比较容易卖给OEM厂商和其他顾客。在所有的人(除了Grove和副总裁Carter外)都给出自己的看法之后。Grove告诉他们，一旦名字选定，不要再作讨论。之后，Grove和Carter(副总裁)走进Grove的办公室作最后的决定。终于，一个新品牌名字诞生了，它的名字就是Pentium，该名字暗示部件。Pentium的Pent来自希腊语，意思是5，暗示新的芯片是家族的第五代；加上ium使得芯片看起来像基本元素。

案例思考：

(1) 一个好的品牌名称对企业发展意味着什么？

(2) 结合案例谈谈品牌命名的原则和程序。

(3) 你认识英特尔公司奔腾的品牌标志吗？谈谈你对这一标志的评价。

第四章

品牌传播

开篇引例

汉堡王视频广告——“听话的小鸡”

汉堡王(Burger King)为了推广新的鸡块套餐,首创性地推出视频互动广告——“听话的小鸡”,该广告有一个视频窗口站立着一个人形小鸡,下面有一个输入栏,供参与者输入英文单词。当你输入一个单词时,视频窗口里的小鸡会按照你输入的单词的意思作出相对应的动作,比方说你输入JUMP,小鸡会马上挥动翅膀,原地跳起,然后恢复到初始的画面;又比如,你输入RUN,小鸡就会扬起翅膀,在屋子里疯跑一气;而当你输入的单词小鸡无法用肢体语言表达的时候,小鸡就会作出表示不解的动作;还有就是当你长时间没有动作的时候,小鸡就会作出擦汗的动作以示抗议。广告中按照命令做动作的小鸡帮助航报网向消费者传达品牌“Have it your way”的定位,让消费者在搞笑的互动游戏中体验品牌核心价值。当然,“听话的小鸡”受到消费者的欢迎,在网址启动后一周内达到了1500万~2000万次点击,平均每次访问逗留时间长达6分钟,鸡块套餐的关注度也被提高。

思考:

汉堡王(Burger King)采用何种方式传递品牌信息,以引起顾客的兴趣?

前面两章阐述了如何制定品牌定位以及品牌要素的设计,这只是构建品牌的基础工作。企业要想真正实现品牌在消费者心目中占据一个独特的位置,还需要通过品牌传播这一环节。品牌传播的作用不仅仅在于向消费者传递品牌的有关信息,更重要的是,通过不同层次、不同形式的品牌传播,加深品牌与消费者深层次的沟通,从而在消费者心目中树立鲜明的品牌个性,引起消费者情感上的共鸣。因此,品牌传播是品牌建设的重要环节,对品牌塑造有着重要意义。品牌营销者只有对各类品牌传播工具的传播特点了然于胸,才能应用自如,进行有效的品牌传播活动。

第一节　品牌传播概述

一、传播与品牌传播

传播是指信息的传递、思想的交流、信息的发送方与接收方之间的思想统一或达成共识的过程。现代营销观点将传播看作对长期的顾客购买过程的管理过程,这就要求考虑到消费者的购前、购中、消费和购后各个阶段。传播过程是复杂的,成功的传播取决于很多的因素，包括信息的本质、受众的解释结果以及信息发送、接收的环境等。同样，接收方对于信源和用于传递信息的媒介的效果认知也不同。比如，来自专家的信息比来自一般人的信息要可靠得多，又如，权威媒体发出的信息就比一般市井小报的信息更值得信赖。

所谓品牌传播，是指企业以品牌的核心价值为原则，在品牌识别的整体框架下，选择广告、公关、销售、人际等传播方式，将特定的品牌信息传递给目标消费者，以期获得消费者的认知与认同，并在其心目中逐步建立起一个独特的品牌形象的过程。品牌传播是品牌营销与管理的重要环节。通过品牌传播，可以有效建立品牌的知名度、认可度和美誉度，因而，广泛有效的品牌传播是品牌形象建立的基础，也是品牌持续发展的重要支撑。

阅读材料

只溶在口，不溶在手

1954 年，达波斯(Bates)广告公司的策划人罗瑟·瑞夫斯，在美国的广告策划界已经小有名气。

一天，罗瑟·瑞夫斯接待了 M&M 糖果公司的总经理约翰·麦克纳马拉，后者因为 M&M 巧克力糖果原来的广告效果不理想，要求罗瑟·瑞夫斯提供一个消费者能够接受的创意。谈话进行了 10 分钟后，罗瑟·瑞夫斯得知 M&M 糖果是当时美国唯一使用糖衣包着的巧克力糖，因此不粘手时，创意构想很快形成。以后通过进一步的修饰创作，最终的电视广告是两只手出现在屏幕中，旁白："哪一只手里面有 M&M 巧克力糖？不是这只脏手，而是这只手。因为 M&M 糖果溶化在口中，而不在手中。"这句广告词充分体现了该产品独特的优点，广告诉求简单清晰，朗朗上口。因此，广告片播出后，M&M 巧克力顿时名声大振，人们争相购买，销量猛增。

并且 60 多年过去了，"只溶在口，不溶在手"的广告词，至今仍是 M&M 糖果公司 M&M 巧克力的广告主题，被牢牢记在了世界各国消费者心中。

其实，"品牌传播"的概念也可以简单地表述为"品牌传播就是品牌信息的传递或品牌信息系统的运行"。这是因为，任何一种传播都是对某种信息的传递，或者说"传递信息"是传递的本质所在。至于传播的手段，不管是通过广告、公关、新闻，还是通过人际交往、产品或服务销售，它们说到底都是对信息的传递。同时，作为传播手段重要组成部分的传播媒介也是随着社会的发展而不断发展变化的。比如，过去用"实物""招幌"作为媒介，后来有了报刊、广播、电视，现在又有了互联网、手机、网络电视、移动电视、电子报等。不管传播信息的手段是什么，媒介的形式怎么变，"传递信息"这一本质却始终是不会改变的。

二、品牌传播过程

传播学的奠基人拉斯·韦尔(Lass Well)在 1948 年发表的论文《传播在社会中的结构与功能》中首次提出了传播过程的五种要素，即发送者、信息、媒介、接收者和效果。后来经过许多学者的不断完善，增加了其他相关要素，构成了一个完整的信息传播系统，如图 4-1 所示。我们可以用此模型分析品牌的传播过程。

图 4-1 展示了品牌信息传播过程模型的九个要素。其中，品牌信息发送者和接收者是传播过程的主要参与者；品牌信息和媒介是主要的传播工具；编码、解码、反应、反馈是传播

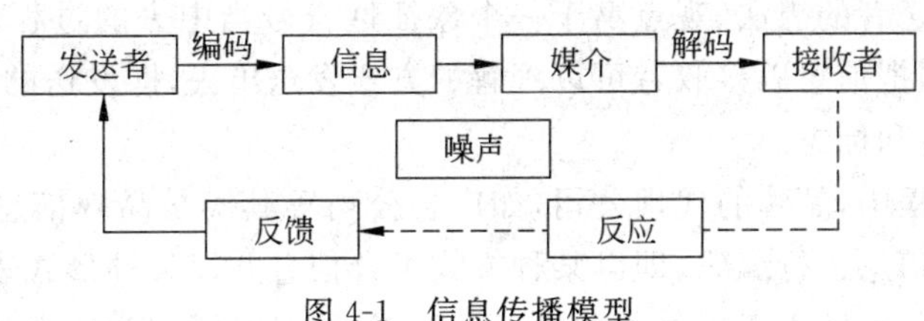

图 4-1 信息传播模型

的主要功能;噪声包括参与传播过程并损害传播效果的各种外生变量,如竞争的信息。

(一) 品牌信息发送者

品牌信息发送者是指拥有可以与其他个人或团体共享品牌信息的个人或团体,企业、广告主、消费者等都能够成为品牌信息发送者,但一般情况下,品牌信息发送者主要是品牌经营者,这也就是品牌信息由品牌经营者"制造"出来的,这也是品牌信息不同于一般信息的最大特点之一。品牌经营者在制造品牌信息时,还会考虑到品牌所代表的产品本身的客观信息,这是由品牌信息本身的属性决定的。品牌信息传播的最根本目的是让消费者认知、了解、记忆品牌所代表的产品,并最终产生购买行为,所以产品本身的客观信息是品牌信息中不可或缺的一个部分。品牌经营者会将产品的属性、特征、功用等相关信息清晰、具体地包含到品牌信息中去。

(二) 品牌信息接收者

品牌信息接收者是指与品牌信息发送者分享品牌信息的人。一般而言,品牌信息接收者是一个广泛的概念,包括所有感觉到、看到、听到发送方所发出品牌信息的人。然而对于品牌信息的发送方来说,他们最关心的是那些他们所期望的那一部分人收到的信息,并作出期望中的反应,这一部分人就是品牌信息的目标受众。

消费者是品牌信息最主要的目标受众。作为受众的消费者是一个非常复杂的对象,可以按照社会阶层、文化水平、经济收入、社会地位、民族习俗、地理差异等标准划分出不同的群体。消费者(受众)能否接收某个品牌信息跟这些因素有着密切的关系,因此在策划和制作品牌信息时必须考虑到消费者(受众)的这些特征,从而针对某一特定的消费群体采取相应的表现形式和诉求重点来传播品牌信息。除了消费者自身的原因之外,产品因素、购物环境因素、需求因素、品牌信誉因素等也会影响消费者是否会接收品牌信息以及在多大程度上接收品牌信息。

(三) 品牌信息

品牌信息是指传播汇总发送者向接收者传递的品牌内容。品牌信息可以是语言的、口头的,也可以是非语言的、书面的甚至是象征性的。对于品牌传播,所要传播的品牌信息可能是功能性的信息,如品牌的功能、属性、价格以及购买地点,也可能是情感性的信息,如品牌的个性、形象等。但无论什么种类的信息,都必须采用合适的媒介进行传播。

(四) 品牌信息编码

编码是指信息发送者选择词语、标志、图画等来代表所要传递的信息的传播过程,这个过程也是一个把发送者的想法、观点寓于一个象征性符号当中去的过程。由于存在经验域的不同，发送者必须把信息以接收者可以理解的方式发送出去，即发送的信息必须是目标受众熟悉的语言、符号和标志。

在品牌传播过程中，品牌的代理公司，如广告公司等其实是品牌信息的编码机构，它将品牌经营者提供的信息进行编码，即以某种方式组合信息并以某种形式表现出来，这种表现形式必须准确反映品牌经营者提供的信息以及意图，同时又能够为广大公众所接受，并能在消费者心中产生冲击与震撼作用。为了保证能够有效地对品牌信息进行编码，代理公司必须有三个方面的信息支持：一是品牌经营者的信息，即有关品牌的发展历史、经营情况、管理水平、技术力量等；二是产品信息，即对品牌所代表的产品或劳务有充分的了解；三是市场信息，即了解目标市场在哪里，市场容量有多大，市场有何特点。这三个方面的信息提供是进行科学的、合理的信息编码的前提条件与保证。

（五）品牌传播媒介

编码后的信息需要借助不同的媒介向外传播，网络、电视、广播、报纸杂志等信息载体是品牌传播的媒介，媒介的选择将影响传播效果。品牌营销者在选择媒介时应该考虑目标消费者是否方便与乐意接触，是否能够完全展现品牌信息，比如，报纸杂志只能承载静态文字和图像，但信息量较大，广播不能展现视觉信息，电视能够展示的信息动静皆宜，但成本较高。为保证品牌信息更好地传播，品牌应制定详细的媒介策略，规划媒介组合。

（六）品牌信息解码

解码是指接收者把信息还原为发送者想表达的思想的过程。这个过程受到接收者的个人背景的影响。接收者的经验域和发送者的经验域越接近，解码后的信息就会越真实，传播的效果就会越好。很多导致传播失败的因素是由接收者和发送者的经验域相差太大而引起的，因为信息发送者和接收者往往不是同一阶层的人，这就会导致解码的失真或失败。

（七）反应

反应是指接收者在看到、听到和读到发送者传递出的信息后的行动。这种行动可能是一个无法观察到的心理过程，如把信息储存在记忆中或在收到信息后所产生的讨厌、厌烦的情绪，也可能是明显的、直接的行为，如拨打提供的免费电话或订购产品等。消费者（受众）在接收了品牌信息之后，会根据使用产品或享受劳务的感受，不由自主地对原有的品牌信息进行修正。这个修正，既会影响到从此以后消费者对这一品牌的态度，也会影响到消费者在向其他人传播这个品牌信息时的态度、方式及内容。

（八）反馈

在品牌信息接收者的反应中，有一部分反应会传递回品牌信息发送者，被传递回发送者的信息就是反馈。这部分信息也是发送者最感兴趣的，因为对反馈信息的分析，一方面可以便于发送者评估信息传播的效果；另一方面还可以调整下一阶段的传播，以达到信息沟通的目标。因此，在品牌信息传播过程中，要采取措施鼓励品牌信息接收者反馈信息，品牌信息发送者也应该主动对接收者的反馈意见进行调研和整理。品牌经营者在获得了反馈信息之后，会根据情况对品牌信息做适当的调整，使其能够更多地满足目标消费者的需求，达到更好的传播效果。可以说，正是因为有了反馈的存在，才能使品牌信息传播过程能够不断完善，传播效果不断提高。

（九）噪声

噪声是指影响或干涉品牌信息传播过程的外来因素，这些外来的无关因素很容易影响品牌信息的发送和接收，以至于信息受到扭曲。比如，信息编码过程中出现的错误、通过媒介传播过程中的信号失真以及接收过程中的偏差都属于噪声。噪声是传播过程中不可避免的因素，但是，发送者和接收者所具有的共同背景越多，传播过程受噪声的干扰就会越小。

阅读材料

公交车移动电视广告传播中的机械噪声

在品牌信息传播者中，出现的噪声一般可分为三类：机械噪声、环境噪声和心理噪声。机械噪声更多的是指由于技术设备问题而带来的传播不能畅通，如移动电视由于技术问题而出现的马赛克、画面停顿等现象，会严重影响传播效果。目前的数字电视基本上克服了信息传递上的机械噪声，但在设备布置中依然存在问题。例如，若只在车厢前端悬置一台显示器，车厢中后部的乘客就无法有效收看。此外，音响的设置也会造成传播过程中的噪声，当前大多数公交车都是后置动力，在车辆行驶中，车厢后半部的噪声会比前面大得多，这时该如何合理布置后车厢音响以及调设合适的音量，就成为棘手的问题。目前流行做法就是简单地将音量调大，通过“强迫收听”达到传播目的。

事实上，适当加大音量是必需的，但若声音本身缺乏艺术美感，只是一味地加大音量，就会适得其反，造成“强迫传播”，引起受众抵触甚至投诉。

资料来源：李明合. 移动电视广告传播特性分析[N]. 中华新闻报，2004-05-31.

三、品牌传播的特点

（一）信息的聚合性

作为动态的品牌传播，其信息的聚合性，是由品牌信息的聚合性所决定的。菲利普·科特勒在谈到建立品牌时说：“品牌是一个名称、术语、符号、图案，或者是这些因素的组合，用来识别产品的制造商和销售商。它是卖方作出的不断为买方提供一系列产品的特点、利益和服务的允诺。”菲利普·科特勒所描述的品牌表层视觉上的或静态的因素，如名称、图案、色彩、包装、商标、地址等，其信息含量是有限的、简单的、相对稳定的，但“产品的特点”“利益和服务的允诺”“品牌认知”“品牌联想”“品牌形象”等品牌深层的或动态的因素，却聚合了更为丰富的信息，正是这些信息构成了品牌传播的信息源泉。这也就决定了品牌传播本身的聚合性。

（二）受众的目标性

从销售角度来看，品牌传播关注的是目标消费者，强调消费者带来消费，期望提高销售量，是一种具有功利性的观念。但从品牌传播角度来看，品牌传播关注的是“受众”，强调的是受众对品牌的认可与接受，体现传播上的信息分享与平等沟通观念，不仅仅是直接带动销售，还引发各种各样的间接行为，如潜在消费者将转化为现实客户。对于品牌传播者来说，他所寻找的目标受众，既是目标消费者，又是品牌的关注者，还应是通过特定媒介积极主动的“觅信者”。使受众中那些短期内不买此品牌产品的个体也对该品牌有所耳闻，进而使该企业拥有一群潜在消费者。

（三）媒介的多元性

加拿大著名传播学家麦克卢汉(Mcluhan)有句名言：“媒介即信息。”这是他对传播媒介在人类社会发展中的地位和作用的一种高度概括，其含义：媒介本身才是真正有意义的信息，即人类有了某种媒介才有可能从事与之相适应的传播和其他社会活动，因此，从漫长的人类社会发展过程来看，真正有意义、有价值的“信息”不是各个时代的传播内容，而是这个时代所使用的传播工具的性质及其所开创的可能性和带来的社会变革。

从上述角度来说，媒介技术往往决定着传播的信息本身。如电视媒介传播了比报刊、广播多得多的“信息”；而网络媒介又传播了兼容所有媒介信息的“信息”。而在传播技术正得到革命性变革的今天，新媒介的诞生与传统媒介的并存，则共同形成一个传播媒介多元化的新格局。这为品牌传播提供了空前的机遇，也对媒介运用的多元化与整合提出了崭新的课题。

（四）操作的系统性

在品牌传播中，其系统的主要构成有品牌传播者与品牌接收者两部分，两者由特定的信息、特定的媒介、特定的传播方式等环节相联系，预期达到相应的传播效果（如受众对品牌产品的消费、对品牌的评价）、获得相应的传播信息反馈。由于品牌传播不仅追求传播效果的最佳化，而且追求长远的品牌效应，因此品牌传播总是在品牌传播者与品牌接收者的互动关系中，遵循系统性原则进行操作。

四、品牌传播的意义

通过品牌的有效传播，可以使品牌为广大消费者和社会公众所认知，使品牌得以迅速发展。同时，品牌的有效传播，还可以实现品牌与目标市场的有效对接，为品牌即产品进占市场、拓展市场奠定宣传基础。品牌传播是诉求品牌个性的手段，也是形成品牌文化的重要组成部分。具体而言，主要有以下作用。

(1) 品牌传播有利于促进、强化品牌认知。品牌主要是站在消费者的角度提出的，而要使有关品牌的信息进入大众的心智，唯一的途径是通过传播媒介。如果少了传播这一环节，那么消费者将无从对商品的效用、品质做进一步的了解，会忽略产品的定位和产品的特定目标市场，而且品牌文化和品牌联想的建立则几乎是不可能的。

(2) 品牌传播有利于满足消费者的情感需求。消费者对产品的需求不仅表现在物质的层面上，还体现在精神的层面上。同时，产品的多样化和同质化，使得情感的需求在消费者心中的比例越来越大。品牌传播围绕品牌的价值展开，所传播的品牌价值、品牌内涵可以较好地满足消费者的情感需求。

(3) 品牌传播有利于与消费者之间建立长期的关系。品牌传播可以通过关注社会公益事业，树立企业的健康形象，注重企业与消费者的沟通和反馈，维系和巩固产品与消费者的关系，培养消费者对产品的忠诚度，从而提高企业的长期获利能力。

第二节　自媒体传播

自媒体传播是指那些具有媒介性质，品牌对其具有完全自主使用权的信息载体，主要包括企业内刊、博客、微博等社会化媒体和品牌官方网站等。

一、企业内刊

（一）企业内刊传播的内涵

企业内刊是企业自办的供内部员工和外部特定受众群体阅读的沟通与推广工具，它能为企业内部员工的沟通提供平台，增进企业凝聚力，能加强品牌与外部受众的沟通，增加品牌的知名度和美誉度，有助于树立良好企业形象。

（二）企业内刊传播的方式

1. 内部导向型

内部导向型的企业内刊是内部员工的交流平台，它关注的焦点是企业内部的人和事，其主要职能在于记录企业发展历程中的重大事件、传递领导精神，对企业高层经营管理思路的上下贯通，加强各部门人员在工作、思想、文化等方面的信息交流，为企业内部相互沟通提供一个平台，对优秀员工榜样的树立，对企业发展远景的展望，对员工统一思想、鼓舞士气、协调工作等起到积极作用。

2. 内外兼顾导向型

（1）一刊两职，兼顾内刊。这种企业内刊既提供内部交流平台，肩负着对内凝聚员工的职责，也承担着对外展示企业形象的作用，目前国内企业的内刊多为这种形式，是企业内外沟通的纽带和桥梁。

（2）内外分离，各司其职。部分企业将内刊对内和对外两种职能进行分离，同时出版对内和对外两种刊物。这时应注意保证两份刊物定位清晰，有针对地刊发品牌信息。

3. 外部导向型

外部导向型企业内刊以客户、股东、媒体、消费者、经销商、政府部分、金融机构以及其他与品牌有关联的目标群体为对象，对外传播品牌形象。它从多方面展示品牌的核心理念、文化价值观、企业发展现状等，比如，刊登企业人才队伍、研发力量、科研项目或投资动向等。

（三）企业内刊传播的方法

企业内刊是品牌能够完全控制的传播媒体，对内能够推动进行员工品牌化，对外能够建立积极的品牌形象，营销者应该让内刊职能明确、突出品牌个性，与消费者产生互动。

1. 定位明确，内外分明

企业内刊是品牌文化的载体，承担着向企业内外部进行品牌传播的职能，营销者应该根据企业优劣势，在明确内刊的目标受众和传播目标的基础上对内刊的内容进行定位与策划。比如，可以根据目标客户群定位，各有偏重，为不同的客户群体提供个性化的资讯服务。

2. 内容凸显企业个性

企业内刊应重视选择有助于凸显品牌形象，与品牌定位相符的内容进行刊登，要注重文化品牌和精神内涵，注重品牌个性的宣传，使内刊成为品牌的名片，选取反映品牌核心经营理念、社会责任、团队风采、主流文化等内容，使内刊更加具有亲和力、沟通力和传播力，使员工和消费者能够通过内涵更加深入地理解品牌精神和品牌文化。

3. 利用网络提高影响力

网络有助于提高内刊的影响力，将其变成品牌与消费者互动的平台。企业可以退出网络版内刊，并与纸质版内刊进行资源整合。在纸质版内刊中发布深度信息，在网络版内刊中采用论坛、在线服务、俱乐部等形式加强与目标受众的互动。《万科》周刊在网上开设电子周刊，内容除纸质刊物各期内容外，开设了“财经报道”栏目，反映当前经济发展中的热点问题，其中“王石 ONLINE”“经济人俱乐部”“笑谈股经”“周刊茶座”等网上论坛受到较高的关注，扩大了内刊的读者群体。

阅读材料

司刊《万科》

万科是我国房地产行业中的明星，其主办的司刊《万科》是集团的名片，在扩大万科品牌知名度方面功不可没。对于品牌而言，司刊《万科》能够向员工传达品牌核心理念和企业文化，向消费者展现企业形象。《万科》有三个成功的秘诀：一是实质性的内容；二是逻辑性的编辑策划；三是面向消费者的经营理念。

第一，《万科》注重建立稿源优势。文章撰稿人是社会各界的知名人士，包括经济学家、企业家、专栏作家等。比如，经济学家茅于轼、《第一财经日报》总编辑秦朔等，都曾在《万科》上发表署名文章。每期刊物都需经过精心选题和统稿方可出版，期刊上的文章被转载频率较高，美国《时代》周刊就曾经转载过《万科》关于中国经济形势的文章。又如《万科》第 572 期，主题为“文化的可能”，讲述了西安这座文化之都的故事。编者用“大唐的复兴，文化的可能”来概括对西安的文化认同，专题收录了张五常、茅于轼、葛剑雄、周振鹤、杨早等近二十位学者谈西安的文章，可以说，它是一本“西安文化地图”。

第二，《万科》注重策划和连贯性。每期刊物都围绕一个主题展开讨论，这些主题虽然从万科出发，但不局限于这个小圈子，也会总结探讨经营管理的实践经验和国家宏观政策导向。比如，其中刊登过经济学家张五常撰写的《市场竞争与土地价值》，从经济学的角度阐述了土地价值的理论，葛剑雄的《真实的盛唐气象究竟如何》，有理有据地展示真实的唐朝。

第三，《万科》形成面向消费者的经营理念。虽然它是万科集团的内刊，但不只是坐井观天，局限于企业内部事务。在阅读时，消费者很难察觉这是企业内刊，其中鲜有直接针对万科的品牌宣传，而是将万科的理念融入精彩的文章之中，让读者通过阅读仔细品味与思考，最终认同万科的文化。

资料来源：陆新之. 万科周刊的成功在何处?. luxinzi. blog. tecjweb. com. cn，2007.

二、官方网站

（一）官方网站传播的内涵

消费者浏览品牌网站时将接触到各种信息，这些信息可能会激发浏览者积极或消极的情绪，并将其附加在品牌之上。例如，宝马就成功利用网站浏览者的积极情感。在官方网站中，消费者可以按他们的个性对汽车进行装配，定制个性化的汽车。网站还展示宝马近三十年来的汽车艺术，并在线销售相关主题产品。官方网站为宝马的粉丝提供与宝马亲密接触的机会，在浏览网站的过程中，他们已经潜移默化地将积极的情感转移到品牌上。

（二）官方网站传播的方式

1. 基本信息型网站

基本信息型网站功能定位于发布品牌信息，此时官网以介绍品牌的基本资料，帮助树立品牌形象为主，这些信息包括消费者可能关心的产品方面的信息，如规格、外形、使用演示等；企业方面的信息，如企业规模、企业文化、企业新闻等；消费者购买方面的信息，如常见问题解答、意见建议等。这类网站若能够吸引消费者对品牌的关注，将有助于提升品牌知名度，维持与消费者之间的长期关系，并增加线下交易的机会。

2. 综合门户型站点

综合门户型站点综合了各种信息系统的功能，可以为企业的雇员、消费者、合作伙伴和供应商提供目的极为明确的服务，并兼具品牌形象宣传、产品展示等传播功能。联想集团的网站就是这一类网站的代表，联想集团是中国企业门户网站中的优秀网站，联想集团网站在突出在线销售功能的同时也注重品牌的塑造，在网站首页突出品牌名称和 Logo，其中联想官网的内容包括在线商城、公司概况、产品动态、参观联想等。

3. 主题宣传型站点

主题宣传型站点是为配合品牌的主题营销活动而建立起来的互动平台。比如，每当百事可乐发起一项宣传主题时就会建立专门设计的网站，其中发布活动主题、活动视频、线上游戏等吸引顾客参与互动的信息或应用，这类网站不仅能提高主题营销活动的效果，还能表现百事年轻、时尚的品牌定位。

（三）官方网站传播的方法

1. 品牌形象明确导入

品牌网站应在视觉上与品牌识别系统相符合，在内容上与品牌文化、品牌理念和品牌精神符合，营造与目标消费者形象相符的空间。可口可乐公司中国网站的 Logo、色彩、标准字等围绕可口可乐品牌标识系统设计，以鲜艳的红色使人和可口可乐独享的字体产生联结，并让网民过目不忘。此外，可口可乐还在官方网站上展示可口可乐品牌的发展沿革、员工形象、公益活动等。

2. 审美及趣味性

为了让消费者在浏览过程中产生积极的情感，品牌网站应该通过丰富的信息提高生动性，提供视听方面的多重感官体验。能够提供生动活泼、丰富的链接和信息资源的网站更容易使浏览者产生积极的情感。但在提供丰富内容的同时，要注意对信息进行分层，使消费者在通过点击三次以内的链接就能准确定位他们所需要的内容。

3. 鼓励消费者参与

品牌网站应该鼓励用户参与互动，给他们提供一个良好的互动体验。例如，2008 年，麦当劳的 Happy meal. com 的网站与动画版《星球大战》合作，为孩子们提供访问遥远星球的虚拟体验。他们在网站上注册并登录依据《星球大战》原型创建的虚拟世界，然后使用麦当劳欢乐套餐包装盒上提供的号码即可参与《星球大战》的虚拟游戏。参与游戏的过程中，孩子们把有趣、好玩变成对麦当劳的记忆并在他们的大脑中留存下来，不知不觉地增加对品牌的好感。

三、社会化媒体

（一）社会化媒体和社会化媒体传播

1. 社会化媒体

社会化媒体（social media，又称社交媒体、社会性媒体）的概念最早由美国传播学者安东尼·梅菲尔德（Antony Mayfield）在其介绍社会化媒体的著作《什么是社会化媒体》（*What is Social Media*，2007）中，将其定义为一种给予用户极大参与空间的新型在线媒体。社会化媒体常见的主要形式包括六种，分别是博客、维基、播客、论坛、社交网站、内容社区。在国内，有新浪微博、人人网、天涯社区、微信等；在国外，有 Facebook、YouTube、Twitter 等，这些都是社交网络的典型代表。

对于社会化媒体而言，其核心要素是“分享”。所有的社交媒体的使用者在各自活跃的博客、论坛、社交网站等网络领域发布各类信息，按照自己的喜好任意访问其他用户的信息，通过评论、私聊等方式与之进行沟通互动，于自己的朋友圈分享自己认为有趣或者有价值的信息。这种无孔不入的传播方式的出现，给企业的品牌推广带来了巨大的商机和挑战，提供了一个与消费者进行全方位接触的开放式的全新平台。社会化媒体传播彻底改变了以往的传播方式，从原来的单对多传播模式转变为现在的多对多传播模式。活跃于各种社交媒体的消费者，也从单纯的传播内容接收者变为兼具传播内容的发布者和接收者的角色。这都使得信息传播方式产生了根本性的变革。

概括而言，社会化媒体具有以下特征。

(1) 公开性。绝大多数的社会化媒体可以让用户免费注册参与，并且鼓励人们对信息进行分享和评论，对于信息的内容除了必须符合法律规范外，基本没有什么限制，并且对所有的社会化媒体使用者而言是公开的。

(2) 互动性。区别于传统媒体的单向对受众采取的“广播”式传播的模式，社会化媒体采用了双向沟通的模式，在传播过程中注重与消费者的互动和反馈，这些互动和反馈同时存在于媒体和用户之间以及用户和用户之间。这种双向对话的特征，正是社会化媒体强烈的互动性的最好体现。

(3) 连通性。社会化媒体的连通性是指通过网络连接，可以把各种媒体融合到一起，基本实现无障碍的信息沟通。目前，大多数的社会化媒体都具有非常强的连通性，并且各种社会化媒体都注重在应用连通性方面的建设，以方便用户及时分享和接收各类信息，加强信息流通的速度，减少沟通障碍。

(4) 社会化。社会化在社会化媒体中也有很明显的体现。人们通常通过使用某个社会化媒体的应用，很快形成一个无形的社区。在这样的社区内，用户基本上具有共同感兴趣的话题，并且会分割成各种小团体，进行更加细致的交流。这种社会化使得社会化媒体传播内容具有独特的个性特质，对于准确捕捉消费者的需求提出更高的要求。

2. 社会化媒体传播

在社会化媒体成为当下流行生活方式的背景下，企业如何利用社会化媒体的运作达到传播目的，在某种程度上已经成为产品或服务营销成败的关键。社会化媒体传播过程注重无障碍的沟通和互动，网络内容的发布主体在绝大多数时候是用户自身，而非网站的工作人员。企业则是希望其产品或服务的使用者能自发地通过众多社会化媒体进行推荐，这种推荐所产生的效果往往比传统的单向式传播效果要好得多。受众本身更愿意接受来自同样作为消费者的群体的推荐，对于他们而言，其具有的可信度比企业做广告或者推荐人员的推荐更高些。

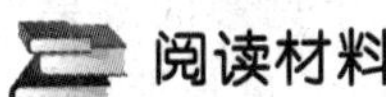
阅读材料

可口可乐的“全球快乐征程 206”

可口可乐公司曾被誉为“最优秀的利用 Facebook 的公司”，近年来不断利用社交媒体营销活动，取得了很好的传播效果。其中，“全球快乐征程 206”活动尤为引人注目。该活动的设想是通过选拔赛，挑选三名幸运儿，让他们在一年内横跨可口可乐销售的 206 个国家，沿途拜访不同文化背景的人们，记录他们各自的体验，在社交媒体上实时分享旅途故事，传达正面愉悦快乐的精神。这样的精神正好与可口可乐的品牌精神相符。

在“全球快乐征程 206”活动过程的始终，可口可乐充分利用了社交媒体工具进行品牌推广。例如，利用 Flicker 平台分享照片，将影片资料放在 YouTube 上，对于文字资料则利用 Facebook、Twitter、MySpace、Yahoo 等。此外，为配合整个活动，可口可乐公司还设立了“我的可乐奖品”主题网站以及桌面插件，用户可以通过网站注册或者手机、SMS 等方式，把瓶盖上的代码发给可口可乐公司，参与到该活动中来，并获得奖品、折扣及现金等。在这样的互动中，用户通过参与和关注获得了美好的体验，而可口可乐公司则获得了大量宝贵的用户信息，以及卓著的品牌推广成效。更加可贵的是，由于社会化媒体营销的精心设计，使得这次活动产生了持续的影响力，在活动结束后，前期积累了大量的文字、图片、影像记录资料和内容，使得活动网站依然维持较高的点击率和较强的可看性，甚至成为人们了解各地风土人情、设计旅游路线的参考网站。这些积累成为可口可乐品牌的宝贵资产，并通过社交媒体将其代表的可口可乐品牌信息进行持续有效的传播。

（二）品牌社会化媒体传播的特点

社会化媒体是借助移动互联网技术，在品牌与消费者之间实现即时、双向沟通的平台。只要在微博、人人网等社会化媒体上注册一个账号，品牌便可以像人一样展现魅力，建立自己的社交圈，达到传播品牌信息、塑造品牌资产的效果。

由于社会化媒体作为一种传播媒介，具有其特殊性和广泛性，因此社会化媒体传播也具有自身独特的特点。

1. “软沟通”的重要性

在社会化媒体传播过程中，品牌推广的起点不再是单纯的消费需求点，在很多情况下，始于目标消费人群的非购买性需求的社会化媒体传播，通过媒介效应，与消费者进行“软沟通”，在建立良好的互动关系之后，逐步将非购买性需求引导至购买性需求。这类“软沟通”

的特点在于，并非所有的话题都围绕消费产品而进行。消费者在轻松有趣的话题中，不会感受到产品推销带来的压迫感，而是逐渐成为生活的一部分。成功进行品牌社会化传播的企业，往往都进行了巧妙的议程设置，使得消费者在互动中对品牌传递的信息具有认同感，并逐步提供有价值的支持。这种渗透式的媒体传播方式，使得消费者一旦建立品牌印记，就不容易消失。

2. 品牌价值在一定程度上体现为社会化价值

在品牌传播过程中设定清晰的商业目标、不拘泥于短期回报非常重要。在品牌社会化传播过程中，需要时间慢慢建立和维系品牌与消费者的关系，传递完整的品牌价值观。这个沟通和互动的过程，不像传统的短期促销活动那样在销售业绩方面收到立竿见影的效果。但值得注意的是，在这样的累积过程中，和顾客建立起来的是稳固的关系，在考量长期的社会化回报率的时候，其营销回报将会是显著的。品牌价值在一定程度上体现为社会化的价值，一旦建立了这样的联结点，品牌和顾客就不会是一次性关系，将会有大量的回头客，这对企业品牌的长期建设十分重要。

3. 品牌与用户的共生性

在社会化媒体的生态环境中，品牌与用户是共生关系。传统的营销活动中，企业通常都是单方面地对消费者和潜在消费群体传递品牌信息，并试图获得关系控制的自主权，不论是最初的“请消费者注意”，还是后来的“请注意消费者”，都没能很好地关注消费者品牌的共生性。而这种共生关系，在社会化媒体情景中，恰恰得到了最适当的体现，企业要做到的是“让消费者依赖”，成为消费者生活方式的一部分。基于用户对生活信息流、社会化创作信息流的需求，企业和用户之间的关系内涵呈现多元化的特征，其形态也体现为平等共生。企业在社会化媒体传播过程中，越来越重视用户的品牌体验，其品牌形象的塑造方式也呈现多样化。众多品牌社会化营销案例都体现了这一特点。

（三）品牌社会化媒体传播策略

在网络时代，企业要树立自身的品牌，离不开社会化媒体。现在的社会化媒体用户的比例不断攀升，对于他们而言，社会化媒体已经成为日常生活必不可少的获取各类资讯的重要途径。企业如何利用社会化媒体传播机制，对其产品或者服务进行有效的宣传和推广，切合自身的品牌理念和品牌形象，在消费者心目中树立良好的口碑和形象，达到提升消费者购买欲望和企业获利能力的目的，成了当下企业发展的重要问题。现在，已经有很多企业都通过微博、博客、Twitter、Facebook 等典型的社会化媒体应用来进行品牌内容的传播，并有相当部分已经取得了阶段性的成功。但是，由于社会化媒体发展速度十分迅猛，不断出现各类新的应用，因此企业品牌要取得长远的发展，必须不断关注社会化媒体新情况，采取恰当的传播策略。品牌社会化媒体传播策略可以从以下内容进行分析。

1. 时刻关注社会化媒体及其应用和传播方式的变化与发展

在网络充斥生活方方面面的今天，快速变化是个永恒的关键词。随着时代的发展，越来越多的新的社会化媒体的应用正在不断涌现，冲击着消费者的眼球，不断改变消费者原有的习惯。比如，在微信开发出来后，抢占了其他社会化媒体应用的许多用户资源。这类例子比比皆是。所以，企业必须时刻关注社会化媒体及其应用和传播方式的变化与发展趋势，以及时调整企业的社会化媒体传播方式，不断获得来自消费者的及时的反馈信息，并及时向消费者传播品牌内容，这样，企业才有可能在长期中保持良好的发展态势。

2. 建设开放的品牌与消费者共享平台

知识共享、信息共享已经成为网络经济时代的一个重要特征。目前，知识共享协议已经就自由分享和版权法的内在矛盾建立一套相对合理的机制，使得人们合法高效地重用原创内容成为可能。当原创作者把内容开放给网络世界时，其内容的价值和影响力也呈几何级数的增长。这样的传播机制，在品牌传播过程中同样适用。品牌的开放可以使得认可品牌价值的消费者以合理的许可方式聚集到一起，对于该品牌的传播自行组织各种形式的活动，比如，讨论活动、社群活动以及其他有效的传播活动。这种方式一旦被消费者采用并执行，其传播效果比传统的传播方式的放大效应要高得多。建设品牌和消费者共享的开放互动平台，可以使得社会化媒体的力量得到充分的发挥，取得意想不到的品牌社会化传播效果。

比如，成都为宣传城市品牌，以“快城市慢生活”为特色拍摄旅游宣传片“闲不下来的休闲成都”，并投放到优酷、土豆等视频网站，该片从第三者角度，集中展示了武侯祠、都江堰、大熊猫、川菜美食、成都老茶馆等一系列具有成都韵味的景点，向社会宣传成都旅游品牌，使成都成为许多人向往的旅游目的地。

3. 提高从事品牌社会化媒体从业人员的专业性

社会化媒体传播基于完善的数据调查和分析，与网络息息相关，因此对从业人员的要求比传统营销传播高。在涉及具体的社会化媒体传播策略的设定时，专门从事社会化媒体营销的机构由于具有专业背景和实践经验，无疑具有较大的优势，能够较大限度地帮助有需求的企业实现目标。据调查，从事市场营销工作的专业人士，对于专业从事社会化媒体营销的机构和人员有较大的认可度，认为他们是企业进行品牌社会化媒体传播成败的关键群体。可见，提高从事品牌社会化传播从业人员的专业性，是获得良好传播效果、实现特定的营销目标的重要基础。

4. 把企业的社会责任放在首要位置

网络时代的信息传播速度是惊人的，各类社会化媒体对于信息的敏感程度也是极高的，所以，企业的任何举动，都会通过这些渠道一览无余地呈现在受众面前。现在，越来越多的人开始关注企业的社会责任，并且让消费者感觉到企业对于社会责任的高度重视，那么对于该企业品牌的传播会有放大效应，起到意想不到的宣传效果。倘若企业的行为使得社会化传播体系中的消费者觉得没有社会责任感，无视公众的利益或者没有公德心，那么不论企业的产品做得多么完美，广告做得多么漂亮，都没办法得到消费者的认同。因此，在社会化媒体传播占主导地位的今天，企业应该把社会责任放到首要的位置上，从最高层的战略规划中体现企业的社会责任，并贯穿于经营活动的始终，才可能取得成功。

5. 整合资源，关注消费者体验，契合品牌内容进行传播

品牌社会化传播的过程具有较高的隐蔽性，在传播过程中主要是通过将品牌的符号、理念等信息有策略地融入传播内容中，使得消费者在接触到这些内容产品的同时，接收并认可品牌信息。所以，如何设计品牌内容传播过程的植入方式，使得品牌和传播的内容有机结合，是取得良好传播效果的重要环节。在这个过程中，要不断整合各种资源，深度地介入内容产业链中，采用多种营销手段相结合的方法，形成全方位的传播态势，扩大品牌社会化传播的影响力。如何促使消费者在整个传播过程中有良好的体验，也不容忽视。在进行品牌社会化传播时，既要确保品牌信息在内容产品中有着良好的、自然的体现，又要让消费者有足够的感知和美好的体验，二者缺一不可。

譬如，凯迪拉克微电影《66号公路》通过男女主角驾驶着凯迪拉克SRX穿越美国极具文化内涵和标志性的66号公路，将忠于自由、回归真我的浪漫之旅和凯迪拉克自由、开拓、梦想的品牌精神融合在一起。《66号公路》让人在体验男女主角追求自由、实现真我的情感时，不自觉地接受了凯迪拉克SRX广告的说服，并且会单击鼠标分享，成为品牌传播者。又比如，万豪国际酒店的董事长和CEO Bill Marriott会在微博上定期更新各种他考察世界各国万豪酒店分店遇到的故事，分享自己的旅行经历，与消费者产生情感共鸣。

6. 充分重视和运用意见领袖的影响力

在社会化媒体时代，各类话题中孕育着相当数量的意见领袖，他们对于其他网络居民具有相当的影响力。企业要善于通过博客、微博、论坛等社会媒介介质，发掘各类意见领袖，对其进行重点宣传，取得他们的认可，达到事半功倍的效果。当然，企业也可以培养自己的品牌领袖。例如，2009年美国福特嘉年华希望改变它在年轻消费者心目中的品牌形象，发起一项全国竞赛并从中选择100名司机获得试驾新车6个月的机会，这些司机被要求每月都参加品牌活动，并在Fiesta Movement. com之中分享他们的博客和驾驶体验。福特借助100名司机与消费者互动，对品牌信息进行二次传播，收效甚佳。

再如，2012年3月，江西省旅游局启动"博动江西——风景独好"活动，从腾讯、新浪、搜狐网站中选出拥有上百万粉丝的作家、摄影家、旅行家奔赴赣东北、赣西、赣中南，对当地旅游景点进行实地体验，将其见闻以图片和文字的形式上传到博客当中。希望借助意见领袖的影响力，提升江西旅游品牌知名度，取得很好的效果。以腾讯为例，在活动发起的一个月内，博客文图总访问量近千万，总用户量达800多万，微博广播12976条，"博动江西——风景独好"话题共162676条。

在社会化媒体传播过程中，利用意见领袖进行品牌传播，首先是要确认与品牌相契合的意见领袖，这类意见领袖可以是某个领域的专业权威人士，也可以是对于某个领域具有自己深刻见解的普通网民；其次是要确定通过意见领袖实现品牌传播的具体方案，通过改进或者改变营销的策略，通过意见领袖的影响力来实现有效的人际传播。

阅读材料

百事微电影《把乐带回家》

2011年12月12日百事公司微电影《把乐带回家》在北京举行了隆重的首映礼。百事挖掘中国人春节团圆的传统习俗和百事"孝为先"的传统心理，通过微电影，激发起年轻人的情感共鸣。

1.《把乐带回家》微电影创意的产生

在中国，春节是最隆重的节日，每逢佳节倍思亲，游子归家，相聚一堂，其乐融融是中国人的传统习惯。然而，现在许多为工作奔波的人没有时间回家看望父母，热闹的节日只能冷清度过，百事公司看到了这一点，希望通过微电影《把乐带回家》对目标消费者进行感情渲染，获得他们(都市中的年轻人)的共鸣和认可。

《把乐带回家》讲述的是为火车站工作的老爸与三个事业有成的儿女周迅、罗志祥和张韶涵之间关于春节回家过年的故事。老爸张国立在大雪纷飞的夜晚遇到了化身神秘人、穿一身混搭风格的乐天使古天乐并邀请他回家一同过年。在与女强人周迅相遇时,乐天使化身为笔直正装的高级白领,以新鲜果粒的故事来打动她回家过年。为把舞台上的罗志祥带回家过年,乐天使以一身舞台调音师的造型,递上一瓶百事可乐,用一句"不想一口气喝光"勾起他与老爸间的温馨回忆。在见到有可爱活泼造型的摄影师张韶涵时,乐天使变身为超市售货员,为她递上乐事薯片并指引她回家的路。在乐天使的帮助下,老爸张国立得以全家大团聚。

《把乐带回家》表达了漂泊异乡的游子和为其牵挂的父母的心声。借此片,百事唤醒了人们对家的渴望,呼吁人们过年不管多忙都不要忘记回家看看,把乐带回家。强烈的情感共鸣让消费者记住了百事,将百事与家联系起来。

2.《把乐带回家》的互动营销及效果

《把乐带回家》微电影创意敲定后,百事还围绕微电影进行互动营销,通过官方网站、腾讯微博和优酷这三个平台,制造新闻热点,与消费者进行持续的互动。

第一,百事建立《把乐带回家》官方网站。网站被布置为二龙戏珠的情境,横幅左右各有一条金龙,中间是百事可乐红白蓝圆形标志,别有一番中国味。网站还为网友提供贴春联、猜灯谜、鞭炮贺新春等传统的中国年节目,具有浓厚的中国年味。

第二,百事在腾讯微博上建立《把乐带回家》的官方账号,通过腾讯QQ的庞大用户群和QQ软件的弹出式信息广告,快速地将微电影的信息传播出去。此外,他们还在微博上做了一个"微博回家季——把乐带回家"的留言活动,设置"百事支持你,实现回家心愿,把乐带回家"的回家心愿基金。该活动的参与方式有两种:一是可以自己制作回家心愿贺卡;二是直接以文字、音频和视频的方式录入回家心愿。这一互动大大提高了微博的点击率和回复率。根据官方微博的自动统计,把乐带回家的广播有234860条,而该话题一共有3639160条。

第三,百事将优酷作为独家视频媒体合作伙伴,在优酷平台启动该部微电影的首映礼网络直播,并冠名"优酷回家季"主题活动。从优酷拍客中选择10名优秀获胜者由优酷导演为其完成各自回家过年的心愿视频,以真实感人的回家故事为"百事支持你,实现回家心愿,把乐带回家"活动谱写完结篇。从2012年1月16日正式发布这10部视频,持续到活动结束的2012年1月20日,短短的5天时间,10部视频总计播放数532026;新浪微博转发超过一万,评论超过两千。

资料来源:百事携手优酷,新年把"乐"带回家.广告大观(综合版),2012(7).

第三节 大众媒体传播

大众媒体是指那些具有媒介性质,但品牌对其没有完全自主使用权的信息载体,营销者需要通过购买或租用来发布信息,主要包括广告、公共关系和销售促进等。

一、广告

广告作为一种主要的品牌传播手段,是指品牌所有者以付费方式,委托广告经营部门通过传播媒介,以策划为主体,创意为中心,对目标受众所进行的以品牌名称、品牌标志、品牌定位、品牌个性等为主要内容的宣传活动。

广告是品牌最重要的传播手段之一。有资料显示,在美国排名前20位的品牌中,每个品牌平均每年广告投入费用是3亿美元;排名前50位的品牌中,平均每年花在广告上面的费用是1.58亿美元;一些顶级品牌如AT&T,每年花在广告上面的费用达4亿美元。消费者了解到的一个品牌或产品的信息,绝大多数都是通过广告获得的,广告也是提高品牌知名度、信任度、忠诚度以及塑造品牌形象和个性的强有力工具。因此,广告可以称得上是品牌传播手段的重心所在。

(一)广告在品牌传播中的作用

1. 建立品牌忠诚度

研究表明,成功的广告能极大地增加顾客的品牌忠诚度。广告对品牌忠诚的影响,国内外学者的研究很多,结论也相差无几,即广告能不断产生试用,而且会强化品牌忠诚。对成功的品牌来说,由广告引起的销售量中,只有30%来自新的消费者,剩下70%的销售量是来自现有的消费者,这是由于广告使他们对品牌变得更忠诚。因此,广告的一个重要而且是值得的目标是加强已经存在的消费者与品牌的联想,并使他们变得更加忠诚。对已有的品牌来说,大部分广告的目的是使已经存在的消费者更加忠诚,而不是说服别的消费者从其他品牌转移过来。

广告对品牌忠诚形成的作用模式:认知—试用—态度—信任—强化—忠诚。也就是说,由广告认知产生试用期望,导致试用行为。试用经验形成决定性的态度,这种态度经企业的广告所强化,被强化的态度如果总是肯定的,就会增加重复购买或重复使用的可能性。如果继续强化,重复购买或重复使用就会转化为对品牌的信任和形成品牌忠诚。

消费心理学家认为,消费者的态度更多的是在试用之后形成的,因此广告中有一种说法:旅游广告的最热心的读者是刚从旅游景点回来的旅客。从理论上来讲,广告肯定并强化了消费者使用经验的感觉,增加了其对品牌的忠诚。

忠诚的顾客的特点:①经常性重复购买;②惠顾公司提供的各种产品或服务系列;③建立口碑;④对其他竞争者的促销活动有免疫力。

上述的每一种行为,不论是直接或间接,都会促进销售额的增长。即使是面对更好的产品、更低的价格,忠诚的顾客都会持续购买同一个品牌。

2. 广告可以使品牌在短时间内建立较高的知名度

知名度是建立品牌的第一步,其具体价值如下。

(1) 熟悉会引发好感。人是惯性的动物,对于熟悉的事物,自然会产生好感和特殊情绪。当世界变得越来越复杂,产品越来越相似时,越熟悉越了解的产品就越使人感到安心和舒适。

(2) 知名的品牌即使不能成为首选品牌,也会列入消费者在购买时主要考虑的几个品牌之中,对品牌的销售发挥着极为重要的作用。

(3) 知名度也是一种承诺。高的知名度通常给人以大品牌的印象,有品质的保证感。当消费者面对其他同样的产品时,知名度代表着销售者的承诺。这种承诺包括:①耗资巨大、独特精美的广告说明公司实力雄厚而且有眼光、有魄力。②品牌这么普遍,随处有卖或见到许多人使用,其品质应可以令人放心。③其售中售后服务应该周到而令人满意,不会给购买者带来很多麻烦。④如果不是国内外著名的老牌企业也是一个优秀的新兴企业。

3. 广告有助于建立正面的品质认知度

品牌品质是指其所属产品的功能、特点、可信赖度、耐用度、服务水准及外观。品质认知度是指消费者对某一品牌在品质上的整体印象。品质认知,一般完全来源于使用产品之后,这里所强调的品质,不仅仅是指技术上、生产上的品质,而更侧重于营销环境中的品质的含义。广告对消费者在品质认知过程中的作用如下。

(1) 使用者更多地关心他们使用过或已在使用的产品的广告。将他们已有的关于品质认知的经验和体会与广告中对品质的表现进行对比和联系。如果两者相符合,则原有的好感将会加深,消费者更加信任这一品牌,并对产品和自己的判断都很满意,从而成为品牌忠诚的拥护者。相反,如果使用者认为品质差而广告却宣传品质优良,消费者会认为广告是欺骗,原有的厌恶感进一步加深,变成极度反感和不信任。

(2) 广告诉求点通常是产品品质上的特点,是消费者最关心、最喜爱的特点,是产品最具竞争力的特点,也是品牌提供给消费者的利益点。

(3) 新产品上市,人们对品质一无所知。而创意佳、定位准确的广告,通常使消费者对产品有了好感,并愿意去购买。广告的品质一定程度上反映了产品的品质。

(4) 品牌线延伸时,广告帮助消费者将原有的品质印象转嫁到新的产品上,这对延伸产品而言,无疑是一块打开市场的敲门砖,其所带来的好处是不言而喻的。

4. 广告为品牌联想提供了空间

说到一个品牌,人们总会有许许多多、各种各样的联想。比如,一提起麦当劳,消费者可能立即联想到汉堡、薯条、鸡翅、冰激凌、麦当劳叔叔,想到其整洁的环境、工读生、奶昔、小孩子的天堂等,这些会联想到的都是品牌联想。所谓品牌联想,是指消费者(尤其是目标对象)想到某一个品牌的时候联想到的所有内容。如果这些联想又能组合出一些意义,就叫作品牌形象。品牌形象是品牌定位沟通的结果,即品牌定位通过广告传播之后,在消费者脑海中形成许多的品牌联想,最后就构成其品牌印象。

广告对于促成品牌联想的作用具体如下。

(1) 差异化以求得第一的位置。广告的最主要功能之一就是企图教育消费者,使消费者对品牌能立刻产生联想,而消费者所想到的特质,就是该品牌的独特卖点。广告就要利用这种独特的差异,在消费者心目中重建一片天地,并使其所宣传的产品在其间位居第一。

(2) 创造正面的态度及情感。广告的表现手法中,我们最常采用的就是感情诉求,利用消费者对事物的自然的、美好的情感的转移而建立他们对品牌的好感。比如,化妆品广告常借助于美丽的画面或动听的音乐来产生偏好,而汽水等软饮料则常利用欢乐的场合气氛来教育消费者喝的时机,这些都是能产生正面情绪的联想。

5. 树立品牌个性

考察一下当前广告与品牌的关系就不难发现,除了诸如海尔、养生堂等少数品牌在广告中体现着一贯、和谐的形象外,大多数国内企业的广告中存在着品牌个性频繁变动的缺陷。大卫·奥格威认为,市场上的广告大都在创作时是缺乏长远打算、仓促推出的。之后年复一年,这些广告始终没有为产品树立具体的形象。他指出,埃克森、可口可乐等品牌正是由于塑造协调一致的形象,并能持之以恒地在广告中实施才取得成功。最终决定品牌市场地位的是品牌个性,而不是产品间微不足道的差异。

一个成功的品牌不单是成功的商品,还意味着一种与产品联想相吻合的、积极向上的文化理念。化妆品公司出售的并不是香水,而是某种文化、某种期待、某种联想和某种荣誉。在广告中注入更多的文化底蕴,可以在潜移默化中培养人们对品牌的好感和忠诚。

（二）广告主题的确定

确定广告主题是广告推广中的核心工作。广告主题创意决策和媒体选择决策往往是同时作出的。因为,如果不确定用来向目标市场传递信息的媒体或信息通道,就不可能完成创意工作。比如,要表现某品牌汽车的行驶速度很快,用电视广告媒体来表现可能是最佳选择,广告主题也可以用体现视觉效果的内容来展现。

广告主题创意的过程包括识别产品的优点、开发可能的广告诉求并进行评估、选择独特的营销建议、表述广告信息等几个阶段。

阅读材料

百威的广告推广

百威是1981年以后进入日本市场的,1982年在日本进口啤酒中名列前茅,1982年销售量比1981年增加50%,1984年就取得了销售200万瓶的业绩。百威能取得成功首先在于把握了日本年轻人市场的变化,确立了以年轻人为诉求对象的广告策略。日本年轻人变得更有购买力,有更多时间去追求自己喜爱的事物,新奇而又昂贵的产品很能吸引他们。他们有自己的文字、表达方式和独特的语言,往往是市场舆论的制造者和领袖,如果要想用广告来打动他们,就必须认识他们,了解他们对事物的动机,只有这样才能推出有效的广告打动年轻人的心坎,这是百威啤酒在日本行销成功的背景。

百威的主要广告对象,先是设定在25～35岁的男性,他们的生活形态是平常都不喝啤酒以外的烈性酒,对运动与时装非常有兴趣,喜爱多姿多彩的休闲活动。这个对象的设定与百威啤酒原本就具有的“年轻人的”和“酒味清淡”的形象十分吻合。设定了目标后,百威即把重点放在杂志广告上,专攻年轻人市场,并推出特别精印的激情海报加以配合。广告的诉求重心则是极力强化品牌的知名度,以突出美国最佳啤酒的高品质形象。在行销的第一、二个阶段里,传播概念都建立在“全世界最有名的高品质啤酒”,视觉重点强调在标签和包装上。

在第一阶段里,广告主题:“第一的啤酒,百威。”动人的标题是“我们爱第一”。到了第二阶段,主要的主题改为“百威是全世界最大,最有名的美国啤酒”。广告标题则变成“这是最出名的百威”,标题并印在啤酒罐上,只要拿起罐子就可以看到。

为了确保广告效果,百威授权给有责任感的日籍员工来判断广告的影响力,并同意用日本的方式,选择最具有强烈诉求的语言进行表现,因而更有的放矢达成目标。

大标题:我们爱第一——百威啤酒;副标题:第一啤酒在此。

广告文:美式生活就是用百威啤酒润喉,请看这个设计,多么富有风味,当您手握此罐,必然,您将会感受到已将美国紧握手中。

百威成功给人们的启示:好产品、好配销、好广告,三要素融为一体,是营销成功之秘诀。

（三）广告媒介的确定

进行广告传播需要借助一定的媒介。媒介选择不当，会影响广告传播的效果。

1. 不同媒介类型及其优缺点

媒介的类型有很多种，由于对广告的要求不同，需要选择与之适应的媒介类型。各种媒介都有其各自的优点和缺点，选择恰当的媒介类型，就需要在了解和熟知各种媒介特点的基础上进行判断，如表 4-1 所示。

表 4-1　不同媒介类型及其优缺点

媒　介	优　　点	缺　　点	关键事项
电视	覆盖面积大； 接触率高； 有光、声、动态的影响； 易引起注意； 千人成本低	选择性低； 信息生命短； 绝对成本高； 生产成本高； 干扰大	聚焦于恰当的目标市场； 创意应简单明了； 抵制干扰，吸引注意力； 品牌标识要清晰地出现； 注意设计展示者的体态、语言、脸部表情、举止、服装、姿势和发型
广播	对当地市场的覆盖面广； 不受空间距离的限制； 有弹性； 成本低； 受众充分细分	只有听觉效果； 干扰大； 不易引起注意； 信息易逝； 表现力不直观	在广告中尽早地提出品牌； 反复提到品牌利益点； 注意广告用词口语化、语速适中、发音清晰、语调生动、富于变化
杂志	易于细分目标受众； 易重复阅读； 信息容量大； 持续期限长； 广告表现力强	前置时间长； 只有视觉效果； 缺乏弹性	信息要清晰直观，一眼能看清； 品牌利益点放在最显著位置； 标注出品牌的标识
报纸	时效性强； 对当地市场的覆盖面广； 可信性强； 前置时间短； 及时； 可以使用赠券	信息生命短； 广告表现力差，信息展露有限； 不易引起注意； 不易重复阅读； 干扰大	同为纸质媒介，见上
户外广告	灵活性强； 可重复显露； 易被注意； 成本低	信息展露空间有限； 受地域限制	选择人流大的地点； 注意排除干扰； 画面富有冲击力
交互式媒介	用户选择产品信息； 用户注意和参与； 交互式关系； 直销潜力； 弹性信息平台	有限的创作能力； 主页干扰； 落后的技术； 无效的测量技术	信息形式生动有趣； 定期更新

2. 广告媒介的选择

选择恰当的广告媒介是保证广告成功的主要条件之一。选择广告媒介首先要了解有哪些广告媒介可供选择。广告媒介的种类以及各自的优缺点在前面已有介绍，这里需要强调的是由于各种媒介传播信息的方法不同，其影响范围、程度和效果各异，而企业又因为受经济条件、目标市场的制约，不可能每种广告媒介都采用，而是必须对其进行选择。选择的标准是广、快、准、廉。根据这一标准，选择广告媒介应考虑以下条件。

(1) 产品性质。不同性质的产品有不同的使用价值、使用范围和宣传要求。生产资料和生活资料、高技术产品和一般生活用品、价值较低的产品和高档产品、一次性使用的产品和耐用品等都应采用不同的广告媒介。通常，对高技术产品进行广告宣传，应面向专业人员，多选用专业性杂志；而对一般生活用品进行广告宣传，则适合选用能直接传播到大众的广告媒介，如广播、电视等。

(2) 消费者接触媒介的习惯。不同的消费者接触媒介的习惯是不同的。选择广告媒介时，还要考虑目标市场上消费者接触广告媒介的习惯。一般认为，能使广告信息传导目标市场的媒介是最有效的媒介。例如，对儿童用品进行广告宣传，宜选电视作为媒介；对女性用品进行广告宣传，选用女性喜欢阅读的女性杂志或电视，效果较好，也可以在商店布置橱窗或展销。

(3) 媒介的传播范围。不同的广告媒介，传播的范围不同，能接近的人口有多有少。比如，报纸、电视、广播、杂志传播的范围大，而橱窗、路牌、霓虹灯传播的范围小。从每一种媒介本身来说，也有范围的区别。比如，报纸分为全国性报纸和地方性报纸，每一种报纸又有不同的发行量。因此，这就要根据不同的商品销售范围来决定广告媒介的选择。凡销售全国的商品，宜在全国性报刊或中央电视台、中央人民广播电台上做广告；在某一地区销售的商品，则宜在地方性的报刊、电视台、电台上做广告。

(4) 媒介的影响力。广告媒介的影响力是以报刊的发行量和电视、广播的视听率高低为标志的。选择广告媒介应把目标市场与媒介影响程度结合起来，能影响到目标市场每一角落的媒介是最佳选择。这样一来，既能使广告信息传递效果最佳，又不会造成不必要的浪费。

(5) 媒介的传播速度。有些商品具有较强的时间性。例如，季节性商品和供应节日的商品都属此类，它们对广告也有较强的时间要求。为此，所选择的广告媒介必须传播信息迅速，以广播、电视和报纸中的日报为宜。而那些时间要求不强的商品，其广告媒介则不一定选择那些时效性强的媒介，因为时效性强的媒介一般费用较高。

(6) 媒介的费用。不同的广告媒介所支出的费用是不同的，有的相差甚大。例如，中央电视台的广告费用比相同时间的中央人民广播电台的费用高出几十倍，一些覆盖面不同的同种媒介的费用也存在很大差别。因此，在选择广告媒介上必须以自己的广告预算财力为前提。

衡量广告媒介的费用，不仅要看它的绝对量，还要看它的相对量，即不同媒介的广告费用支出与预计效果的比较。比较的方法是计算接触该媒体的每千人广告成本的高低。其计算公式为

$$\text{千人广告成本}=\text{媒介费用}\div\text{视听人数}\times 1000$$

例如，将某一彩色广告刊登在 A 杂志上需要花费 4000 元，刊登在 B 杂志上需要花费

8000 元;前者的读者有 10 万人,后者的读者有 80 万人,各自的千人广告成本为

A 杂志千人广告成本=4000÷10 万×1000=40(元)

B 杂志千人广告成本=8000÷80 万×1000=10(元)

可见,A 杂志的绝对费用低于 B 杂志,其相对费用却高于 B 杂志。当然,仅用触及人数来衡量广告的效果也是不全面的,在应用中还必须考虑其他因素。

上例从不同侧面说明选择广告媒介的要求。为了取得比较理想的品牌传播效果,在选择媒介时不能只看一个方面,而必须进行综合考虑。

3. 广告媒介组合的原则

在选择相应的媒介进行组合时,应该在遵循以下几个原则的基础上进行:有助于扩大品牌传播的受众总量;媒介组合应该有助于对品牌信息进行适当的重复;媒介在周期上的配合;媒介组合应该有助于品牌信息的相互补充;效益最大化原则。

(1) 视觉媒介与听觉媒介的组合。视觉媒介主要是指借助于视觉要素表现的媒介,如报纸、杂志、户外广告、招贴、公共汽车广告等。听觉媒介主要是指借助于听觉要素表现的媒介,如广播、音响广告,电视可以说是视听完美结合的媒介。视觉媒介更直观,给人一种真实感,听觉媒介更抽象,可以给人丰富的想象。

(2) 瞬间媒介与长效媒介的组合。瞬间媒介是指广告信息瞬时消失的媒介,如广播电视等电波电子媒介,由于广告一闪而过,信息不易保留,因而要与能长期保留信息、可供反复查阅的长效媒介配合使用。长效媒介一般是指那些可以较长时间传播同一广告的印刷品、路牌、霓虹灯、公共汽车等媒介。

(3) 大众媒介与促销媒介的组合。大众媒介是指报纸、电视、广播、杂志等传播面广、声势大的广告媒介,其传播优势在于"面"。但这些媒介与销售现场相脱离,只能起到间接促销作用。促销媒介主要是指邮寄、招贴、展销、户外广告等传播面小、传播范围固定、具有直接促销作用的广告,它的传播优势在于"点",若在采用大众媒介的同时又配合使用促销媒介,能使点面结合,起到直接促销的作用。

(四) 广告传播策略

1. 名人代言策略

名人代言策略是企业常用的广告传播手段。随着市场竞争的加剧,企业产品特别是同类产品竞争日益激烈,为了突出企业个性,让人迅速识别产品,大多数企业都选择了由名人代言,期许借助名人的名气和光环效应,迅速提高新产品在受众中的认知率,拉近与消费者之间的距离,促进产品迅速销售。名人代言也成为企业在竞争中站稳脚跟的有效手段之一。

阅读材料

碧生源的名人代言策略

在今天激烈的市场竞争中,厂家或商家选择名人代言是一个重要的推广策略。厂家或商家请名人代言是为了提高知名度,拉动销售。选择一个合适的名人来代言,需要从双方的形象、气质、理念等各个角度去考虑,如果选择的合适,那么对于产品的推广有一个正向推动作用;若选择的不合适,就是逆向推动作用,需要果断放弃这一代言。

作为首家在港交所上市的国内保健茶巨头碧生源，于2011年3月21日在香港召开发布会，宣布签约一线女星、人气导演徐静蕾为旗下减肥茶的形象代言人。这是继2010年签下“郭冬临和牛莉”成为旗下常润茶代言人后的又一关于明星代言的动作。作为国内知名的保健茶品牌，碧生源是茶疗养生理论的传承者和发扬者，通过汉方草本和绿茶的科学配方，达到消脂减肥的效果，同时又能温补身体，真正做到了健康减肥。回头来看徐静蕾，不仅被誉为演艺圈才女，健康清新的形象和苗条的身材也使她受到了很多观众的喜爱与好评，从产品形象和个人形象的匹配度而言，这个代言是非常契合的。

同时，徐静蕾在电影版《杜拉拉升职记》中成功塑造了一个积极乐观、健康自然的“杜拉拉”形象，已经成为白领女性的典型代表，在这类人群中有很强的号召力。相信碧生源也正是看中了这一点，随着品牌的逐渐年轻化和时尚化，白领女性已经成为碧生源减肥茶的消费主力军。这一人群因为工作压力大，没有时间去运动，又没有毅力抵抗美食的诱惑，而碧生源减肥茶可以帮助她们在轻松自然中消脂减肥，获得美好身材。代言签约仪式中，碧生源董事长兼CEO赵一弘先生向记者表示，碧生源现在选择的产品代言人都是一线明星，而且今后的新产品也会选择一线明星，这将是其今后的一贯策略，因为碧生源的品牌在不断升级，市场也在不断扩大。

但名人代言是一把“双刃剑”，具有一定风险性。有时候名人代言并不能达到有效传播企业品牌的目的。名人的微笑吸引了人们的眼球，而名人代言的产品和企业不见得在人们心中留下印象。若产品与名人之间没有什么关联，在受众中建立不起紧密性，那么名气再大也不会有什么效果。名气大并不等于有效传播，而且有些明星代言产品过多，产生了“稀释效应”。代言信息极度分散，部分代言产品在其他的同代言人产品的猛烈的宣传攻势下已经很难在消费者心中同该代言明星相联系，甚至相互混淆。另外，名人往往是非也多，各种引起公众关注的新闻层出不穷，让企业防不胜防。

因此，使用名人代言策略时，要注意以下几点。

(1) 名人与产品类别之间匹配与否，会对品牌信任度、好感度产生不同的影响。企业在选代言人时一定要考虑与产品的定位相一致或吻合，产品形象与代言人气质一致。品牌个性与代言人吻合是传播效果优化的关键。只有名人个性与品牌一致，个性准确对接，在传播识别中才能有效强化产品及企业的独特位置。

例如，农夫山泉聘请李英爱为形象大使，李英爱在影视剧中塑造艺术形象的坚韧性格，加上“氧气美女”的清新自然，很好地扣住广告的核心思想“好茶好水”。李英爱是联合国儿童基金会的亲善大使，并且在千岛湖主动提出捐助5万美元给贫困学生，与农夫山泉公司对外的慈善形象不谋而合，提升了品牌品质。广告格调也符合产品特征，清新唯美，把茶文化与品牌很好地糅合在一起，不扭捏，不做作。

(2) 选择名人应注重名人自身的形象、亲和力、可信度、专业度、受欢迎程度等因素。名人的美誉度越高其可信度越高。选择名人代言某一品牌，凭借名人的领袖魅力，企业便可将名人魅力转移到产品上，转化为产品的内涵以赋予产品新的活力和亲切的联想。

(3) 运用名人代言注意其周期性、同一性。产品生命周期包括导入期、成长期、成熟期和衰退期。同样代言人的人气也会有一个萌芽、成长、鼎盛和衰退的发展历程。企业找名人代言，在塑造品牌、打造知名度方面，往往都是选择处于人气鼎盛阶段的代言人。

另外，作为企业的品牌，在品牌发展、品牌扩展阶段会有不同的代言人，代言人要从品牌建设的长远计划着眼选取，注重同一性，如万宝路香烟，一直是西部牛仔形象，代言种类不同，但始终是牛仔系列，牛仔所代表的美国精神已成为国际性的共识。品牌形象的塑造与维护，在考虑品牌发展的阶段性目标的同时考虑品牌整体形象的长远性。像百事可乐喜欢采用群星策略，找准偶像的共同点——年轻，每一阶段所做的广告都有共通点——年轻、激情。

（4）增强企业的危机意识，有效控制风险。选择与企业匹配的名人后，并不等于万事大吉了，任用名人代言有利也有弊，企业如何破除危机与风险也是名人代言的一个重要问题。首先要有效控制名人所带来的风险。明星的一举一动都会影响到企业，带来意外伤害。就企业来说，这也是致命打击。企业应将代言人的公众形象、责任心和为人处世的原则作为企业策略进行全方位考察。

一旦出现其他的负面新闻时，企业应保持镇静，理智处理，采取逐步转移公众注意力的办法，在日后重新推出新的形象代言人，重树品牌形象。

2. 理性诉求策略

建立品牌认知度就是告知消费者本产品或服务有哪些特质或优越性。一般在建立品牌认知度时会选取理性诉求策略。广告的理性诉求就是以商品功能或属性为重点对消费者进行说服的广告策略。在品牌推广初期理性诉求是建立品牌认知、累积品牌资产的重要广告策略。其具体做法如下。

（1）直接陈述。直接说明产品的特点和功效，向诉求对象阐述产品的种种特性。如全新力士润肤露广告：全新力士润肤露有三种不同滋润配方和香味，充分呵护不同性质的肌肤。如白色力士润肤露：含有天然杏仁油及丰富滋养成分，清香怡人，令肌肤柔美润泽，适合中性和油性肌肤。这则广告，简单明了，将产品的特性和由此产生的功效一一准确阐述，可以使消费者对这种产品产生全面认知。

（2）引用数据。引用数据可以令消费者对产品和服务产生更具体的认知，翔实的数据远比空洞的、概念化的陈述更有力量。比如，瑞士欧米茄手表的广告创意是这样的：全新欧米茄蝶飞手动上链机械表，备有18K金或不锈钢型号。瑞士生产，始于1848年。机芯仅25毫米，内里镶有17颗宝石，配上比黄金还贵20倍的铑金属，价值非凡，浑然天成。这样精确的描述，使消费者对产品有了更细致的了解，这里的每个数字都使这则广告更具说服力。

（3）对比。直接陈述和引用数据的方法可以清楚传达信息，但难免不够形象。对比是形象传达信息的重要方法。对比的基本思路：选择对象熟悉的、与产品有相似或者相反特性的事物与产品特性并列呈现，从而准确点出最重要的事实。例如，宝洁公司飘柔洗发露的广告文案就是与演示图一并出现的，画面左边的图片是干枯难梳的头发，梳子放在散开的头发上被卡住了，由于发质干枯无法向下滑。画面右边的图片是柔顺易梳的头发，梳子因为在柔顺的头发上，已经滑到了头发的底端。画面的中间是由左往右的箭头。广告的文案：柔顺易梳的秘密，尽在新一代飘柔。它的领先滋润配方，让秀发体验意想不到的柔顺易梳的感受。全新自信，从头开始。

3. 情感诉求策略

情感诉求是指针对消费者的心理、社会或象征性需求，表现与企业、产品、服务相关的情感和情绪，通过引起消费者情感上的共鸣，引导消费者产生购买欲望和行动。情感诉求以诉求对象的情感反应为目标，不包括或只包括很少的信息，依赖于感觉、感情、情绪而建立起品牌与这些情感的联系。

情感是人类永恒的话题，也是维系人与人之间关系的基础。真实、温暖的情感不仅能够感动自己，他人见之闻之也会动容。一个品牌或产品如能深深地打动消费者，就定能将消费者心动的涟漪波展到行动，在他今后的人生中如果需要宣泄某种情感的话，肯定会首先想到这个品牌。麦氏咖啡："好东西要与好朋友分享。"这是麦氏咖啡进入台湾市场推出的广告语，由于雀巢已经牢牢占据台湾市场，那句"味道好极了"广告语又已经深入人心，麦氏只好从情感入手，把咖啡与友情结合起来，深得台湾消费者的认同，于是麦氏就顺利进入台湾咖啡市场。当人们一看见麦氏咖啡，就想起与朋友分享的感觉，这种感觉的确很好。回过头再想想"孔府家酒"的电视广告，又怎能叫漂泊在外的游子们心中不由衷地感叹——"叫人想家"呀！

在利用好"情感"这把品牌传播的"温柔刀"的问题上，许多跨国企业的品牌是付出了不少心血的，并且赚足了消费者的"情感钞票"。如柯达一直以来的广告都围绕"家庭""温馨"等情感主题，使柯达产品走进千家万户，并成为众多家庭分享欢乐时不可或缺的朋友。雀巢咖啡一句"味道好极了"，这种自然得如同邻家大姐般口吻的情感表达，怎么听都透着亲切劲，诱使消费者产生购买的冲动。

所谓"天老情不老"，广告中若能融入适当的情感，定能在品牌这个意义的容器里倾注进去某种情感，一旦消费者需要宣泄这种情感就会首先想到这个品牌。

阅读材料

美国贝尔电话公司的一则广告

一天傍晚，一对老夫妇正在进餐，这时电话铃声的响起，老太太去另一间房接电话，回到餐桌后，老先生问他："是谁来的电话？"老太太回答："是女儿打来的。"老先生又问："有什么事吗？"老太太说："没有。"老先生惊讶地问："没事？几十里地打来电话？"老太太呜咽道："她说她爱我们！"两位老人相对无言，激动不已。这时，旁白道出："用电话传递你的爱吧！"

这是美国贝尔电话公司一则经典的亲情广告。广告只是一个很平常的生活场景，女儿给父母打电话，妙就妙在她向她父母传达了一种情感，她爱她的父母，一般我们都是有事情才会打电话，所以老先生才会惊讶女儿没事打什么电话，等到老太太告诉他之后，他们都被这种深深的爱感动着，他们自己又何尝不爱女儿呢？只是从来没有想到过这样表达出来，所以贝尔电话告诉我们可以用电话来传递爱。整个广告给人的感觉就是很安宁、很和谐的一个生活场景，却带给人澎湃的关于爱的思潮。

4. 影视植入策略

作为一种全新的广告发布形式，植入式广告近年来在我国影视传播中被越来越多地采用。植入式广告，英文名 product placement，有时也叫作 brand placement，是指将产品或品牌及其代表性的视觉符号甚至品牌理念策略性地融入媒介内容之中，构成观众真实观看或通过联想所感知到的情节的一部分，在观众关注的状态下将商品或品牌信息传递给观众，让观众留下对产品及品牌印象，继而达到营销目的的广告形式。在受众注意力资源日渐匮乏的情况下，植入式广告的到达率与关注质量都备受广告人的青睐并能巩固品牌的知名度。在国外，植入式广告早已成熟。据统计，目前的美国电影中，平均有 30 分钟会提供给植入式广告。相关数据调查显示，美国电视剧有75%的资金来源于植入式广告。在国内，影视植入式广告20世纪90年代初露端倪，那部家喻户晓的室内情景喜剧《编辑部的故事》不仅捧红了葛优、吕丽萍等一批明星，剧中的道具"百龙矿泉壶"在一时间也是童叟皆知。成功地植入式广告，不影响到观众的观赏效果，同时又能在潜移默化间使得制作方、品牌方达到双赢。

阅读材料

来势迅猛的影视"植入式营销"

如果不是2010年的"虎年春晚"，想必不会有这么多人关注"植入式营销"。贯穿于春晚节目的各类植入式广告使"植入式营销"成为网络、电视、报纸、杂志热议的话题。据业内人士估计，"虎年春晚"节目中的植入式广告收入已经近亿元，观众可以在很多节目中发现一些品牌或产品的"植入式营销"痕迹。网友们对"虎年春晚"大量的植入式广告反应强烈，不仅在各大论坛中争相列举当年春晚节目中的植入式广告，更以"哥看的不是春晚，是广告""请不要在广告中插播春晚"等调侃的语言来表达对春晚中过多植入式广告的不满。

植入式广告是企业"植入式营销"的具体表现形式，是指将产品或品牌及其代表性的视觉符号甚至服务内容，策略性地融入电影、电视剧或电视节目各个环节之中，让观众留下对产品及品牌的印象，继而达到营销目的。这一营销方式不仅运用于电影、电视剧或电视节目等影视作品中，还可以"植入"其他媒介，比如，报纸、杂志、网络游戏、手机短信，甚至小说之中。如今在影视作品中进行"植入式营销"已经成为流行趋势，越来越多的企业选择影视"植入式营销"的方式来扩大品牌影响力。

资料来源：来势迅猛的影视"植入式营销". 零点调查. 零点调查的个人空间. http://www.cmmo.cn.php?mod=space&uid=84902&do=84527. 2010-05-01.

5. 文化意蕴策略

对品牌的个性投资，能在广告中塑造一种品牌文化。一个成功的品牌不单是成功的商品，还意味着一种与品牌联想相吻合的积极向上的文化理念。"化妆品公司出售的并不是香水，而是某种文化、某种期待、某种联想和某种荣誉。"在广告中注入更多的文化意蕴，可以在潜移默化中培养人们对品牌的好感和忠诚。

二、公共关系

公共关系学是随着市场经济的发展，在19世纪末20世纪初产生，并在"二战"后逐步发展起来的一门学科，主要任务就是处理各种内外关系，为组织的发展取得良好的环境。当今社会，公共关系学已经被广泛地应用到众多的领域和各种各样的场合，尤其在企业经营活动中，公共关系的作用显得越来越重要，能够完成许多对企业至关重要的工作。

公共关系（public relations）又称公众关系，简称"公关"或PR。它是指企业在品牌传播中正确处理企业与社会公众的关系，以便树立品牌及企业的良好形象的一种活动。也就是说，公共关系是企业形象、品牌、文化、技术等传播的一种有效解决方案，包含投资者关系、员工传播、事件管理以及其他非付费传播等内容。

奥美公关中国区总裁柯颖德曾说过："公关是一门学科，更是一门艺术。它是针对特定目标对象群，建立共同价值，以赢得信任的科学。这个特定的目标群可以是政府，或是意见领袖；可以是企业内部员工，也可以是普通消费者。而且一提到公关，就一定要讲到品牌。所谓 360°品牌管理，就是说要在与消费者接触的各个点上宣传品牌。作为品牌传播的一种手段，公关能做到什么呢？它可以利用第三方认证，为品牌提供有利信息，从而教育和引导消费者。”

这是对公关最为直接和深刻的解释。公关利用的是第三方认证，从而教育和引导消费者。与广告不同，公关可以规划不同层面的信息，而不是自己讲自己的好话。广告可以“用王婆卖瓜”的方式带给品牌知名度，而公关可以利用第三方认证和受众的评论建立长久的美誉度与信任感。

公共关系旨在改善企业和品牌在公众心目中的形象，建立良好的社会舆论。它所注重的是长期的形象建设以及企业和公众的良好互动关系，更注重对公众意识潜移默化的影响。因此，企业公共关系活动是一项长期的活动，短则几个月，长则三五年或更长时间。

（一）公共关系的价值

公共关系这一传播手段在品牌传播上的价值主要体现在以下几个方面。

1. 提高品牌知名度

公共关系是提高品牌知名度的重要手段，这已经被实践所证实。早在 1984 年，北京长城饭店就借助美国总统里根的访华，成功地争取到了其访华结束时在长城饭店举行答谢宴会的机会。这一举措使长城饭店一夜之间成为全世界瞩目的焦点，成为中国最有名的五星级饭店之一。

2. 树立品牌形象

公共关系可以通过一些公益性的社会活动来树立品牌的良好形象，增加品牌的可信度和亲和力。在这方面，美国美洲银行就做得非常成功。

20 世纪 20 年代，美国美洲银行还是一家小银行。旧金山的一场大地震彻底改变了这家银行的命运。地震之初，灾民无家可归，美洲银行借机推出 1 美元贷款金融产品，并按品牌运作的要求进行市场营销。灾民们奔走相告，许多人靠 1 美元贷款度过了生存危机。从此美洲银行 1 美元贷款树立了倾情社会，关爱众生的良好品牌形象，赢得了社会广泛认同。后来这些灾民成为美洲银行最忠诚的客户，其中包括石油大王哈默等许多工商业界巨子，为美洲银行成为世界级大银行起到了重要作用。这里，美洲银行帮助灾民的公共关系营销——“1 美元贷款”，体现了一种真诚的情感，正式这种真诚的情感给美洲银行带来了长久的生命力。

3. 澄清品牌危机

当品牌出现危机时，公共关系部门可迅速作出反应，对问题进行解释和澄清，以防止事态进一步恶化。当企业与公众发生冲突或发生突发事件，公众舆论反应强烈时，如果处理不当，最直接的后果是品牌形象受损，品牌资产被削弱，产品销售受到影响。此时，通过有效的、及时的沟通，解释造成危害的不同起因（如企业行为不当、突发事件或失实报道等），动员各种力量及传媒来处理危机，协调与平衡企业与公众之间的紧张关系。这种有针对性的公共关系活动能有效地防止事态进一步恶化，使品牌免受或少受损害。例如，1970 年，美国克莱斯勒汽车公司出现业务危机，1978 年上任的总裁艾柯卡通过与公众对话、向国会演讲、出版自传等公共活动，力陈克莱斯勒品牌对美国的价值，使投资者对它重新产生信心，让品牌重整旗鼓，起死回生。

而有些曾经辉煌一时的品牌之所以垮掉的原因之一，就是它们在出现危机时没有及时采取公共关系措施，没有与媒体保持密切联系和沟通，而让有些不怀好意的新闻媒体恶意炒作，从而导致品牌毁于一旦。"三株"品牌就是一个典型案例。

阅读材料

公关危机，帝国陨落

一般情况下，成熟的品牌管理系统，对于各种各样突发的对品牌造成影响或伤害的事件都会有一套完整的解决方案，一旦危机发生，便会按方案的既定程序，实施公关危机的处理。事实上，一个成熟的品牌在经营过程中，经常遇到这样或那样的事件，这是很正常的；而且在品牌经营过程中，也不可能是一帆风顺的。然而就是这样一个平常的品牌管理问题，却常常未得到足够的重视，甚至在三株公司已建立起一个庞大的帝国时，依然如此，在风雨中茫然前行。

"八瓶三株喝死一条老汉"，这样一条爆炸式的新闻，对于一个以"信任"经营的保健品品牌来说，意味着什么呢？这种连锁式的新闻炒作，对消费者的精神会造成什么样的影响与伤害呢？

1996年，一则爆炸式的新闻横空出世，同时引起了全国媒体的疯狂转载。新闻标题为"八瓶三株喝死一条老汉"。新闻大意：湖南一老汉，连喝八瓶三株口服液，出现了不适症状，老汉被送往医院就诊，医院诊断为"三株药物高蛋白过敏症"，其后，病情不断反复，直到死亡。

这样一则新闻，对三株来讲，可以说，如果处理不好，是绝对致命的品牌毒药。然而面对如此的品牌危机，三株却一直束手无策，任由事态发展下去，直到上下游合作商反目，使企业经营全面陷入危机，最终从人们的视线中消失。

现在分析起来，其实当年的三株的公关危机并不是致命的，开始，此案子并没有扩大，其影响力还没有达到不可收拾的地步。只是在一年后，法院把老汉未及服用的口服液拿去化验，称该检品为不合格产品，这时的危机才全面爆发。试想一下，一年的时间，三株足足有一年的时间来解决好这个问题。如果当时企业能够对公关危机加以足够的重视，或者能够启动一套科学系统的解决方案，那么也不会引起全国新闻的爆炒，三株也不会遭受群起而攻之的厄运！如果三株当年能临危不乱，迅速出手，及时处理，尽量缩小事态的范围，把这件事引到传媒的视野之外，如果不推脱责任，把打官司的事进行到底，并且主动承担，树立起诚信的形象，那么是不是会有另外一种结果呢？然而，三株没有。

（二）公共关系的活动方式

公共关系的活动方式是指以一定的公关目标和任务为核心，将若干种公关媒介与方法有机结合起来，形成一套具有特定公关职能的工作方法系统。按照公共关系的功能不同，公共关系的活动方式可分为以下几种。

1. 宣传性公关

宣传性公关是指利用报纸、杂志、广播、电视等各种传播媒介，采取撰写新闻稿、演讲稿、报告等形式，向社会各界传播企业有关信息，以形成有利于企业形象的社会舆论导向。这种方式传播面广，对推广企业形象效果好。

宣传性公关活动从活动性质上看，目前企业一般选择的方式主要有“新闻式”和“广告式”两种宣传性公关活动方式。

“新闻式”宣传是由新闻工作者将有新闻价值的信息，通过大众传播媒介告知社会公众的一种传播方式。新闻传播活动策划的立足点：通过组织开展具有新闻价值的公关活动，体现对社会公众的关心，对社会整体利益的追求；使组织获得社会公众的信赖与支持。如新产品上市经常使用新闻的方式来铺垫，企业的各种庆典活动等。

“广告式”宣传是公关广告传播活动。公关广告又称“声誉广告”、企业形象广告，它是通过一定媒介，将组织有关提升自身公众形象的信息，有计划地传递给目标公众的一种宣传手段。公关广告策划的立足点：通过该种传播方式，使社会公众了解组织的情形，取得公众对组织的信赖与支持，树立组织的声誉与形象。如一些企业的公益广告，以此确立了自己的社会公益形象。

2. 赞助性公关

赞助性公关是通过赞助文化、教育、体育、卫生等事业，支持社区福利事业，参与国家、社区重大社会活动等形式来塑造企业的社会形象，提高企业的社会知名度和美誉度的活动。

赞助性公关活动应有一个明确的目标，这是确保赞助性公关活动获得理想效果的前提。通常，成功的公共关系赞助多选择其目标市场关注的体育、生态、文艺、环保等活动或项目作为赞助对象。这种公关方式，公益性强，影响力大，但成本较高。企业的赞助活动可以是独家赞助，也可以是联合赞助。

早在100多年前，西方就有品牌运用这一策略。据说宝威尔(Bovril)品牌早在1898年就赞助了当时的诺丁汉森林足球俱乐部，而后吉列赞助篮球运动；1928年可口可乐赞助了奥运会。由于运用了高超的赞助策略，这些品牌都无一例外地成了知名品牌。

企业在作出赞助决策时，应在明确把握自有品牌的实质、核心识别、延伸识别以及独有的价值取向的前提下，对欲赞助活动的本身进行深入了解，对被赞助对象的性质和环境进行深入了解和分析，找出可以作为品牌和被赞助对象纽带的内在关联点，进而有针对性地设计赞助策略，以取得事半功倍的赞助收益。

譬如阿迪达斯热衷于赞助重要的、大型的比赛，如奥运会、欧洲足球锦标赛、世界杯足球赛等，这些策略的充分运用使得阿迪达斯将自己与最激动人心的体育盛会联系起来，向人们传达着阿迪达斯卓越表现、积极参与、振奋人心的品牌精神。而耐克则通过赞助著名运动员来参与赛事活动，通过运动员的出色表现来诠释和宣扬耐克富有进攻性、直面挑战、生机勃勃的“酷”、强劲有力的品牌精神。耐克最早的品牌代言人有著名的长跑运动员史蒂夫、篮球运动员迈克尔·乔丹等。

3. 服务性公关

服务性公关就是通过各种实惠性服务，以行动去获取公众的了解、信任和好评，以实现既有利于促销又有利于树立和维护企业形象与声誉的活动。企业可以以各种方式为公众提供服务，如消费指导、消费培训、免费修理等。

国外商业银行的公共关系服务表现突出，服务理念和经营理念也比较成熟。比如，英国皇家银行金融集团设计200多种不同产品和服务，业务范围包括电话银行、储蓄、汽车贷款、抵押、共同基金等。为了处理这么多的业务，他们在电话中心雇用了2000多名员工。每名员工要独自处理80%的客户来电，既要求员工通过自己的服务令客户满意，又能为公司创造利润。

服务不仅仅是单纯的为顾客维护产品，而是在服务中通过提供使顾客感到满意的行动来展示企业整体形象，是一种维护并提升品牌形象的公关。事实上，只有把服务提到公关这一层面上来，才能真正做好服务工作，也才能真正把公关转化为企业全员行为。

4. 征询性公关

征询性公关方式主要是通过开办各种咨询业务、发放调查问卷、进行民意测验、设立热线电话、聘请兼职信息人员、举办信息交流会等形式。建立效果良好的信息网络，为顾客即社会公众提供满意的服务。通过各种各样的征询互动，使企业与顾客之间建立起密切的联系，进而提高品牌知名度和品牌形象。在信息沟通便利的情况下，使广大顾客畅所欲言，提出自己对品牌、产品和企业的看法。

如江铃汽车公司与福特公司联合开发的Transit汽车在国内刚上市时有两种叫法："捷运"和"穿梭"，但是两家公司都不满意。江铃汽车公司在《经济日报》刊登了以"Transit车已来到中国，怎样称呼Transit车中国名"为题的半版征名广告，共收到作品3464个。最后评出"全顺"为品牌名称，其既符合大众的吉祥顺利的心理，贴近中国文化，又与Transit音相谐，因而录用为该公司的中国名。

5. 危机公关

危机公关主要是应对那些对企业造成负面影响的变化，如当出现品牌危机的时候，利用公关措施，动员媒体等力量，来协调与平衡企业和公众之间的紧张关系，使品牌免受或少受损害。

阅读材料

可口可乐中毒事件的危机公关

1996年6月中旬，比利时发生了中小学生饮用可口可乐中毒事件，不久法国的消费者也在饮用可口可乐后出现不适症状。随即在欧洲大陆引起公众的极度心理恐慌。比利时和法国政府被迫宣布禁售可口可乐。可口可乐股价直线下跌，品牌形象和公司声誉受到极大破坏。已经拥有113年历史的可口可乐公司，遭受了历史上鲜见的重大危机。

危机发生后，可口可乐公司立即着手调查中毒原因。比利时的中毒事件是在安特卫普的工厂发现包装瓶内有二氧化碳，法国的中毒事件是因为敦刻尔克工厂的杀真菌剂洒在了储藏室的木托盘上而造成的污染。

1999年6月17日，可口可乐公司首席执行官依维斯特专程从美国赶到比利时首都布鲁塞尔举行记者招待会。为让公众消除对可口可乐的恐慌心理，依维斯特在新闻发布会上当众喝了一罐可口可乐，并公布了一份由依维斯特亲笔签名的致消费者的公开信，仔细解释了事故的原因，决定将比利时内同期上市的可口可乐全部收回，向消费者退赔，为所有中毒的顾客报销医疗费用，并提出要向比利时每户家庭赠送一瓶可乐，以表示可口可乐公司的歉意。

此外，可口可乐公司还设立了专线电话，并在互联网上为比利时的消费者开设了专门网页，回答消费者提出的各种问题。比如，事故影响的范围有多大，如何鉴别新出厂的可乐和受污染的可乐，如何获得退赔等。整个事件的过程中，可口可乐公司都牢牢地把握住信息的发布源，防止危机信息的错误扩散，将企业品牌的损失降低到最小限度。

随着这一公关宣传的深入和扩展，可口可乐的形象开始逐步地恢复。不久，比利时的一些居民陆续收到了可口可乐公司的赠券，上面写着："我们非常高兴地通知您，可口可乐又回到了市场。"孩子们拿着可口可乐公司发给每个家庭的赠券，高兴地从商场里领回免费的可乐："我又可以喝可乐了。"商场里，也可以见到人们在一箱箱地购买可乐。中毒事件平息下来，可口可乐重新出现在比利时和法国商店的货架上。

从第一例事故发生到禁令的发布，仅10天时间，可口可乐公司的股票价格下跌了6%。据初步估计，可口可乐公司共收回了14亿瓶可乐，中毒事件造成的直接经济损失高达6000多万美元。比利时的一家报纸评价说，可口可乐虽然为此付出了代价，却赢得了消费者的信任。

(三) 公共关系的工作程序

开展公共关系活动，其基本工作程序包括调查、计划、实施、检测四个步骤。

1. 公共关系的调查

公共关系的调查是公共关系工作的一项重要内容，是开展公共关系工作的基础和起点。通过调查，能了解和掌握社会公众对企业决策与行为的意见。据此，可以基本确定企业的形象和地位，可以为企业监测环境提供判断条件，为企业制定合理决策提供科学依据等。公关调查内容广泛，主要包括企业形象调查、企业现状调查、社会环境调查和竞争对手调查。

2. 公共关系的计划

公共关系是一项长期性工作，合理的计划是公关工作持续高效的重要保证。制订公关计划，要以公关调查为前提，依据一定的原则，来确定公关工作的目标，并制订科学、合理而可行的工作方案，如具体的公关项目、公关策略等。

3. 公共关系的实施

公关计划的实施是整个公关活动的主要环节。为确保公共关系实施的效果最佳，正确地选择公共关系媒介和确定公共关系的活动方式是十分必要的。公关媒介应依据公共关系工作的目标、要求、对象和传播内容以及经济条件来选择；确定公关的活动方式，宜根据企业的自身特点、不同发展阶段、不同的公众对象和不同的公关任务来选择最适合、最有效的活动方式。

4. 公共关系的检测

公关计划实施效果的检测，主要依据社会公众的评价。通过检测，能衡量和评估公关活动的效果，在肯定成绩的同时，发现新问题，为制定和不断调整企业的公关目标、公关策略提供重要依据，也为使企业的公共关系成为有计划的持续性工作提供必要的保证。

公共关系是品牌传播的一个重要方式，企业公共关系的好坏直接影响着企业在公众心目中的形象。

三、销售促进

销售促进简称促销，是指生产厂家或零售商使用各种短期的刺激工具，刺激消费者或中间商快速、大量地购买某一特定产品或服务的行为。销售促进有着悠久的历史，成功的案例有很多。1853年6月，美国一家帽子店，曾做过这样的销售活动，凡购买该店生产的某品牌帽子的顾客，均可免费拍摄一张戴帽子的照片，留作纪念。当时，照相机还不普遍，顾客对出示戴帽子的照片给亲友欣赏感到自豪，因此，活动一开始就吸引了大批顾客，甚至数十千米外的人也来购买。时隔不久，该店销售的帽子在当地就家喻户晓了。

（一）销售促进的作用

尽管销售促进有着悠久的历史，但它长期以来，并没有被人们普遍重视、普遍运用。直到近20年，销售促进的范围和费用才得到较大发展，尤其是最近几年的经济“疲软”时期，许多强势品牌产品也纷纷采用销售促进方式。

从短期来说，销售促进传播主要用来吸引品牌转换者，通过增加购买人数、增加平均购买数量、提高重复购买率等方式来增加销售量。

（1）增加购买人数，即使未使用者和潜在消费者转变为现实消费者。买点促销、竞赛抽奖活动、价格折扣、赠送样品、赠寄代价券、业务会议和贸易展览，企业刊物发行和现场演示等都是有效的方法。

（2）增加平均购买数量，即使消费者觉得买得越多越便宜，如价格折扣、奖品、附加赠送、交易推广等方法也可以起到这种作用。

（3）提高人均购买次数，即提高重复购买率。由于顾客可以省钱，赠寄代价券、价格折扣、附加赠送、商业贴花、奖品都可以有效地提高重复购买率。

从长期来看，竞赛抽奖活动、广告技术合作、企业刊物的发行等都能够巩固品牌形象、增强广告作用。对销售员促销能够从内部挖掘企业竞争能力，加强企业整体促销队伍，也有长期效果。值得注意的是，对品牌形象而言，大量使用销售推广会降低品牌忠诚度，增加顾客对价格的敏感，淡化品牌的质量概念，促使企业偏重短期行为和效益。不过对小品牌来说，销售促进传播会带来很大好处，因为它负担不起与市场领导者相匹配的大笔广告费，通过销售方面的刺激，可以吸引消费者使用该品牌。

（二）销售促进的方式

根据销售促进的对象不同，可以将其划分为三大类：对消费者促销、对经销商促销和对销售员促销。

1. 对消费者促销

这一类促销活动的对象是消费者，也是最终购买者，因此是最直接的促销方式，使用频率也很高，主要包括八种手段。

（1）赠寄代价券。赠寄代价券（coupons）是指向顾客用邮寄或在商品包装中或广告等形式附赠小面额的代价券，持券人可凭券在购买某种商品时得到优惠。

（2）价格折扣。价格折扣（pricediscount）是指直接采用降价或折扣的方式招徕顾客，包括廉价包装和降价招贴。

(3) 商业贴花。商业贴花(trade stamps)是指消费者购买商品就可以获得贴花,若筹集到一定数量的贴花就可以换取这种商品或奖品。

(4) 赠送样品。赠送样品(samples)即以实物赠送给消费者,使产品的内容得到了解及接受。

(5) 奖品。奖品(premium)有两种类型:一种是顾客用购买凭证如发票去换取奖品;另一种是将奖品与产品一起包装,通过消费者购买行为到达他们手中。

(6) 附加赠送。附加赠送(bonus packs)是指按消费者购买商品金额比例附加赠送同类商品。

(7) 竞赛抽奖活动。竞赛抽奖活动(contests)即通过竞赛或抽奖活动,将奖品发给优胜者,吸引消费者。

(8) 买点促销。买点促销(point of purchase)又叫 POP 广告,即放置于店面的广告物,如放在架子上的小卡片、小册子,或竖在门口的大型夸张物件,或悬挂在天花板上的标语等。

2. 对经销商促销

把产品卖给消费者的是经销商,所以对于制造商而言,对经销商促销,以提高他们的积极性,也是非常必要的,主要有以下六种形式。

(1) 广告技术合作。广告技术合作(co-advertising)即通过合作和协助方式,赢得经销商的好感,促使他们更好地推销企业产品。如与经销商合作广告,提供详细的产品技术宣传资料,帮助经销商培训销售技术人员,以及帮助经销商建立有效的管理制度,协助店面装潢设计等。

(2) 业务会议和贸易展览。业务会议和贸易展览(sales meetings&exhibitions)是指邀请经销商参加定期举办的行业年会、技术交流会、产品展销会等,以此传递产品信息,加强双向沟通。

(3) 现场演示。现场演示(store demonstrations)是指制造商安排经销商对企业产品进行特殊的现场表演或示范及提供咨询服务,表演者由制造商培训过的代表担任,代表制造商形象。

(4) 交易推广。交易推广(deal promotion)是指通过折扣或赠品形式来促销和促进经销商的合作。

(5) 经销商竞赛。经销商竞赛(sales contests)与对消费者促销中的竞赛抽奖活动不同,它是指制造商采用现金、实物或旅游等形式来刺激经销商以达到促销目的。

(6) 企业刊物的发行。企业刊物的发行(business publi-cation)是制造商定期对经销商传达信息、保持联系的一种有效做法。

3. 对销售员促销

上面两大类促销都是针对企业外界的,第三类是企业内部的促销,其目的是建立员工的意识,而不仅指对企业内部的销售,还包括对销售员的培训和奖励。

(1) 销售员培训。销售员培训(sales training)目的在于加强销售员的知识、技能、态度等。以集体培训方式来说,典型的做法有:①课堂讲授方式;②集体讨论方式;③个案研究方式;④角色扮演方式等。

(2) 销售员竞赛。销售员竞赛(sales contests)是指以销售员的销售金额、新开拓客户数目、总利润额、以及各种评估结果,促使销售员彼此竞赛,对于表现优良者给予表扬和发放奖品。

以上销售促进方式是企业采用的主要形式。它们各有利弊，企业通常针对需要解决的问题，将这些方式组织起来，并结合广告、人员推销、公共关系等方式，取长补短，发挥合力作用的效果。

（三）销售促进的决策过程

1. 建立销售促进目标

销售促进目标是在于鼓励现有消费者大量、重复、及时购买，同时吸引和培养新的消费群体，进行品牌传播。

从产品所处的生命周期看，在产品投入期，销售促进目标主要是为了缩短产品与顾客之间的距离，诱使目标消费者试用新产品、认知新产品。在产品成长期，销售促进目标主要是鼓励重复购买，刺激潜在购买者，增强中间商的接受程度。在产品成熟期，销售促进目标在于刺激大量购买、吸引竞争品牌的消费者、保持原有的市场占有率。在产品衰退期，销售促进目标是快速大量销售，尽可能地处理积压库存产品，加速资金周转。

2. 选择销售促进方式

选择销售促进的具体方式，就是企业为了实现销售促进目标而选择合适的销售促进方式。前面已经对销售促进方式进行了基本的介绍，不同的方式其效果是不同的；同时，一个特定的销售促进目标可以采用多种方式来实现。企业在选用销售促进方式时应考虑以下几点。

(1) 销售促进目标。不同的促销目标决定了需要采用不同的销售促进工具。在选择销售促进工具时，首先要考虑企业在该时期的销售促进目标。如果企业是为了增加购买量，可以采用赠品和优惠券等方式；如果企业是为了改变消费者的购买习惯，可以采用折扣和酬谢包装的方式。

(2) 产品的类型。在市场上销售的产品，可以按其用途分为生产资料和消费品两大类。对于生产资料来讲，可以采用样品赠送、展示会、销售奖励、宣传手册等方式；对于消费品来讲，可以采用优惠券、赠送、店内广告、降价、陈列、消费者组织等方式。

(3) 企业的竞争地位。对于在竞争中处于优势地位的企业，在选择销售促进工具时应该偏重于长期效果的工具，如消费者的教育、消费者组织化等。对于在竞争中处于劣势的企业，应选择能为消费者和中间商提供更多实惠的工具，比如，交易折扣、样品派送、附赠销售等，此外，还应该考虑选择差异化的销售促进工具。

(4) 销售促进的预算。每一种销售促进的发生都要耗费一定费用，这些费用是开展销售促进活动的硬约束，企业应该根据自己的经济情况考虑使用不同的销售促进工具。

3. 制订销售促进方案

在为销售促进活动确定了目标和具体的方式后，还需要对销售促进活动制订具体的行动方案。在一个完整的销售促进方案中，应该包括以下几个方面的内容。

(1) 销售促进范围。企业要确定本次销售促进活动的产品范围和市场范围，即决定是对单项产品进行促销还是对系列产品进行促销，是对新产品进行促销还是对老产品进行促销，是在所有的销售区域进行促销还是在特定的市场内进行促销。

(2) 诱因量的大小。指活动期间的产品优惠程度与平时没有优惠时进行比较的差异，它直接关系到促销的成本。诱因量的大小与促销效果密切相关,因为诱因量的大小直接决定了消费者是否购买。

(3) 传播媒体的类型。传播媒体的类型是企业选择何种媒体作为促销信息的发布载体。不同的媒体有不同的信息传递对象和成本,其效果必然不同,这是企业在销售促进方案中应明确的问题。

(4) 参与的条件。不同的销售促进目标和工具有不同的参与对象,在方案中对参与活动的对象应有一定的条件限制,以降低成本、提高效率。

(5) 销售促进时间。销售促进时间的确定包括三个方面的内容:举行活动的时机、活动的持续时间和举办活动的频率。

(6) 销售促进费用的预算。科学合理地制定预算,对于活动的顺利开展提供了有力的保障。销售促进费用通常包括两项:一是管理费用,如组织费用、印刷费用、邮寄费用、培训教育费用等;二是诱因成本,如赠品费用、优惠或减价费用等。

此外,在方案中还要有其他内容,如奖品兑换的具体时间和方法、优惠券的有效期限、销售促进活动的具体规则等。

第四节 整合营销传播

在信息渠道和信息流量大规模增加的同时,相应的在信息传播过程中的噪声也明显增加。在这种背景下,不论是广告、公共关系还是其他营销传播的手段,都必须进行有机地整合才可能发生效用,整合已经成为一种必然。

一、整合营销传播的概念和内涵

(一) 整合营销传播的概念

整合营销传播(integrated marketing communication,IMC)概念的提出可以追溯到20世纪80年代中期出现的"传播合作效应"概念,而真正受到广泛的关注则始于20世纪90年代,属于新兴的营销理念之一。标志性的开山之作是1992年的《整合营销传播》,自从这本由美国西北大学教授唐·E.舒尔茨(Don E. Schultz)、斯坦利·田纳本(Stanley I. Tannenbaum)、罗伯特·劳特朋(Robert F. Lauterborn)合著的第一本IMC专著问世后,整合营销传播理论正式登上历史舞台,唐·E.舒尔茨也被誉为"整合营销传播之父"。整合营销传播理论作为一种实战性极强的操作性理论,得到了企业界和营销界的广泛认同。

整合营销传播理论是随着营销实践的发展而产生的一种概念,因此其概念的内涵也随着实践的发展不断地丰富和完善。在过去几年内,整合营销传播在世界范围内吸引了营销人员、传播从业者和专家学者的广泛注意,一直以来,整合营销传播实践者、营销资源提供者和营销效果评价者以各种方式,从不同的角度来给整合营销传播进行定义和研究。

美国广告公司协会是这样给整合营销传播进行定义的:整合营销传播是一个营销传播计划概念,要求充分认识用来制订综合计划时所使用的带来附加值的各种传播手段,如普通广告、直接反应广告、销售促进和公共关系,并将之结合,提供具有良好清晰度、连贯性的信息,使传播影响力最大化。

美国南卡罗来纳大学教授特伦奇·希姆普认为："整合营销传播学是制订并执行针对顾客或与未来顾客的各种说服性传播计划的过程。整合营销传播学的目标在于影响或直接影响有选择的受播者的行为。整合营销传播学认为，一个顾客或一个未来顾客在产品或服务方面与品牌或公司接触的一切来源均是未来信息潜在的传播渠道。进而，整合营销传播利用与顾客或未来顾客相关的并有可能被接受的一切形式的传播。总之，整合营销传播学开始于顾客或未来顾客，然后反馈，以期明确规定说服性传播计划的形式与方法。"

美国学者舒尔茨·唐列巴姆和劳特鲍恩也给出了他们的观察结论："整合营销传播是一种看待事物整体的新方式，而过去在此我们只看到其中的各个部分，比如，广告、销售促进、人员沟通、售点广告等，它是重新编排的信息传播，使它看起来更符合消费者看待信息传播的方式，像一股从无法辨别的源泉流出的信息流。"

美国学者托马斯·罗索和罗纳德·莱恩认为："整合营销传播是指将所有传达给消费者的信息，包括广告、销售促进、直接反映广告、事件营销、包装等以有利于品牌的形式呈现，对每一条信息都应使之整体化和相互呼应，以支持其他关于品牌的信息或印象，如果这一过程成功，它将通过向消费者传达同样的品牌信息而建立起品牌资产。"

在对整合营销传播的研究中，科罗拉多大学整合营销传播研究生项目主任汤姆·邓肯引入了"关系利益人"的概念来进行解释整合营销传播："整合营销传播是指企业或品牌通过发展与协调战略传播活动，使自己借助各种媒介或其他接触方式与员工、顾客、投资者、普通公众等关系利益人建立建设性的关系，从而建立和加强他们之间的互利关系的过程。"

整合营销传播理论的先驱、全球第一本整合营销传播著作的第一作者唐·E.舒尔茨教授根据对组织应当如何展开整合营销传播的研究，并考虑到整合营销传播不断变动的管理环境，给整合营销传播下了一个新的定义。他认为定义应包含整合营销传播当前及可以预见的将来的发展范围，即"整合营销传播是一个业务战略过程，它是指制订、优化、执行并评价协调的、可测度的、有说服力的品牌传播计划，这些活动的受众包括消费者、顾客、潜在顾客、内部受众和外部受众及其他目标"。

英国品牌公司整合营销传播和策划部主任卡罗林·雷认为，整合营销传播是一个整体性传播策略，整合了所有传播活动(如公共关系、广告、投资者关系、互动与内部传播)，用这样的策略来经营企业最宝贵的资产——品牌。

(二) 整合营销传播的内涵

整合营销传播是集中企业与品牌的全部接触点，运用所有手段进行全方位、多渠道品牌传播，以影响消费者的购买行为的过程。整合营销传播不是由一种表情、一种声音，而是以更多的要素构成的概念。这个营销传播的目的是直接影响受众的传播形态，考虑消费者与企业接触的所有要素。

从企业角度来看，整合营销传播是以广告、促销、公共关系等多种手段传播一贯的信息，整合传播战略，以便提供品牌和产品形象。

从媒体机构角度来看，整合营销传播不是个别的媒体实施运动，而是以多种媒体组成一个系统，给广告主提供更好的服务。

从广告公司角度来看，整合营销传播不仅是广告，而且灵活运用必要的促销、公共关系、包装等诸多传播方式，把它们整合起来，给广告主提供服务。

从研究者角度来看，整合营销传播使用资料库以争取更多的消费者，从消费者立场出发进行企业活动，并构筑传播方式，以容易接受的方法提供消费者必要的信息。

二、整合营销传播的特点

1. 目标性

整合营销传播是针对明确的目标消费者的过程。整合营销传播的目标非常明确和具体，它并不是针对所有的消费者，而是根据对特定时期和一定区域的消费者的了解与掌握，并根据这类目标消费者的需求特点而采取的措施和传播过程。虽然整合营销传播也能影响或辐射到潜在的消费者，但不会偏离其明确的目标消费者。

2. 互动交流性

整合营销传播旨在运用各种手段建立企业与消费者的良好沟通关系。这种沟通关系不是企业向消费者的单向传递信息，而是企业与消费者之间的双向沟通。

沟通是以消费者需求为中心，每一个环节都是建立在对消费者的认同上，它改变了传统营销传播的单向传递方式，通过传播过程中的反馈和交流，实现双向沟通。有效的沟通进一步确立了企业、品牌与消费者之间的关系。

3. 统一性

在传统营销传播理论的指导下，企业的广告、公关、促销、人员推销等行为都是由各部门独立实施的，没有一个部门对其进行有效的整合和传播。在这种情况下，有很多资源是重复使用，甚至不同部门的观点和传递的信息都无法统一，造成品牌形象在消费者心目中的混乱，影响了最终的传播效果。

整合营销传播就在于对企业的资源进行合理的分配，并按照统一的目标和策略将营销的各种传播方式有机地结合起来，表现同一个主题和统一的品牌形象，使企业的品牌形成强大的合力，推动企业品牌的发展。

4. 连续性

整合营销传播是一个持续的过程，通过不同的媒体重复宣传同一个主题、统一形象的信息，并且这是一个长期的过程，以达到累积消费者对企业品牌形象的注意力和记忆度的目的。

5. 动态性

整合营销传播改变了以往从静态的角度分析市场、研究市场，然后想方设法去迎合市场的做法，强调以动态的观念，主动地迎接市场的挑战，更加清楚地认识到企业与市场之间互动的关系和影响，不再简单地认为企业一定要受限于市场自身的发展，而是告诉企业应该更努力地发展潜在市场，创造新的市场。

三、整合营销传播的层次

1. 认知的整合

这是实现整合营销传播的第一个层次，这里要求营销人员认识或明了营销传播的需要。

2. 形象的整合

第二个层次牵涉到确保信息与媒体一致性的决策。信息与媒体一致性包括两方面：一方面是指广告的文字与其他视觉要素之间要达到的一致性；另一方面是指在不同媒体上投放广告的一致性。

3. 功能的整合

这是把不同的营销传播方案编制出来，作为服务于营销目标（如销售额与市场份额）的直接功能，也就是说每个营销传播要素的优势和劣势都经过详尽的分析，并与特定的营销目标紧密结合起来。

4. 协调的整合

第四个层次是人员推销功能与其他营销传播要素（广告公关促销和直销）等被直接整合在一起，这意味着各种手段都用来确保人际营销传播与非人际形式的营销传播的高度一致。例如，推销人员所说的内容必须与其他媒体上的广告内容协调一致。

5. 基于消费者的整合

营销策略必须在了解消费者的需求和欲望的基础上锁定目标消费者，在给产品以明确的定位以后才能开始营销策划，换句话说，营销策略的整合使得战略定位的信息直接到达目标消费者的心中。

6. 基于风险共担者的整合

这是营销人员认识到目标消费者不是本机构应该传播的唯一群体，其他共担风险的经营者也应该包含在整体的整合营销传播战术之内。例如，本机构的员工、供应商、配销商以及股东等。

7. 关系管理的整合

这一层次被认为是整合营销的最高阶段。关系管理的整合就是要向不同的关系单位作出有效的传播，公司必须发展有效的战略。这些战略不只是营销战略，还有制造战略、工程战略、财务战略、人力资源战略以及会计战略等，也就是说，公司必须在每个功能环节内（如制造、工程、研发、营销等环节）发展出营销战略以达成不同功能部门的协调，同时对社会资源也要作出战略整合。

四、整合营销传播的方法

1. 建立消费者资料库

品牌的整合营销传播过程始于消费者，或者说消费者的需求，因为企业的经营效益的好坏最终取决于消费者的购买行为。因此，品牌整合营销传播工作的起点是建立消费者和潜在消费者的资料库，资料库的内容至少应包括营销人员对消费者的基本资料、以往购买记录以及消费者对产品或服务的态度等信息。整合营销传播和传播营销沟通的最大不同在于整合营销传播是将整个焦点置于消费者、潜在消费者身上，因为所有的厂商、营销组织，无论是在销售量或利润上的成果，最终都依赖消费者的购买行为。

美国通用电气公司拥有包括 3500 万户姓名，几乎占全美家庭 1/3 的庞大的客户资料库。所有信息均由客户连接点提供，包括电话中心、电子信箱汇结中心、各地网络站点；提供人员有应答中心代表、销售人员、各地区维修人员、技术人员、交易商和市场研究人员等。公司的消费者数据库能显示每个顾客的各种详细资料，保存了每次的交易记录。他们可以根据消费者购买公司家用电器的历史，来判断谁对公司和新式录像机感兴趣，并确认谁是公司的大买主，并给他们送上价值 30 美元的小礼物，以换取他们对公司产生下一次的购买。这些人员或部门不但为资料库提供资料，而且能进入各网站提取信息，获得各类技术支持，以支持市场营销项目、开发新产品等类似的活动。并且，该资料库扩展到了全球各地，其他联系中有种类繁多的“浏览数量统计”“在线意见反馈”“在线调查”“零售商与批发商信息联系”“通用电气用户资源共享”等，更使全球客户信息数量翻番。

2. 研究消费者

研究消费者是第二个重要步骤，就是要尽可能使用消费者及潜在消费者的行为方面的资料作为市场划分的依据，相信消费者行为资讯比起其他资料如“态度与印象”测量结果更能够清楚地显现消费者在未来将会采取什么行动，因为用过去的行为推论未来的行为更为直接有效。在整合营销传播中，可以将消费者分为三类：对本品牌的忠诚消费者、对其他品牌的忠诚消费者和游离不定的消费者。很明显这三类消费者有着各自不同的“品牌网路”，想要了解消费者的品牌网路就必须借助消费者行为资讯。

宝洁公司安排营销调研人员到每一个产品部门，对现行品牌进行调研。它有两个独立的公司内部调研小组：一个负责整个公司的广告调研；另一个负责市场测试。每组成员包括营销调研经理、其他专家（调研设计者、统计学家、行为科学家）和负责执行与管理访问工作的内部现场代表。每年宝洁公司电话与上门访问超过 100 万次，访问的内容涉及大约 1000 个调研项目，这些努力帮助宝洁在市场上获得了巨大的成功。

3. 接触管理

所谓接触管理，就是企业可以在某一时间、某一地点或某一场合与消费者进行沟通，这是 20 世纪 90 年代市场营销中一个非常重要的课题，在以往消费者自己会主动找寻产品信息的年代里，决定“说什么”要比“什么时候与消费者接触”重要。然而，现在的市场由于资讯超载、媒体繁多，干扰的“噪声”大为增加。目前最重要的是决定“如何、何时与消费者接触，以及采用什么样的方式与消费者接触”。

《墨子》里有这样一则故事：一次，子禽问他的老师墨子：“多说话有好处吗?”墨子答道：“蛤蟆、青蛙，白天黑夜叫个不停，弄得口干舌燥，可是没有人去听它的。你再看那公鸡，在黎明时啼叫几声，大家就知道天快亮了，都很留意。多说话有什么好处呢？只有在切合时机的情况下说话才有用。”这则故事告诉我们，说话要注意时机和方式的把握，有时滔滔不绝地说了太多，却只会造成相反的效果，得不偿失。品牌的传播也是如此，广告满天飞，视觉轰炸等，这些硬广告就像蛙鸣一样，有时只会让叫者有心，听者无意，甚至使听者避之唯恐不及。只有在适当的时间采取适当的方式，品牌传播才能真正触动大众，才能让企业品牌在消费者心中落地生根。

4. 发展传播沟通策略

这意味着什么样的接触管理之下，该传播什么样的信息，而后，为整合营销传播计划制定明确的营销目标，对大多数的企业来说，营销目标必须非常正确，同时在本质上也必须是数字化的目标。例如，对一个擅长竞争的品牌来说，营销目标就可能是三个方面：激发消费者试用本品牌产品；消费者试用过后积极鼓励继续使用并增加用量；促使他牌的忠诚者转换品牌并建立起本品牌的忠诚度。

5. 营销工具的创新

营销目标一旦确定之后，第五步就是决定要用什么营销工具来完成此目标，显而易见，如果人们将产品、价格、通路都视为是和消费者沟通的要素，整合营销传播企划人将拥有更多样、广泛的营销工具来完成企划，其关键在于哪些工具，哪种结合最能够协助企业达成传播目标。

6. 传播手段的组合

所以这最后一步就是选择有助于达成营销目标的传播手段，这里所用的传播手段可以无限宽广，除了广告、直销、公关及事件营销以外，事实上产品包装、商品展示、店面促销活动等，只要能协助达成营销及传播目标的方法，都是整合营销传播中的有力手段。

本章小结

品牌传播是指企业以品牌的核心价值为原则，在品牌识别的整体框架下，选择广告、公关、销售、人际等传播方式，将特定的品牌信息传递给目标消费者，以期获得消费者的认知与认同，并在其心目中逐步建立起一个独特的品牌形象的过程。通过品牌传播，可以有效建立品牌的知名度、认可度和美誉度，因而，广泛有效的品牌传播是品牌形象建立的基础，也是品牌持续发展的重要支撑。

品牌传播过程包括品牌信息发送者、品牌信息接收者、品牌信息、品牌信息编码、品牌传播媒介、品牌信息解码、反应、反馈、噪声九个要素。品牌传播的特点有信息的聚合性、受众的目标性、媒介的多元性和操作的系统性。品牌传播的意义主要有品牌传播有利于促进、强化品牌认知；品牌传播有利于满足消费者的情感需求；品牌传播有利于与消费者之间建立长期的关系。

自媒体传播是指那些具有媒介性质，品牌对其具有完全自主使用权的信息载体，主要包括企业内刊、博客、微博等社会化媒体和品牌官方网站等。其中，企业内刊是企业自办的供内部员工和外部特定受众群体阅读的沟通与推广工具，它能为企业内部员工提供沟通平台，增进企业凝聚力，能加强品牌与外部受众的沟通，增加品牌的知名度和美誉度，有助于树立良好企业形象。消费者浏览品牌网站时将接触到各种信息，这些信息可能会激发浏览者积极或消极的情绪，并将其附加在品牌之上。社会化媒体传播是企业希望其产品或服务的使用者能自发地通过众多社会化媒体进行推荐，这种推荐所产生的效果往往比传统的单向式传播效果要好得多。

大众媒体是指那些具有媒介性质，但品牌对其没有完全自主使用权的信息载体，营销者需要通过购买或租用来发布信息，主要包括广告、公共关系和销售促进等。广告作为一种主要的品牌传播手段，是指品牌所有者以付费方式，委托广告经营部门通过传播媒介，以策划为主体，创意为中心，对目标受众所进行的以品牌名称、品牌标志、品牌定位、品牌个性等为主要内容的宣传活动。公共关系是指企业在品牌传播中正确处理企业与社会公众的关系，以便树立品牌及企业的良好形象的一种活动。销售促进简称促销，是指生产厂家或零售商使用各种短期的刺激工具，刺激消费者或中间商快速、大量地购买某一特定产品或服务的行为。

整合营销传播是集中企业与品牌的全部接触点，运用所有手段进行全方位、多渠道品牌传播，以影响消费者的购买行为的过程。整合营销传播的特点：目标性、互动交流性、统一性、连续性和动态性。整合营销传播的层次包括认知的整合、形象的整合、功能的整合、协调的整合、基于消费者的整合、基于风险共担者的整合、关系管理的整合。整合营销传播的方法：① 建立消费者资料库；②研究消费者；③接触管理；④发展传播沟通策略；⑤营销工具的创新；⑥传播手段的组合。

复习思考

(1) 论述品牌传播的内涵。
(2) 简述品牌传播的过程。
(3) 试举例分析自媒体品牌传播对于创造品牌资产的重要价值。
(4) 分析品牌的大众媒体传播的主要形式,论述如何进行大众媒体传播的创新。
(5) 广告传播中各种媒介的优缺点有哪些？
(6) 简述公共关系的程序。
(7) 销售促进传播的方式有哪些？
(8) 你认为哪一种品牌传播反思更能打动消费者？为什么？
(9) 什么是整合营销传播？它包括哪几个层次？
(10) 整合营销传播与传统营销方式相比较,各有什么特点？其不同之处有哪些？
(11) 怎样实施品牌的整合营销传播？

案例分析

维珍的品牌传播

近年来,英国的维珍品牌超越常规的发展,建立了与顾客之间的罗曼史,在欧洲市场掀起了一股强大的品牌魅力旋风。

品牌代言人：理查·布兰森

理查·布兰森是维珍品牌的创始人,他从一间电话亭大小的办公室起家,资金比大多数人去餐厅享受一夜良宵所花的钱还少。而现在维珍品牌旗下拥有两百家私有公司,其商业帝国跨越空运、服装、软性饮料、计算机游戏、电信运营、金融服务、唱片等各行各业。维珍品牌首先是深深地打上了理查·布兰森个人烙印,他别出一格的商业哲学成为维珍品牌诉求的重要部分。那么,理查·布兰森究竟是何方神圣呢？他是一个全英国最抢镜头"嬉皮资本家",他会搞出一些稀奇古怪的闹剧(像是在百老汇大街上开战场),会冒生命之险进行一些胆大、几近特技的行动(像乘着热气球环球飞行),像他这样在加勒比海拥有私人小岛的亿万富翁,还与平民百姓保持着亲密接触。

理查·布兰森成为维珍品牌唯一与真正的代言人,他是新一代企业族群的一员,这些新企业家虽享有名流地位,行事作风却玩世不恭,这一切显示他们比较像摇滚明星,而不像商业世界充斥的那些"穿西装的人"。

布兰森也成为一种文化图腾。就在经商与冒险的过程中,布兰森使自己成为英国民众的宠儿,使其他企业家望其项背。他奋战不懈,意图使全国乐透(National Lottery)彩票成为一项非营利事业,将彩票贩卖所得用于造福人群的善举;他主持一项政府环保运动;他推广伴侣保险套,以提升人们对艾滋病的警觉。他的脸孔出现在全国性报纸首页与电视画面上的频率几乎不亚于皇室成员。无论出现于任何地方,维珍的标志总是吸引着独有的一群反传统、反建制的顾客。布兰森本人——加上他的一头长发、笑口常开与作风大胆的行径与他的公司一样著名。事实上，他的名气比他协助创出的许多摇滚明星的名气还要响亮。

品牌价值创新：取消头等舱服务

实施传统品牌战略的公司通过保持及扩大顾客群寻求增长，即通常通过市场细分，出现更完善的定制产品来满足某种特殊需要。而维珍遵循不同的逻辑，通过在顾客所关心的特性中寻找有效的共性，而不是仅仅关注顾客之间的差异。

当维珍航空挑战航空业的惯例与逻辑时，首先是取消了飞机上的头等舱，把以前用于头等舱的投资全部用于商务舱，安装了大规格的睡椅，将商务舱的水平改造的远远超过其他航空公司商务舱的标准，并通过服务的创新，不仅进一步吸引了维珍本身的商务旅客，还将竞争对手的头等舱旅客及经济舱旅客都吸引过来。

当传统的航空公司认为为了实现增长应该尽可能为市场细分提供特别服务时，维珍却故意放弃从头等舱中获益而获得了更大利益，从而取得了巨大成功。维珍不仅将其品牌价值创新的逻辑运用于航空业，而且运用于保险、音乐、娱乐等行业。维珍一直是在超出其资产能力的水平上进行品牌价值的创新者。

品牌定位：我们是行业第二位

传统的品牌竞争观念一般认为：新的品牌要尽量避免和大的领导性品牌正面竞争，而要通过定位于强势品牌所忽略的客户而成功。"我们是行业第二位"案例及广告语已成为品牌教科书的经典，并为很多品牌所效仿。

与那些试图通过现有资产能力、经验来取得竞争优势的企业相比，维珍总是问自己如果全部重新开始该如何做，而维珍品牌成功的诀窍之一就是超越自己的资产与能力而思考并不断向大品牌公开与直接的作对。理查·布兰森总是有股以小博大的气魄，与英国航空的争斗尤其精彩，然而这只是理查·布兰森用来证明小虾米也能挑战大鲸鱼的方法。维珍旗下多家企业的创业宗旨都是肯定市井小民的价值，Virgin Atlantic 正是秉持这种信念，诸如 Virgin Direct 等新开设的许多金融服务公司更是如此，当然这种形象是大胆执行行销策略的结果，但可以肯定的是，维珍只愿意从事富于挑战性的产业。

作为新时代商业领导人的一员，布兰森有意选定顾客饱受剥削或未获应得服务、风平浪静又缺乏竞争的市场作为进军目标。他喜欢把维珍描绘成一只厚着脸皮、体形比不上大狗的小狗，这只厚脸皮小狗跑得很快，能够紧随在大企业脚后跟抢东西吃。这是一项引起千百万人瞩目的市场行销策略。他不满可口可乐与百事可乐在饮料业霸主地位，推出维珍可乐，很快占到欧洲市场 20% 的份额。他创办维珍移动，其实是向全球最不开放的电信行业开刀。而最新的消息报道：英国大亨布兰森（Sir Richard Branson）正在研究开办另一种公益彩券，和英国官方的国家彩券打对台。

品牌的公关和广告：创新、反传统

维珍的公关广告总是能出人意料，发挥奇效，远非一般公司能比，甚至常常不惜进行品牌冒险。在传统公司看来这些创意会损害品牌形象，破坏所谓自己在品牌守则中规定的创意及公关原则，即品牌绝不能和不健康的东西联系在一起。最新消息宣示：包括可口可乐在内的大公司都设有专门的品牌监测人员时时关注自己的品牌在互联网上的表现，一旦自己的品牌和一些不健康的网站发生联想，这些跨国公司便会采取相应措施消除这种联想。

但维珍丝毫不会考虑这些，相反还有意这样做。在公关活动方面，布兰森时常有出人意料的创意，他亲自开坦克车碾过放在时代广场上的可口可乐，确实让维珍汽水增添许多的话题性，这个宣战的动作，对维珍全体来说，却是一个认真的仪式，宣示维珍集团正式进军饮料界。为了取悦媒体，他曾男伴女装出现在“维珍婚纱”公司开业典礼上。他还曾经驾驶坦克进入纽约的“时代广场”，象征他的世界性超大型维珍唱片连锁店即将征服美国。甚至为树立公司形象，在波斯湾战争期间他斡旋于英国与伊拉克之间，带领他的飞机直接进入巴格达接回人质。以至于欧洲人对他的感觉：真不知道下一步他要干什么？

而在广告方面，布兰森，曾多次以刁钻古怪的宣传手法，取得促销奇效。如他曾只穿三角短裤跟美国电视连续剧《海滩救生》女主角帕梅拉·安德森合拍维珍健力饮料的广告片；同一群身材惹火的模特，拍摄维珍手机服务的促销广告；还打扮为哥萨克族人，替维珍伏特加酒大搞宣传。维珍的“天马行空”的广告创意作为维珍品牌形象的一部分，将维珍品牌个性发挥得淋漓尽致。这是任何企业都难以模仿的。

案例思考：

(1) 维珍在品牌传播中使用了哪些策略？你认为是否取得了很好的效果？

(2) 维珍在品牌传播的策略对我们有哪些借鉴意义？

(3) 维珍的品牌传播和维珍的产品定位有什么关系？

时尚品牌的社会化媒体传播

随着互联网飞速发展带来的人们生活方式的变革，时尚品牌作为走在消费者变革前沿阵地的先锋，利用社会化媒体进行营销传播有着天然的优势，比一些传统行业要更加容易得到用户的青睐和配合，传播效果更加明显。

H&M 是来自瑞典的时装企业，是欧洲最大的服饰零售商，在世界多个国家和地区都设有分店，以其高效的生产速度和独特的设计方法生产物美价廉的服饰产品文明。H&M 不仅在企业的生产运作上具有明显的优势，在社会化媒体的运用上也很出色。H&M 在 Facebook 上有超过 500 万的粉丝，还有一个名为 Social Media Room 的站点，汇总了用户在各类社会化媒体上发布的与 H&M 有关的内容。H&M 还在 YouTube 上发布一些预热视频，让访问者猜测下一位合作者，在合作者揭晓后，又接着发布设计专场活动，使得博主有机会成为新合作的独家发布渠道。通过一系列的社会化媒体的整合和运用，使得 H&M 保持了很高的活跃度，消费者对该品牌的认可度也在不断攀升。

Burberry 是一家奢侈品公司，该公司向 200 万 Facebook 粉丝推送独家图片和视频，包括名为 Burberry Acoustic 的由新兴艺术家演出的音乐节目。Burberry 充分利用 Twitter、YouTube 以及其与时尚摄影师 Scott Schuman 合作举办的 Art of The Trench 活动，鼓励所有用户在其自创内容网站上发表自己的时尚摄影作品，得到了用户的积极响应。

还有很多时尚品牌，如 DKNY、Jimmy Choo、Diesel 等，都利用各种社会化媒体工具，举办各类社会化媒体推广活动，取得了良好的传播效果，加深了消费者的品牌认知，提高了品牌体验。

案例思考：

时尚品牌在社会化媒体传播过程中要注意什么问题？

第五章

品牌组合

开篇引例

万豪集团的品牌组合

万豪集团在世界近60个国家里拥有2100多间酒店。20世纪90年代,酒店业的年增长率为6%,而万豪集团则以超过10%的速度在增长。同时,它的年利润率为18.4%,比同行业的平均水平高出三倍来。

万豪的成功来自很多因素。比如说,成熟的收益管理模式、集中处理采购之类的普遍事务。但是万豪的经理人清晰地了解在哪里他们可以依赖品牌和在哪里他们不能依赖品牌,也是其成功的关键之一。

在20世纪80年代早期,经济便宜的旅馆大多是消费者们不熟悉的区域性品牌。万豪从中发现了商机,引入了一个独具吸引力的旅馆模式,并冠名以"万豪的院子"。由于消费者会担心本地一些不知名的连锁旅馆的服务质量,而有万豪的服务标准保证的"万豪的院子"对他们就特别有吸引力。从1985年开业起,"万豪的院子"在美国已经有了500多家连锁店,几乎垄断了自助型的经济旅馆市场。

但是,在更高级的酒店市场中,万豪就意识到它的品牌对于上流社会来说,并不是特别吸引力。因此,1995年收购了丽思卡尔顿(Ritz-Carlton)的31家连锁酒店,虽然它的财务表现不佳,但是它具有十分吸引顾客的品牌形象。

五年后,万豪又在它原有的四个核心品牌基础上增添了八个各具特色的酒店品牌。有些品牌,比如说唐普雷斯(Towne Place Suites)就与万豪的核心品牌联系起来,而另外一些,像丽思卡尔顿则没有。

万豪以其在酒店运营方面的专业技能,大大改善了收购品牌的财务表现,同时丰足的现金流也成为万豪继续向海外扩张的基础。而且,万豪深深地理解各个品牌的内在价值。就如丽思卡尔顿的总裁Horst Schulze在被收购后所表示的那样,"万豪明白我们的客户是全球旅行的商务人士,这完全吻合我们的远景"。

思考:

(1) 万豪集团的品牌组合是否有利于万豪集团占领不同的市场?

(2) 万豪集团收购Ritz-Carlton的目的是什么?

传统的品牌管理理论针对个别品牌的建设与维护。但是,随着市场竞争的日益激烈、全球市场的逐步开放,企业兼并和并购造成企业品牌数目过多,传统的品牌管理理论不能满足企业管理多个品牌及其之间有机联系的需求。在此背景下,基于企业所有品牌共同发展的协同效应的品牌组合理论应运而生。本章主要介绍品牌组合概述、品牌组合的战略框架、品牌组合战略的类型以及品牌组合管理的工具。

第一节　品牌组合概述

一、品牌组合的概念

品牌组合源于英文 brand portfolio，其中 portfolio 一词原用于定义投资组合，后来品牌管理学家将其运用到品牌管理之中，提出了“品牌组合”的概念。同投资组合的定义类似，品牌组合不是多个品牌的简单组合，而是指企业所有品牌的有机组成方式，即企业拥有品牌的数量、品牌的不同层级与特征等。在品牌组合中，不同的品牌用以满足不同目标市场及细分市场的需求。品牌组合中根据品牌的层级以及其在品牌组合中的战略地位，分为母品牌和子品牌、主导品牌和辅助品牌、背书品牌和被背书品牌等。

二、品牌组合的衡量标准

品牌组合的衡量标准主要有品牌组合的宽度、品牌组合的长度和品牌组合的密度。

(1) 品牌组合的宽度是指一个企业所拥有的品牌数量，它一般是由企业品牌战略、市场对品牌的接受和认同程度及其企业可支配资源来决定。品牌组合的宽与窄的选择并不反映品牌管理是否成功，它是企业战略的反映。品牌组合的宽度也可以反映出企业所进入的细分市场的宽度，同时影响着企业资源的利用程度和分配方式。

(2) 品牌组合的长度是指在企业品牌中，是否使用子品牌或者辅助品牌。子品牌或辅助品牌的出现，是消费者需求日趋多元化的结果。消费者对于某一主导品牌有着不同的认知或感受，则可能导致辅助品牌的出现。另外，在强大的企业品牌下出现的背书品牌，可以增加消费者对于该背书品牌的信任程度。因此，品牌组合的长度要根据下游品牌的市场状况来发展。

(3) 品牌组合的密度是指品牌组合之间(包括主导品牌与辅助品牌之间、母品牌与子品牌之间以及背书品牌与被背书品牌之间)的相互关联度。品牌与品牌之间的关联程度，表现在技术研发、生产、销售、营销过程以及它们在消费者认知中的相互影响和相互牵制。比如，在背书品牌组合构架中，被背书品牌与背书品牌之间的关联度较高，表现为背书品牌对于被背书品牌的高度依存。

三、品牌组合的重要性

品牌组合之所以重要是因为品牌组合影响到企业发展的五个方面。

(一) 企业资源

企业用于研发、管理、营销的资源必须合理分配并且运用到有最高效益的品牌中。然而，每一个品牌的建设都需要有一定的资源支持。如果没有一个清晰的品牌组合，就无法确认哪个或者哪些品牌可以带来最大的利润。或者，仅仅以单个品牌的赢利能力来分配企业资源，那些目前尚未显现出赢利能力但是有着巨大发展潜力的品牌将因为得不到足够的资源支持而无法发展。因此,品牌组合管理帮助企业分辨利润最高的品牌以及有巨大发展潜力的品牌,合理分配企业资源,使有限的资源产生最大的效益。

(二) 企业效益

品牌组合不仅仅是几个品牌的简单组合,而是可以产生协同效用的有机组合,其效益远远大于几个品牌的简单加和。这种存在协同效用的有机组合通过创造生产、流通、销售等环节的规模经济,不但能增加组合中每一个品牌的价值,而且可以减少企业运营的成本。因此,企业将所有品牌作为一个组合整体来管理,可以及时判断组合中是否有过多或过少的品牌,一些品牌是否可以合并、摒弃或者卖掉,这样做有利于解决品牌管理中的混乱和低效率。

(三) 企业成长

美国品牌管理学家 Davidson 指出,品牌组合从以下六个方面帮助企业成长:①品牌组合可以清晰明确地指出企业未来发展的主要市场;②品牌组合可以为产品和品牌排列优先度,帮助企业了解哪些品牌和产品应该得到优先发展;③将企业消耗集中在有优先性的市场、品牌和产品;④由于经营的简单化,可以降低运营成本;⑤及时处置那些不具有赢利能力或者不适合企业战略发展的品牌;⑥通过产品发展和兼并填补由于产品不全带来的战略上的漏洞。

(四) 杠杆作用

品牌组合对于品牌资产增值起到杠杆作用。例如,正确的品牌组合分析可以明确显示哪些品牌适合做品牌延伸。越是强大的品牌组合,带来的杠杆作用越大。

(五) 一致性

定位理论告诉我们一致性对于品牌而言极为重要。清晰的品牌组合可以增强品牌认知的一致性。因为清晰的品牌组合作为一个整体,反映的是企业长期发展的规划和战略,各个品牌和副品牌之间的消费者认知可以相互补充和支撑,从整体的角度反映企业形象。例如,百胜餐饮集团旗下拥有肯德基、必胜客、必胜客宅急送、塔克钟、东方既白等著名餐饮店品牌,其中肯德基是美式的烹鸡专家,必胜客是最大的比萨专卖店,必胜客宅急送经营比萨外送,塔克钟是墨西哥风味的快餐店,东方既白则是“中国人的快速餐饮”,各自占领一个餐饮市场领域,定位清晰。

第二节 品牌组合的战略框架

对品牌组合而言,其战略是一个组织对其拥有或者有权使用的多个品牌进行系统化思考和管理的相关工作。明茨伯格等把研究战略比作盲人摸象,只有全方位地摸大象才能了解大象的全貌。

制定品牌组合战略是一个复杂而困难的过程。按照麦肯锡芝加哥公司董事史蒂芬·卡洛提(Stephen Carlotti)等人的观点,企业需要完成的工作:①从消费者认知的角度入手,考虑各品牌可以涉足的产品种类;②在收益机会和品牌现实之间做平衡,贡献率和增长性都不高的品牌需要放弃，否则会影响组合的总体收益；③作出艰难的选择，确定各品牌的定位和主次顺序；④任命品牌组合经理，一般由首席营销官(CMO)或营销部门主管兼任，如果品牌过多、组合问题过于复杂时，则设立全职的品牌组合经理。

美国品牌研究专家大卫·阿克教授提出了一个品牌组合的战略框架，全面而清晰地说明了品牌组合的战略框架。该模型涉及六个方面，如图 5-1 所示。

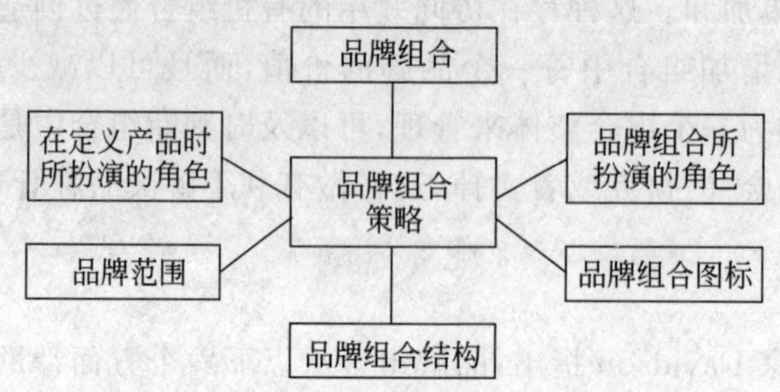

图 5-1　品牌组合的战略框架

一、品牌组合

品牌组合包括一个组织所管理的所有品牌，包括主品牌、担保品牌、子品牌、描述性品牌、产品品牌、公司品牌、品牌化的差异点、品牌化的活力点、品牌联合等。品牌组合的基本问题是构成问题，即增加品牌还是减少品牌、是改变独立品牌还是子品牌？这不是一个简单的问题，因为增加品牌或减少品牌、改变独立品牌或子品牌都有可能会影响企业赢利，后面的分析将帮助解决这个问题。

二、在定义产品时所扮演的角色

每一个产品都需要一个或一套品牌描述，目的在于引导消费者的认知。在界定一个产品的过程中，涉及的品牌如下。

(一) 主品牌

产品的基本参考点，在视觉上处于显要位置。主品牌可能是公司品牌(如绝大多数本田车的车标都是本田公司的标志)，也可能是产品品牌(如本田讴歌的车标)。

(二) 担保品牌

担保品牌又称背书品牌(the endorsing brand)，它为产品提供可信度担保和特性说明，通常是公司品牌，其信誉和专业性来源于公司的历史、地位和价值观。宝洁(P&G)是典型的担保品牌，它为旗下的品牌提供了品质和实力担保。

(三) 子品牌

为体现某个产品特性或为适应某个细分市场，产品需要增加一个子品牌来进一步说明主品牌的某方面特性，如海尔的小小神童、美的的冷静星、康师傅的茉莉清茶等。

（四）描述性品牌

产品的功能性术语就是产品所属的行业名称，如 iPhone 的描述性品牌是智能手机，iPad 的描述性品牌是平板电脑。实际上，描述性品牌并不是真正的品牌，而是品类名称，不过它对品牌的意义重大，如非油炸方便面的描述性品牌对五谷道场的成功起到了决定性作用。有时，描述性品牌太新而不为人所知时，会影响品牌的推广，如“格瓦斯”是俄罗斯的传统面包发酵饮品的名称，但在中国没有多少认知，人们甚至会误认为格瓦斯是一个品牌而不是一个品类。

（五）产品品牌

产品品牌即产品的区别性名称。一般产品品牌的表述形式是“主品牌＋描述性品牌”（如统一冰红茶），随着产品的增多，很多企业增加了子品牌，所以现在产品品牌表述形式多为“主品牌＋子品牌＋描述性品牌”（如比亚迪 E6 电动汽车）。

（六）保护伞品牌

通常介于公司品牌和产品品牌之间，起到了统领一类产品品牌的作用。比如，通用汽车公司的别克就是一个保护伞品牌，旗下有君威、凯越、君越、陆尊、林荫大道等几个具体的产品品牌；Microsoft Office 则对旗下的 Word、Excel、Powerpoint、Frontpage、Access 等品牌起到保护伞作用。

（七）驱动角色

驱动角色反映了一个品牌能在多大程度上推动购买决策和说明使用经历。主品牌通常是主要的驱动角色（如卡罗拉的车标是丰田的标志），但担保品牌、子品牌、描述性品牌有时也可能是驱动角色（如联合利华对中华牙膏的担保、Thinkpad 对联想笔记本电脑的驱动、两厢车对福特福克斯的驱动），只是强度较弱。

（八）品牌化的差异点

品牌化的差异点是指对一个产品特性、成分、服务或活动进行定义的品牌或子品牌。产品特性是产品具备的为消费者带来某种利益的属性，如创维彩电独特的“六基色”技术保证了色彩的还原度；一些企业在产品当中加入某种成分，以增加产品的利益，如惠氏 1 段金装爱儿乐奶粉添加了对婴儿眼睛发育有促进作用的叶黄素；品牌化的服务用以扩充产品品牌，如海马汽车推出的“蓝色扳手”售后服务品牌；品牌化活动提供了与产品和品牌相关的活动，以增加品牌内涵，如希尔顿荣誉贵宾计划（hilton honors）。

（九）品牌联合

品牌联合也叫品牌联盟（brand alliance），包括不同公司间和品牌合作计划与成立新合作品牌。品牌合作计划是一种灵活、松散、短期的合作方式，如统一冰红茶和洽洽瓜子的联合促销活动。甚至于，企业聘请代言人也可以看成是一种品牌合作计划的形式，如刘翔代言 EMS 可视为个人品牌与企业品牌的合作。相对而言，成立新的合作品牌是一种固定、中长期的合作方式。合作品牌中的成员可以是一个成分品牌(ingredient brand),如Dell笔记本电脑与成分品牌Intel公司的酷睿双核(Core Duo)合作;可以是一个担保品牌,如来自中国名牌战略推进委员会(国家质量监督检验检疫总局授权)"中国名牌产品"荣誉称号的信誉担保;还可以是主品牌,如索尼和爱立信联合推出的索爱手机,中国建设银行、VISA和银联联合推出的"数字龙卡"信用卡等。

三、品牌范围

品牌范围也即品牌延伸的边界,是指品牌在产品类别、子类别和市场上的跨度与边界。每一个公司的承载力是有限的,都应当有范围。不同的公司或行业在品牌范围上差异很大,如3M公司的产品种类繁多,从家庭用品到医疗用品,从运输、建筑到商业、教育、电子、通信等各个领域,而格力则专注于空调业务。在同一家企业里面,公司品牌与产品品牌、产品品牌与产品品牌的范围都有所不同,如奇瑞汽车公司品牌旗下有微型轿车、家用轿车、商用轿车、轿厢车以及发动机,而奇瑞QQ3只是微型轿车的品牌,通用汽车旗下的别克系列则有凯越、君越、君威、陆尊、林荫大道等几个具体的产品品牌。品牌范围跨度的选择取决于多方面的因素,如消费者对品牌的认知情况、品牌自身的实力、企业的战略目标等。第八章对此有大量说明,此处不再赘述。

需要注意的是,品牌范围是一个动态的概念。一般而言,品牌最初都只是代表一个或少数几个产品,随着越来越多的产品纳入品牌当中,品牌的跨度和范围也得以拉伸。比如,康师傅最初的业务只是方便面,后来逐渐进入矿泉水、饼干等领域,成为一个食品品牌而不只是方便面品牌。正因为其品牌范围的扩大,可以推测,引进一些新的食品类别(如糖果、木糖醇、牛奶、牛肉干等)也很容易被消费者接受。管理者在进行品牌范围的界定时,应该考虑品牌未来的发展方向、各种新产品导入的先后顺序,以及应该建立哪些消费价值联想。如深圳健康元药业原名为"太太药业",后来由于企业的产品不只是太太口服液,还推出了静心口服液、鹰牌花旗参、丽珠得乐、意可贴等保健品和OTC产品,原来的"太太药业"品牌范围不足以容纳这么多"非太太"专用的产品,因此不得不改名以增加品牌延伸的弹性。

四、品牌组合所扮演的角色

品牌组合所扮演的角色是指公司从多个品牌之间关系管理的角度对每一个品牌的战略功能作出的定位。通过各品牌功能的梳理,管理者能够使得品牌之间的关系清晰化,从而实现品牌资源配置的最优化,并更好地发挥多品牌的合力。关于品牌组合中的角色,不同学者有不同看法,本书采用更为全面的大卫·阿克的观点。阿克教授认为,品牌组合中的各种角色包括战略品牌、品牌化的活力点、银弹品牌、侧翼品牌和现金牛品牌。这些角色并不相互排斥。例如,一个品牌可能同时既是战略品牌又是银弹品牌。而且,同样一个品牌在某一点上是战略品牌,然后演变成现金牛品牌。

品牌组合所扮演的角色具有动态性,在公司的不同发展阶段,银弹品牌可能发展成为战略品牌。而在不同的地理市场上,品牌组合所扮演的角色也可能不同,如美国的一个现金牛品牌到了中国可能成为战略品牌。

（一）战略品牌

战略品牌是对组织战略具有重要意义的品牌。它的成功与否对企业的生存和发展至关重要，因此必须得到企业资源的重点投入。一般而言，有三种类型的战略品牌：当前的实力型品牌、未来的实力型品牌和关键品牌。

1. 当前的实力型品牌

当前的实力型品牌是正在为公司带来主要销售额和利润的品牌。这种品牌现在已经是大的、处于主导地位的品牌，其目标是持续或继续扩大现有的地位。如北京现代的伊兰特汽车、可口可乐公司的可口可乐饮料。

2. 未来的实力型品牌

未来的实力型品牌是未来可能会为公司带来主要销售额和利润的品牌，尽管它现在还是一个小品牌或新兴品牌。如吉利汽车公司的远景汽车、苹果公司的 iPod 音乐播放器。

3. 关键品牌

关键品牌并不直接影响未来的销售额和市场地位，但却在企业长期发展过程中起到关键或杠杆作用，如 360 随身 Wi-Fi 的火爆销售，为 360 公司未来进入 IT 硬件市场树立了良好的市场口碑。

在战略品牌的投资方面存在两个误区：一是“品牌业绩近视症”，即根据业绩分析显然会只重视当前的实力型品牌，而忽视了未来的实力型品牌和关键品牌，这对企业的长期发展不利。试想，如果 Intel 公司一直抱着“奔腾”CPU 不放，那么就不可能会出来后面的酷睿双核甚至四核等产品。二是“品牌业绩远视症”，即过于关注未来的实力型品牌和关键品牌，而对当前的实力型品牌放之任之，这可能会使得当前的实力型品牌因为资源补给不足而萎缩。比如，20 世纪 90 年代宝洁公司业绩不佳，部分原因就是对新品牌投入过大，而忽视了老品牌的发展。

（二）品牌化的活力点

品牌化的活力点是指提升或激活目标品牌的任何产品、促销、赞助、项目或其他独立于产品功能之外的实体。活力点与品牌之间是通过联想发生作用的。以汽车业为例。2010 年，吉利成功收购沃尔沃，成为吉利品牌国际化的一个重要里程碑；2012 年，奇瑞与捷豹路虎建立合资公司，此举显著提升了奇瑞的品牌形象；梅赛德斯（Mercedes）高尔夫球公开赛为梅赛德斯创造了活力。

（三）银弹品牌

“银弹”英文为 silver bullet，原意是传说中能把人狼变回人类的一种子弹，用在品牌当中是指能改变或支持另一种品牌形象的战略角色。银弹品牌的出现通常是因为现有的组合品牌形象不理想，希望通过重定位一个现有品牌或者创造一个新品牌的方式来使得品牌形象改善。例如，沱牌公司通过推出高端白酒“舍得”，一举改变了其产品不能进入高端白酒品牌阵营的局面。

如果某个品牌被确定为银弹品牌，那么对它的投资和管理方式就会发生某些根本性的变化。当一个品牌或子品牌如联想（Lenovo）的 Thinkpad 被确认为银弹，那么从逻辑上讲，关于这个品牌的沟通策略和预算就不仅仅是该品牌层次的业务经理的事情了。母品牌(在这个例子中就是联想的公司宣传活动)也应该参与进来,采用的方式可以是扩大银弹的沟通预算,也可以是把这个品牌纳入对公司的沟通活动中。

（四）侧翼品牌

在阿克的品牌理论里,侧翼品牌就是斗士品牌,是为保护战略品牌而独立设立的辅助性品牌,一般在传播的时候不强调其与战略品牌的关系。当竞争者并不直接针对主品牌已经培育起来的特性和优势展开竞争时,侧翼品牌从竞争品牌的定位点切入与之争夺市场,而主品牌就不会被迫改变它的核心定位点。

如果竞争对手以低档或独特的品牌来抢夺市场份额,企业最好采用侧翼品牌来进行反击。这样,战略品牌可以避免因降价而自损形象,或者跟随竞争者的独特卖点而改变自身一贯的特征。康师傅当年为了应对低档方便面竞争者蚕食它的市场份额,推出了全新的低档方便面品牌福满多;可口可乐为了抵御百事可乐推出的低卡路里的轻怡可乐,也推出低卡路里的健怡可乐。采用侧翼品牌既对抗了竞争者的进攻,同时又保全了品牌原有的定位和形象。即使侧翼品牌最后不成功,也不会对战略品牌产生负面影响。

（五）现金牛品牌

在经典的 BCG 矩阵(波士顿咨询集团法)当中,有一种市场增长率缓慢但相对市场份额很大的业务,称为“现金牛”业务。现金牛品牌的特点与此相仿,即无须加大投资,仍拥有一定市场地位和收益回报的品牌。这些品牌已经建立了很强的市场地位,拥有了一批忠诚的顾客,只是市场饱和度很高,业绩难以有新的提升。所以,企业通常对这些品牌采用顺其自然的态度,不会过多地增加投资。例如,在欧美等国家,LV 等一批奢侈品就属于现金牛品牌,它们已到了成熟期,市场业绩稳定。此外,著名的现金牛品牌还有康师傅的红烧牛肉面和微软的 Office 系列软件等。

现金牛品牌的作用就是创造丰富的资源,这些资源可以被投入战略品牌、银弹品牌或侧翼品牌上,从而为公司未来的发展和品牌组合的生命力奠定基础。

五、品牌组合结构

品牌组合结构是组合品牌之间的逻辑关系。混乱的逻辑关系将使得公司旗下的各品牌之间产生冲突;反之,清晰的逻辑关系能够使各品牌之间的协同效应达到最优。例如,广东移动原有全球通、动感地带、神州行、神州大众卡四个品牌,由于神州行和神州大众卡名称相仿、市场重叠,所以将二者合并。目前,广东移动旗下的三个品牌组合结构清晰,全球通针对追求通信服务质量的商务市场,动感地带针对追求动感活力的年轻人,神州行针对追求廉价的普通大众市场。

基本的结构类型有三种:横向结构、纵向结构和联合结构。横向结构是几个并行的品牌之间的关系,如宝洁公司的潘婷和海飞丝就形成了横向关系;纵向结构是一个具体产品用一套品牌描述而形成的关系,如微软公司的 Windows 9 版本;联合结构是不同公司之间的品牌合作,如网易和中国电信联合推出“易信”即时通信软件。

六、品牌组合图标

品牌组合图标是跨品牌和不同环境(如不同国家)的品牌视觉展示形式,包括标志、包装、产品设计、符号、布局、广告语等。在同一个公司的不同品牌的产品上或在不同区域的同一个品牌的产品上可以看到相同或不同的品牌视觉表现,相同的视觉形式表明了这些品牌之间的共通性(如福特旗下的品牌都采用统一的品牌口号“活得精彩”),而不同的视觉形式则表明了这些品牌之间的差异性(如屈臣氏蒸馏水和矿泉水的外包装分别采用深绿色与淡绿色的盖子)。

品牌组合图标有三个方面的功能:①表明在二套品牌中哪个因素处于相对驱动的位置。在汽车尾部,我们能够看出一套品牌中的不同组成部分是如何影响消费者购买决策的。比如,本田雅阁汽车的车标是本田汽车系列的统一标志“H”,“Accord”(雅阁)的产品品牌字样则处于车尾右侧,而本田讴歌(Acura)的车标则与本田其他车都不同,采用的是形似“A”的“H”状标志。显然,雅阁等品牌主要以本田(Honda)为驱动,讴歌是以内身为驱动的。品牌的驱动作用与品牌的视觉展示大小、位置有关;②区分两种品牌或两个系列。康师傅“亚洲精选”和“食面八方”系列方便面在外包装上有所不同,而两个系列里面不同口味的方便面包装却类似,从而清晰地标识了不同的品牌系列;③直观地说明品牌组合的结构。海信在收购科龙之后,为了强化两个品牌的关系,将 Kelon 中“K”的红色锋利的“一撇”改换成 Hisense 中“i”的一个橙色小方块,让人感觉二者有共同的基因,如出一辙。

第三节　品牌组合战略的类型

在实施品牌组合战略中,牵涉面最广、影响最深的是选择品牌组合战略的类型。在品牌组合中,品牌名称有时和产品不一定是一一对应的关系。根据品牌和产品乃至产品线的对应关系,以及品牌所处的层级,可将品牌组合战略分成单一品牌战略、多品牌战略、主副品牌战略及品牌联合战略。

一、单一品牌战略

(一) 单一品牌战略概述

单一品牌战略是指企业生产经营的全部产品使用同一个品牌。这些产品既有门类很接近,也有差异很大、关联度很低的产品。如宝马、三菱、索尼和飞利浦等世界著名公司都采用单一品牌战略。

为了最大限度地节省传播费用,实现新产品的快速切入市场,彰显强势品牌形象,很多企业在所有产品上用同一个品牌。如佳能公司,它所生产的照相机、传真机、复印机等产品都是统一使用 Cannon 品牌;雀巢公司生产的 3000 多种产品(包括食品、饮料、药品、化妆品等)都冠以雀巢品牌。

在我国,采用单一品牌战略的典型代表有联想集团、李宁公司、TCL 集团有限公司等。如李宁公司生产的产品包括服装、运动器材等都用的是“李宁”这个品牌,其标志总是一个飘动着的红旗。

（二）单一品牌战略的优点

单一品牌战略下，所有的产品共用一个品牌名称（通常为企业品牌）、一种核心定位、一套基本品牌识别。这样最大的好处是将所有的品牌资产集中于一个品牌之上，容易壮大企业的声势与实力，节省传播费用，提高新产品的成功率。

具体来说，单一品牌战略的优点如下。

(1) 有利于新产品进入市场，缩短投入期。新产品最初进入市场时，消费者对其比较陌生，一般不愿主动购买。如果新产品使用老品牌则可以给消费者提供认识该商品的捷径，从而迅速消除消费者对商品的不信任感。

(2) 能降低产品的广告宣传和促销费用。只要对一个品牌做广告或其他促销活动，就意味着对该企业的所有产品都进行了宣传促销，尤其是在广告宣传费用在产品总营销费用中的比重越来越大的情形下，这一优势对企业极有吸引力。

(3) 单一品牌有利于增强企业知名度，树立良好企业形象。不同的产品使用统一品牌，不同的产品针对的又是不同的目标消费群体，因而不同的目标消费群体接触到的只有一个品牌，这无疑会强化品牌的感染力，有利于提高品牌的知名度；同时，品牌与企业名称交相辉映，有利于树立企业形象，壮大企业声势。

（三）单一品牌战略的缺点

不可忽视的是，企业采用单一品牌战略也隐含着一些负面效应，主要有以下几点。

(1) 各市场设立统一品牌，容易忽视消费者的差异性。

(2) 企业承担的风险大。由于各种产品使用统一品牌，一旦统一品牌下的某种产品出现某种问题（如质量），就可能发生“株连效应”而波及其他种类产品，从而影响到企业所有产品的形象和整个品牌的声誉，最终使企业产品销售额下降。也就是导致了消费者对所有同一品牌产品的“否定”，形成了“株连效应”。

(3) 品牌延伸不当，会稀释原有品牌形象或出现“跷跷板”效应。如果同一品牌下的产品涉及的领域差距较大，无法共享企业资源，甚至有相斥性时，就会容易引起消费者不良心理反应，不但不利于企业与品牌形成的巩固，甚至会出现认知混乱，导致品牌个性淡化，损毁品牌形象。例如，凯迪拉克(Cadillac)是通用汽车公司的看家品牌，该公司为应付激烈的市场竞争，曾于20世纪80年代推出了凯迪拉克的经济车 Cadillac Cimarron，结果使人们对凯迪拉克品牌传统的豪华车的象征意义产生动摇，直接影响到其高档车的销售。既然顾客花雪佛兰的价钱就可买到凯迪拉克，不就说明凯迪拉克不值钱了吗？

阅读材料

三九集团的999冰啤

我国的三九集团以999胃泰起家，是著名的药业企业，其品牌经营很成功，以至于消费者把999视为胃药品类产品的品牌，这也应该说是很多品牌追求的境界。后来，三九集团开始品牌扩张了，企业把999延伸到啤酒行业，这就让消费者的心里感到疑惑。尽管999啤酒的广告词“九九九冰啤酒，四季伴君好享受”颇吸引人，但是消费者一拿起999啤酒，第一个潜意识的反应恐怕是联想到三九胃泰这个药，喝下这种带有"心理药味"的酒自然不是"好享受"。这是三九集团在品牌延伸时没有考虑到的，并且胃药保护胃的功能与啤酒伤胃的作用相抵触，在消费者心中产生矛盾。如果进一步联想到喝酒会伤胃，那么三九集团是卖药救人，还是卖酒伤人，还是先卖酒伤人，再卖药救人？由于999品牌无法在药品和啤酒达成定位与基本识别的一致，所以必然导致失败。

（四）单一品牌战略的实施条件

近几年来，国内一些企业及相当一部分跨国公司在全球或者在中国都有比较大的整合品牌举动。如为提高Panasonic商标在海外市场的知名度，2005年日本松下电器计划将海外子公司名称中的"松下"牌子全部更换掉，公司名称将与商标统一为Panasonic。除中国公司外，松下到2005年年底对其余230余家海外子公司全部更名。松下电器在实行了多年双品牌战略之后，选择了单一品牌Panasonic。这项工程耗资200亿日元至300亿日元，相当于14亿元人民币。松下统一品牌的主要原因就是Panasonic和National两个品牌经常会混淆用户的概念，让消费者搞不清它们与松下的关系，大大分散了其品牌资源，不利于增强整体竞争力。单一品牌战略使企业显得更加专注和专业，有利于建立消费者的品牌信任。

企业选择单一品牌战略时，需考虑以下条件。

（1）要求这种品牌在市场上已获得一定的信誉。能采用这种品牌战略的企业有一个很重要的条件就是企业的品牌要达到较高的知名度和美誉度，并被消费者所接受。

（2）要求采用单一品牌的各种产品在产品质量、市场价格和目标市场上具有一致性，即产品形象一致，市场定位一致。许多企业的品牌在某一细分市场获得较高信誉的情况下即对品牌进行无限制的延伸，结果当然是事与愿违。

阅读材料

飞利浦的单一化品牌战略

荷兰飞利浦公司在品牌延伸上缺乏科学性，并使其市场信誉大受损害的例子值得借鉴。飞利浦公司生产的电器中，既有高档的，也有中低档的。由于中低档产品的质量一度存在明显的问题，这不但使该公司中低档产品的市场声誉受到影响，也极大地影响了该公司高档产品的市场声誉。其实，飞利浦公司高档产品的质量并不亚于一些享有世界声誉的公司的产品，但由于该公司中低档产品的影响，世界许多国家的顾客认为，飞利浦公司的产品中只有中等质量，致使该公司高档产品的定位达不到它应有的价值。可见，使用同一品牌，但其产品质量差别较大时，会损害高质量水平产品的声誉。

二、多品牌战略

（一）多品牌战略概述

随着消费需求日趋多样化、差异化、个性化，由大众消费时代进入分众时代，单一品牌战略往往不能很好地满足消费者的多样化需求，这就为多品牌的运用提供了广泛的舞台。所谓多品牌战略，是指一个企业同时经营两种或两种以上相互独立、但又没有联系的品牌。企业通过市场细分和市场定位，赋予不同细分市场的产品以不同的品牌，规范有序地参与市场竞争的品牌经营。如宝洁公司的洗发水有海飞丝、飘柔、潘婷、沙宣四个品牌，通用汽车公司有凯迪拉克、别克、雪佛兰、庞蒂克等品牌。

多品牌经营模式是宝洁公司首创的。第二次世界大战以前，该公司的潮水牌洗涤剂畅销，1950 年公司又推出快乐牌洗涤剂。快乐牌虽然抢了潮水牌的一些生意，但是两种品牌的销售总额却大于只经营潮水一个品牌的销售额。多品牌组合经营能有效地形成一道坚不可摧的品牌屏障，加大潜在进入者的进入障碍，增大替代品生产经营者的竞争压力，进而保持住企业在市场竞争中的主导地位。

当一家企业的规模较大或者产品种类较多，并且每种产品都有自己不同的目标客户时，企业就可能为每一种产品建立一个品牌，即采用多品牌战略。如青岛啤酒从 1997 年 8 月开始大规模扩张运动，运用兼并重组、破产收购、合资建厂等多种资本运作方法攻城略地，在华南、华北、华东、东北、西北等全国啤酒消费重点区域组建控股啤酒生产企业，截至 2015 年年底，青岛啤酒在全国 20 个省、直辖市、自治区拥有 60 多家啤酒生产企业。被收购的啤酒品牌仍会保持自己的品牌销售，只是加上“青岛家族系列产品”的称号。青岛啤酒品牌的主打品牌是青岛啤酒，但是在目前，青岛啤酒有 60 多个企业，使用的品牌多达上百个，形成了多品牌战略。

（二）多品牌战略的类型

根据企业产品结构的不同，可以把企业的多品牌战略划分为以下三种类型。

（1）一种产品多个品牌。即在各品牌产品之间差异不大，甚至没有明显差异的情况下创建多个品牌。从现实来看，采取这种策略的企业是很少见的。

（2）一类产品多个品牌。即各品牌产品属于同一类型的产品，但不同品牌之间有较大的差异，各品牌有相对独立的细分市场。如科龙电器对同一家电推出了三个不同的品牌：科龙、容声和华宝，并利用它们在质量、性能、档次、价格、渠道、目标使用者和市场定位等方面的差异化以及互补效应，实现科龙电器整个品牌资产价值的最大化。

（3）不同类产品多个品牌。即在同一企业的不同类型产品间实施不同的品牌，这种现象在现实中是最常见的。如美国大型零售商西尔斯公司，它的家用电器、妇女服饰、家具等产品分别使用不同的品牌。

与此相对应，在上述三种情况下，企业同样也可以实施单一品牌战略。企业实施多品牌战略的根本目的，就是要提高产品的销售量和市场份额。因此，从理论上来看，企业实施多品牌战略必须具备两个前提：市场的可细分性、产品的差异性。只有满足这两个前提，才能针对不同的市场需求，树立不同的品牌个性，才有可能满足更多的消费者的个性需求。

阅读材料

斯沃琪公司的多品牌战略

欧米茄（OMEGA）、雷达（RADE）、浪琴（Longines）、斯沃琪（Swatch）、天梭（Tissot）等名表居然是同一家公司的兄弟姐妹，都是全球最具规模的制表集团斯沃琪（Swatch，在 2000 年之前叫 SMH 公司）旗下的手表品牌。为了展现各品牌个性，斯沃琪公司从未主动宣传这些品牌源自同一企业。因此，也很少有消费者了解这一事实。

事实上，Swatch旗下的不同品牌性格迥异，凸显其独特的一面，消费者易于根据自己的身份、职业、收入、社会地位的需要作出购买选择。如欧米茄代表着一种成功人士或名人尊贵豪华的选择，而雷达表是高科技的象征。至于斯沃琪则是前卫和时髦、潮流人士的首选。

广告宣传与市场推广，也体现着品牌的鲜明个性。欧米茄精心挑选一些国际性和地区性的名人作为形象大使，如超级名模辛迪·克劳馥、莱·麦克弗森；好莱坞国际影星皮尔斯·布鲁斯南；世界一级方程式冠军车手迈克尔·舒马赫、高尔夫杰出人物思尼·艾斯等。欧米茄的彩页杂志广告均以一幅体现欧米茄大使非凡个性和时尚风采的照片口号："欧米茄——我的选择(OMEGA——MYCHOICE)"。对消费者而言，人人都渴望成功，自然对那么多名人也佩戴的欧米茄表产生共鸣和购买欲，以此寻找成功人士的感觉。

而反观Swatch公司其他品牌如雷达表的广告，你从不会发现有什么明星出现，卖点和推广完全表现在高科技制表工艺和材料上，如"表面为硬度仅次于钻石的蓝宝石水晶，紧贴手腕""配合晶莹光洁的表盘，高贵典雅""白色表带由高科技陶瓷材料制成，坚硬耐磨、永不褪色"。

据悉，Swatch公司在今后发展的过程中，在旗下品牌不会有很大冲突的情况下，会再收购开发一些品牌，填补现有品牌设计、造型等空白以满足更多消费者的需求。但是，品牌个性的宗旨是永不放弃的。

（三）多品牌战略的优点

多品牌战略也就是对不同的产品采用不同的品牌战略。这种战略的主要优点如下。

(1) 适合细分化市场的需要。在现代市场经济条件下，人们的需求呈现多样化趋势，消费者求新求异的心理越来越突出，消费者逐步分离成具有不同消费偏好的消费群体，同一产品的市场被不断细化、分化。为了满足不同消费群体的消费需要，企业必须不断推出不同型号、不同功能、不同特色的产品。比如，可口可乐公司就在原有基础上推出了芬达、雪碧等不同品牌以满足不同口味的消费者对饮料的需求。

(2) 有利于扩大市场占有率。一个大市场是由许多具有不同期望和需求的消费者群体组成的。根据若干消费者群体的各自特点相应推出不同品牌的产品，有利于实现总体市场占有率的最大化。上海牙膏厂的"白玉""美加净""中华""洁银""上海""泡泡娃"等多种品牌牙膏，在市场上都不同程度地拥有一定消费群体，较好地占领了各个细分化市场。从效果上看，多个新品牌可能会影响原有单一品牌的市场销售量，但这些品牌同为一个企业所拥有，几个竞争品牌的销量之和又会超过单一的市场销售量，从而使企业获得更多的利润。

(3) 有利于突出不同品牌的产品特性。多品牌战略有利于适应细分市场的需要，推进品牌的个性化和差异化，满足不同消费群体的不同需要，突出每一种产品的特色，从而在消费者心中形成比较明显的产品差异，以适应不同消费群体的产品偏好和消费特点。

(4) 有利于降低经营风险。使用单一品牌战略时，如果在企业所生产的众多产品中，有某一个产品出现了问题，则立即会殃及全体，任何一个产品的失败，都会使整个家族品牌蒙受惨重的损失。而多品牌战略没有将公司的美誉度维系在一个产品品牌的成败上，不会出现"一损俱损"的现象，危机企业生产经营的连续性，也不为企业跨行拓展留下了空间。因为，品牌间彼此独立，某一个品牌的失败不至于殃及其他品牌和企业的声誉。

(5) 有利于企业内部各个部门、产品之间开展合理竞争。许多人认为，多品牌竞争会相互制约，不利于企业的发展。但事实证明，启用多个品牌虽然会使各个品牌的市场占有率都低一些，但这些品牌的市场占有率之和却远远大于单一品牌的市场占有率。如果让竞争者推出新品牌跟自己瓜分市场，不如自己与自己竞争，因为这样一来，不管哪个品牌胜利了，最终的胜利者都是自己，而且在竞争中企业内部各个部门、产品经理会有更大的动力，竞争能促进发展，提高效率。

（四）多品牌战略的缺点

（1）模糊核心价值。如果运用不当，多品牌战略容易模糊企业在某一产品领域的整体形象和代表的核心价值。而消费者对多个品牌后的企业关注分散，个性鲜明、统一的企业形象不易形成。

（2）品牌管理难度相对较大。企业不仅需要系统探索各个细分市场消费群体的消费诉求，并在此基础上凝练出各自相对独立的品牌定位；还需要针对各个细分市场消费群体进行针对性的品牌传播，这就大大提高了多品牌管理的难度。

（3）增加成本。多品牌战略不仅对品牌操作和管理提出了更高的要求，而且增加了企业在品牌建设和品牌推广等方面的成本，给企业造成一定的成本压力。

（4）分散企业资源。不同的管理团队负责不同的品牌，就会各自争取更多的支持和配给，实质上也会分散企业的管理资源，容易造成内耗。

（五）多品牌战略的实施条件

虽然多品牌战略其自身具有多方面的优势，但它并不是万能的，不是在任何情况下都适合使用多品牌战略，而且该战略的运用也有一定的局限性，拥有其独特的适用条件。

（1）企业的财力要雄厚。在市场竞争日益激烈的今天，发展一个新品牌投入大，周期长，风险也较高。国际研究机构认为：在欧美市场成熟的环境下，创造一个新品牌，一年至少要两亿美元的广告投入，且成功率不到10%。北京名牌评估事务所在研究了中国最有价值品牌的广告投入后指出，要在中国维持一个在全国已经有较大市场的品牌影响力，每年平均要投入6000万～8000万元人民币，而要在中国创造一个新品牌，则一年要投入1亿～2亿元人民币。因此，只有财力雄厚且品牌推广经验十分丰富的企业才比较适合选择多品牌战略，普通的企业是很难担负得起如此巨大的投资的。若不顾忌自身实力盲目采用多品牌战略，非但不能培育出优势品牌，还会由于公司资源的过度分散丧失其原有的优势。

（2）要依据产品和行业特点实施多品牌战略。一般而言，消费者更注重个性化的产品适合采用多品牌战略，如生活用品、食品、服饰等日用消费品。而家用电器等耐用消费品适合采用单一品牌战略，如松下、东芝、日立等品牌，无论洗衣机、彩电、音响、冰箱均采用同一品牌。这是因为耐用消费品的产品技术、品质等共性化形象对消费者更为重要，而其个性化形象相对来说已退居其次。如奶粉就可以推出“补钙”“低脂”、老年人专用和儿童专用等多种；专门品牌感冒药可以推出治重感冒药、儿童感冒药、流行性感冒药、病毒性感冒药等个性化品牌。

（3）品牌的细分市场容量要足够大。多品牌战略是建立在市场细分，满足目标消费者特定需要的基础上的，因此，品牌的细分市场容量问题是非常重要的。只有目标细分市场的规模足够大才有可能采用多品牌战略。如果细分市场容量过小，每个品牌仅能获得很小的市场份额，其营业额很难承担成功推广一个品牌所需的费用，且在较长时期内不会有较大的改变，因此也就不宜实施多品牌战略。

比如，我国台湾的日用品企业就很少采用多品牌战略，因为我国台湾地区只有两千多万人口，一种生活用品的全部市场规模都难以承受一个品牌推广所需的费用，所以他们更多的是采用单一品牌战略。如台湾地区统一公司的奶粉、汽水茶、果汁和方便面一概冠以"统一"的名称。而美国与欧洲的市场容量大，饮料、食品就较多地采用多品牌战略。如达能公司仅矿泉水品牌就有两个：Evian 和 Volvic，这两个品牌占据了世界最著名的瓶装水品牌中的两个席位。

(4) 品牌的独特卖点应有足够的吸引力。多品牌战略的本质就是建立在不同消费者的差异化需求上，其突出的特点就是要保证每一个产品都拥有自己的定位和独特的个性，能吸引目标消费者的眼球。但往往企业在开发新品牌时，不能准确找到目标消费者的利益点，无法实现同消费者的共鸣。国内曾有好几家企业尝试推出男士洗发水，并以真正男子汉和天王巨星为号召，但少有人喝彩。这主要是因为洗发水是一种功能性极强的产品，很难从心理和情感角度细分绅士型、英雄型、男子汉型为卖点。但如果能从科学上解释，男女的头部皮肤与头发存在根本差异，需要用不同的洗发水来洗染养护，借此专门推出一个男士专用洗发水也许会大有前途。

(5) 品牌间具有严格的市场区隔并协同对外。企业引入多品牌的最终目的是用不同的品牌去占领不同的细分市场，联手对外夺取竞争者的市场份额。如果引入的新品牌与原有品牌或者新品牌没有明显的差异，就等于自己打自己而毫无意义，浪费企业资源，同时没有发挥防御，打击竞争者的作用。

(6) 品牌营销和广告策略的差异性。多品牌战略的重点即在于突出品牌的差异性。如宝洁公司的飘柔与潘婷的电视广告就充分表现了品牌之间的区别，飘柔把模特的头发拍得飘逸柔和、丝丝顺滑，而潘婷则主要表现模特头发的乌黑亮泽。

三、主副品牌战略

主副品牌战略是介于"一牌多品"和"一牌一品"之间的中间选择，既可以有效避免品牌延伸的陷阱，又可以节约宣传费用。如今，越来越多的国际知名企业视主副品牌战略为现代品牌经营的妙招。

(一) 主副品牌战略概述

所谓主副品牌战略，是指企业在进行品牌延伸时，对延伸产品赋予主品牌的同时，用增加一个副品牌的做法。采取主副品牌战略的具体做法是以一个成功品牌作为主品牌，涵盖企业的系列产品，同时，给各个产品设计不同的副品牌，以副品牌来突出不同品牌的个性，加深消费者对每种产品的印象和好感，形成消费者对副品牌的信任，从而有效推动新产品的发展和壮大。

主副品牌通常采用的形式为"企业品牌＋事业品牌＋产品/服务品牌"。GE、维珍是使用主副品牌战略的代表，在统一的企业品牌下，这两家公司均有跨度较大的业务存在，而且对于任何一项业务或独立经营实体，均采用了"企业品牌＋事业品牌"的形式，如维珍可乐、GE 发动机。一般来说，电器产品往往使用单一品牌战略，但优势企业为突出某种个性或产品特色时，如保鲜的冰箱、双开门的冰箱、强冷冻的冰箱，并没有引入多个品牌，而是采用主副品牌。这样，以主品牌卓越的技术、品质形象获取消费者的信赖，又以副品牌宣传产品的独特优点起到锦上添花的作用，从而使产品更具吸引力。

阅读材料

海尔主副品牌战略

海尔是1984年在引进德国电冰箱生产技术的基础上发展起来的，开始以生产冰箱制冷设备为主。人们了解海尔是从海尔冰箱空调开始的，到现在海尔产品已包括冰箱、冰柜、空调、洗衣机、彩电、计算机和手机等69个大门类10800多个品种，成为拥有白色家电、黑色家电和米色家电的中国家电第一品牌。

在冰箱上，海尔相继推出了“海尔—小王子”“海尔—双王子”“海尔—帅王子”“海尔—金王子”等；在空调上，海尔先后推出了“海尔—小超人”“变频空调”“海尔—小状元”健康空调、“海尔—小英才”窗机等；在洗衣机上，海尔推出了“海尔—神童”“海尔—小小神童”“海尔—即时洗”等。

海尔还推出了“海尔—探路者彩电”“海尔—小海象”热水器等海尔系列产品。

（二）主副品牌战略的优点

主副品牌战略既可以像单一品牌战略一样实现优势共享，使延伸产品在主品牌保护下受益，又能通过副品牌表明产品之间的差异性，具体地说，其优点主要表现在以下几方面。

(1) 主副品牌战略能够减少宣传费用，增强促销效果。由于主品牌已经打下了良好的宣传基础，拥有了较高的市场声誉，新产品可以借助企业知名度自然而然地提高自身的价值，从而可以减少品牌的宣传费。同时，由于使用副品牌，突出了产品之间的差异性，相对提高了消费者对品牌标志下的产品的辨识能力，从而增强促销效果。

(2) 突出产品个性。单一品牌战略的最大缺陷就是抹杀了产品个性，而主副品牌的同时出现有力地克服了这种弊端，可使各种不同的产品显示出不同的特色，使各个品牌保持自己相对的独立性。比如，海尔集团的统一品牌下设立的一系列副品牌中，“小小王子”显现冰箱微型化特性，“画王子”告知购买者其产品是具有色彩外观的冰箱，“冰王子”暗示冰箱制冷速度快，而“双王子”代表着分体式冰箱。

(3) 反哺主品牌。主副品牌的成功推出对优化主副品牌形象起到非常重要的作用，包括更多地吸引眼球并提升主品牌的知名度；强化品牌核心价值，活化主品牌；赋予主品牌年轻感、成长感。如海尔的宝德龙彩电增加了海尔品牌的时尚感，海尔“红薯洗”则让消费者感受到海尔以消费者的方便与轻松为追求的理念。

（三）主副品牌战略的缺点

主副品牌战略虽然综合了单一品牌战略和多品牌战略的优点，但是该战略也存在着许多缺点。

(1) 在运用主副品牌战略进行品牌宣传时，如过分突出副品牌形象，则容易“喧宾夺主”，从而淡化主品牌，动摇主品牌在消费者心中的地位，影响企业的整体发展。所以说，主副品牌战略实际上是对主品牌实施差异化。只有主品牌始终处于强势地位，主副品牌战略才有成功的可能。

(2) 该战略还保留了单一品牌抗风险能力弱的缺点。某一产品的失败，很可能会影响主品牌的形象和信誉，从而影响到其他产品。

(四) 主副品牌战略的实施条件

(1) 以较高的企业知名度为基础。企业在创业之初，产品知名度较低时，如果采用副品牌将意味着消费者在选择商品时会面临两个不熟悉的品牌，这极不利于消费者对品牌的识别和记忆。当企业在市场上获得认可，品牌也有较高知名度时，则可用主副品牌进行市场扩张。心理学家分析表明：人们最容易记住与熟悉事物相关的东西。因主品牌知名度高，消费者对其有很深印象，所以在选择、识别品牌时，只需对副品牌加以确认即可。同时，由于主品牌是人们熟知的品牌，与之一起推出的副品牌也就容易被识别和记忆。

(2) 行业特征。若企业生产经营的是同一类型的产品，而且企业所处的行业市场竞争激烈，产品使用周期又较长，这种情况下，可以使用主副品牌战略。比如，家用电器、汽车等行业就属于这种情况，我国家电行业的企业以及从事汽车制造的企业多采用主副品牌战略。

如果企业生产经营的产品生命周期较短，产品升级速度较快则最好采用主副品牌战略。比如，手机和个人计算机等行业的企业多采用主副品牌战略，原因是手机以及个人计算机由于技术更新快，在不长的时间内就有各种新产品涌现出来，采用主副品牌战略既可以区别于以往淘汰的产品，又可以保留主品牌先前留下的良好形象，并能让消费者觉得企业是在不断发展的。

(3) 品牌传播以主品牌为核心。在品牌传播过程中，企业应该重点宣传主品牌，而副品牌则处于从属地位。因为一个企业必须最大限度地利用已有的成功品牌资产。如果企业舍本逐末将宣传重点放在副品牌上面，无异于推出了一个全新的品牌，这对于企业已有的成功的品牌形象是一种浪费。由于宣传的重点是主品牌，因此受众识别、记忆，对产生品牌认可、信赖以及忠诚的主体都是主品牌。

就海尔来说，海尔作为一个综合家电品牌拥有很高的知名度和美誉度。人们提到海尔，不是将它与冰箱、空调等单一的产品联系在一起，而是联想到海尔是一个“品质超群、技术领先、售后服务完善、文化厚重、管理科学”的国际化家电品牌。“海尔，真诚到永远”“海尔是卖信誉，而不是卖产品”等品牌个性已深入消费者心中。没有这些，探路者、小小神童、帅王子等这些副品牌也就失去了灵魂。只有聚集在“海尔——中国造”的大旗下，这些副品牌才可能光彩照人。

(4) 副品牌应该直观、形象地表达产品的优点和个性。在副品牌的创意上，不仅要注意主副品牌的协调性，还要给人以联想。副品牌往往是通过高度提炼来表现产品的特质和个性，产生画龙点睛之效。如美的空调用“星座”系列命名——冷静星、超净星、智灵星、健康星等。

四、品牌联合战略

(一) 品牌联合战略概述

企业在面临品牌投资日益增高的压力下，要实现品牌建设工作更加有效，最好的办法就是尝试品牌联合。品牌联合战略是两个或两个以上现有的企业品牌进行合作的一种形式，通过联合，借助相互的竞争优势，形成单个企业品牌所不具有的竞争力。

阅读材料

Intel 的品牌联合战略

1991 年，为了抵御竞争对手在计算机机芯市场上的大举进攻，英特尔公司推出了奔腾系列芯片，并随之制订了耗资巨大的促销计划，拟每年花 1 亿美元，鼓励计算机制造商在其产品上使用 Intel Inside 的标志。对参加这一计划的计算机制造商购买奔腾芯片给予 3% 的折扣，若在计算机的外包装上注明 Intel Inside 的话，则给予 5% 的折扣。1992 年，英特尔公司的销售量比上年增加了 63%。迫于消费者和小制造商的压力，几乎所有主要的计算机制造商都参与了这个计划。一时间，市场上销售的 IBM、Dell、HP 等名牌计算机企业原有品牌外均加上了 Intel Inside 的标识，HP 公司甚至在某些地区市场开展了 Intel Inside HP Outside 的促销活动。

（二）品牌联合战略的优点

(1) 品牌联合能够实现优势互补。联合品牌中的各个品牌要素，可能在某些方面具有自己独特的优势，而且一个品牌所具有的某种优势可能恰恰是另一个品牌缺乏的，并且是必需的。因此，进行品牌联合可以更好地实现各个品牌间的优势互补。例如，在 1995 年，法国著名的乳制品企业达能(Danne)进入南非开拓市场。由于当地消费者对达能品牌并不熟悉，所以尽管企业进行了大量的广告宣传，品牌认知度仍然不高，而企业的促销和广告成本又居高不下。于是，达能选择了南非最大的鲜奶制品生产商 Clover，推出联合品牌 Clover Danne。Colver“高质量”的品牌形象、生产能力和市场渠道加上达能国际化的运营经验使这一联合品牌获得了成功。

(2) 品牌联合能够降低促销费用。在开拓市场方面，品牌联合可以降低促销费用，促销费用双方共担，加之各自品牌早期的广告和促销活动对联合品牌又助了一臂之力，双方的促销费用都大大降低。例如，英国著名的连锁餐馆 Harry Ramaden 意欲涉足零售业，并使其鱼片和精肉产品进入超市。由于资金已投入国际连锁餐饮业务，没有余力进行新的投资，因此它同英国主要的海产品品牌 Young's 合作，以联合品牌的形式打入市场，大获成功。另外，还有金龙鱼与苏泊尔的品牌联合，品牌联合营销的主题是“好锅、好油、健康美食”。双方投入费用达两千多万元，并在市场和品牌推广、销售渠道共用、媒体投放等方面展开深入合作。由于双方拥有类似的目标消费群，可在销售渠道上形成互补，这样就可以推广时节省成本，实现双方品牌资源利用的最大化。再如，20 世纪 60 年代中期，美国的麦斯威尔咖啡在日本联合各大连锁面包公司，通过把咖啡样品封在一斤装的面包的包装方式，先后进行三次大规模的样品派送，共送出了 1800 万份咖啡样品，范围遍及日本各地，让麦斯威尔咖啡迅速在日本成为家喻户晓的咖啡品牌。

(3) 品牌联合能够提高品牌资产的价值。品牌间的相互联合能够引发消费者注意和兴趣，并可以使联合品牌更快、更强地导入消费者的头脑，从而使消费者对联合的各方品牌及品牌属性认识更全面、印象更深刻。所以，联合品牌可以增强双方品牌及其属性回忆的机会，有助于增强消费者对品牌及其属性的记忆，从而提高品牌资产的价值。

（三）品牌联合战略的缺点

实施品牌联合战略，也蕴藏着许多风险，如果运用不当就会造成消极后果。

(1) 当产品、品牌即企业的形象不一致时，不利于企业形成统一的运营策略，向消费者展现一致的品牌形象，创造新的竞争优势，而且还会损害各自品牌的权益。例如，1994 年，手表商斯沃琪决定进军汽车业，制造小巧、便宜、时髦的汽车，它选择奔驰作为自己的合作伙伴，但是直到现在，人们还是无法将斯沃琪和汽车联系在一起。

(2) 品牌危机的株连效应。相互合作的两个或多个企业中，如果其中任何一方出现危机，都会产生株连效应，影响到联合品牌。如果一方企业破产或遭遇其他财务危机，从而导致不能继续履行联合品牌的投资责任，那么合作关系便不得不终止；与之合作的企业也就会因此而蒙受损失。

(3) 破坏战略协调。联合品牌成功的一个关键是合作双方保持战略上的协调。但是当一个企业决定改变其品牌在市场上的定位或战略时，就有可能给品牌联合的伙伴带来不小的麻烦。要想避免这个问题，合作的双方必须在协议中对双方品牌将来可能的重新定位事先作出规定。另外，当参与品牌联合行动的乙方被收购或合并时，也会对联合品牌的战略协调性产生影响，甚至导致合作关系的终结。

(4) 合作结束后却被认为合作关系还在。建立品牌联合的协力不是件容易的事，要分开品牌联合独立重新建立品牌也同样不容易，因为消费者对品牌的认知在短期内不宜改变。特别对于一些品牌联合程度非常紧密的情况（如联合推出一个以两个品牌命名的新产品或者成立合资公司）更是如此。几十年以来，壳牌——麦克斯（Shell-Mex）和 BP 进行了合资，在石油产品的分销和推广中使用了双方的品牌。尽管合资企业在 1976 年解体，两家公司已独立标志自己的产品，但在合作终止后的一段时间里，有一部分的公众还是继续错误地认为两家公司之间有着某种联系。

（四）品牌联合战略的类型

从表面上看，品牌联合就是两个或两个以上的品牌进行合作，似乎很简单，但实际上，由于合作的目的和创造的价值不同，品牌联合体现出不同的类型。英特品牌公司根据共同创造价值的潜力，将品牌联合进行分类，四种品牌联合的类型在所创造的价值上由低到高如下。

1. 认知型品牌联合

认知型品牌联合共同创造价值的潜力处于最低层次。合作企业通过品牌合作向对方的顾客群体展示自己的产品、服务和品牌，扩大企业在新目标市场上的影响，提高企业品牌在新受众中的认知度。

例如，中国工商银行利用自己发行的信用卡金卡和中国国际航空公司合作，共同发行国航知音卡。信用卡金卡有两个卡号，中间一个是中国工商银行的信用卡卡号，下边是中国国际航空公司的国航知音卡卡号。国航在中国工商银行的顾客群体中展示、宣传了自己的产品和服务，推动消费者认知自己的品牌，刷卡购买机票时，由于中国工商银行的信用卡金卡带来的方便和优惠而选择国航的航班。同时消费者利用金卡刷卡购买机票，可以得到累计积分，并给予机票折扣、免费升舱等优惠，当积分达到一定的数额，还会返还一定的飞行里程。可见两家企业的品牌联合给双方都带来了利益，中国工商银行为自己的信用卡赢得了更多的高层用户，提高了品牌的认知度。同时，中国工商银行的普通信用卡与中石油也进行了相似的品牌联合。

2. 价值认可型品牌联合

价值认可型品牌联合与认知型品牌联合的主要区别在于有价值创造。价值认可型品牌联合的关键是参与合作的公司具备在客户心目中的品牌价值的一致性，品牌之间有着密切的核心特性和价值上的联系，合作双方能够通过这种联系提高他们的互补性的品牌声誉，创造满足消费者的新价值。消费者认可品牌联合创造的价值，可以刺激品牌联合的经济效果，但价值认可在很大程度上减少了品牌联合的潜在合作伙伴。

价值认可型品牌联合有两种：一种是互补型的专业品牌合作，强调联合品牌的专业性。例如，中国五粮液集团和国内保健食品行业领军企业上海巨人投资有限公司利用在品牌、技术、资金和营销网络等方面的优势，采用五粮液的浓香型基酒，遵循四百余年中医古方，酿造出代表作——“五粮液黄金酒”，共同打造保健酒行业的领袖品牌。另一种是某行业品牌与具有高度影响力的专业组织，如奥委会组委会、中国慈善协会等合作，推出品牌联合产品，以高度影响力的品牌为产品做注释，提高联合品牌产品的价值。

3. 元素组成型品牌联合

元素组成型品牌联合专指一个成分品牌与最终品牌之间的合作，目的是凭借对方的专业声望来提高自己的品质。合作双方当中至少有一方是非常知名度的品牌——要么是成分品牌很知名，产品品牌借以抬高声誉，如宣称用莱卡纤维面料做的服装会比没有莱卡纤维面料好卖；要么是产品品牌很知名，成分品牌借以抬高声誉，如 1991 年 Intel 花了 1 亿美元与 IBM、康柏、戴尔、Gateway 等著名计算机厂商的合作，要求他们在计算机说明书、包装和广告上加入 Intel Inside 独特标志；要么双方的品牌声誉都很好，相互强化产品的品质，如凌志车（现为雷克萨斯）使用美国 Bose 音响产品、福特林肯轿车采用 Coach 皮革作内饰等。

元素组合型品牌联合是实践中最为常见的一种品牌联合，也是营销理论界研究最多的一种类型。通过元素组合型品牌联合，制造商和供应商向消费者传递了其产品和性能的特定信息，不但提升了双方的品牌价值，而且分摊了宣传的费用。

4. 能力互补型品牌联合

能力互补型品牌联合是品牌合作的最高层次。能力互补型品牌联合是几个拥有专业优势的品牌通过合作生产推出全新产品的过程。这种联合方式的前提是合作各方必须具有较高声望的专业优势。比如，拥有 100 多年历史的著名钟表品牌劳力士（Rolex）联合 LG 开发劳力士手机。

（五）品牌联合战略的实施条件

(1) 根据实际需要选择品牌联合的类型。不同的品牌联合类型在选择合作者和合作经营方面是不一样的。当需要另一个著名品牌也起到驱动购买的作用时，可以选择合作主品牌的类型，必要时甚至合资；如果只是要满足某一短期的销售目标，则可以选择战术性联合进行联合促销。一般的品牌联合要么是跨行业的联合，要么是一个产业链上下游的联合，如果某一问题需要整个行业共同面对的时候，甚至可以不计前嫌地发起同业内竞争者之间的联合。比如,东莞机动车协会联合东莞众多车行进行的联合营销促销活动,就是对这一策略的具体应用。他们面对比较萧条的车市,不是进行品牌间的恶意竞争,而是化干戈为玉帛,握手共同开拓市场。

(2) 合作品牌的产品类别要有一定的关联性。具有关联性的几个产品进行合作,才更容易让消费者配合使用,如金龙鱼和苏泊尔的品牌联合就非常成功,因为"好油"加"好锅"配合得天衣无缝。如果产品之间没什么联系,产品的销量还是很难提高。不仅如此,不相关的产品联合还会影响到品牌的定位。在日本,一个主要的咖啡制造商给法国蓝带烹饪学院(Le Cordon Bleu)提供了一个具有获利潜力的品牌联合机会。经过仔细考虑,他们拒绝了,因为他们担心蓝带烹饪品牌所代表的特殊专业和价值会被过度延展到食品杂货市场的领域中去。而当他们和日本第四大食品生产商日本火腿公司达成协议销售品牌联合的肉酱、羹汤和专业预煮的菜肴时,并没有这些疑虑。

(3) 合作者的资源要能互补。资源互补型的品牌才能有更坚固的合作基础。比如,在英国,埃索(Esso)石油公司和特易购(Tesco)便利店联合在加油站建立了 24 小时营业的迷你超市。该超市既有埃索强大的品牌力量、优越的地理位置和加油站经营经验作为基础,又有特易购的品牌力量、顾客购买信息、采购能力和超市经营能力作为基础,因此合作关系是牢固的。

(4) 品牌名称要简练清晰。对于简练清晰的品牌名称,消费者的印象会比较深刻,记忆时间也会相对延长,而对一些冗长拗口的品牌名称,则难以形成持久的记忆。因此,在进行品牌联合时,如果打算联合的单个品牌名称本身就已经很长了,这样就要求联合品牌名称必须进行简化,并把简化后的联合品牌名称向消费者予以说明和解释,使之被更多的消费者理解和接受。

(5) 界定合作各方的权利和义务。联合品牌的打造和维护是一个长期的过程。在这个过程中,合作中的任何一方都有义务为新品牌的培养付出努力与劳动,并且从中分享一定的收益。品牌联合的成功在于各个参与主体的协作和配合,明确界定参与主体的权利与义务是有效合作的基础。一方面,它可以使各个参与主体明确自己应该干什么和怎么干;另一方面,如果在联合中一旦出现问题和纷争,事先的这种界定可以为寻求解决方案提供依据。

第四节 品牌组合的管理

一、品牌组合的分析方法

品牌组合自然意味着企业有许多品牌,然而并非每个品牌都能成为企业的利润来源。随着市场的发展,企业需要开发新品牌,启用一些旧品牌。或者,对不同品牌的投入进行大幅调整。那么,企业一般使用哪些工具来调整不同品牌的投入呢?

(一) 波士顿矩阵

波士顿矩阵也叫市场增长率-相对市场份额矩阵,由波士顿咨询集团(Boston Consulting Group,BCG)在 20 世纪 70 年代开发,因此得名。BCG 矩阵将组织的每一个战略事业单位(SBUs)标在一个二维的矩阵图上,从而显示出哪个 SBUs 提供高额的潜在收益,以及哪个 SBUs 是组织资源的漏斗。BCG 矩阵的发明者、波士顿公司的创立者布鲁斯认为“公司若要取得成功,就必须拥有增长率和市场份额各不相同的产品组合。组合的构成取决于现金流量的平衡”,如图 5-2(a)所示。

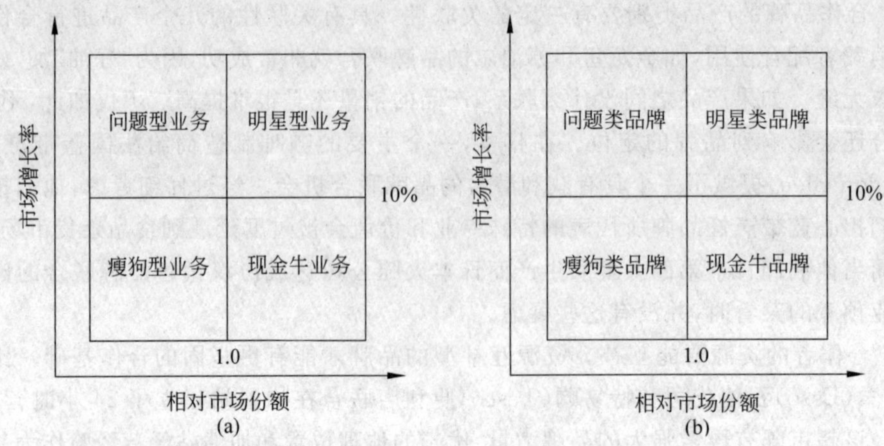

图 5-2 波士顿矩阵及其衍生的品牌组合管理策略

BCG 矩阵区分出四种业务组合。

1. 明星型业务

明星型业务是指高增长、相对市场份额超过 1 的业务。这个领域中的产品处于快速增长的市场中并且占有支配地位,但也许会或也许不会产生现金流,这取决于新工厂、设备和产品开发对投资的需要量。明星型业务是由问题型业务继续投资发展起来的,可以视为高速成长市场中的领导者,它将成为公司未来的现金牛业务。但这并不意味着明星型业务一定可以给企业带来源源不断的现金流,因为市场还在高速成长,企业必须继续投资,以保持与市场同步增长,并击退竞争对手。企业如果没有明星型业务,就失去了希望,但群星闪烁也可能会闪花企业高层管理者的眼睛,导致作出错误的决策。这时必须具备识别行星和恒星的能力,将企业有限的资源投入在能够发展成为现金牛的恒星上。同样地,明星型业务要发展成为现金牛业务应采用增长战略。

2. 问题型业务

问题型业务是指高增长、相对市场份额低于 1 的业务。处在这个领域中的是一些投机性产品,带有较大的风险。这些产品可能利润率很高,但占有的市场份额很小。这往往是一个公司的新业务,为发展问题业务,公司必须建立工厂,增加设备和人员,以便跟上迅速发展的市场,并超过竞争对手,这些意味着大量的资金投入。“问题”非常贴切地描述了公司对待这类业务的态度,因为这时公司必须慎重回答“是否继续投资,发展该业务?”这个问题。只有那些符合企业发展长远目标、企业具有资源优势、能够增强企业核心竞争力的业务才能得到肯定的回答。得到肯定回答的问题型业务适合于采用战略框架中提到的增长战略,目的是扩大 SBUs 的市场份额,甚至不惜放弃近期收入来达到这一目标,因为问题型业务要发展成为明星型业务,其市场份额必须有较大的增长。得到否定回答的问题型业务则适合采用收缩战略。

如何选择问题型业务是用 BCG 矩阵制定战略的重中之重也是难点,这关乎企业未来的发展。对于增长战略中各种业务增长方案来确定优先次序，BCG也提供了一种简单的方法。

3. 现金牛业务

现金牛业务是指低增长、相对市场份额高于1的业务。处在这个领域中的产品产生大量的现金，但未来的增长前景是有限的。这是成熟市场中的领导者，它是企业现金的来源。由于市场已经成熟，企业不必大量投资来扩展市场规模，同时作为市场中的领导者，该业务享有规模经济和高边际利润的优势，因而给企业带来大量现金流。企业往往用现金牛业务来支付账款并支持其他三种需大量现金的业务。现金牛业务适合采用战略框架中提到的稳定战略，目的是保持SBUs的市场份额。

4. 瘦狗型业务

瘦狗型业务是指低增长、相对市场份额低于1的业务。这个剩下的领域中的产品既不能产生大量的现金，也不需要投入大量的现金，这些产品没有希望改进其绩效。一般情况下，这类业务常常是微利甚至是亏损的，瘦狗型业务存在的原因更多的是由于感情上的因素，虽然一直微利经营，但像人养了多年的狗一样恋恋不舍而不忍放弃。其实，瘦狗型业务通常要占用很多资源，如资金、管理部门的时间等，多数时候是得不偿失的。瘦狗型业务适合采用战略框架中提到的收缩战略，目的在于出售或清算业务，以便把资源转移到更有利的领域。

如果将波士顿矩阵中的业务换成品牌，自然地可以得到不同品牌的市场发展态势。同样地，我们可以得到现金牛品牌、问题类品牌、瘦狗类品牌和明星类品牌，如图5-2(b)所示。图中四个象限分别代表了公司品牌的四种组合。

(1) 明星类品牌：高增长、高市场份额，有大量利润产生，同时需要大量资源投入，应采取扩大发展的战略，是企业资源主要投入的品牌。

(2) 现金牛品牌：低增长、高市场份额、资源需求较少，利润产出高，一般是由明星类品牌发展而来，是企业发展的基础，因此要维持这些品牌的发展。

(3) 瘦狗类品牌：低增长、低市场份额，一般要被清除出品牌组合。

(4) 问题类品牌：高增长、低市场份额、资源需求大，但利润回报少。对待这样的品牌，通过分析其关键问题所在，采取加大资源投入使其成为明星类品牌，或者出售以求资源回收的战略。

波士顿矩阵原理清晰，易于解释和操作，得到许多企业的推崇。当然，波士顿矩阵在划分不同品牌时过于简单，也成为企业所诟病的对象。随着时间的推移，更“精细”的一些工具陆续开发出来，而这其中GE矩阵是知名度最高的一种。

(二) GE矩阵

GE矩阵又称通用电气公司法、麦肯锡矩阵、九盒矩阵法、行业吸引力矩阵，是美国通用电气公司(GE)于20世纪70年代开发的用于投资组合分析的方法，对企业进行业务选择具有重要的价值和意义。GE矩阵可以用来根据事业单位在市场上的实力和所在市场的吸引力对这些事业单位进行评估，也可以表述一个公司的事业单位组合判断其强项和弱项。在需要对产业吸引力和业务自身实力作广义而灵活的定义时，可以以GE矩阵为基础进行战略规划。按市场吸引力和业务自身实力两个维度评估现有业务(或事业单位)，每个维度分三级，分成九个格以表示两个维度上不同级别的组合。两个维度上可以根据不同情况确定评价指标，如图 5-3 所示。

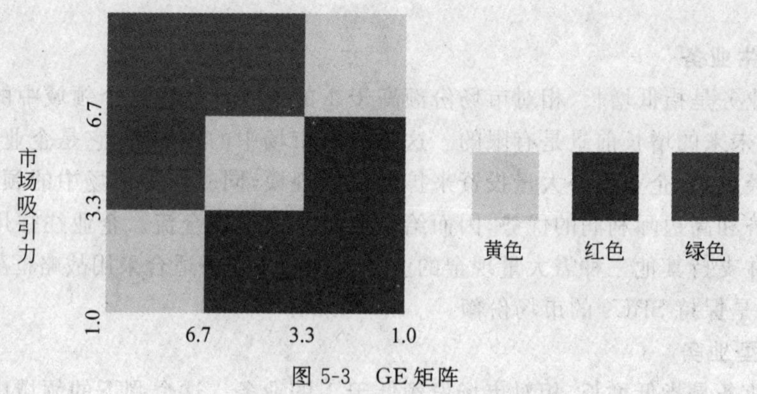

图 5-3 GE 矩阵

绘制 GE 矩阵，需要找出外部(产业吸引力)和内部(企业竞争力)因素，然后对各因素加权，得出衡量内部因素和市场吸引力外部因素的标准。当然，在开始收集资料前仔细选择哪些有意义的战略事业单位是十分重要的。

可以看到，GE 矩阵的工作包含五步。

(1) 定义各因素。选择要评估业务(或产品)的企业竞争力和市场吸引力所需的重要因素。在 GE 内部，分别称为内部因素和外部因素。下面列出的是经常考虑的一些因素(可能需要根据各公司情况作出一些增减)。确定这些因素的方法可以采取头脑风暴法或名义群体法等，关键是不能遗漏重要因素，也不能将微不足道的因素纳入分析中。

(2) 估测内部因素和外部因素的影响。从外部因素开始，纵览这张表(使用同一组经理)，并根据每一因素的吸引力大小对其评分。若一因素对所有竞争对手的影响相似，则对其影响做总体评估；若一因素对不同竞争者有不同影响，可比较它对自己业务的影响和重要竞争对手的影响。在这里可以采取五级评分标准(1＝毫无吸引力，2＝没有吸引力，3＝中性影响，4＝有吸引力，5＝极有吸引力)。然后也使用五级评分标准对内部因素进行类似的评定(1＝极度竞争劣势，2＝竞争劣势，3＝同竞争对手持平，4＝竞争优势，5＝极度竞争优势)，在这一部分，应该选择一个总体上最强的竞争对手做对比的对象。

(3) 对外部因素和内部因素的重要性进行估测，得出衡量业务实力和产业吸引力的简易标准。这里有定性和定量两种方法可以选择。定性方法主要是审阅并讨论内外部因素，以在第(2)步中打的分数为基础，按强中弱三个等级来评定该战略事业单位的业务实力和产业吸引力如何。定量方法主要是将内外部因素分列，分别对其进行加权，使所有因素的加权系数总和为 1，然后用其在第二步中的得分乘以其权重系数，再分别相加，就得到所评估的战略事业单位在业务实力和产业吸引力方面的得分(介于 1～5，1 代表产业吸引力低或业务实力弱，而 5 代表产业吸引力高或业务实力强)。

(4) 将该战略事业单位标在 GE 矩阵上。矩阵坐标纵轴为产业吸引力，横轴为业务实力。每条轴上用两条线将数轴划为三部分，这样坐标就成为网格图。两坐标轴刻度可以为高中低或 1～5。根据经理的战略利益关注，对其他战略事业单位或竞争对手也可做同样分析。另外，在图上标出一组业务组合中位于不同市场或产业的战略事业单元时，可以用圆来表示各企业单位，图中圆面积大小与相应单位的销售规模成正比，而阴影扇形的面积代表其市场份额。这样 GE 矩阵就可以提供更多的信息。

(5) 对矩阵进行诠释。通过对战略事业单位在矩阵上的位置分析，公司就可以选择相应的战略举措。有些归结为简单的一句很经典的话“高位优先发展，中位谨慎发展，低位捞它一把”。在图 5-3 中有三种颜色的区域：绿色区域、黄色区域和红色区域。一般而言，绿色区域采取增长与发展战略，应优先分配资源；黄色区域采取维持或有选择发展战略，保护规模，调整发展方向；红色区域采取停止、转移、撤退战略。

本质上，GE 矩阵和波士顿矩阵一样。如果将企业的品牌按照业务的方式（事实上许多企业就是这样）进行划分，也自然很容易得到不同品牌的投资和发展，如图 5-4 所示。

品牌的竞争实力 ←

行业吸引力 ↑	高	中	低
高	扩大投资，需求主导地位	市场细分以追求主导地位	专门化，采取并购策略
中	选择细分市场大力进入	选择细分市场专门化	专门化，谋求小块市场份额
低	维持地位	减少投资	集中竞争对手赢利业务

图 5-4 麦肯锡矩阵(1)

麦肯锡矩阵与 BCG 矩阵相比较，在以下三个方面显得更为完善。

(1) 市场/行业吸引力(marketing/industry attractiveness)代替了市场成长(market growth)被吸纳进来作为一个评价维度。市场吸引力较之市场成长率显然包含了更多的评价因素。

(2) 竞争实力(competitive strength)代替了市场份额(market share)作为另外一个维度，由此对每一个事业单元的竞争地位进行评估分析。同样，竞争实力较之市场份额也包含了更多的评价因素。

(3) 此外，麦肯锡矩阵有九个象限，而 BCG 矩阵只有四个象限，使得麦肯锡矩阵结构更复杂、分析更准确。

在麦肯锡矩阵中，影响市场吸引力的典型性外部因素有市场规模、市场成长率、市场收益率、定价趋势、竞争强度、行业投资风险、进入障碍、产品/服务差异化机会、产品/服务需求变动性、市场分割、市场分销渠道结构、技术发展等。

影响战略事业单元竞争实力的典型性内部因素有：事业单元自身资产与实力、品牌/市场的相对力量、市场份额、市场份额的成长性、顾客忠诚度、相对成本结构、相对利润率、分销渠道结构及产品生产能力、技术研发与其他创新活动记录、产品/服务质量、融资能力、管理能力等。

通常，战略事业单元在 GE 矩阵图中用一个圆形图案表示(参考图 5-5)，其中：圆的大小代表市场规模；标有百分比的派图代表战略事业单元的市场份额；箭头代表战略事业单元的运作方向。某一品牌根据其位置所采取的战略措施如图所标注。总体来说，图中灰色方格左上方的区域，建议采取增长与发展战略，应优先分配资源；灰色方格区域可以采取维持或有选择发展战略，保护规模，调整发展方向；而右下方区域采取停止、转移、撤退战略。

无论是 BCG 矩阵还是麦肯锡矩阵，其原理和基本思想是一样的，都适用于对品牌组合(brand portfolio)的分析。将麦肯锡矩阵用于品牌组合的分析，并且将每个指标量化，就得

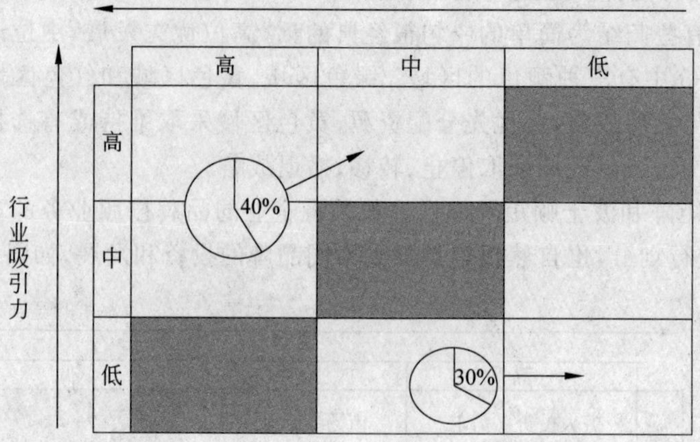

图 5-5　麦肯锡矩阵(2)

到品牌组合过程中常用到的定量品牌组合分析法。

（三）QPA（quantified portfolio analysis）定量品牌组合分析

定量品牌组合分析是一个很有效的指导企业进行资源优化配置的工具，它通过对市场、产品、品牌单元以及渠道等的定量分析，来优化企业资源在品牌之间的分配。这种定量分析的过程因为有现代数据库管理的支持而增加了可信度和可行性。

它主要是通过一个评分系统，对目标品牌在不同市场和国家质检的排序，而得到优化的品牌组合。

在麦肯锡矩阵中，存在着一个局限性是它没有考虑组合因子之间的相对关系。因此在借用麦肯锡矩阵时，QPA 方法中仍然用市场/行业吸引力作为一个维度，而另外一个维度则用公司内部品牌之间的关系以及品牌之间的相对优势来衡量。其模型如图 5-6 所示。

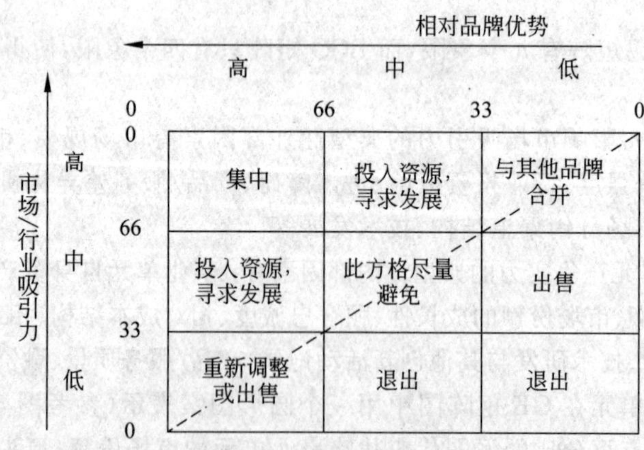

图 5-6　定量品牌组合分析矩阵

两个维度中的影响因素均用定量方法获得。即根据其相对重要程度，给出每个影响因素一个最高分值，然后针对品牌给出该因素的分数。影响因素的选择及其最高分值的给出，要根据行业、市场类型来判断。然后通过加总每一项影响的分数，得出品牌在该维度的分数。当两个维度的分数都可以确定时，就可以将品牌归入图 5-5 的九方格中，从而选择相应战略。这个体系的最大优点是所有的品牌都在一个相同的体系里相互比较，得出分数，这样就保证了定量分数的客观性以及品牌之间的相关性。

二、品牌组合管理

（一）品牌组合管理的概念

品牌组合管理是指对企业销售或经营的品牌组合进行优化整合的过程，从而实现品牌资源的最优配置和企业竞争力的提升。品牌组合管理是一种动态的管理艺术，就是要通过品牌组合的增量、减量以及品牌间关系管理来实现品牌组合在量和质上的平衡，以提高企业的资源利用效率和市场竞争能力。

（二）品牌组合管理中量和质

1. 品牌组合中的量的管理

品牌组合实质上是市场的组合，一个企业需要多少个品牌首先取决于它要满足多少个市场，以及这些市场的差异性大小；品牌组合也是一个资源组合，拥有品牌数量的多少还取决于企业资源的丰富程度；品牌组合也是一个盈利组合，它的数量多寡取决于这些品牌在市场上的表现和盈利能力。所以需要对其进行管理，使品牌在数量上的组合能够适应企业的资源状况，能够实现企业预期的市场目标。品牌组合在量上的管理主要包括以下几个方面。

(1) 品牌组合的增量管理。品牌组合的增量管理是指企业为了区别新市场或进入新市场，通过一定的途径增加品牌数量，使之提高品牌组合的效益和效率的过程。其途径主要包括四种。

① 自创品牌：为不同类型的产品在不同市场启用新的品牌名称，塑造新的品牌形象，用于区别不同市场的个性和偏好。如华龙集团自创“今麦郎”进入方便面的高端市场以区别“华龙”的中端市场。

② 并购品牌：企业为了迅速进入某个市场，从而并购这个市场中已有品牌的做法。如宝洁公司收购“吉列”品牌进入剃须刀市场。

③ 联盟品牌：企业为了利用他人的资源打开某个市场，通过合资或合作的形式，共同建立一个混合品牌或联盟品牌。

④ 延伸品牌：是指在已有相当知名度与市场影响力的品牌基础上，将原品牌运用到新产品或服务以期望减少新产品进入市场风险的一种营销策略。

不同途径创建的特点分析如表 5-1 所示。

表 5-1　不同途径创建的特点分析

途　径	评价标准		
	速度	控制	投资
自创品牌	慢	高	中
并购品牌	快	中	高
联盟品牌	中	低	低
延伸品牌	快	高	中

无论是自创品牌、并购品牌、联盟品牌还是延伸品牌在速度、控制和投资上都各有优势和劣势。企业品牌组合增量的理想方式应是快速进入并占领市场，严格的控制（确保品牌形象不受损害）和最低的投资。企业应该根据这四种方式的不同特点，再结合自身在品牌组合管理方面的经济和能力、金融方面的实力、产品和市场特点以及企业要达到的目标，选择不同的增量途径。

(2) 品牌组合的减量管理。当一个品牌组合中的品牌成员已经多到影响企业资源利用、绩效产出，超出其管理能力时，适当减量管理势在必行。例如，1999 年联合利华的"品牌瘦身战略"的实施就是因为它发现公司的 75%的销售来自 2000 个品牌中的 400 个，这 400 个品牌的年增长率约为 46%，有很高的利润，如果集中精力发展这 400 个品牌，必然对公司业务的增长有很大的益处。

总之，品牌组合的增量管理着眼于企业如何利用市场机会的问题，而减量管理则着眼于如何提高赢利效率和资源利用效率的问题。无论是增还是减都着眼于企业整体资源的利用和竞争能力的提高上。

2. 品牌组合中的质的管理

品牌组合中的质的管理包括以下几个方面。

(1) 母子品牌的管理。一方面要建立母品牌的优势形象，母品牌不应使用在性质差别很大的产品类别当中；另一方面又要使子品牌真正反映产品的特点，在市场上建立相应的个性和形象，做到"名实相符"。

(2) 多品牌的管理。对多品牌的管理首先要注意合理定位。品牌的合理定位是将不同子市场组合成一个统一的品类市场的重要工具。它使多个品牌之间既有竞争又有互补。如不同档次、不同品牌的管理。瑞士的 Swatch 集团的宝珀、欧米茄价格在 10 万瑞士法郎以上，罗西尼、雷达在 1000 法郎以上，斯沃琪在 100 法郎以上；反面的例子是联合利华的夏士莲和力士因定位不清晰，不能互补导致竞争力过度被削弱。其次要对品牌的边界进行严格管理。在价格区间、目标人群、品牌定位、产品设计、产品品质、风格特色、销售渠道、服务等方面要对品牌进行尽可能的差异化管理。

(3) 外来品牌和自有品牌的管理。首先，要明确外来品牌的作用。是为了进入新的市场，还是作为防御品牌；是为了利用外部资源，还是为了消除竞争。其次，要明白外来品牌和自有品牌之间是互补关系还是竞争关系或是二者皆有。若是互补关系则应充分利用相互的资源，挖掘品牌的潜力；若是相互竞争则要进行评估，然后进行选择性的发展；若是既有竞争又有互补则参照多品牌管理法则进行。

(4) 受托品牌和托权品牌的管理。受托品牌是经托权品牌认可的独立品牌，托权品牌一般是公司品牌或族品牌。在表达中，受托品牌在前，托权品牌在后，知名品牌的托权给受托品牌带来信誉和支持。如"佳洁士——宝洁""金六福——五粮液"等。对其管理主要是要把它和母子品牌关系区别开来，在母子关系品牌中，母品牌是驱动消费者购买的主要"驱动因素"，但在"受托品牌和托权品牌"结构中，受托品牌是主要的购买驱动因素，而托权品牌主要起保证和提示的作用。这种情况下要求企业对受托品牌进行重点突出，加大宣传力度和发展力度。

(5) 全球品牌和区域品牌的管理。全球品牌是企业在全球范围内营销，对全球市场有一定影响力的品牌；而区域品牌是在区域范围内营销，对区域市场有影响力品牌。显然全球品牌的市场规模和影响力都比区域品牌要大，但二者是有紧密联系的，可以说全球品牌是建立在优势区域品牌基础上发展而来的。企业在处理品牌的地理影响范围时，要注意全球品牌和区域品牌的搭配，因为全球品牌一旦面临市场萎缩也可成为区域品牌，区域品牌一旦发展良好也可成为全球品牌，二者的相互搭配可以弥补品牌组合中品牌的市场覆盖范围和影响力范围，提高企业的品牌资源配置效率和效益。

本章小结

品牌组合是指企业所有品牌的有机组成方式，即企业拥有品牌的数量、品牌的不同层级与特征等。根据品牌的层级以及其在品牌组合中的战略地位，分为母品牌和子品牌、主导品牌和辅助品牌、背书品牌和被背书品牌等。品牌组合的衡量标准主要有品牌的宽度、品牌的长度和品牌的密度。品牌组合之所以重要是因为品牌组合影响到企业发展的五个方面：企业资源、企业效益、企业成长、杠杆作用和一致性。

对品牌组合而言，其战略是一个组织对其拥有或者有权使用的多个品牌进行系统化的思考和管理的相关工作。大卫·阿克教授提出品牌组合战略模型涉及六个方面：品牌组合、在定义产品时所扮演的角色、品牌范围、品牌组合的角色、品牌组合结构、品牌组合图标。

根据品牌和产品乃至产品线的对应关系，以及品牌所处的层级，可将品牌组合战略分成单一品牌战略、多品牌战略、主副品牌战略及品牌联合战略。单一品牌战略是指企业生产经营的全部产品使用同一个品牌。多品牌战略是指一个企业同时经营两种或两种以上相互独立，但又没有联系的品牌。根据企业产品结构的不同，可以把企业的多品牌战略划分为一种产品多个品牌、一类产品多个品牌和不同类产品多个品牌。主副品牌战略是指企业在进行品牌延伸时，对延伸产品赋予主品牌的同时，增加使用一个副品牌的做法。品牌联合战略是两个或两个以上现有的企业品牌进行合作的一种形式，通过联合，借助相互的竞争优势，形成单个企业品牌所不具有的竞争力。

企业一般可使用波士顿矩阵(市场增长率——相对市场份额矩阵)、GE 矩阵和 QPA 定量品牌组合分析对品牌组合进行分析。品牌组合管理是指对企业销售或经营的品牌组合进行优化整合的过程，从而实现品牌资源的最优配置和企业竞争力的提升。品牌组合在量上的管理主要包括：①品牌组合的增量管理，其途径主要包括四种，即自创品牌、并购品牌、联盟品牌和延伸品牌；②品牌组合的减量管理。品牌组合中的质的管理包括：母子品牌的管理、多品牌的管理、外来品牌和自有品牌的管理、受托品牌和托权品牌的管理以及全球品牌和区域品牌的管理。

复习思考

(1) 简述品牌组合的概念及衡量标准。

(2) 品牌组合战略管理的框架是怎样的?

(3) 什么是单一品牌战略? 它的优点有哪些?

(4) 什么是多品牌战略? 它的优缺点是什么?

(5) 试比较分析单一品牌战略与多品牌战略的异同。

(6) 在主副品牌战略中，主副品牌的关系是怎么样的？

(7) 品牌联合有哪些类型？

(8) 试分析品牌联合的作用与风险。

案例分析

小护士的多品牌战略

小护士被欧莱雅收购前的老东家是深圳丽斯达日化公司，自1989年创立以来，丽斯达一直是品牌大旗的高举者，它相继推出了“立得”“邦氏”“古方”“小护士”“兰歌”五大品牌。其中，“小护士”凭借独特的“防晒”概念，从1997年开始就杀入护肤品的前三甲，并且差一点将这一成果维持到收购前。1999年，靠“小护士”站稳脚跟的丽斯达企图用新的品牌“兰歌”来进攻“大宝”。而那时“大宝”已经成为中低档护肤的第一品牌，分销已经深入县一级城市。“兰歌”品牌一方面定位于“专业护理”；另一方面却是“低价”。这种自相矛盾的做法让它在诞生之初就因“低利润”而缺乏足够的经费去推广产品。“小护士”的成功是因为发现、培养并占据了防晒这个利基市场(niche market)。而“兰歌”却是向市场的领先者发动全面的总攻，靠“小护士”的经验来推广“兰歌”结果可想而知。据说当年丽斯达在“兰歌”项目上亏损一个亿，这等于“小护士”白卖一年。

案例思考：

导致深圳丽斯达日化公司在实施“兰歌”品牌营销失败的原因是什么？

联合利华和天猫可不想只给你看一场直播：联姻新模式之“电商+社会创新”

如何让“可持续发展”这样教科书化的概念变得接地气？如何让企业在履行社会责任时摆脱“吃瓜群众围观，品牌唱独角戏”的模式？“干了这一杯”饮水挑战引发的公益热潮，或许提供了一个好的答案。挑战活动由联合利华“小行动大不同”与天猫共同发起，“电商+社会创新”的模式成功调动消费者的热情，售出1215本安全饮水书及4875套“做好事”套装，吸引400万用户参与直播活动，成功为生活在不安全饮水地区的人们捐赠了将近40万元的善款。

联合利华与天猫的“第一次”，源于一本“可以喝的书”。“干了这一杯”的灵感来源于卡耐基梅隆大学的女博士 Theresa Dankovich 那本拯救了6.63亿人生命的“可以喝的书”。早起喝杯水，午休泡壶茶，这样理所当然存在的干净水对很多人来说却是稀缺资源。经过八年的研究，Dankovich 博士研发出含有纳米银离子的纸，并将其做成安全饮水知识书，一本书就能净化一个成年人四年所需的饮水量。它的出现，拯救了非洲、南美洲等缺水地区的人们的生命。

这样的社会创新立刻引起联合利华“小行动大不同”的关注。联合利华数字营销总监任远曾提道，“联合利华一直致力于可持续发展，它不仅仅是简单的环保，而是把可持续的生活理念带给所有的人，饮水健康正是联合利华可持续发展计划中非常重要的一个领域”。初心的契合让联合利华决定将这本“可以喝的书”带到中国，通过创新方式让生活在不安全饮水地区的人们喝到更干净的水。

这一创新理念同时引起了天猫的兴趣。天猫美妆洗护总经理古迈也在采访中表示，“将阅读的书与喝的水结合，做成一本书去帮助人们喝到干净饮水的想法，是一种社会创新。而创新正是长期关注品质、健康和快乐的天猫一直追崇的”。

理念的契合及共同的目标促成了天猫与联合利华的首次企业级公益合作，共同发起“干了这一杯”社会创新活动。希望通过这样的社会创新，让更多消费者关注健康、环保等可持续发展议题并亲自参与其中。

从吃瓜群众到参与者的消费者转变，跨城饮水挑战直播实现全民社会创新。

罗一笑事件及众多公益众筹项目的热度，反映出社会大众对公益事件的高关注度和参与需求。但消费者也因为公益项目与现实生活距离太远、参与门槛高、资金使用不透明等现实原因，无法参与其中。虽然“可以喝的书”成功引起了大众的兴趣，让距离遥远的“可持续发展”概念变得生动，但如何降低参与门槛，邀请更多的消费者积极投身可持续行动，依然是这次活动需要解决的难题。

联合利华曾在2016年7月与社会创新平台Bottle Dream共同举办了一场“瓶行宇宙”的社会创变者聚会，为了让更多无法亲临大会现场的粉丝能够参与进来，团队对大会进行了直播，取得了良好的效果。“干了这一杯”延续了直播的形式，并将其进行了升级，首次打破单一屏幕、相同地域的传统直播模式，成功开创了直播室、上海、杭州等多屏幕、跨地域的跨城直播。

郑恺、郭采洁、戚薇等明星参与，两地路人在线PK等互动挑战环节，吸引了明星粉丝及对可持续发展感兴趣的网民关注中国的饮水安全问题。在直播过程中，联合利华也首次以娱乐内容的形式将夏士莲、奥妙、力士小晶钻等品牌的可持续故事传递给每一个消费者，让更多人了解到联合利华的可持续理念。

直播当天，观看人数累计突破400万，获得1300多万个点赞及10多万条评论，天猫旗舰店新增数万个会员……所有的直播互动也通过联合利华“小行动大不同”平台折成善款，与数百台沁园净水器一同捐赠给中国青少年发展基金会，以建设“希望水窖”和“希望厨房”工程，帮助偏远地区的孩子喝得更卫生，吃得更健康。

“安全饮水书”与“做好事”电商套装持续发力公益心，社会创新新模式诞生。

在线下活动落地的同时，联合利华的天猫旗舰店也上架了1215本全球限量的中国版安全饮水书，所有销售金额都将捐赠给中国青少年发展基金会。这本书不仅能够祛除水中的细菌，更通过AR技术带给消费者全新的阅读体验，通过创新科技引发消费者对中国饮水安全的兴趣及关注。活动期间，旗舰店还推出了旗下多个品牌的“做好事”系列套装，每卖出一套，联合利华就将捐出2元，为不安全饮水地区的人们提供更多帮助。套装也引发消费者的支持与抢购。1215本“安全饮水书”短短一天就已售罄，共计售出4857套“做好事”套装，充分唤起消费者对可持续发展的热情。

联合利华“小行动大不同”项目近年来积极推出各类可持续发展行动。无论是“你我小行动，成就百万绿”的树苗捐赠活动，还是与社会创新平台Bottle Dream共同主办的创变者聚会“瓶行宇宙”，都成功颠覆了传统模式，让“可持续发展”落地成实际行动，将社会创新活动变为更有趣、可参与的消费者行动。

案例思考：

(1) 联合利华和天猫的合作属于哪种类型的品牌联合？

(2) 联合利华和天猫品牌联合的意义是什么？

(3) 两者合作对其他企业开展品牌联合的启示是什么？

第六章

品牌延伸

开篇引例

“五粮液”品牌的过度延伸

从20世纪90年代，五粮液就开始了它的多元化之路，但一直磕磕绊绊，并未取得想象中的“多子多福”效果，甚至一度拖累了整个集团的经营业绩。1997年，首次涉足多元化的五粮液5万吨酒精生产线刚投产便告夭折；随后，五粮液精心打造的号称“亚洲一流”的制药集团似乎也无疾而终；安培纳丝亚洲威士忌项目则白白丢掉了几千万元，现已陷入停产；紧接着投资4亿元的环球塑胶有限公司，由于当地电力无法满足生产需求，致使生产时断时续；2002年11月进军服装业，“五粮液”命名的系列服装露出水面，但“酒”“衣”却难以相容，“衣”然不出色；2003年，五粮液公司总投资了3.4亿元，与日本丸顺公司合作生产汽车模具；2005年2月，五粮液集团宣布涉足日化，首期投资1亿元，其两个洗护品牌“互美”“丝姿”全面挺进全国市场。五粮液规划用3～5年时间进入中国日化行业十强。时至今日，其合资方香港乾宝化工公司早已撤资走人，而洗发水依然是宝洁的天下。2009年，五粮液集团旗下投资4.2亿元成立的成都圣山制衣有限公司生产基地投产，这是五粮液集团近年来继塑胶、印务、药业、果酒、电子、运输等多个行业之后拓展的又一非相关项目。然而，这个筹备了一年多的服装企业却出师不利，等来的是全球金融危机和国内服装行业竞争趋于饱和的尴尬局面。从企业战略角度来看，五粮液的这种多元化是“不相关多元化”，这样的品牌扩张风险很大。内外交困的形势下，五粮液是否能逆势突围？仍然存在众多疑问。

思考：

(1) 五粮液品牌延伸会产生什么样的影响？

(2) 你认为五粮液品牌应该向哪个领域延伸更为合适？

定位论的鼻祖美国艾尔·里斯曾说：“若是撰述美国过去十年的营销史，最具有意义的趋势就是延伸品牌线。”国外的资料显示，一些出类拔萃的消费品公司所开拓的新产品中，有95%是采用品牌延伸进入市场的。一项针对美国超级市场快速流通商品的研究显示，过去十年的成功品牌(成功的定义是指销售额达1500万元以上)，有2/3使用品牌延伸。另外，英国国际市场研究公司(Research International)对22000件产品进行调研后发现，其中82%的产品都是原有品牌的延伸，而且这一趋势不会改变。该调研还发现，只有2%的营销经理表示，在未来的几年内，把创建新品牌作为产品投入市场的主要手段。可见，品牌延伸已成为西方国家企业发展战略的核心。索尼、雀巢、先锋、三星等知名企业均是品牌延伸的典型代表。它们仅凭一个品牌就成功地向全世界推出了多种产品。

在我国，品牌延伸也备受各类企业的青睐，娃哈哈、海尔、联想、帅康等著名企业都从中受益匪浅。乐百氏营销总经理杨杰强指出："品牌延伸前乐百氏的销售额只有4亿多元，延伸后不到三年就达到近20亿元。品牌延伸使乐百氏的发展有了一个加速度。"可以说，在企业推出新产品的过程中，品牌延伸已成为最常使用的一种策略。

第一节 品牌延伸概述

国际上对品牌延伸问题的系统研究，起源于20世纪70年代末。1979年，美国学者Tauber发表了学术论文《品牌授权延伸，新产品得益于老品牌》，首次系统地提出了品牌延伸的理论问题。此后在20世纪80年代，品牌延伸问题的研究引起了国际学术界的广泛兴趣，并因此获得了进一步发展。国内关于品牌理论的研究始于20世纪80年代，但真正涉及品牌延伸问题的研究直到20世纪90年代中期才开始。

一、品牌延伸的概念

目前，国际国内营销学界对品牌延伸的概念尚未形成统一完整的理论阐述。

Tauber(1981) 把品牌延伸定义为公司用消费者所熟悉的现有品牌，推出与公司现有产品类别不同的新产品，这样能够利用现有品牌在消费者心目中的认知或印象，顺利进入新的市场。

美国营销大师菲利普·科特勒认为，品牌延伸是指"把一个现有的品牌名称使用到一个新类别的产品上"。显然，他没把产品线延伸包括在内。

美国品牌专家凯文·莱恩·凯勒对品牌延伸的定义："一个公司利用一个已建立的品牌推出一个新产品。"

上海交通大学的余明阳教授认为，品牌延伸有狭义和广义之分。狭义地看，新产品与原产品不是一个类别；广义地看，新产品不仅是新的产品类别，也可以是原产品线中产品项目的填补。

中山大学卢宏泰教授认为，品牌延伸是指借助原有的已建立的品牌地位，转移用于新进入市场的其他产品或服务(包括同类的和异类的)，以及用于新的细分市场之中，达到以更少的营销成本占领更大市场份额的目的。

本书采用卢宏泰教授的观点。其要点在于：①母品牌已建立了品牌地位，没有声誉的品牌进行延伸是没有意义的；②新的产品或服务包括同类的和异类的，同类即原有产品线的延伸，而异类即新的产品类别，两种延伸都是品牌延伸；③品牌延伸的目的是以降低营销成本的形式来进入新的细分市场和扩大品牌的市场份额。在品牌延伸中，实施品牌延伸的现有品牌称为母品牌(parent-brand)，延伸的新产品称为延伸产品(extended product)，公司通过品牌延伸时所使用的具有独立的品牌名称，但新的品牌与现有品牌同时使用，则新的品牌名称称为子品牌(sub-brand)。

需要注意的是，品牌延伸与多元化经营并不是一个概念。多元化可能会采用同一个品牌，也可能采用多个品牌来经营。如果采用的是同一个品牌，那就属于品牌延伸，如三星公司推出三星液晶电视、三星手机、三星洗衣机、三星MP4等；反之，如果采用多个品牌就不属于品牌延伸了，如宝洁旗下有飘柔洗发水、汰渍洗衣粉、玉兰油护肤品等。

二、品牌延伸的分类

根据不同的划分标准，品牌延伸可以有以下几种分类。

（一）根据延伸的产品是否归公司所有分类

根据延伸的产品是否归公司所有，可以把品牌延伸分为公司内品牌延伸和公司外品牌延伸。

我们一般讲的品牌延伸都是公司内品牌延伸，是指延伸产品都属于一家公司所有，如美的空调和美的电饭煲都属于美的公司。公司外品牌延伸就是通常所说的品牌授权(brand licensing)，是指企业把品牌授权给其他公司使用，以推出延伸的产品，如迪士尼、凯蒂猫(Hello Kitty)等都采用品牌授权的方式进行快速延伸。尽管延伸的产品属于另一家公司，但使用是由公司授权的，所以本质上也是一种品牌延伸。

（二）根据延伸产品与原产品之间的关系分类

根据延伸产品与原产品之间的关系，可以把品牌延伸分为产品线延伸和产品类别延伸。

1. 产品线延伸

产品线延伸是指母品牌用于延伸的产品与原产品同属一个类别，但定位于不同的细分市场。这是品牌延伸的主要形式，目前在品牌延伸中有80%～90%是属于产品线延伸。产品线延伸的方式有很多，如不同的口味、不同的成分、不同的形式、不同的大小、不同的用途、不同的档次等。比如，随着消费者健康意识的增强，箭牌公司在绿箭、黄箭、白箭等口香糖的基础上推出了品牌名称为"5"的无糖口香糖，包括奔涌西瓜味、魅幻蓝莓味、激酷薄荷味等，这种延伸就属于口味延伸；可口可乐香草可乐的推出就属于成分延伸；益力的桶装水和瓶装水就属于形式延伸；"一品国香"中华香米的5kg、10kg、25kg就属于大小延伸；诺基亚商务手机、音乐手机的推出就属于用途延伸；宝马3系的320i和325i就属于档次延伸。

产品线延伸可具体分为三种延伸类型。

(1) 换代延伸。假定甲品牌已推出了定位于T市场的产品，并赢得了极大的市场份额。企业推出的换代产品是该市场的升级产品。公司决定继续使用甲品牌，把那个标以"甲2"，以后再"甲3""甲4"……这种品牌延伸就称为换代延伸，如奔腾Ⅰ、奔腾Ⅱ……再如，Windows 95、Windows 98、Windows 2000、Windows 2003、Windows XP等。

(2) 水平延伸。是指同一市场档次的不同市场面之间的延伸，即质量水平相同，但在尺寸和外观上有所改动的延伸。如商用洗衣机延伸到家用普通洗衣机和迷你型洗衣机。又如，佳洁士牙膏、佳洁士儿童牙膏。

(3) 垂直延伸。是现有市场的品牌向更高档次或更低档次延伸，以获得更大的市场覆盖面的品牌延伸策略。如阿曼尼品牌，最早推出的乔治·阿曼尼是高级时装品牌，后来推出的厄普里奥·阿曼尼是二线成衣品牌，阿曼尼牛仔是面向大众的三线品牌。其中，向上延伸，难度较大，但不是不能成功。向下延伸相对比较容易，但存在潜在的陷阱和危机。为了避免出现株连效应和替代效应等不良后果，有的垂直延伸在原品牌后加上一个子品牌，以示区别。例如，奇瑞瑞虎、奇瑞QQ等。

阅读材料

以改造原有产品拓展市场

美国有一家生产牙膏的公司，产品优良，包装精美，深受广大消费者的喜爱，每年的营业额蒸蒸日上。

记录显示，前 10 年，每年的营业额增长率为 10%～20%。这令董事会兴奋万分。不过进入第 11 年、第 12 年、第 13 年时，营业额则停滞下来，但每月大体维持在同样的数字，董事会对此三年的业绩表现感到强烈不满，便召开经理级以上的高层会议，商讨对策。

会议中，有名年轻的经理站了起来，对总裁说："我有一张纸条，纸条里有个建议，若您要采用我的建议，必须另付我 5 万美元。"

总裁听了很生气地说："我每个月都支付给你薪水，另有分红、奖金，现在叫你来开会讨论对策，你还另外要求 5 万美元，是不是太过分？""总裁先生，请别误会，您支付我的薪水，让我平时卖力为公司工作，但这是一个重大而又有价值的建议，您应该支付我额外的奖金。若我的建议行不通，您可以将它丢弃，1 分钱也不必支付。但是，您损失的必定不止 5 万美元。"年轻的经理说。

"好，我就看看它为何值这么多钱？"总裁接过那张纸条，阅毕，马上签了一张 5 万美元的支票给那名年轻的经理。那张纸条上只写了一句话："将现在的牙膏开口直径扩大 1 毫米。"

总裁马上下令更换新的包装，试想，每天早晚，消费者都用直径扩大了 1 毫米的牙膏，每天牙膏的消费量多出多少倍呢？这个决定，使该公司第 14 个年头的营业额增加了 32%。

2. 产品类别延伸

产品类别延伸是指母品牌延伸到不同于已有品牌产品类别的品牌延伸，使品牌突破了原来的产业或行业，实现了跨行业的扩展。法国品牌权威学者卡普菲勒教授把产品类别的品牌延伸细分为两种类型：连续性延伸和非连续性延伸。

连续性延伸是指企业借助技术上的共通性在同一大类或近类产品之间进行延伸。如索尼借助于成像技术推出数码照相机、数码摄像机等；耐克借助运动产品的研发能力推出各类运动鞋、运动用品、运动装等。由于延伸的产品与最初的产品在技术上很接近，因此母品牌覆盖的产品范围较窄。

非连续性延伸是指超出了产品之间的技术和行业上的局限，覆盖完全不相关的产品类别的延伸行为。比如，法拉利不仅拥有经典跑车，还借助自身无与伦比的设计优势和品牌优势，或独自或与其他公司合作，推出了自行车、手表、香水、手机、数码相机、笔记本电脑、主题公园等不同领域的产品；海尔既有电器，又有生物医药、金融、物流、旅游、房地产等不相关的产业；重型机械设备供应商卡特彼勒公司依据其坚固、粗犷、勇敢、不辞劳苦的品牌个性、犀利的风格将产品延伸至鞋子、手表和牛仔裤等产品；雅马哈是摩托车品牌，也是古典钢琴的品牌。这种远离原有产品领域的延伸使品牌覆盖了更宽广的产品范围。

无论是连续性延伸还是非连续性延伸，都是不同类别的产品之间的延伸。原产品和延伸产品两者越相似，消费者对延伸产品的认可性就越好。类似产品之间的延伸会形成一个专门化品牌（如 SONY 是视听设备品牌），即连续性延伸形成专门化品牌。但是不同的消费者由于评价产品时所用的参照系不同，因而，产品的"相关性"的标准可能差异很大。消费者更多地从延伸产品与原产品在外观或用途上的相似性去评价相关性（如从网球鞋到网球拍），内行的评价者可能从所使用的技术和产品材质等方面去考虑（如从网球鞋到篮球鞋）。前一类称为浅层延伸，后一类称为深度延伸。

（三）根据延伸产品的品牌命名策略分类

根据延伸产品的品牌命名策略，可以把品牌延伸分为单一品牌延伸、主副品牌延伸和亲族品牌延伸。

单一品牌延伸是指延伸的产品与原产品的品牌名称完全一样，如金利来领带和金利来西服；主副品牌延伸也称为母子品牌延伸、复合品牌延伸，是指延伸产品与原产品的品牌名称采用两段式，前面的主品牌名称相同，后面的副品牌名称有差异，以体现产品特点，如别克凯越和别克君越；亲族品牌延伸是指延伸产品与原产品的品牌名称有部分相同，部分不相同，如麦当劳的麦乐鸡、麦香鱼、麦辣鸡等都有"麦"(Mc)字。其中，尤以主副品牌延伸使用最为平常，因为它既利用到了原品牌的声誉又突出了不同产品的差异性。

三、品牌延伸的作用

（一）节约新产品的推广费用，提高其认知度

新产品推广的成本不仅巨大，失败率也非常高。品牌延伸使新旧产品都采用一个品牌，而这种做法，使新产品利用原有成功品牌的知名度，可以迅速提高消费者对新产品的认知度，减少新产品推出的费用。据估计，在全美市场推出一个全新品牌的产品需 3000 万～5000 万美元，而运用品牌延伸策略可以节省 40%～80%的费用。

一项对食品研究的数据表明，品牌延伸对消费者的接受过程产生了重要影响，品牌延伸在试用率和重复购买率方面均比新品牌高，如表 6-1 所示。因此，新产品使用原品牌可以使消费者产生熟悉感，也可使品牌经营者获得市场优势。

表 6-1 品牌延伸对消费者的接受过程的影响

指 数	新品牌	品牌延伸
试用率(指数)	100	123
重新购买率(指数)	100	161

（二）给予消费者多元化选择的机会

如今要获得消费者对一个品牌的忠诚是越来越难了。为了留住"喜新厌旧"的消费者，企业可以通过品牌延伸的方式，推出更为齐备的产品线项目或者相关产品类别以供选择。也就是说，要防止消费者的品牌转换，企业就要研究消费者在该领域的不同需要，在不同的细分市场进行品牌延伸，给消费者提供更多选择。这样，尽管顾客可能不选择原来的那个具体产品了，但还是极有可能会选择该品牌的其他相关产品。比如，麦斯威尔咖啡既有原味也有特浓口味，宝马既有轿车也有越野车等。

（三）提升品牌内涵

品牌延伸的成功可为主品牌注入许多新的元素，提升品牌内涵。特别是那些最初与某

一产品产生强烈联系的品牌，通过品牌延伸，使越来越多的产品加入品牌，使得原有的品牌逐渐增加了感性的内涵，同时因为各产品的某种共性而使品牌内涵得以深化和清晰化，可有效地摆脱“品牌就是产品”的束缚。

英国维珍集团最初从唱片起家，之后的业务扩展到航空、可乐、网上商店、铁路、电信、大卖场、婚纱、影院、金融服务、手机等行业。尽管延伸的产品之间风马牛不相及，但其共性是“反叛和娱乐”的品牌个性，每一个延伸的产品都在使这一品牌的内涵清晰化。当最初的产品早已明确了品牌内涵时，品牌延伸当中出现的名称、标志等品牌要素可以强化这一含义。比如，娃哈哈最初是代表儿童营养液，属于儿童品牌。随着发展，娃哈哈集团经营的触角不断地进行延伸，扩展到果奶、八宝粥、纯净水等产品领域，而正是通过品牌的不断延伸，使娃哈哈品牌超越儿童品牌的局限，使娃哈哈的品牌得以增值为“快乐和时尚”。

（四）规避经营风险

企业的经营常会遇到各种风险，其中的一种便是单一的产品、项目或业务经营的失败给企业带来的致命打击，也就是说，对于单项经营的企业来说，此项业务的失败，会使企业唯一的经营活动失败，从而给企业带来严重的损失。企业实施品牌延伸，可以分散企业的经营风险，企业原单一的产品结构、单一的经营领域，向多种产品结构、多种经营领域发展，有利于分散企业经营的风险。

美国吉列公司前任董事长勒克勒在 1978 年出任总经理时就提出：“本公司不应再以刀片作为唯一的事业了。”于是，吉列公司在继续研制新型剃须刀的同时，大刀阔斧地进行了品牌扩张，企业经营转向了化妆品、医药及生活用品等多个方面，并在这些行业中取得了成功。到 1980 年，剃须刀和刀片的销量额在其海外业务的总营业中所占比重还不到 35%。正是由于实施单一经营向多元化的战略调整，使吉列开始多条腿走路，也使吉列的“剃须刀王国”更加巩固。再如，日本三菱重工业公司拥有多个机械厂，机械产品小至收音机，大至核电站成套设备，应有尽有，素有“机械产品的百货商店”之称。

四、品牌延伸的风险

品牌延伸是一把“双刃剑”，成功的品牌延伸能够使品牌资产得到充分利用，并在利用中增值，但盲目的品牌延伸，也有许多陷阱，存在很多潜在的风险。

（一）损害原品牌形象

当某一类产品在市场上取得领导地位后，这一品牌就称为强势品牌，它在消费者心目中就有了特殊的形象定位。这时，将这一强势品牌进行延伸后，新产品就可以借助原品牌的资源进入市场，但运用不当的话，原有品牌所代表的形象信息就被弱化。比如霸王集团，由主营中药日化洗护主业到“跨界”生产凉茶，这一布局虽一开始不为外界看好，但一度也曾风光。霸王集团 2011 年财报显示，其凉茶业务一度实现 1.18 亿元的收入，占霸王集团总收入的 13.3%。然而，随着加多宝与广药世纪凉茶之争在 2012 年正式步入终端大战，霸王凉茶 2011 年销量激增的态势戛然而止。数据显示，其 2012 年上半年仅实现 1600 万元的凉茶营收，同年下半年的收入更是不足 100 万元。再如提到好莱坞，人们都知道是美国电影城，就不应该唐突地把它扩展到好莱坞汽车、卫生纸等方面，这种扩张一方面不仅不能延伸原有品牌资源；另一方面还有可能使原有形象受到破坏，失去原有的消费群。

进行延伸时应注意以下两种情况。

(1) 某品牌高度定位后，在人们心中形成了一个固定的完整的形象，品牌完全取代了产品作用。若盲目进行扩张，品牌或产品将受到不良影响。如索尼公司的产品系列细化到不能再细的程度，其在家电业的成功扩张使其成了家电视听产品的代名词，提到索尼自然会想到家电视听产品。索尼公司经营几十年来，从未渗透到其他行业领域，大概原因也基于此。

又如，施乐美国公司收购了一家计算机公司，把它改名为“施乐资料系统”。然而“施乐”在顾客心中意味着复印机，他们不接受不能复印的“施乐”计算机，由此，施乐美国公司损失了 8400 万美元。

(2) 一个原本代表高品质、高信誉的高档品牌向低档延伸时，虽然一时会让其销量大增，但长此以往，将会使原品牌的形象受到影响。如在第二次世界大战以前，美国豪华轿车并非凯迪拉克而是派卡德。派卡德曾是全球最尊贵的名车，是罗斯福总统的座驾。然而，派卡德在 20 世纪 30 年代中期推出被称为“快马”(Clipper)等低价位车型，尽管销路好极了，但派卡德的王者之风渐失，高贵形象不复存在了，从此走向衰退。

再如，一向以质优价贵、象征身份和体面著称的美国“派克”钢笔，以其高品质的形象成为“钢笔之王”。后来公司采取品牌延伸策略，把“派克”品牌用于每支售价仅 3 美元的低档笔，由此破坏了“派克”钢笔在消费者心目中的高贵形象致使派克公司非但没有打入低档笔市场，反而在高档笔市场大为失利，更悲惨的是为竞争对手克罗斯公司进入高档笔市场打开了方便之门。

(二) 品牌个性稀释

企业进行品牌延伸时，若延伸跨度较大，很容易使新产品脱离原品牌的个性特征或核心价值，造成品牌个性淡化。例如，美国美能公司推出了一款洗发精和润发乳二合一的产品，取名为“蛋白 21”。由于这种产品独特的定位，很快在市场上打开了销路，并取得了 13%的市场占有率，成为知名品牌。公司受到品牌扩展的诱惑，又接连用这一品牌推出蛋白 21 发胶、润发乳、浓缩洗发精等产品。结果事与愿违。由于品牌延伸模糊了蛋白 21 作为二合一洗发护发用品的定位核心价值，从而也就淡化了消费者对它的独特偏好，结果蛋白 21 从 13%的市场占有率降为 2%。

(三) 使消费者产生心理冲突

品牌如若延伸到一个与主品牌产品相对立或易引起消费者反感的产品或行业上，就会对消费者造成心理冲突。美国 Scott 公司生产的舒洁卫生纸，本来是卫生纸市场上的头号品牌，但随着舒洁餐巾纸的出现，消费者的心理发生了微妙的变化。对此，美国广告学专家艾·里斯幽默地评价说：“舒洁餐巾纸与舒洁卫生纸，究竟哪个品牌才是为鼻子策划的？”结果舒洁卫生纸的头牌位置很快被宝洁公司的 Charmin 卫生纸所取代。

阅读材料

活力28盲目的品牌延伸

活力28曾是中国日化领域的一面辉煌旗帜：第一个提出超浓缩无泡洗衣粉的概念；第一个在央视投放广告的洗衣粉品牌；第一个上市的本土日化企业；第一个将广告牌树立在香港闹市。但是，活力28显然不甘心仅仅局限在日化洗涤领域，洗发水、香皂、卫生巾、杀虫剂都很快进入了活力28家族。但活力28很快就尝到了品牌延伸的恶果。香皂因定价太高而滞销，最后只能做福利，发给自己的员工；洗发水品质不过关，根本无法上市。至于纯净水，“做洗衣粉的做水”，让消费者总觉得喝的纯净水里面有洗衣粉的味道。

（四）株连效应

企业在进行品牌延伸时，如果企业在市场竞争中占据优势地位，往往所有产品都会因品牌效应而受益。但如果其间某一产品经营受挫，反过来又会波及其他产品的信誉，影响销售，甚至会导致消费者对所有同一品牌产品的“否定”，形成“株连”效应。

如20世纪七八十年代，“雀巢婴儿奶粉”曾因品质问题和宣传不当，引发了多达九个国家抵制雀巢品牌。抵制运动持续了七年，导致雀巢公司利润直接损失4000万美元，其他业务都不同程度地受到了影响。

（五）跷跷板效应

品牌如延伸到另一个类别的产品时，会发生新产品销量上去了，原品牌产品的市场份额却被竞争对手占领了，就像跷跷板一样，一边翘起，一边就落下。这种情况往往发生在主品牌地位尚未牢靠，便轻易延伸到别的行业的企业。当然，一些实力强大的品牌由于在延伸时注意力太过集中于新品，忽视了竞争对手对原品牌产品的进攻，不过他们相对那些实力弱的更易收复失地。因此，企业尚不具备“两线作战”的能力或时机时，不要轻易倾力去做品牌延伸，即使在延伸的同时也要提高警惕，严守原产品受到竞争对手的“乘虚攻击”。

例如，在美国市场上，Heinz原本是腌菜中的名牌，而且它占有最大的市场份额，后来公司把其延伸到番茄酱市场，做得十分成功，使Heinz成为番茄酱品牌的第一名；然而不幸的是它在腌菜市场上却被Vlasic所代替，丧失了该市场上第一品牌的地位。

（六）可能挤占原产品的销量

这一情况主要表现在产品线延伸这一延伸类型上，原产品与延伸产品具有一定的替代性。最简单的例子是某品牌延伸出相对于原产品更便利、更实惠包装的新产品，则消费者会纷纷改选新产品，从而导致原产品的销量下滑，市场份额被延伸新产品抢占。

事实上，只要将分类产品的市场区域做好，是能有效地降低这种风险的。以洗衣粉为例，既然大号装主要以家庭主妇购买为主，那么小包装可定位于年轻的单身族，加入一些他们喜欢的元素，各守各的目标顾客，不至于发生内讧。

鉴于以上介绍的企业品牌延伸面临的种种风险，企业在品牌延伸中要积极开展调研，了解企业定位、消费者心理，从而使品牌的延伸不至于盲目。

第二节 品牌延伸的成功因素

如今，众多的成功企业都愿意通过品牌延伸来充分挖掘品牌的潜在优势。但品牌延伸不是毫无方向和目的地开展的，品牌延伸应把握一定的技巧，下面来看看影响品牌延伸成功的因素有哪些。

一、品牌延伸成功的基石——强势品牌

就品牌延伸而论，只有强势品牌才具有延伸价值和延伸力量，强势品牌特征主要表现为品牌具有很高或较高的知名度、品质认知度、积极丰富的品牌联想和忠诚度。

品牌知名度是指消费者认出或想起某种品牌的程度。一般而言，品牌的知名度越高，品牌就会被更多、更广泛的人所熟悉，延伸后被消费者认出、忆起的可能性越高，品牌延伸成功可能性就越大。

品牌品质认知度是指消费者对品牌所代表的产品或服务的整体品质的感觉。消费者购买商品不仅要花时间成本、精力成本，还要耗费心理成本，而现代社会生活节奏加快，消费者为节约更多时间去休闲，往往不愿"高度卷入式"地购买商品，常根据对品牌的品质认知去购买。被高品质认知的品牌具有一定的光环效应，在品牌延伸上具有更大的潜力，其品牌延伸也更容易成功。因为消费者会将原有的品质印象转移嫁接到新的产品上。

品牌联想是指一提起某品牌消费者脑中会想到什么，它源于企业对消费者持久的品牌传播和教育，以及消费者对品牌的理解、消费者间的口碑相传。品牌联想可从三个方面评价：一是品牌联想的强度，即消费者看到品牌就想起别的事物的程度；二是品牌联想的喜欢度，即指消费者看到品牌时产生正面、积极的联想；三是品牌联想的独特程度，即一看到品牌就产生的异于竞争品牌的独一无二的印象。仅有品牌联想的喜欢度和强度的品牌延伸出来的产品很容易被淹没，最好是同时具备品牌联想的独特程度，那样延伸出来的产品会与众不同，鹤立鸡群，更引人注目，成功的概率也高些。由于品牌延伸的同时品牌联想也在延伸，所以品牌经营者要充分利用各种手段和工具，找出那些直接或间接影响购买行为的品牌联想，开展有益的品牌延伸。

品牌忠诚度是指消费者对所用的品牌感到满意并坚持使用的程度。这一术语一般用来衡量消费者对所用品牌的依恋程度，或反面来讲是转换品牌的可能程度。品牌忠诚度应是前面所讲的品牌知名度、品牌品质认知度、品牌联想的一个综合反映，也是消费者对品牌的态度在行为上的体现，企业一切的营销努力最终也是为了使顾客产生品牌忠诚度。品牌忠诚度越高，说明品牌越有价值，消费者越易产生爱屋及乌心理，这种忠诚度也可迁移到延伸产品中，因而品牌忠诚度越高越易取得品牌延伸的成功。

品牌知名度是顾客对品牌的认知，品牌品质认知度和品牌联想是消费者对品牌的态度，品牌忠诚度反映了消费者对品牌的购买行为，从认知到最终的忠诚行为是品牌延伸效果的量化指标。

二、品牌延伸成功的条件——延伸产品与主品牌的相似性

相似性是指延伸产品与核心品牌之间的某种共通性和匹配度。品牌延伸中的相似性可

分为两类：与产品相关的属性或利益以及与产品无关的属性或利益。与产品有关的属性或利益有三类：技术或资源的可转移性、互补性、替代性；与产品无关的属性或利益主要是价值性，如品牌形象、象征意义等，这些可归纳为品牌的核心价值或品牌内涵的主成分。进行品牌延伸应保持与原有产品的相似性，不能盲目进行。

首先应考虑品牌的核心价值与个性。一个成功的品牌有其独特的核心价值与个性（价值性），若一核心价值能包容延伸产品，就可以大胆地进行品牌延伸，也就是说品牌延伸应尽量不与品牌原有核心价值与个性相抵触。

这里的品牌核心价值与个性不是指产品之间表面的关联度（替代性、互补性、技术性），而是指品牌后面隐藏着的文化和价值观，它使得品牌不仅给消费者以物超所值的享受，更给消费者以民族文化、时代文化的享受。正是这种内在的核心价值和个性解释了为什么许多关联度低，甚至风马牛不相及的产品共用一个品牌也能获得成功的道理。如登喜路（Dunhill）、都彭（S. T. Dupont）、华伦天奴（Valentino）等奢侈消费品品牌麾下的产品一般都有西装、衬衫、领带、T恤、皮鞋、皮包、皮带等，有的甚至还有眼镜、手表、打火机、钢笔、香烟等跨度很大、关联度很低的产品，但也能共用一个品牌。因为这些产品都能提供一个共同的效用，即身份的象征，达官贵人的标准，能让人获得高度的“自尊”和满足感。购买都彭打火机者所追求的不是点火的效用，而是感受顶级品牌带来的核心价值，即无上的荣耀。

值得一提的是，在品牌延伸之前应正确认识品牌的核心价值与个性。如果狭隘地认识品牌的核心价值，就有可能延误品牌延伸的时机。如雀巢与咖啡的关系密切，消费者一提到雀巢，首先想到的就是咖啡，但这只是雀巢的核心价值之一，它还意味着“国际级的优秀品质、温馨、有亲和力”这些才是雀巢品牌核心价值的主体部分，故能包括咖啡、奶粉、冰激凌、柠檬茶等许多产品。

因此，在进行品牌延伸时，首先，要分析延伸产品与原有产品之间是否存在共同的核心价值与个性，这是决定品牌延伸是否成功的关键。

其次，当延伸产品与主品牌不具有内在的共同核心价值与个性时，品牌延伸就应考虑延伸产品与原有品牌表面的相似性，尽量使延伸产品与原来的品牌在其产品的品位、特色及其消费对象等方面相吻合。如不然便会损害其已在消费者心目中所树立的品牌形象。以服务系统、消费者和技术的相似为例。

(1) 相同的服务系统。从营销到服务，如果能联系在一起，品牌延伸自然理所当然，否则，就显得不伦不类。如雅戈尔从衬衣延伸到西服，服装业的营销和服务是一致的，品牌延伸自然到位。

(2) 使用者相似。使用者在同一消费层面和背景之下，也是品牌延伸成功的重要因素。比如，三笑牙膏到三笑牙刷，大宝化妆品到大宝洗面奶，都是面对同一消费群体，就能够成功；金利来，从领带到腰带，都紧盯白领和绅士阶层的消费，延伸得比较成功。从产品品质到价位，都定位于“成功的、成熟的男士”。这样定位准确的品牌延伸不会“乱套”。

(3) 技术上密切相关。主力品牌与延伸品牌在技术上的相关度是影响品牌延伸成败的重要因素。如三菱重工在制冷技术方面非常优秀，因此，它自然将三菱冰箱的品牌延伸到三菱空调，海尔品牌延伸也是大致如此。相反，春兰空调与其“春兰虎”“春兰豹”摩托车的形象没什么相关性，很难使消费者产生技术优势联想。

三、品牌延伸成功的保障——延伸产品本身运作成功

上面述及的品牌延伸的基础——品牌资产是否雄厚，欲延伸的产品与原产品的相似度都只是讨论了品牌延伸的理论可能，但何时延伸、延伸到何种产品上，还是得看天时、地利、人和，即新产品的营销环境和企业的营销努力是否正在其时，如正在其时，则新产品就会成功。新产品本身是品牌延伸成功的保障，下面就来看看影响新产品成功的因素有哪些。

（一）延伸新产品的市场需求量

在进行品牌延伸时，应考虑市场的需求量，看有没有可供挖掘的空间。在企业决定进行品牌延伸之前，要对目标市场做一番周密细致的市场调研，要计算出市场的总容量，并尽可能细分市场，达到量化指标，结合自己准备推出的产品性能和特色，看是否值得进行品牌延伸，以及是否有胜算的把握，而不是看别的企业进行品牌延伸就眼红，不分青红皂白，一拍脑门就上。

（二）延伸新产品面临的市场竞争态势

当被延伸产品的市场上，品牌纷杂、品牌市场格局未定格、没有或未形成强势品牌时，被延伸的新产品容易成功。因为品牌的市场格局未定，即使有相对强势品牌浮出水面，其地位不稳，实力有限，心理优势和市场优势尚未确立，其他市场的强势品牌的优势在延伸中凸显，市场的相对优势也不可能对延伸品牌形成抗击优势，这样的市场有延伸空间，被延伸的新产品容易成功。在我国，纯净水行业尚未出现一个全国性的领先品牌时，“乐百氏”“娃哈哈”顺利地从乳酸业成功地跨入纯净水市场，成为这一行业的一流品牌的情况就基本属于此类。

相反，市场上的强势品牌通常是该市场上最有购买力的品牌。首先，它占据了市场最多的份额，实力最强，有能力抗击入侵者。其次，它的知名度和美誉度高，获得该市场多数消费者的肯定和喜爱，它占据消费者最有利的位置，并在心理上构筑起抗击入侵者的屏障。最后，它占据并控制了主要的销售渠道，它可能阻塞延伸者的销售渠道。在这样的情况下，其他市场强势品牌延伸进入，难以获得成功。IBM 进入复印机市场的失败，施乐进入计算机市场的败北，3M 公司闯入胶卷市场被柯达扼杀，就是这方面的例证。

延伸产品市场早有强势品牌，市场格局早已定格，市场成熟。此种情况下，被延伸产品难以成功。但是，只要延伸者能找出该市场有价值的空隙，并使延伸产品占领此空隙，被延伸的新产品的成功仍有可能。如“海尔”由冰箱、空调延伸至洗衣机市场，当时以“小天鹅”“小鸭”为龙头的洗衣机市场格局早已形成并定格，两者是行业的强势品牌。“海尔”找到了全自动滚筒、高品质、高价格和优服务洗衣机的市场空隙并占领了此位置，使延伸的新产品获得成功，进而使品牌延伸获得成功。

（三）企业的支持力度

企业是否采取有效的营销策略和有力的营销手段来确保延伸的新产品的成功会影响到品牌延伸的效果。因为品牌延伸到一个新的领域，如果延伸产品所在的行业内存在强大的品牌，那么仅靠品牌的知名度和品牌核心价值的包容力是远远不够的，延伸难以成功。企业仍须在产品、定价、渠道、促销、广告等营销方面付出很大努力。如在产品方面采取差异化战略，精确定位切割对手市场空隙或薄弱环节的市场份额；定价方面则可采取比对手稍低价格

的策略;渠道方面则给予经销商更高的返利和更强大的渠道支持以及采取减少渠道成员层级,使渠道扁平化,以更接近消费者和更快地顺应市场变化;促销方面则加大终端人员促销的努力,做好终端货架的生动化陈列,争取更好的排面;广告方面则可加大广告投放力度,采取明星策略等。

第三节　品牌延伸的步骤

品牌延伸成功与失败的案例都非常普遍。为了提高品牌延伸的成功率,本书结合美国品牌专家凯勒、法国品牌学者卡普菲勒等教授的观点,同时分析品牌延伸的一些案例,提出品牌延伸必要的几个步骤,如图 6-1 所示。

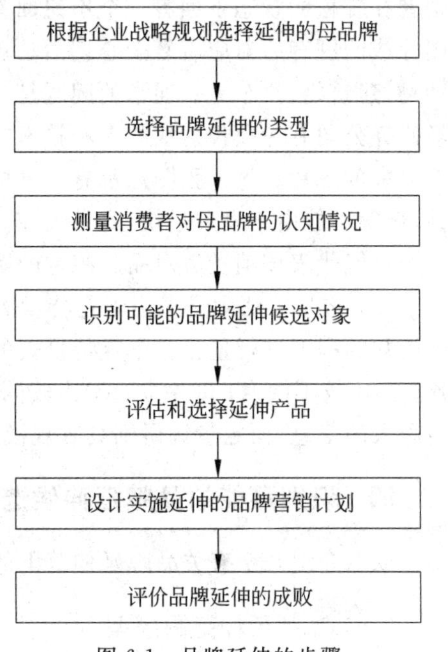

图 6-1　品牌延伸的步骤

一、根据企业战略规划选择延伸的母品牌

一般来说,被延伸的品牌以公司品牌居多,如海尔、美的、小米等,但也有一些案例中延伸的是子品牌,如通用汽车在别克这一子品牌下面推出了别克凯越、别克君威、别克君越、别克林荫大道等品牌的汽车。究竟选择公司品牌还是子品牌进行延伸主要看企业的行业发展规划——如果企业计划进入新的行业,可以选择公司品牌进行延伸(当然,推出新品牌另当别论);如果企业只是希望丰富和填补原有的产品线,则选择子品牌来延伸新产品更为明智。

不管是选择公司品牌还是子品牌,一个容易成功延伸的母品牌应该具有较高的知名度和良好的形象。从现有的成功经验来看,品牌延伸应该是“步步为营”。在没有建立品牌知名度和品牌形象之前就急于延伸,会分散品牌的力量。

二、选择品牌延伸的类型

品牌延伸的类型将决定延伸产品的选择方向,因此在提出候选的延伸产品之前需要对延伸类型进行选择。首先要考虑的问题是采用公司内延伸还是公司外延伸。公司内延伸比公司外延伸的企业可控性更强,但对企业的财务、生产和营销压力也更大,选择前者还是后者,取决于公司对哪方面更加重视。之后的决策问题是采用产品线延伸还是产品类别延伸。一般的规律是先进行产品线延伸,在某一个产品领域做大做强之后,再凭借专业品牌优势来进行产品类别延伸。产品线延伸并不困难,因为延伸产品与原产品同属于一个产品线,消费者容易形成一致性的认知。难办的是产品类别延伸,由于各产品类别存在差异,延伸产品可能会与原产品发生冲突,不仅容易失败,还可能会损害母品牌形象。所以,不到万不得已,尽量不要采取产品类别延伸。一般来说,只有当原产品类别利润空间不大、竞争过于激烈的时候,延伸到新的产品类别才是明智之举。例如,康佳在电视机行业面临巨大竞争压力的时候,选择了手机、电冰箱作为延伸的新品类,以求增加新的利润增长点。

三、测量消费者对母品牌的认知情况

母品牌该向何处延伸取决于消费者对该品牌的认知情况，而不是企业自身的看法，所以企业需要对消费者进行品牌认知调研。调研的方法包括定性和定量两类。

(1) 常用的定性方法包括自由联想法和投射法。自由联想法采用焦点小组法或深度访谈法进行，调研者向被访问者提问“看到或听到品牌 X，你能想到什么”，以探索品牌在消费者头脑中有关品类、价位、特色、个性等方面的联想。由于并没有对联想的内容和方向进行限定，因此可能会获得意想不到的答案。投射法是一种心理学测试技术，它能使被访问的消费者在轻松的状态下回答一个不愿回答或者难以回答的问题，原因是用以测试的一个简单图片或问题背后对应着复杂心理活动。常见的一类投射法工具是图片，可以是人物、风景、动物、建筑物、汽车等。通常的问题是“你觉得品牌 X 给你的感觉像以下哪个图片?”国际市场研究公司有一项投射法的专利技术“品牌视觉画廊”，其中包括 20 张在全球经反复测试挑选出来的图片。每一张图片都有一种标准解释。例如，热带雨林的图片象征着生机与成长性，但很可能由于发展过快，容易失控。研究者让消费者根据对被测试品牌的直觉，选择若干张最能代表该消费者对品牌感觉的图片，以确立品牌形象的核心。

(2) 定量方法则是采用李克特量表来表述品牌认知和形象的问题，以便将消费者对品牌认知的程度进行量化。李克特量表的表达方式如“品牌 X 是一个运动品牌。①完全不同意；②比较不同意；③中立；④比较同意；⑤完全同意”。显然，通过定性调研可以获得更为深入的信息，而定量调研则具有规模上的统计意义，二者结合可以取长补短。

四、识别可能的品牌延伸候选对象

以下介绍几个有关品牌延伸范围的模型，以帮助管理者识别可能的延伸产品候选对象。

(一) 品牌延伸范围模型

美国品牌学者戴维森(Davidson)描述了品牌延伸的可能范围，具体包括内核、外核、延伸区域和禁区，如图 6-2 所示。内核的延伸是产品线的延伸，是距离原产品最近的延伸，如

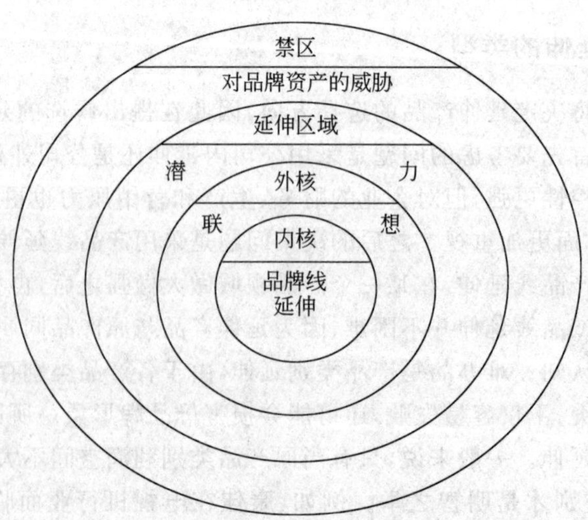

图 6-2 品牌延伸范围模型

诺基亚推出的各种商务、音乐手机等；外核的延伸是同一类产品的延伸，距离原产品比较近，如海尔彩电、冰箱、洗衣机、电热水器等家电产品；延伸区域是不同类产品的延伸潜力，距离原产品比较远，如法国 Bic 从一次性圆珠笔到一次性打火机；禁区是品牌不宜延伸的产品类别，强行延伸将使得延伸产品与原产品产生行业、市场、档次等方面的认知冲突，最终威胁到原品牌资产。比如，立白洗衣粉延伸到立白牙膏就存在行业认知冲突，而派克笔从高端延伸到低端就存在档次认知冲突。

（二）品牌延伸能力模型

究竟如何确立延伸的候选产品？卡普菲勒教授提出了一个品牌延伸能力模型，如图 6-3 所示。

该模型纵轴是品牌类型，横轴是产品相似程度。品牌类型是指母品牌具有显著特征的一个方面，包括专有技术（know-how）、利益（benefit）、个性（personality）、价值观（values）；产品相似程度是指延伸产品与原产品之间的技术相关性。

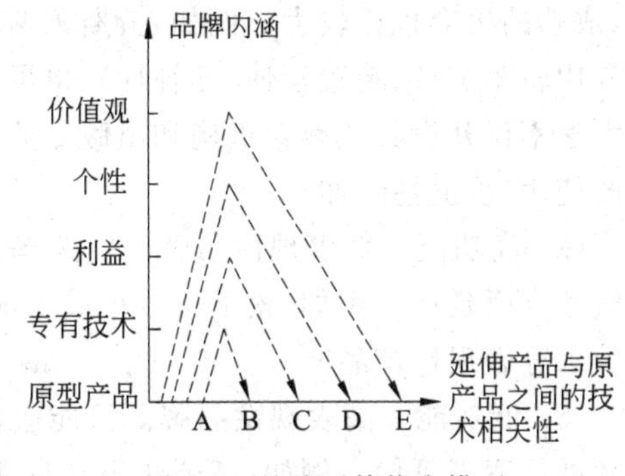

图 6-3　品牌延伸能力模型

由模型来看，根据品牌类型的不同，延伸产品和原产品的相似性也不同。专有技术是品牌原产品所具备的技术特长，据此所延伸的产品与原产品应当较为相似，如乌江三榨的专有技术是腌制榨菜，这一技术使得它可以制作古法榨菜、麻辣榨菜、低盐榨菜、川香菜片、原味榨菜、榨菜碎米等系列产品；利益是品牌带给消费者的产品利益，据此所延伸的产品与原产品距离稍远，如立白洗涤用品的利益是“不伤手”，这使其能顺利从立白洗衣粉延伸到立白洗洁精；个性是品牌的拟人化特点，据此所延伸的产品可以离原产品较远，如万宝路的个性是豪迈、粗犷，所以它能从香烟延伸到牛仔裤；价值观是品牌所特有的理念，所延伸的产品可与原产品在技术上不相干，只要保持理念一致就行，如卡特皮勒的价值观是“坚韧、粗犷、户外”，它旗下不仅有挖土机、拖拉机，还有风马牛不相及的皮靴、牛仔裤，因为都体现了“坚韧、粗犷、户外”的品牌价值观。

（三）品牌延伸边界模型

影响品牌延伸成败的决定性因素主要有两个：消费者对核心品牌的认知和延伸产品与核心品牌之间的关联性。前一因素是品牌延伸的优势基础，后一因素是品牌延伸的指导原则，将二者结合起来，可以构建一个品牌延伸边界模型，如图 6-4 所示。品牌延伸的成败取决于延伸产品是否脱离了核心品牌所规定的延伸边界。消费者对核心品牌的认知可分为功能性认知和表现性认知两种，如果再将每种认知分为高低两种，那么消费者对核心品牌的认知就又可以分为高功能—高表现性、高功能—低表现性、低功能—高表现性、低功能—低表现性四种。延伸产品与核心品牌间的联系又可分为与产品特征有关的技术性、互补性、替代性以及与产品特征无关的价值性四种。其中，技术性是指核心技术与资源的可转移性；互补性是指延伸产品与原产品之间的配套补充，如柯达胶卷与柯达相纸、柯达连锁冲印店；替代性是指延伸产品与原产品之间可以相互替代；价值性是指品牌概念、表现、内涵等核心价值的一致性。结合以上两个决定性因素，可以确定四类品牌延伸的边界。

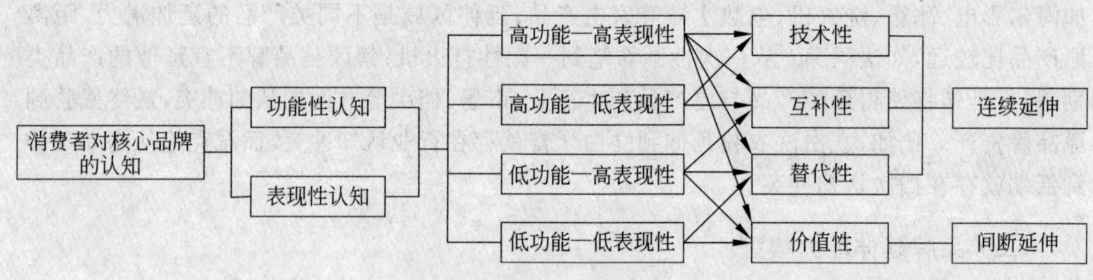

图 6-4　品牌延伸边界模型

(1) 高功能—高表现性品牌。可在技术性、互补性、替代性、价值性上延伸，较少受到限制，成功的机会也比较大。例如，劳斯莱斯轿车可以向私家游艇延伸(技术性、价值性)，可以向专用轿车配件、装置延伸(互补性)，也可以推出另一型号的豪华轿车(替代性)。又如，牛津大学不仅开设其他教育机构和出版专业图书(功能性延伸)，还将品牌授权给一家服装生产商使用(价值性延伸)。

(2) 高功能—低表现性品牌。应选择技术性、互补性、替代性这三方面延伸，而不宜向价值性方面延伸。例如，松下可以很成功地延伸到各类家电产品，却无法进入高档手表或名贵香水等表现性产品。

(3) 低功能—高表现性品牌。只能应优先采用价值性延伸，也可以向互补性和替代性产品进行适当延伸。例如，高档洋酒本身并无太大功能性，但其名贵的特征会满足部分人的虚荣心，所以更适合向名贵家居装饰品或珍藏品延伸(价值性)，也可延伸到高档酒具(互补性)，以及其他口感的高档洋酒(替代性)。

(4) 低功能—低表现性品牌。从理论上讲，延伸困难很大。但是，若要延伸不是不可以，在互补性与替代性上如果操作得好，也能够获得成功。例如，一种普通食盐品牌可以延伸到碘盐、铁盐、钙盐上面(替代性)，也可延伸到味精、酱油等其他调味品(互补性)。

五、评估和选择延伸产品

对候选的延伸产品进行评估需要考虑两个方面的问题：①消费者对延伸产品的接受程度如何？②延伸产品对母品牌有何影响？第①个问题需要启动对消费者的抽样调查，让消费者对备选方案进行评分，看看母品牌延伸到哪些新产品上更容易被接受并解释原因。为了保证所列的延伸方案没有遗漏，还可以请被访问者补充适合延伸的产品。通常会有好几个延伸产品的备选方案，被访问者被要求对最适合的对象进行排序。第②个问题的答案有三种可能：正面影响、负面影响、无明显影响。正面影响是管理者最希望看到的结果，通常延伸产品与原产品之间关系比较紧密，如海尔延伸到洗衣机、空调、电热水器等产品之后强化了海尔“家电巨头”的形象；无明显影响是管理者能够接受的结果，因为毕竟一些跨度很大的延伸很难直接给母品牌带来帮助，如海尔生物制约对海尔“家电”形象没有太大的促进作用；负面影响是管理者应极力避免的，但很多时候企业还是会犯各种错误，使母品牌受损。

一些可能招致负面影响的原因包括：①行业冲突，如娃哈哈 AD 钙奶与娃哈哈关帝白酒，一个是奶，一个是酒，二者并不协调；②市场冲突，如梦特娇同时拥有男装、女装和童装，三个完全不同的市场；③档次冲突，如高档的茅台酒延伸到茅台王子酒和茅台迎宾酒的中低档白酒上面，并没有获得很大的成功。一个好的延伸产品应该能够被消费者所接受，同时也对母品牌具有正面的促进作用。

六、设计实施延伸的品牌营销计划

明确了延伸产品之后，管理者需要设计品牌营销计划对其进行推广。本质上，延伸产品营销的关键在于建立延伸产品与母品牌之间的共同点，使母品牌的资产能够部分转移到延伸产品上。最核心的一个问题是延伸产品的品牌命名问题，即究竟采用单一品牌延伸、主副品牌延伸还是亲族品牌延伸。如果延伸产品与原产品属于同一类别但希望强调产品的特色，就可以采用主副品牌延伸，如马自达在中国合资公司推出的 M6、M3、M2 等不同风格的车型；如果延伸产品与原产品不属于同一个类别且类别之间不容易产生认知冲突，那么可以采用单一品牌延伸，如三菱空调和三菱电梯；如果延伸产品与原产品之间容易产生认知冲突（如档次差异大、行业之间易产生不良联想等）的话，则最好采用亲族品牌延伸。亲族品牌延伸是一种特殊形式的主副品牌延伸，适合于主品牌与副品牌若即若离的关系。比如，高档酒五粮液为了向中低端延伸，推出了五粮春和五粮醇等亲族品牌，其中“五粮”二字表明了几个品牌之间的根源关系，而“液”“春”“醇”则避免了各种不同档次产品的冲突。

除了品牌命名外，延伸产品营销的计划还有采用相同或类似的品牌标志，如华伦天奴的 V 形标志在皮具、服饰上都稍有微调采用相同的品牌口号，如飞利浦在所有产品的广告上都以“精于心，简于形”作为结尾；采用类似的产品特征或广告诉求，如飘柔洗发水讲“使头发柔顺”，而飘柔沐浴露和香皂讲“使肌肤润滑”等。

七、评价品牌延伸的成败

最后管理者需要对品牌延伸的表现作出评价。这个评价基于两个标准：①延伸产品是否获得了良好业绩？②延伸产品对母品牌资产产生了什么样的影响？如果两个标准得分都很高，那么该品牌延伸就非常成功，如耐克从篮球鞋延伸到运动用品和运动服装就非常成功；如果只是标准 1 得分很高，标准 2 得分接近 0（没有什么影响），那么该品牌延伸效果尚可，如奥克斯空调延伸到奥克斯手机，后者对前者并无明显作用，延伸效果一般；如果标准 2 得分为负数，即延伸产品对母品牌产生了负面影响，那么无论标准 1 得分如何，该品牌延伸都是失败的，如 Clorox 漂白剂延伸到洗衣粉就很失败，因为人们总是担心使用了这种洗衣粉会使色彩鲜艳的衣服褪色。

中山大学卢泰宏教授指出，为了计算品牌延伸的成功率，需要考虑相似度、品牌强势度、品牌认知度、品牌联想、营销竞争力五个一级指标、十五个二级指标。上海交通大学的薛可在此基础上，在《品牌扩张：延伸与创新》一书中提出了品牌延伸决策评估模型。该模型的目的是将品牌延伸的成功率进行量化，指标体系涉及三个一级指标（品牌的强势度、核心品牌与延伸产品的相关性、环境因素）、八个二级指标、三十一个三级指标。其中，品牌的强势度是指品牌力的强弱和势能，是品牌长期积累的结果，包括品牌的美誉度、品牌的定位度、品牌的知名度；核心品牌与延伸产品的相关性包括产品相关度和受众相关度；环境因素是除品牌的强势度和核心品牌与延伸产品的相关性之外的其他要素，包括目标市场环境、同行竞争环境、延伸推广力度。通过层次分析法（AHP），指标体系中的各个指标能够被赋予权重，以便层层汇总计算出最终品牌延伸的成功率。

本章小结

品牌延伸是指借助原有的已建立的品牌地位，将原有品牌转移使用于新进入市场的其他产品或服务（包括同类的和异类的），以及运用于新的细分市场中，以达到以更少的营销成本占领更大市场份额的目的。需要注意的是，品牌延伸与多元化经营并不是一个概念。

根据不同的划分标准，品牌延伸可以有以下几种分类：①根据延伸的产品是否归公司所有，可以把品牌延伸分为公司内品牌延伸和公司外品牌延伸。②根据延伸产品与原产品之间的关系，可以把品牌延伸分为产品线延伸和产品类别延伸。其中，产品线延伸可具体分为三种延伸类型：换代延伸、水平延伸和垂直延伸；产品类别延伸分为两种类型：连续性延伸和非连续性延伸。③根据延伸产品的品牌命名策略，可以把品牌延伸分为单一品牌延伸、主副品牌延伸和亲族品牌延伸。

品牌延伸的作用：①节约新产品的推广费用，提高其认知度；②给予消费者多元化选择的机会；③提升品牌内涵；④规避经营风险。品牌延伸是一把"双刃剑"，成功的品牌延伸能够使品牌资产得到充分利用，并在利用中增值，但盲目的品牌延伸，也有许多陷阱，存在很多潜在的风险：①损害原品牌形象、品牌个性稀释；②使消费者产生心理冲突；③株连效应；④跷跷板效应；⑤可能挤占原产品的销量。

品牌延伸应遵循一定的技巧，影响品牌延伸成功的因素：品牌延伸成功的基石——强势品牌；品牌延伸成功的条件——延伸产品与主品牌的相似性；品牌延伸成功的保障——延伸产品本身运作成功。

为了提高品牌延伸的成功率，本书结合凯勒、卡普菲勒等教授的观点，同时分析品牌延伸的一些案例，提出品牌延伸必要的几个步骤：①根据企业战略规划选择延伸的母品牌；②选择品牌延伸的类型；③测量消费者对母品牌的认知情况；④识别可能的品牌延伸候选对象；⑤评估和选择延伸产品；⑥设计实施延伸的品牌营销计划；⑦评价品牌延伸的成败。

复习思考

(1) 如何理解品牌延伸？企业为什么要进行品牌延伸？

(2) 品牌延伸的分类包括哪些类型？

(3) 为什么品牌延伸能降低营销费用？

(4) 为什么品牌延伸会出现跷跷板效应？

(5) 谈谈影响品牌延伸成功的因素。

(6) 品牌延伸的基本步骤有哪些？

(7) 派克是全球知名的钢笔品牌，当其产品线向下延伸时，遭到了严重败绩。目前，派克介入了服装行业，请对此品牌延伸行为提出你的品牌延伸策略。

案例分析

施乐：不仅仅是复印机

施乐是20世纪创立的成功品牌之一。施乐不仅创造了一种产品，更重要的是它开辟了一个全新的产品类型，即复印机。在美国，人们已经习惯用“施乐”表示复印这个动词。

切斯特·卡尔森(Chester Carlson)是这一切的开创者。他于1928年发明了普通纸复印技术并将这一过程称为“复印”，但直到1947午“复印”才成为一个商业型兼技术型的活动。当时，位于纽约的哈罗伊德公司(Haloid Company)遇到卡尔森并得到了开发复印机的授权。一年后，“施乐”和“复印”申请到专利。

第一台施乐复印机于1949年出现，被称为A型复印机。施乐914是第一款自动普通纸复印机，并因此吸引了媒体的广泛关注。《财富》杂志称赞这种一分钟可以复印七张的机器为“在美国销售得最成功的产品”。很快，它就成为办公室的必备品。施乐公司也成了纽约证券交易所的上市公司。施乐真正成为全球性品牌。

1970年成立了施乐研究中心，表明施乐有更大的野心，公司表示要从复印领域拓展到计算机技术和数据处理领域。但是，施乐数据系统和电传复印机先后遭到失败。并不是施乐这一品牌不响亮，相反恰恰在于它太强大了，只能让人联想到复印机。不管复印机是佳能还是柯达制造的，人们仍然称它为施乐机。

然而，施乐并未放弃，它尽力正视这个问题。在杂志上为“施乐计算机服务”做广告时，其大标题是“这与复印机无关”。但顺理成章地，这只能加深施乐曾经与复印机有关的印象。

20世纪80年代，施乐仍然不停地尝试，极力将自己重新定位为技术型办公产品的提供者。公司推出一款个人计算机，同样遭到失败，施乐的这两种网络产品都未能打动人心。虽然它尽最大努力与办公室技术相联系，但公众仍然固执地认为施乐就是从事复印机技术的；虽然公司投资创造办公信息系统，但这一领域却牢牢地掌握在另一技术品牌IBM的手中。

那么为什么在20世纪80年代施乐坚持对品牌进行重新定位呢？部分原因就在于公司羡慕并热衷于品牌延伸。一个简单的事实就是：多数大品牌都与某种产品或服务有关。如可口可乐提供可乐，李维斯提供牛仔服，麦当劳提供快餐，而对于施乐来说，它提供的就是复印机。

品牌专家杰克·劳特劳基于这个事实，建议施乐将重点放在自己最擅长的产品上。他认为施乐如果立足复印机市场，仍会处于技术的前沿。其解决方案就是激光技术，而非那些光亮的办公机器。但它们却转而追求另一个未能实现的预言，这一战略花费了施乐数十亿美元。虽然施乐公司现在似乎接受了自己只能作为“复印机品牌”的命运，但它还是花费了数年时间来探索其他领域，且无任何回报。而像佳能、IBM这样的竞争对手却非常认真地在复印机市场攻城略地，其武器就是高速复印机。因为施乐能够将重点放在复印机上，而且仍然将技术攻关重点放在这个虽狭窄但有利可图的市场上，所以它仍会在未来控制该领域的市场。

案例思考：

(1) 施乐公司品牌延伸失败的原因是什么？

(2) 企业进行品牌延伸时需要注意什么条件？

(3) 施乐公司品牌延伸方向有哪些？

第七章

品牌国际化

开篇引例

在挫折中成长，TCL 的国际化征途

TCL 作为我国最早一批试水“走出去”开展跨国并购的企业，早在 1999 年就在越南投资设立第一家工厂，建立自有品牌海外生产基地并取得成功。随后 TCL 逐步把业务扩展到印尼、菲律宾、泰国等东南亚国家，再到俄罗斯、印度等。尝到“走出去”的甜头后，TCL 开始寻找下一个目标。

2004 年 1 月，TCL 并购了汤姆逊全球彩电业务。同年 8 月，并购了阿尔卡特手机业务。这是中国企业的第一次大规模海外并购。2003 年法国汤姆逊还是全球五百强，彩电业务比 TCL 彩电业务大。当时 TCL 并购它有点像是“蛇吞象”。

但 TCL 跨国并购前三年就遭遇重大挫折，2005—2006 年巨额亏损，跌入谷底。彩电最大的挑战来自对产业市场和技术转型的判断失误。2003 年平板电视技术正在兴起，但 TCL 认为 LCD 平板技术应该至少还有五六年才能取代 CRT。汤姆逊当时在 CRT 技术方面是全球领先的，拥有全球最多领先的 CRT 专利，TCL 原来想着可拿过来，通过自身在中国的工业能力、效率和成本能力很快整合好，再进行转型。但欧洲市场 2005 年快速转向平板，美国市场 2006 年快速转向平板。汤姆逊的技术储备主要在 CRT 和 DLP，原有优势失效。快速的产品技术和市场变化使得 TCL 整个整合计划被打乱，不仅影响到产品技术，还影响到供应链能力和工业能力，对其挑战非常大。

手机方面，TCL 没有预先估计到国内市场的快速变化。2004 年，在国外品牌和国内山寨厂的夹击下，国内手机经营环境急剧恶化。国内市场的快速转换对其打击非常大，手机业绩快速下滑。TCL 和阿尔卡特的整合也没有达到预期，T&A 公司运营成本太高，经营很快难以为继。

2005 年年初，TCL 和阿尔卡特公司在香港进行了非常艰难的二次重组谈判。TCL 把 T&A 公司和手机国内业务进行了重组，大幅削减欧洲业务结构性成本。

随后，经过一系列的重组和变革，2007 年重新实现赢利，逐步走向良性。2009 年开始，重新进入快速增长轨道。

2015 年年初，TCL 提出“三军联动、品牌领先，扎根重点国家市场”的国际化新战略。

三军联动是指多媒体、通信和家电三个产业加强产业协同，联合开拓海外市场。为更好地协调管理国际业务，2015 年年底，TCL 成立了 TCL 国际营销有限公司，作为 TCL 品牌全球业务的营销管理平台。它按照更有效率和竞争力的方式对现有的国际业务组织流程和商

业模式进行调整和优化,将更好地实现"三军联动",发挥好各产业的协同效应。

品牌领先是指优先规划 TCL 品牌业务。阿尔卡特品牌手机可保留在营运商市场逐步过渡;在开放市场,彩电、手机、家电联合推广 TCL 品牌。未来,尤其在新兴市场,家电和彩电原有很多 ODM 业务要为品牌业务让路。

扎根重点国家市场是指要逐渐在重点市场国家建立起全价值链的经营体系,不仅在当地销售产品,还要建立工业能力和用户服务能力。工业能力是 TCL 的优势之一,在当地建立制造工厂、研发中心,既有助于产品和服务的市场推广,又有利于当地人口就业与经济繁荣。

TCL 要成为重点市场国家企业公民,为当地承担社会责任。目前,TCL 在北美、欧洲和东南亚已经有了工业能力,未来要规划在印度、巴西、俄罗斯、非洲建立工业能力。

真正扎根当地,还需要大力培养本土化的经营团队,TCL 通信海外业务成功的经验表明,必须建立本地化的业务团队,才能将当地业务做好。

国际化是 TCL 未来发展的新引擎。面对全球经济增长放缓,全球产业市场竞争环境更趋严峻的现状,TCL 将进一步加大国际化业务战略推进力度。同时也将借助中国政府推动的"一带一路"国际战略为中国企业创造的机遇和条件,调整和完善国际业务战略。

思考:

(1) TCL 品牌国际化采取了哪些方式?

(2) TCL 国际化战略对于我国企业实施品牌国际化有何借鉴之处?

随着经济全球化和科学技术的不断进步,企业之间的竞争已经由小区域扩大到更大范围,甚至全球。在此背景下,企业应把握机会,打造国际品牌。因此,品牌国际化是提升企业竞争力的重要契机,也是世界级品牌诞生的必由之路。本章首先解释了品牌国际化的含义及其意义,指出如何度量品牌的国际化;其次剖析了企业开展品牌国际化的动因,以及品牌国际化过程中可能遇到的障碍;最后指出企业实施品牌国际化战略应做的主要决策。

第一节 品牌国际化概述

一、品牌国际化的含义

品牌国际化(global branding)又称为品牌的全球化经营,是指将统一品牌以相同的名称(标志)、相同的包装、相同的广告策划等向不同的国家、不同的地区进行延伸扩张,以实现统一化和标准化带来的规模经济效益与低成本运营的一种品牌经营策略。

品牌国际化有三个基本含义。

(一) 品牌国际化是历史性的概念

品牌国际化是企业由本土向国外延伸和扩张的长期历史过程。品牌国际化不可能一蹴而就,它需要企业付出几年甚至几十年的艰辛努力,才能真正完成国际化的目标。像"麦当劳"就耗费了 22 年才将这一品牌塑造成一个具有国际化特征的全球品牌。而且,品牌国际化不仅仅取决于企业自身的努力,还会受到政治、经济和其他条件约束。例如,1978 年以前,即使像宝洁公司这样极具竞争力的跨国公司想要进入中国市场也是不可能的,因为当时中国对国外资本进入实行非常严格的限制。所以,将品牌国际化视为一种短期的提高销售量和经济效益的应对策略是不完全正确的。

（二）品牌国际化和品牌的跨国经营是相互联系但又不相同的两个概念

品牌国际化是指用统一的品牌开拓不同的国家、地区甚至全世界的市场，它将全世界视为无差异的统一市场。而品牌的跨国经营则是指利用统一或者不同的品牌去开拓不同的市场，它将全球各国视为差异化的不同的市场。更为重要的是，国际化经营和跨国经营的市场目标也存在着根本性的差别。

（三）品牌国际化有不同的形式

品牌国际化有多种形式，最低级的形式是产品的销售，即品牌商品的输出；较高级的形式是资本的输出，即通过在品牌延伸国投资建厂以达到品牌扩张的目的；最高级的形式是通过无形资产的输出，即签订商标使用许可合同等方式，实现品牌扩张的目的。从全球经济发展趋势来看，发达国家企业已经基本上完成了由商品输出到资本输出再到品牌输出的过渡。当然，风险最小、回报最高、最理想的方式自然是品牌输出方式。

二、品牌国际化的意义

品牌国际化对企业发展的重要意义，著名品牌专家凯勒对此进行了卓有成效的研究。凯勒认为，企业实施品牌国际化具有以下优势。

(1) 实现生产与流通的规模经济。从供应方面来看，品牌国际化能继续产生大量生产和大量流通的规模效应，降低成本，提高生产效率。经验曲线告诉人们，随着累计产量的增加，生产制造成本会有所下降，品牌国际化能促进产品的生产和销售，能带来生产和流通的规模经济。

(2) 降低营销成本，扩大影响范围。实施品牌国际化，可在包装、广告宣传、促销以及其他营销沟通方面实施统一的活动。如果在各国实施统一的品牌化行为，其经营成本降低的潜力很大。实施全球品牌战略是分散营销成本最有效的手段，如可口可乐、麦当劳、索尼等企业在世界各地采取了统一的广告宣传。通过全球化的广告宣传，可口可乐在20多年里节省了9000万美元的营销费用。

全球品牌向世界各地的消费者传达一种信息，即它们的产品或服务是信得过的。品牌产品在全球范围内有忠诚的顾客群，品牌产品能在全球范围内畅销，本身说明该品牌具有强大的技术能力或专业能力，其产品被广大消费者所欢迎。消费者在世界各地都能选购这样的品牌，说明该品牌有很高的质量和信誉，能给顾客带来便利。

(3) 品牌形象的一贯性。由于顾客流动性的增加，顾客能在其他国家看到该品牌的形象。各种不同媒体对不同的消费者进行同一品牌的宣传，能反映该品牌相同的价值和形象，保持品牌形象的一贯性。顾客不管在哪里，都能选购反映自己个性或嗜好的产品或服务。

(4) 营销活动的统一性。由于营销者对品牌产品的属性、生产方法、原材料、供应商、市场调查、价格定位等都非常熟悉，并且对该品牌的促销方式也有详细的记录，因此，在品牌国际化进程中，就能够最大限度地利用公司的资源，大大减少和消除重复性的工作，以便迅速在全球展开该品牌的营销活动。

企业实施品牌国际化，最大的好处就是能够获取规模经济，促进企业持续稳定的发展。

许多企业都在尝试国际化经营，在实践中不断取得经验，在国际化的进程中建立起了知名品牌形象。

三、品牌国际化程度的度量

国际品牌是品牌国际化的结果。品牌国际化是一个不断发展的、渐进的过程。对品牌国际化程度进行研究可以使人们对什么是国际品牌有更清晰的认识，以便正确有效地创建国际品牌。因此，如何衡量品牌的国际化程度、使用哪些指标来衡量品牌的国际化程度，已经成为理论界和企业界关心的问题，可以从以下几个方面，对品牌国际化程度进行粗略衡量。

（一）品牌产品的外销比重

以该品牌产品在其他国家销售量(额)占全部销售量(额)的比重进行衡量。这个比重越大说明该品牌的国际化程度越高；反之，国际化程度越低。

在全球100家最有价值品牌的企业中，大部分企业在国际市场的销售额占全部销售额的50%以上，松下、索尼、三星等国际家电品牌的海外销售额占全部销售额的比重都很大。以三星为例，2004年年末，中国区的比重是22%，北美市场占25%，欧洲市场占24%；2005年，仅在中国三星的销售额就达253亿美元，占三星集团总收入的比重约25%。

（二）品牌的知名度

以该品牌在全球的知名度来进行衡量。一般来讲，品牌在全球范围内的知名度越高，表明其国际化程度越高。

如果有些公司虽然在海外的销售额非常大，但品牌在全球的知名度非常低，则可以认为该品牌的国际化程度不高。另外，由于不同品牌产品本身的技术经济特点不同，有些品牌之间的品牌认知率并不具备可比性。例如，生产资料产品属于专家购买，顾客受广告的影响相对较小；而消费品则属于非专家购买，消费者受广告和企业促销策略的影响较大，所以，其知名度和形象比较容易树立。这是在进行比较时必须注意的一个问题。

（三）品牌销售区域分布

以该品牌产品销售所分布的国家和地区的广度来进行衡量。如果分布的国家和地区越广，则该品牌的国际化程度就越高。

全球最大的100家企业中，其海外销售区域的覆盖程度都在30%～50%。有些品牌虽然在海外的销售额非常高，但是，其销售分布却极其有限。例如，中国有很多企业，虽然每年的产品出口量较大，销售额也不小，但绝大部分局限在亚洲或非洲，出口到欧美的很少，可以认为这些品牌只是处于国际化的初级阶段。相反，有些品牌则不同，虽然从出口额上来看，它们并不占优势，但销售分布却很广，则可以认为这些品牌的国际化程度较高。

（四）资源的国际化程度

以该品牌产品生产过程中所使用资源的国际化程度来进行衡量。如果生产中使用资源的国际化程度越高，则品牌国际化程度也就越高。

前面几点都是从出口的角度来衡量品牌国际化程度的，但必须认识到，品牌销售的国际化只是品牌国际化的初级阶段，随着国际化程度的深入，它必须逐步向资源和人才国际化方向迈进。此外，资源的国际化主要是指品牌运营所需要的资本、劳动力和原材料的来源实现本土化的程度，换句话说，是指品牌生产经营的本土化程度。由于人才国际化属于更高的层次，因此，此处主要探讨资本和原材料本土化问题。

随着世界经济一体化进程的不断深入，国家与国家之间的经济技术联系不断加深，品牌国际化中的本土化运营几乎成为所有跨国公司的必然选择。

阅读材料

伊莱克斯的品牌国际化

伊莱克斯是家电品牌在本土化方面取得成功的典范。作为全球最大的白色家电制造商，伊莱克斯目前在全球60多个国家生产、160个国家销售其产品。与很多跨国公司不同的是，伊莱克斯并不追求表面上的全球统一，而是通过全球标准下的本土化，实现其全球白色家电的霸业。与那些只靠出口来获取知名度和经济效益的品牌相比，这显然是一个更高的层次。

（五）人才的国际化程度

以拥有该品牌的企业的人才国际化的程度来进行衡量。具体可分为公司最高决策层人才来源的国际化程度和子公司管理人员的国际化程度。

品牌国际化的较高层次就是人才的国际化。国际化人才应具有以下基本素质：具有全球视野及全球性思维模式；掌握国际最新、最先进的知识、技术与信息动态；具有较强的创新能力及国际竞争能力；熟悉国际规则，具有较高的国际化运作能力及管理水平；熟悉中外多元文化，具有良好的跨文化沟通能力及国际交流与合作能力；一般具有在海外学习、培训进修及在跨国公司工作多年的经历。

需要指出的是，由于不同的品牌产品在销售对象、技术特点、企业性质等多方面都存在不同，所以使用上述指标进行衡量时需要综合考虑，不要以偏概全。

第二节　品牌国际化的动因与障碍

一、品牌国际化的动因

随着企业国际化事业的发展，追求卓越的企业几乎都把品牌国际化作为自己的战略目标。一些知名度的国际品牌从国外市场上获得了丰厚的回报，如可口可乐、苹果、星巴克等在全球范围内进行了成功的品牌推广。这些品牌的成功鼓舞了许多其他企业加入品牌国际化的行列当中。

具体而言，品牌战略管理专家凯勒指出，开展品牌国际化主要基于以下因素。

（一）本国市场供给过剩，行业增长缓慢，竞争激烈

很多行业在国内发展多年，产品相当成熟，市场容量饱和，竞争格局区域稳定，要想有大的增长非常困难。此时，走出国门开拓海外市场，寻求更广阔的发展空间成为这些企业的不

二选择。比如，美的集团与国际泳联（FINA）携手，成为国际泳联第一家来自中国的全球官方合作伙伴，通过重大赛事的宣传与传播，美的品牌的国际知名度及美誉度得到有效提升。

（二）海外市场的吸引力

有些时候，企业进行国际化经营并不是因为国内市场没有机会，而是因为国外市场的吸引力更大。国际大品牌争相进入中国市场的原因，除了看中低廉的劳动力成本外，更重要的是看重中国宏观经济的持续稳定增长，使跨国公司在华投资的系统性风险降低，以及中国改革开放四十年来，其法律环境、市场环境、经营环境等各方面不断优化，投资审批权不断简化等一系列政策的出台，不断强化了中国市场的吸引力。国际上很多机构的调查报告都显示，外企对中国投资的热情不但不减，反而与日俱增。如联合国贸易和发展会议发布的《2016年世界投资报告》称，中国仍然是全世界第二受欢迎的投资目的地。中国美国商会发布的《2016 年度中国商务环境调查报告》显示，其会员中有 60％以上的企业把中国作为全球三大投资目的地之一。中国欧盟商会发布的《商业信心调查 2016》报告，也显示欧盟在华企业50％左右要在中国扩大投资。

（三）通过规模经济降低成本

东道国与母国的市场环境的相似性以及产品类别的标准化特征有助于品牌在国际市场的标准化经营，相同的产品、相同的包装、相同的广告创意设计、相同的促销活动都使得企业在国际化经营中获得规模经济效应。比如，微软的 Windows 只需汉化，无须做更大的改变就能在中国销售，庞大的市场容量使其研发成本摊薄，单位成本降低；又如，通过国际广告的统一化，高露洁公司在每个国家都可以节省广告创作费用 100 万～200 万美元。

（四）分散风险

由于法律法规、消费文化、行业发展阶段不同等因素，同样的产品在不同国家所面临的机遇和挑战也就不同。比如，从环保和交通安全考虑，目前全国已经有 168 个大中城市宣布“禁摩”（禁止摩托车），这一政策直接导致摩托车行业每年的销量减少 300 万～400 万辆。过剩的摩托车只好进入一些以摩托车为主要交通工具的国家，如重庆力帆摩托车在海外市场上有了“五朵金花”，分别是尼日利亚、菲律宾、越南、伊朗和印尼，这“五朵金花”每年的销售额，个个都超过 1000 万美元；天狮公司投入数千万元开发和生产保健品，并决定采用直销的销售模式，可是直销在中国是禁区，所以，该公司被迫到国外发展，至今有百分之八十的产品还是销售到国外。

（五）客户的全球流动性和趋同性

近二十年来，随着通信技术、传媒、交通的全球化发展，世界各地的客户流动性增强，消费行为上也体现出趋同性，这为品牌进入一个陌生的国外市场铺平了道路。当一些美国人来到中国的时候，他们依然可以吃到熟悉的麦当劳快餐，也可以喝到地道的星巴克咖啡；而中国人去到美国，同样可以用上海尔电冰箱和联想笔记本电脑。

二、品牌国际化的环境障碍

从本质上讲，国际营销与国内营销的差异无非是根源于国际市场与国内市场的营销环境差异。因为，营销国际化向来都不是一帆风顺的，而作为营销国际化最高层次的品牌国际化更是如此。这一点，西方发达国家的企业败走中国市场的例子特别明显，如美国惠尔浦、法国标致、瑞典伊莱克斯等国际知名品牌都曾在中国市场遭遇"滑铁卢"，甚至像日本手机品牌在中国落入集体失陷的境地。跨国并购领域的研究表明，西方企业跨国并购的失败率高达50%～70%。不能说这些企业实力不强，根本原因在于国际化进程中充满了种种环境障碍，而这些企业没能很好地应对。这些环境障碍可分为硬性的政治法律环境障碍和软性的社会文化环境障碍。

(一) 政治法律环境障碍

对品牌国际化产生影响的政治法律环境障碍主要有政治体制与涉外经济政策法规、政局格局、政治腐败、地方保护主义、东道国商业法律等。

1. 政治体制与涉外经济政策法规

政治体制是保守还是开放直接决定了涉外经济政策法规（如税收、股份制、进口、经营范围等）的制定，也制约了跨国公司的海外经营模式。比如，在中国加入WTO之前，外国企业是不允许在中国独资设厂的，而只能采取合资的形式，且股权比例最多为49%。

2. 政治格局

尽管目前全球的政治格局总体上是稳定的，但在局部地区仍存在高风险，比如，中东、非洲、东南亚等一些国家。一方面，政局不稳定的国家在经济重建过程中为国外企业提供了大量基础设施建设的机会；另一方面，当地政府在企业经营的安全性上又不能提供足够的保障。比如，动乱的破坏、资产国有化的风险等。

3. 政治腐败

政治腐败现象在多数国家都存在，只不过程度不一。对于一个习惯在公平市场交易环境下发展的企业来说，进入一个腐败程度严重的国家，将使自己面临一个两难的境地：要么同流合污，要么直接出局。于是，一些"入乡随俗"的跨国公司在赢利的同时，还要谨防法律的监管。西门子"贿赂门"事件的爆发既揭示了事件主角"商业操守"存在严重问题，也表现出一个国际企业巨头在"潜规则"面前的无奈。

4. 地方保护主义

地方保护主义也是目前企业进军国际市场的一大拦路虎。比如，华为印度子公司增资6000万美元的计划，因印度政府担心其危及该国通信网络安全而受阻。由于同样的原因，华为失去了竞标印度国有电信公司BSNL 48亿美元合同的机会。不只是中国、印度等发展中国家盛行地方保护主义，即使是像美国、德国、日本、韩国等发达国家也是拿地方保护主义做挡箭牌，来限制国外企业在本国的发展壮大。

5. 东道国商业法律

就算顺利通过了各种针对外企的政策壁垒，跨国公司仍然要受到东道国商业法律的制约。这些法律在产品、包装、价格、广告、促销、直销、商标注册等方面都有着与母国大相径庭的规定，不熟悉这些法律将给企业带来重大经济损失。比如，欧洲一些国家规定禁止销售不带安全保护装置的打火机，无疑限制了中国低价打火机的出口。

(二) 社会文化环境障碍

政治法律环境是硬性的环境，跨国公司严格按照规定来做是可以跨越壁垒的。实际上，跨国公司面临的最大问题还是社会文化环境的软性障碍。文化可以说是世界上最复杂的一个概念,自古研究者就非常多,对它的理解也是"远近高低各不同",美国学者克罗伯和克拉克洪在《文化：概念和定义的批判回顾》中列举的欧美对文化的定义有一百六十余种之多。

尽管文化所包含的内容体系庞大,但本质上,文化是一个社会群体长期以来所形成的固定的思维模式和行为模式。它就像是空气,渗透到人们日常生活的方方面面,语言文字、风俗习惯、行为规范等都打上了文化的烙印。一方水土养一方人,不同的地域形成了不同的文化,也造就了不同的人。因此,对国际化品牌而言,社会文化环境的影响体现在品牌与市场接触的各个领域。

1. 语言文字

语言文字的国际差异影响了品牌的命名、包装、广告语等文字表达的内容,而品牌名称几乎是品牌当中最有价值的一个要素。一些在国内非常著名的品牌在走向国际市场的时候,因为语言差异问题而不得不改名,这相当于它不能把以前在国内建立的品牌影响力带出国门,而必须重新建立一个崭新的品牌。像我国著名的白象方便面就很难在英、美国家销售,因为"大象"在英语里面有"大而无用的东西"之意;百事可乐著名的英文广告语"Come Alive with Pepsi"(请喝百事可乐,令君生气勃勃),译成德文变成"与百事一起,从坟墓中复活"。

2. 风俗习惯

风俗习惯所涉及的内容非常广泛,如节日、口味、礼仪、颜色、数字、动植物等都有各个国家和民族的不同喜好与禁忌。而且,不同国家的风俗习惯可能恰恰相反,如在中国饱受赞赏的孔雀到了法国竟成为祸鸟和淫鸟,孔雀开屏被视为"自我炫耀";黄色在中国被象征为尊贵与神圣,而在西方则被象征下流和淫秽等。所以,在国际营销中强调"入乡随俗",是指跨国公司以当地公民的身份,尊重当地人的喜好和忌讳。不遵循文化习俗,品牌很难在国外市场立足。这些年,在华的大量知名外企强调对中国文化的认同,如可口可乐广泛运用泥娃娃阿福、风车、鞭炮、回家过年、刘翔、倒福、中国红等中国元素来拉近与中国消费者的距离,肯德基启用"立足中国,融入生活"的口号来表明融入中国文化的决心。

3. 行为规范

行为规范受到宗教信仰、社会主流道德观和价值观的约束,而各国在宗教信仰、道德观和价值观方面存在一定差异,这种差异也反映在行为规范上面。在一国认为是对的,到了另外一国可能会受到批评。想当然地将一国的成功经验照搬到另一个国家,往往会招致失败。比如,美国骆驼牌香烟的广告语"我宁愿为骆驼行一里路"堪称经典,潜台词是为了买骆驼烟,把鞋底磨穿都值得。电视画面是烟民高跷二郎腿坐在神庙前,鞋底磨穿了一个洞。该广告在泰国一出现,引起了泰国的民愤,因为佛庙在佛教盛行的泰国是至尊圣地,在庙门前露出破鞋底实属大逆不道。又比如,帮宝适的出现是婴儿护理产品的一次重大变革,它使得年轻的父母们从此告别了洗尿片的烦琐生活,因此在美国大受欢迎。然而,同样的卖点到了日本就险遭失败,因为在日本,为子女洗尿片是为人父母应尽的义务,偷懒是会受到老人们谴责的。后来,帮宝适将卖点改为"保护婴儿稚嫩的皮肤",产品才在日本打开市场。

世界上每一种文化都有其存在的合理性,尽管它与本国文化有很大不同。或许文化在一定程度上阻碍了跨国公司品牌的建立,但文化没有对错好坏,只有差异。只有心怀尊重地融入当地文化当中,成为当地的一分子,跨国公司才能打破不同文化间的隔阂,顺利进入国外市场。

第三节 品牌国际化战略

一、品牌国际化的进入战略

品牌国际化的进入战略是指品牌进入另一个国家的过程中所选择的战略途径。不同背景的企业在进行国际化经营时,往往会选择不同的品牌国际化途径。

(一) 商品出口借用外商销售渠道模式

通过商品,利用外国商家的营销渠道来创建和扩大品牌的影响力,一直是众多企业采取的一种最基本的品牌进入模式,尤其是在品牌国际化初始阶段。

这种模式的优点:①企业可以充分利用当地经销商的渠道优势和信誉,帮助自己的产品进入国际市场;②这种模式所需投资较少,启动资本低,降低了自建渠道的成本;③为进一步深入开拓国际市场奠定了基础。

当然,这种品牌国际化进入模式也有很大的风险。①企业并没有建立自主的销售渠道,往往在定价、促销、广告等营销策略和品牌推广策略上受制于人;②如何将外商的行为统一到本企业的品牌国际化战略中来是一个管理协调上的难题,而且一旦由于种种利益矛盾导致合作关系破裂,将对企业运营造成很大的冲击。

(二) 品牌许可经营进入模式

品牌许可经营进入模式是指一个企业(许可方)通过合同安排,将企业拥有的自主品牌名称与品牌标识授予另一个企业(受许方)使用,并据此获得许可费或其他方式的补偿。

许可经营作为一种品牌市场挤入模式有两个关键的优点。①受许方通常是当地企业,产品的生产和销售都在当地,因此许可经营可以使公司绕过关税、限额或其他贸易壁垒,直接进入当地市场;②适当的情况下可授予受许方相当大的自主权,可对受许的产品作出修改以适应当地市场的喜好。如迪士尼允许服装、玩具和手表生产商使用迪士尼注册的卡通人物、商标名称和徽标,并允许后者根据当地市场的喜好修改色彩、材料或其他设计元素,供其在世界各地销售,不仅使得迪士尼获得巨额的相关产品销售收入,更重要的是使得其品牌在全球范围内获得极大的认可和扩张。

许可经营进入模式也有很大的风险。首先,许可经营协议的市场控制能力有限。通常许可方不介入受许方的营销计划,因此潜在的营销利润可能丧失。其次,如果受许方开发出了自己的专有知识,开始在受许的产品或技术领域实现创新,并自建品牌,那么许可经营的协议则可能是短命的。最坏的情况是,受许方可能成为当地市场强劲竞争对手,甚至成为行业领先者。

(三) 互惠互利战略联盟进入模式

互惠互利战略联盟进入模式是指两个以上的企业拥有不同的关键资源,或成熟的销售渠道,或较低的生产成本,或优秀的品牌形象,为了互利共赢,彼此交换或联合关键资源,合作开展营销活动，共创竞争优势。一般有销售渠道战略联盟和品牌战略联盟两种不同模式。

1. 销售渠道战略联盟进入模式

采取这种进入模式的企业，可以利用跨国公司谋求开拓本国市场的契机，以自己在国内市场的销售渠道换取跨国公司的海外销售网络。此时，组建销售渠道战略联盟成为一种可选的品牌国际进入模式。

奥康集团的品牌国际化采取的就是这种模式。奥康与意大利 GEOX 集团达成渠道战略联盟协议，根据双方合作协议，在国际市场方面，GEOX 允许奥康通过其全球的网络销售奥康品牌产品，并首先积极推荐奥康品牌；在中国内地市场方面，奥康将为 GEOX 加工全球市场产品，并参与其在亚洲市场销售产品的设计开发，同时还将负责 GEOX 在中国的品牌推广、网络建设和产品销售，双方利用彼此的优势达到双赢。

2. 品牌战略联盟进入模式

品牌战略联盟是指两个拥有基本一致消费群体的品牌进行品牌联合，一种品牌借助于另一种品牌知名度带动自己品牌产品的销售，实现品牌扩张的战略联盟进入模式。

浙江贝发集团作为一家集制笔和文具研发、生产、销售以及国际商贸服务于一体的大型文具集团，其最初进入国际市场就是通过与美国沃尔玛推出联合品牌，在贝发产品的外包装上同时标注沃尔玛品牌与贝发品牌，产品包装基本保留了沃尔玛惯有的设计和基调。联合品牌的推出极大地提高了贝发产品的知名度和销量，帮助贝发进入国际市场，为贝发集团后续的国际化战略奠定了坚实基础。现今贝发集团已在新加坡、澳大利亚、美国等建立专卖店和专区业务，还与全球最大的礼品邮购公司——美国 Myron 集团达成合作协议，按照联合开发模式组建研发团队，由美国 Myron 集团承担海外的市场调查、信息收集及技术支持。销往欧洲与北美市场的贝发笔，其创意及设计理念将全部源自美、英、意等国家，实现品牌国际化的新阶段。

品牌战略联盟进入模式的优势在于，欲实施品牌国际化的企业能以较低的成本获得合作方成熟完善的销售平台，有助于在全球范围内铺售网络；同时，与国际市场知名品牌合作，能够在一定程度上产生品牌协同效应，达到单独营销无法达到的目的。但这种联盟进入模式的成功实施，需要双方品牌定位和谐一致，同时又不能影响各自原来产品的销售，企业双方对销售渠道中可能蕴含的矛盾冲突和风险应有一定的预知与防范。

（四）投资设厂进入模式

投资设厂进入模式是一种独立自主的品牌国际化进入模式，企业以独立的身份进入国际市场进行直接投资设厂，自建生产基地、当地制造、当地销售，以较强的应变能力将自有品牌输入目标市场。

这种进入模式的优势在于，企业可以完全根据自身需要选址创建新的生产基地，直接按当地的需要进行生产，拥有独立自主的决策权；同时，这种进入模式也有助于与当地良好的经销商建立更为紧密的伙伴关系，更好地了解当地市场顾客需求与竞争状况。其缺点在于，在海外投资建厂需耗费巨大的资本，对企业的资金实力和跨国管理能力要求非常高，而对那些发展中国家或欠发达国家的企业以这种进入模式进入发达国家市场，有可能丧失低成本优势，取得成功并不易。因此，实施品牌国际化的企业是否采用这种进入模式，需要权衡三个问题：①企业是否有强大的资金实力做支撑；②企业能否承受海外生产的复杂性和高风险；③企业是否具备跨文化经营管理的能力。

海尔就是这种进入模式的典型代表。海尔从1998年开始实施国际化战略，提出“走出去，走进去，走上去”的“三步走”战略，以“先难后易”的思路，首先进入发达国家创名牌，再进入发展中国家，逐渐在海外建立起设计、制造、营销的“三位一体”本土化模式。在此期间，海尔不仅依靠品牌自身力量逐年开拓海外市场的销售网络、研发和制造基地，更是通过差异化的国际并购，实现了海外资源的快速扩展和整合。2011年10月，海尔宣布收购三洋电机在日本和东南亚部分地区的白色家电业务，这一次具有里程碑意义的多国并购不仅进一步完善了海尔在东南亚市场的布局，更是通过差异化的文化融合和机制创新模式，将海尔“创业创新”的品牌文化基因成功输送给并购来的组织和员工，实现了Haier和Aqua双品牌在日本和东南亚市场的融合发展。此次并购因其涉及范围之广泛、内容之丰富、程序之复杂，被《中国商法》评为2011年五大对外并购杰出交易之一。仅仅一年后，海尔再次成功收购新西兰国宝级家电品牌Fisher&Paykel，有力地夯实了高端家电产品的研发、制造能力。2016年6月7日，由海尔集团控股41%的青岛海尔股份有限公司与美国通用电气共同宣布双方已就青岛海尔整合通用电气家电公司的交易签署所需的交易交割文件，这标志着具有百年历史的美国家电标志性品牌——GE家电正式成为青岛海尔的一员。至此，海尔已在全球拥有十大研发基地(其中海外8个)、24个工业园、108个制造中心、66个营销中心。目前海尔在全球范围内已实现了设计、制造、营销“三位一体”的网络布局。

（五）并购或合资进入模式

采取并购或合资进入模式推进品牌进入国际市场，意味着企业是以并购方或合资方的身份而非独立企业的身份进入海外市场。其优势在于企业可以被收购或合作品牌在当地市场已有的影响力，缩短目标市场消费者对品牌的认知时间，减少品牌市场推广成本。如联想国际化战略中的关键一步即为2005年收购IBM的全球PC业务，一跃成为全球第三大PC厂家，就此树立起全球品牌形象。当然，联想也付出了包括6.5亿美元的现金、价值6美元的联想股份以及承担IBM约5亿美元的净负债。这种模式的劣势在于企业需要一大笔并购或合资费用，同时需要很好地融合与被并购方或合作方之间的关系。

（六）从贴牌生产到自主品牌进入模式

企业采取投资设厂或并购企业的方式进入国际市场，对其资金、人才、国际化管理能力提出了很高的要求。但对于大多数缺乏资金、技术、人才、国际营销经验的弱势品牌，若想进入国际市场，则需要采取相对迂回的方法，从贴牌生产到自主品牌进入模式就是一个很好的选择。先采取贴牌生产进入国际市场，可以与诸多世界名牌、世界主流渠道建立产业链同盟，利用对方的品牌、网络销售自己的产品，在迅速提升产品占有率的过程中树立企业形象；同时可以累积国际市场经验，增强全球意识，为最终以自主品牌进入国际市场奠定坚实基础。中国许多家电企业如美的、康佳、格兰仕等均采取这种品牌国际化的进入模式，其中以格兰仕最具代表性。

阅读材料

格兰仕：从世界工厂向世界品牌的转变

格兰仕集团利用1997年国际金融危机的机会，充分发挥中国劳动力成本低和自身微波炉生产的优势，采取为国际性大品牌做OEM的策略，积极扮演微波炉世界生产车间的角色，成为意大利的德龙、美国的GE、日本的三洋等大品牌的OEM合作伙伴。格兰仕通过整合跨国公司的先进装备力、技术力、营销力、品牌力和自身的成本优化控制力，站在世界巨人肩上发展，以“世界名牌格兰仕造”的模式，扩大国际化经营规模和管理水平，从全球产业链分工中找到优势位置。通过“拿来主义”，格兰仕迅速成为家电业的“世界工厂”的标杆。

借助OEM，格兰仕集团全球市场占有率不断扩大，但OEM的弊端也逐渐显现出来，如较低的产品附加值附带的是较低的利润率，较低的进入门槛意味着很大的被替代风险，贴牌生产也意味着淡化自身品牌，尽管格兰仕的微波炉生产模式急剧扩大，利润却没有相应增长。因此，格兰仕提出“从中国制造到中国创造”的观念，并将目光聚焦在技术进步和品牌创新上，企业由此从“全球制造中心”向“百年企业，中国品牌”过渡。目前，格兰仕已在美国、英国、加拿大、日本、俄罗斯等100多个国家和地区注册了自主商标“格兰仕 Galanz”；在格兰仕出口产品总量中，自有品牌出口已超过一半，且该比重依然呈不断上升趋势。如格兰仕在美国的品牌是“5+1”，即5个租赁品牌加上“格兰仕”。2012年下半年起，由原来突出5个租赁品牌，变为突出格兰仕品牌，还与沃尔玛等超市签订了合作协议。

二、品牌国际化的经营战略

品牌国际化的进入战略是品牌进入国际化的路径选择，而品牌国际化的经营战略则是品牌进入国外市场之后，在市场经营中所采取的运作模式。从根本上讲，品牌国际化的经营战略有全球化和本土化两类。全球化是指将全球各国视为一个整体市场，采取统一的营销策略；而本土化是指各国市场各不相同，营销策略也不尽相同。一种更细化的观念是将这两种战略进一步划分成四种战略，欧洲一些学者还针对这四种战略进行了品牌数据的统计。以下介绍这四种品牌国际化的经营战略。

（一）标准全球化

哈佛商学院著名营销教授西奥多·莱维特（Theodore Levitt）是这一观点的提出者。1983年，他在《哈佛商业评论》上撰文，提出随着经济、通信、旅游等全球化趋势的到来，企业也应当采取全球化营销策略。这种模式的基本假设：将全球视为一个统一的市场，每一个国家或地区的市场需求都没有差异。针对这样的无差异市场，企业可以采取统一化和标准化的营销策略，以降低营销策略的调整成本。目前，完全标准全球化的行业不多，常见的如操作系统软件（如微软的Windows）、奢侈品（如LV）和化妆品（如兰蔻），也有部分食品品牌（如雀巢）。标准全球化品牌约占品牌总数的25%。

（二）模拟全球化

模拟全球化可以说是半全球化模式，它介于全球化和本土化之间，模拟全球化品牌约占品牌总数的27%。在某些行业，各国市场还是多多少少存在一些差异，因此企业除了品牌核心价值等重要的营销要素实行全球统一化以外，产品、包装、广告、促销等其他要素都要根据当地市场的具体情况加以调整，以提高品牌的市场适应性。实施模拟全球化战略的行业非常多，如餐饮、汽车、家电、银行等。洋快餐通常被认为是标准化程度非常高的一个行业，而实际上，肯德基在保证其“全球烹鸡专家”定位的基础上，也在中国根据需要推出了鲜蔬汤、老北京鸡肉卷等，甚至还销售广东凉茶。欧美有很多两门汽车，而到了中国，却一定要推出四门版本的，因为中国人通常认为两门车太小。模拟全球化品牌约占品牌总数的27%。

（三）标准本土化

标准本土化是一种国际化程度最低的品牌国际化策略。在品牌国际化策略实施的过程中，所有营销组合要素的出台，都要充分考虑所在国的文化传统、语言，并根据当地市场情况加以适当的调整。本土化策略能充分满足不同地区差异化的要求，但是大大增加了企业研发、生产和宣传成本。由于针对每个地区都要制定不同的营销策略，增加了企业管理的难度，这种策略主要集中于一些食品和日化产品。例如，由于饮食禁忌，麦当劳汉堡里面的肉馅在伊斯兰国家禁用猪肉、印度禁用牛肉。目前，标准本土化品牌约占品牌总数的16%。

（四）体制决定的本土化

有时本土化并不是企业主观上采取的战略，而是遵照当地法律法规必须调整的，这种模式称为"体制决定的本土化"。所有的营销组合策略都可能会受到所在国的法律法规限制，如产品、包装、定价、渠道、广告、促销等。而被体制要求本土化的行业通常与安全性(包括文化安全性、饮食安全性、使用安全性等)有关，如音像制品、食品、电器等。比如，可口可乐在印度遇到一个麻烦，就是印度政府规定所有销售的食品都必须提供完整的配方，而可口可乐当中1%的神秘配方怎么可以轻易给人？因此，体制决定的本土化对跨国公司影响很大，因为它是强制性的。这些行业的品牌约占品牌总数的35%，是上述四种品牌国际化战略当中比例最高的。

企业不管采用哪种品牌国际化模式，品牌的形象和定位一般都不实行本土化策略，否则将失去品牌个性，影响品牌的促销力。所以纯粹的国际品牌标准化和本土化是不存在的，企业会根据品牌所在行业、企业所在国的文化和市场所在国家的环境等因素，确定品牌国际化的模式，一般采取"思考全球化，营销本土化"的品牌国际化策略。

三、品牌国际化的步骤

尽管品牌国际化的历程千姿百态，但如果遵循一定的思路，成功的可能性会得到提高。法国品牌权威学者卡普菲勒教授描述了品牌国际化的六个步骤，如图7-1所示。

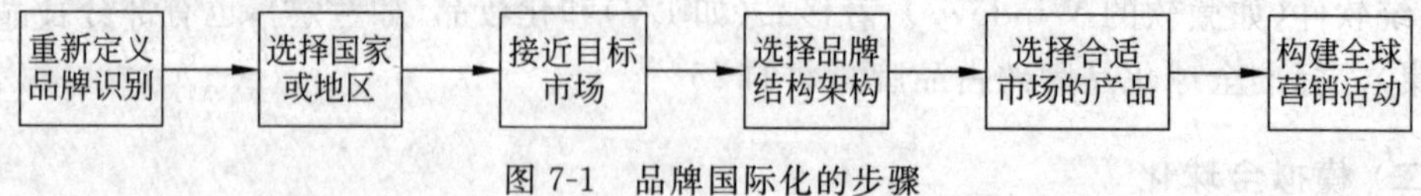

图7-1 品牌国际化的步骤

（一）重新定义品牌识别

针对品牌国际化的模式选择，在品牌国际化前要重新定义品牌识别，也就是品牌更新以便适应国际化的需要。品牌识别是一个复杂的系统，其中最重要的是确定品牌核心价值、品牌名称和标志。品牌核心价值是品牌的灵魂，而品牌名称和标志是品牌的面孔。这些识别要素将不随国家市场的不同而改变，而且需要保持相当长一段时间的稳定性，帮助品牌在新的市场中建立与消费者的关系。例如，宏碁电脑在其品牌国际化中把名字改为 Acer；2004 年 3 月金蝶国际软件集团在品牌国际化时，把使用 10 多年的 Logo 进行了更新；2010 年 7 月 1 日，中国运动服系列知名品牌李宁也更换了品牌标志和口号，如图 7-2 所示。品牌识别要素要得到国际市场消费者的一致认可，如安全、纯真、健康、专业、活力、创新等价值取向在国际上是通用的。

图 7-2 李宁新旧标志

（二）选择国家或地区

品牌国际化是一个过程，企业不可能一蹴而就地全面进入每个国家的市场，而是要根据自身条件和市场特征有选择地进入。先进入某个发达国家，还是先进入某个不发达国家？是一个一个国家逐个进入，还是若干个国家同时进入？要依据企业自身的实力和品牌影响力强弱来决策。例如，TCL 从越南、印度等东南亚国家开始品牌国际化，而实力雄厚的海尔却选择在生产和技术都很强的欧洲市场作为品牌国际化的开端。

（三）接近目标市场

选定了一个国家或地区，还未真正找到目标市场，是选择人口消费水平高的城市市场，还是选在其他市场，而选择什么层次的消费群体也很重要。因为一个国家或地区的市场内部也还存在很大的差异，企业需要再进行市场细分，以明确具体的目标市场。例如，很多外国公司进入我国，都是将目标放在北京、上海、广州、深圳等一级城市市场，这些城市一方面消费水平高；另一方面对其他二、三级市场有示范效应。宝洁公司的 SK-Ⅱ的目标消费者就选择了城市收入水平较高的女性消费群体。

（四）选择品牌结构架构

一些跨国公司采取的是多品牌结构战略，这并不意味着所有的品牌都要进入国际市场，也不意味着进入某个国家的市场的品牌也要进入另一个国家的市场。每一个品牌都有其战略角色，必须与将要进入的国家市场的战略目标相吻合。例如，一些强势品牌进入一些发达国家是为了建立品牌形象，而另一些弱势品牌进入不发达国家则是为了抢占市场份额。宝洁在美国总部拥有大量品牌，但并没有都进入中国，这与品牌和区域战略的匹配度有关。

（五）选择合适市场的产品

由于市场需求和政策法规的差异性，一些在本国畅销的产品不能直接照搬到国外市场，必须根据目标市场的消费者和当地政策的特点进行调整。例如，美国的 GE 电冰箱到了日本就必须缩小容量，因为日本人习惯经常采购食物，而不像美国人通常是一周一次；法国家乐福到了泰国，也出售一些香蜡佛具，因为泰国是佛教国家；日本本田飞度汽车在日本都是两厢，到了中国做成三厢，因为中国人喜欢。

（六）构建全球营销活动

最后一步是全球品牌传播活动的设计，包括广告、公关、促销等。全球品牌传播活动必须符合当地的政治法律、社会文化环境，尽量融入当地文化元素，但又不能触犯当地的忌讳。比如，日本的立邦漆在中国的广告为了渲染漆光滑的特性，用“立邦漆，滑龙柱”的广告伤害了中国人的民族感情，引起中国人的愤怒，给企业品牌造成了不良的影响。

本章小结

品牌国际化(global branding)又称为品牌的全球化经营，是指将统一品牌以相同的名称(标志)、相同的包装、相同的广告策划等向不同的国家、不同的地区进行延伸扩张，以实现统一化和标准化带来的规模经济效益与低成本运营的一种品牌经营策略。凯勒认为，企业实施品牌的国际化具有以下优势：第一，实现生产与流通的规模经济；第二，降低营销成本，扩大影响范围；第三，品牌形象的一贯性；第四，营销活动的统一性。可以从品牌产品的外销比重、品牌的知名度、品牌销售区域分布、资源的国际化程度、人才的国际化程度五个方面衡量品牌的国际化程度。

品牌战略管理专家凯勒指出，开展品牌国际化主要基于以下因素：①本国市场供给过剩，行业增长缓慢，竞争激烈；②海外市场的吸引力；③通过规模经济降低成本；④分散风险；⑤客户的全球流动性和趋同性。营销国际化向来都不是一帆风顺的，根本原因在于国际化进程中充满了种种环境障碍，而这些企业没能很好地应对。这些环境障碍可分为硬性的政治法律环境障碍和软性的社会文化环境障碍。对品牌国际化产生影响的政治法律环境障碍主要有政治体制与涉外经济政策法规、政局格局、政治腐败、地方保护主义、东道国商业法律等。社会文化环境的影响体现在品牌与市场接触的各个领域，如语言文字、风俗习惯、行为规范等。

品牌国际化战略包括进入战略和经营战略。品牌国际化进入战略是指品牌进入另一个国家的过程中所选择的战略途径。不同背景的企业在进行国际化经营时，往往会选择不同的品牌国际化途径。常见的品牌国际化进入模式包括商品出口借用外商销售渠道模式；品牌许可经营进入模式；互惠互利战略联盟进入模式；投资设厂进入模式；并购或合资进入模式；并购或合资进入模式；从贴牌生产到自主品牌进入模式。品牌国际化的经营战略则是品牌进入国外市场之后，在市场经营中所采取的运作模式。四种品牌国际化经营模式分别是标准全球化、模拟全球化、标准本土化、体制决定的本土化。品牌国际化有六个步骤：①重新定义品牌识别；②选择国家或地区；③接近目标市场；④选择品牌结构架构；⑤选择合适市场的产品；⑥构建全球营销活动。

复习思考

(1) 什么是品牌国际化？为什么要进行品牌国际化？

(2) 品牌国际化如何度量？

(3) 简述企业实施品牌国际化的动因以及可能遇到的障碍。

(4) 简述品牌国际化的几种进入模式，并说明每一种进入模式的优缺点。

(5) 品牌国际化经营战略有哪些？

(6) 简述品牌国际化的步骤。

案例分析

格力国际化受挫

格力在其品牌国际化道路上，一直坚持“先有市场，再有工厂”的原则，因此，格力现阶段在海外多是与当地企业一起建立合资公司。但由于和合作方关系问题，其国际化的道路并不太顺畅。

2008年，格力以现金出资和技术作价的方式出资越南盾100亿元(约合62500美元)，与越南合作方成立(越南)格力电器股份有限公司，格力占据合资公司总股本的20%，随后格力继续增资扩股，至2008年年底，格力已经持有该合资公司31.25%的股份，拥有的原始股表决权比例则达到33.75%。这家原计划年产20万台空调的合资公司运营仅一年就出现了问题。根据格力2009年年报显示，期内该公司的应收账款数额大幅上升，至2010年，该公司实际已经资不抵债，为此，格力在当年的年报中为该公司计提坏账准备47.15万元。此时，格力已经基本退出了这家越南公司的生产经营管理。在2013年格力的股东大会上，董明珠确认，退出越南合资公司是因为越南合作方“不诚信”。

2010年4月，格力电器与Soleus共同出资成立格力美国，格力在其中持股51%。利用合作伙伴十多年来建立起来的成熟销售网络，格力产品进入家得宝和沃尔玛等美国主流大卖场，减少前期市场拓展成本及风险，为格力产品快速进入美国市场奠定良好基础。2013年6月，Soleus将格力告上加州联邦法院，称自2012年起收到不少消费者投诉格力生产的除湿机易着火，并向格力方面索赔1.5亿美元。随后美国消费品安全委员会(CPSC)也要求格力召回在美国和加拿大的225万台缺陷除湿机产品，因为已收到与此问题相关的165起事故报告，包括46起火灾。CPSC对格力除湿机事件给出了惩罚结果。格力除了同意支付1545万美元(约合人民币1亿元)的民事罚款给美国政府，他们还同意实施一项计划，以确保符合美国消费品安全法(CPSA)和内部控制、程序的相关制度。

此后的2013年9月，格力电器发布公告称，从美国和加拿大市场召回约225万台除湿机产品。召回的原因是“部分除湿机产品可能会过热、冒烟和起火，从而可能会造成火灾或烧伤”等安全问题。涉及召回产品的范围很广，对象包括2005年1月至2013年6月间在美国和加拿大销售的涉及SoleusAir，Kenmore，Frigidaire等12个品牌总数约225万台的除湿机产品。这些产品均由格力电器生产制造，并出口到美国、加拿大市场。对于当初这一召回可能带给格力电器的利润影响。瑞银证券曾专门评估“格力电器召回的除湿机产品售价从每台100美元至400美元不等，若假设均价为150美元，则总召回金额约3.3亿美元。但是由于很多产品已经使用较久，且产品单价不高，因此估计实际召回比例不到一半，即召回金额不到10亿元人民币”。

在业内人士看来，无论是此次格力方面的1亿元认罚了结此事，还是此前主动召回美国和加拿大市场上的除湿机可能会带来的10亿元损失，对于每年净利润高达100多亿元的格力电器来说，并不会产生较大的经营冲击。但是对于一直宣称掌握核心科技，并主打“让世界爱上中国造”，希望为中国制造代言的格力品牌形象，却是一次不小的冲击。

案例思考：

格力在国外市场受挫的主要原因是什么?

第八章

品牌维护和危机管理

开篇引例

陶陶居的蟑螂

作为国有企业的陶陶居是广州的一个老字号企业,顾客在陶陶居喝汤的时候,赫然发现汤中有一只蟑螂。酒楼碰见这种情况一般的补救措施是撤下这碗汤,再换个别的东西,或者是把这一桌酒席打个折。但遗憾的是这几位顾客不同意这种常见的处理方式,他们要求赔偿交通费、精神损失费、医疗费……在争执中,酒楼经理口不择言,不慎说出了:蟑螂是中药,那么蟑螂汤也就没有什么危害,同时,汤都是高温煲出来的,也不会有细菌……勃然大怒的顾客于是迅速地抱起这碗蟑螂汤来到《羊城晚报》。由于陶陶居的领导一直没有高度重视,甚至其办公室主任对采访的记者也态度粗暴,终于使陶陶居在这个"蟑螂汤"事件中一发不可收拾。这本来并不是一个多么难以处理的问题,甚至在这个过程中,顾客与报社都为陶陶居提供了两次台阶,但遗憾的是他们选择了放弃,而终于使这只"蟑螂"越长越大,仅在《羊城晚报》的头版就"趴"了一个礼拜,并最终使陶陶居停业整顿。

思考:

(1) 什么原因导致这家老字号企业经营陷入困境?

(2) 这家老字号企业应如何处理上述问题?

太阳神(口服液)、旭日升(冰茶)、水仙(洗衣机)、凤凰(自行车)等曾经耳熟能详的强势品牌如今在市场上已雄风不再,甚至已难觅行踪。从品牌管理的角度看,它们是因为在外部环境发生变化,或企业在经营中出现失误时,企业没有及时地对其进行管理和维护,而使其走向衰落。因此,在品牌管理过程中,品牌维护和危机管理是非常重要与必不可少的,需要企业高层领导和品牌管理人员给予足够的重视。首先,本章介绍品牌维护的含义、实施品牌维护的意义、品牌监测,并对品牌维护的策略进行归纳;其次,解释品牌危机的含义和特征,剖析品牌危机的成因;最后,阐述品牌危机管理的防范与应对管理。

第一节　品牌维护概述

一个品牌的建立是非常艰难的,一旦品牌建立了,并不是意味着可以高枕无忧。因为在市场上,变化是永恒的旋律。市场环境是经常变化的,消费者的需求也会经常发生变化,新品牌的出现也会使市场竞争日益激烈。而品牌的创意形象、广告语、产品包装等却一直不变的话,自然难以保持吸引消费者的新鲜活力。所以要求企业经营者,在品牌管理过程中必须树立品牌维护和危机管理的意识，采取各种各样策略来维护品牌的形象，保持品牌的市场地位，提高品牌的知名度和美誉度。

一、品牌维护的含义

品牌维护是指企业针对外部环境的变化给品牌带来的影响所进行的维护品牌形象、保持品牌的市场地位和品牌价值的一系列活动的统称。品牌维护是品牌管理的一项重要工作，但是品牌维护并没有受到一些品牌所有者足够的重视，致使很多知名品牌甚至是百年老字号也逃不脱陨落的命运，尤其是中国的老字号在这一问题上尤为突出。

阅读材料

我国老字号七成自生自灭

商务部统计数据表明：新中国成立初期，全国“中华老字号”企业约有16000家。由于经营不善，到20世纪90年代，这一群体已锐减，变成了1600家，相当于新中国成立初期老字号总数的10%。而令人忧心的是，即使这仅存的1600多家“中华老字号”企业，其经营如今也是危机频现——70%名存实亡，经营“十分困难”，20%“勉强维持”经营，只有10%“蓬勃”发展。

企业千辛万苦创出品牌之后，仍不能松懈，要对品牌精心呵护，否则品牌会很快衰落，消失在汹涌澎湃的商潮之中。对于那些想抱着知名品牌吃一辈子的人，其实是在扼杀品牌，其最终必将被市场所淘汰。市场是无情的，它不管你是中国品牌还是世界品牌，只要你违反了市场变化的规律，就必然会导致企业经营的失败。

二、品牌维护的意义

在品牌管理过程中，品牌维护的现实意义如下。

（一）品牌维护有利于巩固品牌地位，有效地防止品牌老化

由于内部原因和外部原因，品牌在市场竞争中的知名度和美誉度下降，销售萎缩、市场占有率降低等品牌衰落现象，被称为品牌老化。品牌老化是一种逐渐下滑的趋势，如果不对品牌进行维护，随之而来的就是失去原有的市场。

进行品牌维护可以有效地防止品牌老化。随着企业经营环境的变化和消费者需求的变化，品牌的内涵和表现形式也要不断发展变化，为品牌注入新的元素，满足消费者尝试新特色、新款式、新时尚的追求，例如，可口可乐适时调整口味、李维斯牛仔裤的式样随着市场需求而变化等。维护品牌不断创新的形象，保持和增强品牌生命力，更好地满足消费者的需求，在竞争中始终处于有利地位，保持品牌的市场地位，是克服品牌老化的唯一途径。

（二）品牌维护有助于保持和增强品牌生命力，更好地满足消费者的需求

消费者是企业品牌经营者的上帝，以市场为中心，也就是以组合消费者需求为中心。消费者的“口味”是不断变化的，这就要求在同一品牌下要进行产品更新，品牌内容要随之作出相应的调整。几乎每一个知名品牌都在不断地变化着，以满足消费者的口味与偏好。就

连曾说“福特汽车只有一种颜色，那就是黑色”的福特汽车近年来也推出了不同颜色、型号的汽车，以适应市场需求的变化。以市场为中心，完全满足消费者需求，要求品牌经营者建立完善的市场监测系统，随时了解市场上消费者的需求变化状况，及时地调整自己的品牌。

（三）品牌维护有利于抵抗竞争者的攻击

在市场竞争中，有两种竞争者对品牌形成巨大的威胁。一是自己不创建品牌，把生产的产品贴上别人的品牌进行销售，这一现象被一些经济学家称为“黑色经济”。据估计，假冒品牌商品总量约占世界贸易额的2%，甚至更多。假冒品牌商品不仅侵犯品牌的商标形象，使消费者真假难辨，而且由于质量等因素，在消费者使用过程中会产生不利影响。对于品牌拥有者来说，品牌被假冒将会引起市场混乱，降低市场控制能力，而且会严重影响品牌的经济效益，败坏品牌声誉，甚至导致品牌拥有者破产。二是品牌被恶意抢注。由于品牌有了知名度，得到了市场的普遍认可，产品经营也很顺利，在经营过程中企业突然发现自己的品牌被别人注册，品牌持续经营出现了障碍。因此，要有效地维护品牌，必须引入法制轨道，通过立法保护、司法保护和商标保护对品牌进行维护，有利于防止竞争者的恶意攻击。

（四）品牌维护有利于预防和化解危机

随着消费者维权意识和公众舆论监督程度的不断高涨，品牌面临越来越多的危机事件。企业的品牌运营活动是在变化着的市场环境中实现的。企业在选择运营策略、制定管理制度、决策投资项目等活动中，不能与外部环境相适应，企业的品牌运营就可能陷入品牌危机。例如，秦池古酒为争夺央视电视广告时段的标王地位而一掷千金，导致企业资金链断裂，品牌陷入危机。同时品牌维护要求品牌产品或服务的质量不断提升，可有效地防范由内部原因而引起的品牌危机，同时加强品牌的核心价值，进行理性的品牌延伸和品牌扩张，有利于降低危机发生后的波及风险。

三、品牌监测

企业的外部环境是经常变化的，一个强势品牌要想在激烈的市场竞争中长足发展，必须清楚了解品牌在市场上的表现，要时时刻刻进行监视和测量，以此来调整和丰富品牌识别，使品牌个性更清晰。

（一）品牌监测方法

品牌监测方法主要有定性和定量两种，如表8-1所示。

表8-1　品牌监测的定性和定量方法

项目	定　性	定　量
目标	对于潜在的原因和动机得到一个定型的认识	把得到的信息量化，从样本推知总体
样本	少量非代表性的个案	大量的代表性的个案
方法	座谈、深度访问	入户访问、街头定点访问
结果	产生一个初步的概念	得到一个可以指导行动的结论

（二）品牌监测的内容

1. 对消费者品牌选择行为的监测

消费者的需求是经常变化的，这就要求对消费者进行监测，这样才能使品牌内容作出相应的调整，以更好地满足消费者的需求。

（1）知名度调查。品牌知名度即心智占有率，是指消费者提到某一产品时能想起或知晓某一品牌的程度。

（2）美誉度调查。美誉度反映消费者对品牌的品质认知度和喜好程度。

（3）忠诚度调查。品牌忠诚度反映的是消费者对某一品牌持续购买愿意付出更多代价以及对品牌使用经历的满意程度。

（4）联想度调查。品牌联想是指提到某一品牌就会产生的一系列联想、印象。

2. 对竞争性品牌的监测

对竞争性品牌的监测首先要了解公司的品牌战略方向是什么，这样才能了解面对最大挑战来自哪个竞争对手。此外，要了解竞争性品牌的目标以及对公司品牌产生的影响，竞争对手的实力和弱点如何，公司品牌和竞争性品牌的竞争地位如何等。

3. 对品牌市场表现的监测

对品牌市场表现的监测是为了更好地了解品牌在市场上所处的地位，目的是更好地适应未来的发展而作出调整。对品牌市场表现的监测一般包括对市场占有率和通路覆盖率的监测。

品牌监测是为了实施品牌维护策略所进行的前期活动，品牌监测可以在公司内进行，也可以委托专业机构操作，无论采取哪种方式，品牌维护是必不可少的环节，是为了保证品牌维护能更有针对性地进行。

第二节　品牌维护的策略

品牌维护的策略包括品牌的自我维护、品牌的法律维护和品牌的经营维护三部分。

一、品牌的自我维护

品牌经营者努力营造着高知名度的品牌，然而枪打出头鸟，品牌的知名度越高，假冒者就越多，技术失窃的可能性也就越大，品牌搏杀竞争、品牌之间相互攻击斗击、两败俱伤的现象也就越普遍。因此，品牌经营者为使品牌健康成长，必须注意进行自我维护。

（一）防伪打假

对于市场上出现的假冒问题，企业必须引起足够的重视，并采取适当措施加以制止。如果名牌产品的商标和包装技术含量不高，伪造者就易于仿制。因此，企业要大力开发和运用专业防伪技术，同时，要提高顾客对真假产品的辨别能力。企业应利用广告和公共关系等手段，来宣传自己产品的特点、商标、包装和质量等，并教授消费者正确区分真假的方法，力求在全社会形成一个共同监督的保护体系，坚持不懈地开展打假活动。企业和个人都应积极配合工商行政管理部门与商标局等单位，进行整顿市场秩序、查处侵权行为，并对假冒伪劣等不法行为的制造者给予坚决打击。

1. 积极开发和应用专业防伪技术

有些产品品牌和包装的技术含量低,使制假者伪造极为容易,这是有些品牌的假冒伪劣产品屡禁不止的一个重要原因,所以必须采用高技术含量的防伪技术,从而有效保护企业品牌。

(1) 防伪技术的概念、分类及技术类型。所谓防伪技术,是指能增加加工难度、降低其制造仿真度的技术措施或手段。

防伪技术可以从不同角度进行分类:①从功能上与类,分为保真防伪和辨假防伪,也就是人们通常所说的积极防伪和消极防伪;②从应用领域分类,分为产品防伪、标识防伪、信息防伪;③从防伪技术使用与辨识的范围分类,可分为公众防伪(明防)、专业防伪(暗防)、特殊防伪三种。

防伪技术的主要类型:①物理学防伪技术,也就是应用物理学中的结构,如光、热、电、磁、声以及计算机辅助识别系统建立的防伪技术;②化学防伪技术,即在防伪标识中加入在一定条件下可引起化学反应的物质;③生物学防伪技术,是指利用生物本身固有的特异性、标志性为防伪的措施;④多学科防伪技术,也就是通过两种或两种以上学科方法的综合利用来实施防伪;⑤商标的综合防伪技术。

(2) 企业开发和应用防伪技术的有效途径。①企业自己独立开发和应用防伪技术;②企业与专门防伪技术部门合作开发和应用防伪技术;③企业直接向防伪专业部门订购已开发出的防伪技术产品。

不论哪种防伪方法,只要行之有效均可采用,或者结合采用。采用现代高科技含量的防伪技术是有效保护品牌的重要手段,这要求企业品牌经营者能够有清晰的认识、保持高度的警惕,综合运用多种高科技尖端技术,使一般人难以仿制。例如,娃哈哈纯净水就采用了电子印码、激光防伪、图案暗纹等多种防伪技术。

事实上,世界上几乎所有的知名品牌都采用了各种防伪标志,对保护自己的品牌起到了一定的积极作用。但从实际情况来看,防伪措施的力度还不够,企业还应积极打假,把防伪与打假结合起来。

2. 运用法律武器参与打假

(1) 提高认识,立足长期打假。假冒伪劣作为一种社会公害,是会长期存在的,不可能一谈打假,假货就会退出市场。打击假冒伪劣是一场长期的、持久的战斗,企业经营者们要有长期作战的思想准备。

(2) 多投入人力、物力打假。打假要花费人力、物力、财力。云南玉溪卷烟厂生产的红塔山香烟,被称为中国的“万宝路”,深受消费者欢迎。但是,全国除西藏、新疆外,各地都已发现假冒的“红塔山”香烟。仅 1992 年 1 月至 11 月,该厂用于打假的费用就高达 500 万元。西安太阳食品集团公司生产的“太阳”牌锅巴,曾经畅销全国。1990 年,锅巴的产值已达 1.85 亿元,创利税 3000 万元。随着大量假冒“太阳”牌锅巴的出现,正宗“太阳”牌锅巴市场遭到严重冲击,每月销售量由 3000 吨猛降到每月 300 吨。该公司为更新防伪技术,两年四次就耗资近 600 万元。所以,要打假就需要大量的资金投入。

(3) 成立打假办,有组织地进行打假。假冒伪劣历来都是一股毒流,渗透在市场的每一个角落,若没有一定的机构和专门人员去负责打假的话,其效果绝对是大打折扣的。鉴于此，我国许多知名企业都吸取了被假冒的经验教训，成立了专门打假机构，配备专职打假人员，积极参与打假，取得了显著成效。

企业必须加强对知名品牌商标的管理，制定专门的商标管理制度，把商标管理纳入全面质量管理之中。对商标的使用、标识的印刷、出入库、废次品标识的销毁等，都要进行严格管理。为了加强企业内部的商标管理，企业应设立科学的、完善的商标档案，设立专门的商标管理机构，配备熟悉商标知识和商标法规的管理人员，使他们成为品牌的捍卫者。此外，还可以向消费者普及品牌的商品知识，以便让消费者了解正宗品牌的产品；以及与消费者结成联盟，协助有关部门打假，从而组成强大的社会监督和防护体系。

阅读材料

红双喜维护商标合法权益

2012 年年底，根据线报，浙江省某地区有人制售假冒红双喜牌体育用品，红双喜公司打假办随即派人前往该地区摸查。打假人员通过秘密潜入、外围查访等艰难曲折的工作，发现当地有许多家工厂都有制假嫌疑，且假冒的红双喜产品品种不少，规模也较大，以羽毛球、乒乓器材为主。打假人员在初步掌握了基本情况后，为了不打草惊蛇，做到人赃俱获，同时也为了安全起见，跨过当地执法单位，直接与管辖该地区的上级公安部门取得了联系，希望公安介入，利用技侦手段做进一步调查。经过公安一段时间的侦查，发现这是一起涉及多省市的制假、销假案。

在浙江省公安厅的精心部署下，于 2013 年 3 月 28 日发起了统一收网行动。在当地一家派出所内，堆放着收缴上来的假冒红双喜商标的乒乓球台丝网印刷品、假冒红双喜商标的 401、402、311 等型号桶装羽毛球标贴及 302、306、401 等型号羽毛球用粘贴纸。据打假办人员介绍，有些标识或标贴红双喜已经不用，但制假者仍然在使用，欺骗消费者，扰乱市场，严重损害了消费者的利益和红双喜的形象。制假的成本不高，收效很高，于是制假者趋之若鹜。根据《中华人民共和国刑法》规定，凡是制假、销假案值超过 5 万元的都可量刑定罪。此案的所有制假或销假当事者的案值应该都不止这个数或者是远远超过这个数，那么，等待他们的只能是法律的严惩。

（二）控制品牌机密

当今世界是信息的世界，谁掌握信息，谁就掌握了主动权。在知识经济时代，信息可能比资产更为重要。在和平年代里，经济情报已成为商业间谍猎取的主要目标，严酷的事实要求品牌经营者必须树立信息观念、高度戒备，保护自己品牌的秘密，以防泄密。

1. 要有保密意识

当今社会，各种间谍技术高超，信息手段发达，造成品牌秘密很难保住，稍不留神，就会给品牌造成不可估量的损失。有时重要信息的失窃是在没有保密意识下不自觉的行为造成的。20 世纪 80 年代末，我国成功地发射了一枚一箭多弹火箭，在国际上引起了巨大反响。国外情报部门纷纷指派情报人员收集相关资料。正在一筹莫展之时，我国有位工程师在某全国大报上撰写文章，详细介绍了这些发射情况，情报间谍们大喜过望，不费吹灰之力就获得了有关资料。

与上述情况相反，旭日升冰茶的配方却保存得异常完好。河北旭日集团由一家乡镇小企业跃升为中国茶饮料的“领头羊”，其秘诀就是其生产的旭日升系列茶饮料另辟蹊径。该公司针对专利法的年限规定，没有申请产品专利，而是采取所有员工只了解部分工序，配方锁在公司保险库内，钥匙由两人分管等措施，使该品牌配方得以保存。也正因为如此，旭日升系列茶饮料才能在中国饮料行业中异军突起，成为茶饮料企业的“明星”。

2. 谢绝技术性参观和考察

经调查显示：在世界上，每一项新技术、新发明领域中，有40%左右的内容是通过各种情报手段获得的，而许多经济间谍正是打着参观的幌子来盗取情报的，所以，品牌经营者有必要谢绝技术性参观和考察。对于无法谢绝的参观，各企业通常需要采用专人陪同，进行监视，以防止技术秘密外泄。

一天，法国一家著名的照相器材厂来了一批日本客人。这家工厂的两位实验室主任自始至终陪同。在观看一种新的显影溶液时，一位客人俯身贴近盛溶液的器皿，仔细看了一下。这种极为平常、自然的举动，一般人都不会注意。可是，精明的实验室主任却发现了。这位客人的领带比一般人的长，当他俯下身子时正好使领带末端“无意地”沾到了溶液。他回去只要把领带上的溶液痕迹化验分析一下，就很容易得到这种显影溶液的配方了。别人花了几年乃至几十年的科学研究成果，他便能一下子掌握了。这时，实验室主任悄悄叫过一位女服务员，对她吩咐了一番。

当参观结束后，客人们心满意足地回到休息室时，那位女服务员彬彬有礼地走到那位客人面前说：“先生，您的领带脏了，请换条新的。”说完，便为他解下领带，给他换上一条崭新的漂亮领带。那位客人很尴尬，但又有苦难言，只好鞠躬道谢，红着脸走了。应该说，偷情报的工业间谍和取回被窃情报的实验室主任，都是聪明机警的人。

3. 严防家贼

正所谓“明枪易躲，暗箭难防”，品牌的失密常常是自家人所为。家贼又可分为两种：一种是竞争对手派来卧底的；另一种则是原来是本企业的技术人员，为了更高待遇而跳到竞争对手那儿去。针对这两种情况，必须严格限制接触品牌秘密的人员范围。

（三）避免互相杀戮

随着经济的发展和市场的繁荣，品牌之间的竞争日益激烈。1992年我国就有中原商战，1993年变成矿泉壶大战，1997年惊爆VCD大战，1999年又有水制品大战，2001年房地产品牌之战，竞争自然是不可避免的，但绝对要以正当竞争手段为前提，坚决避免品牌之间的互相杀戮。

1. 切忌互相搞降价比赛

价格是商品价值的货币表现形式，消费者常以价格的高低来判断商品质量的好坏。降价是一项极为有效的促销手段，可以增加企业产品的销售工作，我国的民族企业更是把它作为撒手锏来用，君不见格兰仕几乎每日来降价，清洗整个微波炉市场；君不见联想集团、清华紫光用降价占领笔记本市场；君不见国美的发展壮大就是靠价格战取胜的。然而价格绝不是万能工具，它极易破坏消费者的品牌忠诚，也使品牌经营者受到巨大损失。

1992年的中原商战，最后也演变为降价大比武，先是紫荆商场推出“同类商品全市最低价格”，而后，商城大厦把价格降到不能再降的地步，华联、商业大厦也不甘寂寞加入战团，亚细亚更是变成只要你比我价格低我就还降价。由此郑州陷入了前所未有的大战，其战斗的结果是利润下降，名誉受损，若不是后来商家们醒悟过来，恐怕都得全军覆没。

2. 切忌互相攻击

品牌经营者们在激烈的市场竞争当中不应攻击竞争品牌，更不能互相诋毁，否则将容易两败俱伤，成了搬起石头砸自己的脚。

前些年，麦当劳快餐店曾在荷兰各地推出一系列促销广告，其中一则广告上醒目地写着“不！不！不要吃中国餐！”，这一变态招数立刻引起荷兰华人社团的严重抗议，他们与法律顾问取得联系，诉诸法律，这一攻击行为导致麦当劳的形象和声誉都受到了严重的损害。

二、品牌的法律维护

品牌的法律维护是指品牌所有者在具体的经营活动中运用法律武器对自己品牌合法利益的正当维护。由于法律维护的权威性、强制性和外部性，品牌的法律维护是最强有力的品牌维护手段。

品牌的法律维护在广义上包括某商品形成的独特的精神成果及该商品所具有的外部标志所共同组成的权益的维护。在狭义上是指对品牌具体的商业标记的保护，包括对企业商号、商标、企业徽标、商品名称、特有的包装装潢、域名、广告语等因素的法律维护。为了基本了解品牌的法律维护的内容，本书以商标维护为例进行具体介绍。

阅读材料

品牌商标的注册原则和程序

商标所有人向法定的商标主管机关表示要求取得商标专用权意愿的法律手段，即为商标注册申请。我国于1982年8月颁布的《商标法》，实行自愿注册与强制注册相结合的原则。商标注册申请应遵循以下原则：一件商标一般申请的原则、一件商标一类商品的原则和扩大商品适用范围另行申请的原则。

商标注册申请人必须履行以下申请手段：①领取、填写和提交注册申请书；②提交商标图样是指商标的黑白图样，其数量各不相同；③提交证明文件，在必要时，商标注册申请人应向商标主管部门提交营业执照副本，商标设计说明书，有关部分核准生产和经营的文件；④缴纳申请费用。

申请商标注册后，作为法律认同的知识产权，品牌就受到了法律上的保护，这是实施品牌战略的很重要武器和工具。但是一些企业所有者商标注册的意识淡薄，大多数企业尚未形成一套完整的知识产权保护战略，没有真正推行商标战略，所以众多品牌商标被抢注的事情频繁发生。

（一）及时注册商标，获得商标权

及时获得商标权是企业品牌战略的必要保障，也是品牌法律保护的基本前提。我国《商标法》第三条规定：“经商标局核准注册的商标为注册商标；商标注册人享有商标专用权，受法律保护。”也就是说，获得商标权，是品牌受到法律保护的先决条件。我国《商标法》对商标注册采用“申请在先”的原则，在同一种或类似的商品上，以相同或相似的商标申请注册的，初步审定并公告申请在先的商标。如果相同的商标在同一天注册，则采用“使用者先”的原则，因此，品牌不能及时注册，就不能获得商标的专用权，其品牌也不能受到法律保护。

阅读材料

被抢注的少林商标

“等我们再到海外演出的时候，我真担心会有人要求我们不能使用‘少林功夫’的名称”。2003年5月28日少林武僧团“少林雄风”北京首演现场，少林方丈释永信大师对记者这样说。

现在，美国、日本和欧洲一些国家已经大量抢注了以“少林功夫”为内容的商标，其中包括“少林功夫”“少林武术”“少林拳法”“少林全套功夫”等在内的几乎所有商标。保护“少林功夫”，维护少林声誉已经到了刻不容缓的地步。

海外各国对“少林”商标的抢注引起国内外公众的广泛关注。一家美国公司，将“少林全套功夫”的商标统统注册，把所有与此相关的内容“一网打尽”。欧洲一些国家以及日本也在注册“少林寺”商标的同时，把与之相关的“少林功夫”“少林武术”“少林拳法”等含义也全部包含在内。由于“少林功夫”文化品牌被随意抢用和滥用，国际社会对“少林功夫”的认识开始产生混乱和曲解，以为“少林功夫”只是“武术”。

据不完全统计，我国曾有超过80个商标在印度尼西亚被抢注，有近100个商标在日本被抢注，有近200个商标在澳大利亚被抢注。目前，我国企业在海外申请注册的商标约有近15%遭遇被抢注的尴尬局面。

对未注册的商标，适用的法律是《反不当竞争法》。该法规定“擅自使用知名商品特有名称、包装、装潢，或者使用与知名商品近似的名称、包装、装潢，造成与他人的知名商品相混淆，使购买者误认为是该知名商品，认定其为以不正当手段从事市场交易，损害竞争对手”。但这里有一个前提，受保护的品牌必须是知名品牌，如果知名度不高一般不予保护。所谓知名品牌，一般是指经过权威部门或政府管理机构认定的“驰名商标”。

品牌名称注册的同时，还要注册标志、包装和广告语，例如，可口可乐公司对中文“可口可乐”、英文Coca Cola的名称和带状标志以及瓶子外形都进行了注册。在注册名字时，企业最好对相近或相似的名称进行注册，例如中国的“娃哈哈”品牌名称注册时，同时注册了“哈哈娃”“娃娃哈”“哈娃娃”等与娃哈哈文字不同排列的名称。不仅要在国内注册，还要在未来市场注册，防止恶意抢注。不仅要注册所在行业的品牌，还要注册相近行业的品牌，以便品牌延伸。除了传统的品牌注册外，最好注册网络域名，所注册的域名覆盖企业、产品名称数字组合，以构建周密、全面的网络保护圈。

（二）及时注册，勿忘续展

商标申请人按照商标法规定的法定程序，将自己已使用或将要使用的商标向商标局申请注册，经商标局审查核准，发给商标注册证，缴纳费用后，商标申请人就获得了商标专用权，同时也受到商标法的保护。任何人未经商标权许可，都不得使用该商标，否则，即构成商标侵权行为，将受到法律制裁。

必须指出的是，商标权的保护是有时间限制的。对此，各国的法律规定不尽相同。在英

国及沿袭英国制度的国家，商标权的保护期限为7年；古巴、斯里兰卡、坦桑尼亚等国的保护期限为15年；而美国、意大利、瑞士、菲律宾等国的保护期限长达20年。我国现行的《商标法》规定，注册商标的有效期为10年，自核准注册之日起计算。如果商标的有效期届满，应当在期满前6个月(按我国《商标法》规定，最迟不超过有效期满后的6个月，即宽展期)内申请续展注册(注册商标有效期限按法定程序延续)，每次续展注册的有效期为10年。至于续展次数，商标法则没有限制。只要企业愿意并能在法定期限内及时续展，商标专用权就可以成为企业的一种长久的权利，受到法律的长期保护。

(三) 防止商标设计误区，商标设计应该与众不同，不利于仿冒

商标标识是由各种保护性要素组成的，这些要素包括展示、名称、标识、声气味，甚至外形包装的各种审美要素。这些要素必须具有独特性，才能更好地得到保护。商标设计越独特，越有利于防止其他竞争者仿冒，也就越能更好地受法律的保护。例如，麦当劳快餐店设计了一个金黄色拱门形状M作为其商标，单纯、明快，给人以强烈的标志感，视觉印象特别醒目，良好的冲击效果，而且在消费者心目中形成良好的印象，不利于竞争者仿冒。

三、品牌的经营维护

所谓品牌的经营维护，是指企业经营者在具体的营销活动中所采取的一系列维护品牌形象、保持品牌市场地位的活动。主要包括以下几方面。

(一) 保证和提高产品质量，维持高质量的品牌形象

质量作为品牌的本质、基础，会影响到品牌的生存和发展。同时高质量会带来品牌的成长，会带来高的市场份额。剑桥的策划计划研究所曾进行过一项调查，结果表明：1978年，约30%的消费者认为质量比价格更重要；而到了1981年，这一比例超过80%。而在中国社会调查事务所于1997年年初进行的一项“中国百姓品牌意识”的调查中，当问到“你认为什么是品牌”时，被调查者中有90.16%的人认为是“产品质量好”。由此可见，质量是品牌的灵魂，高质量的品牌往往拥有较高的市场份额。反之，一个品牌的知名度很高，但它的产品质量出了问题，会影响品牌形象，使品牌受损。比如，豪门啤酒在20世纪90年代初曾经风靡一时，然而，由于其与河北、山东等省份某些酒厂合作生产后，没能控制好质量管理，严重影响了其高档啤酒的形象，充斥市场的大量劣质豪门仅仅数日就令豪门啤酒风光不再。

对品牌经营者而言，维持高质量的品牌形象，可以通过以下几方面进行。

1. 评估产品目前的质量

目前生产的品牌产品中，是否严格按照本企业的生产质量管理体系进行？与ISO 9000系列国际质量认证体系是否还有差距？在品牌组合中，目前被消费者认为低的是哪些品牌？是整个品牌还是某个方面？企业的销售人员是否完全具备与产品品牌有关的业务知识？品牌经营者应该从内部挖潜，即全力贯彻实施内部质量管理体系，从根本上了解消费者对品牌产品的意见和建议。

2. 随时掌握消费者对质量要求的变化趋势

企业在设计产品时考虑顾客的实际需要，随时掌握消费者对质量要求的变化趋势，建立独特的质量形象。倾听顾客意见，对现有产品质量进行改良；倾听专家意见，以便在产品质

量上有所突破。

3. 建立独特的高质量形象

从品牌广告、营销、公关、策划等多种角度，建立独特的高质量形象。知名品牌主要由“品位高雅”“质量可靠”“设计入时”等内在因素起主要作用，但品牌也要善于包装自己，也就是通过各种有效手段把自己宣传出去。国美电器在这方面是相当成功的，它所经营产品的价格并非最低，质量也并非最好，但它通过媒介向消费者宣传自己，进行自我炒作，用彩电等几个家电品牌价格的低廉换取了消费者认为“国美的东西都便宜”的印象，从而扩大企业的知名度，使国美成为销售终端大户的杰出代表。

（二）品牌的更新策略

1. 产品更新

品牌的基础是产品，一旦产品老化，品牌也必将走向衰退，所以保持产品创新，是保持品牌不老的基础。任何品牌创新，若没有产品创新，就会成为无源之水。

产品创新是指运用先进的科学技术进行创新，即运用科学技术为产品开发进行创造和发明，或对产品的质量、性能等进行改善。无论何种产品创新，都以市场为中心，来满足消费者的需求。如海尔集团针对不同地区、不同国家推出了小小神童洗衣机和在部分地区才用得着的可以洗红薯的洗衣机，正是由于海尔人从顾客的实际需求出发，才使它每推出一种新产品都颇受消费者的欢迎。

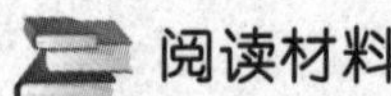
阅读材料

电动咖啡壶的改动

东京麦肯锡顾问公司决定改进电动咖啡壶，以适应人性化需要。在设计时，负责设计的技术人员问了一大堆问题，诸如壶应该大一点好还是小一点好。后来，经过讨论，大家一致认为咖啡爱好者普遍对味道香醇的咖啡感兴趣，该公司负责人大先研一先生问设计人员，哪些因素影响咖啡的味道？设计小组研究的结果表明，有很多因素会影响咖啡的味道：咖啡豆的品质和新鲜度，研磨方式，加水方式和水质等。其中，水质是决定性的因素。所以该品牌产品设计了一个去除水中氮化物的装置，另外，新产品还附有一个研磨装置，消费者要做的，只是加水和放咖啡豆。实践证明，改进后的电动咖啡壶受到了广大顾客的欢迎。

2. 品牌的重新定位

从企业的角度，不存在一劳永逸的品牌，从时代发展的角度，要求品牌的内涵和形式不断变化。品牌从某种意义上就是从商业、经济与社会文化的角度对这种变化的认识和把握。所以，企业在建立品牌之后，会因竞争形势而修正自己的目标市场，有时也会因时代特征、社会文化的变化而引起品牌的再定位。

竞争环境迫使企业改变品牌的定位。美国著名非可乐饮料“七喜”，在进入软饮料市场后，经研究发现，可乐饮料总是和保守型的人结合在一起，而那些思想新潮者总是渴望能够找到象征自己狂放不羁思想的标志物。于是该饮料即开始以新形象、新包装上市，并专门鼓励思想新潮者组织各种活动。避实就虚的战略使得七喜获得了成功。这是在面对两大可乐公司的紧逼下寻找到的市场空隙，品牌新市场定位给它带来了生机。

时代变化而引起修正定位。例如，英国创立于1908年的李库柏(LEE COOPER)牛仔裤是世界上著名的服装品牌之一，也是欧洲领先的牛仔裤生产商。近百年来，它的品牌形象在不断地变化：20世纪40年代——自由无拘束；50年代——叛逆；60年代——轻松时髦；70年代——豪放粗犷；80年代——新浪潮下的标新立异；90年代——返璞归真。

3. 品牌名称更新

如果现有名称已不能诠释品牌的内涵，那么就有必要进行更换。如企业经营战略发生变化，为适应战略的发展而改变。例如，联想集团英文名称更换的一个重要原因便是如此，特别是在联想的数码相机、MP3、手机等业务日益壮大起来，创新、活力、动感才是联想新标志所要体现出来的，而以往高科技的联想、国际化的联想、服务的联想战略定位也会被重新升级到一个版本。在这种情况下，原来的英文名称“Legend(传奇)”已不能适应形势的发展，于是，联想将Legend更名为Lenovo，新产品较好地体现了联想内涵，其中的Le取自原来的Legend，继承“传奇”的意思，novo是一个拉丁词根，代表创新之意。Lenovo寓意为“创新的联想”。

4. 品牌标志更新

品牌标志(Logo)是指品牌中可以通过视觉识别传播的部分，包括符号、图案或明显的色彩和字体。在品牌经营中，品牌标志变与不变、什么时间变，都是需要企业决策者在反复权衡机会与风险后才能作出的重大抉择。考察国际品牌的发展历史可以发现大多数公司不同程度地选择了调整策略。改进品牌标志是为了适应时代进步和文化潮流，从而摆脱品牌老化的尴尬境地。

更新品牌标志要注意的问题是不管怎么变都不能背离品牌精髓——核心价值，如耐克挑战极限的体育精神、诺基亚科技以人为本的人文精神。品牌标志的每项要素都要与历史的和现行的识别形象进行比较，明确哪部分需要改动、哪些品牌风格应当保留，使新品牌标志既能保持消费者对品牌的忠诚度，又能给人以新鲜感。2003年，可口可乐在中国启用了新标志，标志最大的变化体现在中文上。中国香港著名广告设计师陈幼坚设计的全新流线型中文字体，与英文字体和商标整体风格更加协调，取代了可口可乐自1979年重返中国市场后沿用了24年的中文字体。公司试图通过此举扭转消费者认为可口可乐活力不足、传统、老化的现象。可口可乐改变的不仅是标志，也是与消费者的沟通方式。

阅读材料

肯德基更换品牌标志

肯德基是世界上最大的鸡肉餐饮连锁店，全球总部设在美国肯塔基州的路易斯维尔市，1952年由创始人桑德斯(Sanders)先生创建。2006年11月15日，肯德基开始在全球范围更换标志。

肯德基自从1952年正式面世以来，经历五代标志，如图8-1所示。本次换标是为了“与时俱进”，不断带给消费者新鲜感。配合此次换标，在美国内华达州51区沙漠地带做了一个全新的8129平方米的巨幅桑德斯上校标志，肯德基随即成为第一个从太空可以看到的品牌。

新标志保留了桑德斯上校招牌式的蝶形领结，但首次将他经典的白色双排扣西装换成

图 8-1　肯德基历代品牌标志

了红色围裙。这红色围裙代表着肯德基品牌家乡风味的烹调传统。它告诉顾客，今天的肯德基依然像桑德斯上校 52 年前一样，在厨房里辛勤为顾客手工烹制新鲜、美味、高质量的食物。

五次品牌标志的更换，变化的是为了更贴近现代的风格，不断调整表达方式和元素；不变的是桑德斯上校的亲切微笑，热情好客的为人。

5. 品牌包装更新

包装就像产品的脸面，是产品品质的外部表现形态，也是消费者识别品牌、与企业进行沟通的媒介，因此改进包装是品牌更新的直接手段。因为新包装下的产品数量以及包装本身视觉形象的改变都是影响消费者需求的重要因素。品牌包装更新应遵循的思路是体现人性化、现代化，并应配合产品升级换代，体现品牌的多层次；加入新的元素，传播品牌新概念、新主张等。还需补充说明的是，品牌传播的直接载体：品牌名称和品牌标志的更新一般都涉及品牌包装更新。新材料的应用，如真空包装、蒸煮袋包装，可以通过塑造崭新的包装形象改变品牌原有的形象；使用绿色包装，会让人联想到无公害、健康、安全的品牌形象。

20 世纪 70 年代早期的袜类行业日趋衰退，但是莱格斯(L'eggs)公司的销售额不降反升——1970 年其销售额为 900 万美元，1974 年飙升到 2.9 亿美元。莱格斯绝处逢生的方法是在超市销售高质量的袜子，并采用整体营销计划支持这一理念。莱格斯采用独特的鸡蛋形包装，这种包装不但难以剽窃，而且使其名称更引人注意、更易于记忆。莱格斯的卖场销售员采用了垂直摆放袜子的做法，改变了以前在超市销售袜子时常常无序摆放的局面。这些都导致了该产品销售量的提高。

阅读材料

百事可乐的品牌包装更新

最初被称为"布拉德饮料"的百事可乐比可口可乐晚出世 12 年。也正因为如此，在 20 世纪二三十年代，百事可乐公司曾三次准备将自己出让给可口可乐公司，可均遭到可口可乐公司的拒绝。此后不久，正当古兹(百事可乐公司总裁)走投无路的时候，一个点子改变了百

事可乐公司的命运，那就是更新包装。百事可乐的第一家装瓶厂比可口可乐晚了8年，但其包装瓶的容积与可口可乐的相同，都是6盎司。当时的饮料均是同样容积的包装瓶。如果能改用12盎司的包装瓶装百事可乐来销售，想必会受到消费者的欢迎。为了降低包装成本，古兹用回收的啤酒瓶子装其百事可乐来销售。这种品牌包装更新策略，在"百事可乐，忠实伴侣，数量加一倍，价格仍5分"广告的支持下，收到了非常好的销售效果，使百事可乐绝路逢生。1936年盈利200万元，1937年更赚420万元。到1953年，可口可乐的销售量下降了3%，而百事可乐的销售量增加了12%。

不仅是百事可乐，可口可乐有时也会适时地对包装进行更新，2002年春节到来之际，可口可乐公司在中国推出了一款乡土味浓厚的"泥娃娃阿福贺新年"的大塑料瓶包装。在可口可乐的包装瓶上，一双金童玉女正怀抱可口可乐瓶，笑容可掬，在新年热闹的市场上显得亲切醒目。喜洋洋的泥娃娃"阿福"因能增添喜庆气氛深受中国人的喜爱和推崇。正如可口可乐中国有限公司总裁可安所言，可口可乐此次推出阿福新年特别包装，正是取其"年年庆有余，岁岁添欢乐"的寓意，将可口可乐与中国特色相结合，以新年吉祥的本土形象与消费者达到进一步沟通。

6. 品牌传播更新

(1) 品牌传播方式的更新。广告虽然仍然是消费者了解品牌信息的主要方式，但如果品牌只单纯地用广告进行传播，则不能与消费者进行深入的交流，并且长期的广告轰炸也会使消费者产生审美疲劳，降低品牌传播的效果。因此，在品牌的传播过程中，将广告、公关、事件、新闻等各种传播形式有机地整合起来综合运用，将有效地强化品牌的传播力量。比如，可口可乐获得的第一次腾飞便是在"二战"期间的一次公关事件。"二战"前可口可乐与其他饮料相比并无出众之处。"二战"爆发后，可口可乐公司巧妙地抓住了这一机会，将可口可乐饮料送到美军前线为战士们解渴，之后，可口可乐成了世界流行饮料，也成为美国标志之一。

(2) 广告更新。广告是品牌传播最常用的一种方式，但做好广告传播却不是一件容易的事，做广告更需要有更新。广告更新可以从广告作品、广告发布时间、广告代言人和广告形式四个方面考虑。

2004年麦当劳推出的全新品牌口号"我就喜欢"，并将用了几十年的红色标志改成了黑色，录制了新的广告歌曲进行宣传。与肯德基定位于成人相区别，麦当劳一直以小孩以及家庭作为主要目标人群，因此其标志以温馨的黄色和鲜艳的红色为主，应该说，原有形象在很大程度上帮助并见证了其在中国的成长。而麦当劳将用了几十年的红色标志调整为黑色，并推出"我就喜欢"这样个性化的口号，从侧面反映了其品牌战略的变化：即麦当劳会将市场营销的重点从过去的小孩及家庭集中到时尚活力另类的年轻一代消费者身上——麦当劳长大了。其全新的品牌形象"我就喜欢"，就是针对年轻人量身定做的。因此，我们看到现在的口号和标志，融入了更为时尚、活力的元素，效果更具动感。

为了配合其针对年轻人的战略转移，当年麦当劳请出了年轻人的偶像王力宏，推出了新的广告歌曲。王力宏之所以被选中，主要是因为他年轻、时尚、充满活力的形象与麦当劳的新品牌形象"我就喜欢"很吻合，能够对品牌形象起到强化作用。

又如，GE电气的故事可以说明品牌口号在改变品牌形象过程中的决定性作用。GE电气一直在公司的标语中强调"科技"，然而，在调查中发现，GE电气给人的印象是"古板、机械、冷漠"的，最后，公司使用了"将好的东西带到生活中"这个口号，成功地将GE电气塑造成为一个有情感、有爱心、关心生活的亲切品牌形象。

（三）建立品牌档案，不断培养消费者的品牌忠诚度

由于市场竞争的激烈，消费者对某一产品的忠诚度并不高，他们一般较注重方便、服务以及各种优惠。如何建立与消费者相对稳定、长期的关系，培养消费者的忠诚度是关键。建立品牌档案就是一个好方法。将消费者的资料收集起来，包括他们的姓名、住址、职业，用于关注消费者的交易行为和交易习惯。在掌握消费者各种有关信息和对这些信息不断更新的前提下，对消费者现时的偏好和未来的需求进行深入了解与分析，在成本可行的条件下尽可能满足消费者的要求，并对产品的开发、推广等方面提出合适的参考建议。另外，通过品牌档案，还可以加强与消费者的感情交流，赢得客户的好感，提升企业的品牌形象。

第三节 品牌危机概述

不管企业对自己的品牌如何维护，还是会有一些突发的、难以预料的事情发生。如果处理不当，就可能给品牌造成很大的伤害，并演化成危机事件。因此，品牌所有者应该树立较强的品牌危机意识，建立完善有效的品牌危机管理机制。

一、品牌危机的概念

品牌危机是指由于组织内外部突发原因造成的始料不及的对品牌形象的损害和品牌价值的降低，以及由此导致的使组织陷入困难和危险的状态。品牌危机带来的危害是巨大的，它可以使一个品牌一夜之间由人见人爱变成人人喊打，也可以使一个百年品牌瞬间土崩瓦解。对品牌危机这样一个品牌毒瘤，必须清醒地认识和加以处理。

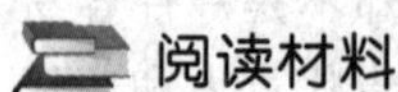

阅读材料

雀巢奶粉碘含量超标事件

在2005年迎六一儿童节商品抽检中，雀巢金牌成长3+奶粉被发现碘含量超标。卫生部1994年2月批准的食品营养强化剂使用卫生标准显示：婴幼儿食品中碘含量为250～680微克/千克。专家表示，国家标准对每100克奶米粉的碘含量要求是30～150微克。浙江工业大学生环学院食品研究所教授丁玉庭说，过量食用碘同样会发生甲状腺肿大，只是症状会较缺碘导致的结果稍轻。相对而言，儿童比成人更容易因碘过量导致甲状腺肿大。

得知这个检测报告后，雀巢在我国内地的公关代理——北京环球公关公司表示，雀巢公司已经知道了这个事情，并且非常关注。该公关公司认为，雀巢食品一向对消费者负责任，一定是安全的。但公司也会积极配合工商部门，妥善处理该起事件。

但随后，雀巢公司又表示自己的产品是安全的，其碘含量符合《国际幼儿奶粉食品标准》。随后媒体发现其所谓的国际标准并未规定碘含量上限，而且早在半月前便知道产品有问题的雀巢竟未采取任何处理措施。雀巢傲慢的态度和对公众健康的冷漠终于引发了媒体与公众的大规模集体声讨，同时其在北京、昆明等地又陆续被查出碘超标奶粉。消费者对此表示强烈不满，新浪财经调查显示，80.76%的网民将不会考虑购买雀巢奶粉，88.36%的网

民表示暂时不会购买其他雀巢品牌产品。初期的星火危机终成燎原之势。

二、品牌危机的特征

（一）突发性

突发性是品牌危机的首要特征。品牌危机的发生都是突然的，是难以预测的，发生之前，虽然有时可以预见其发生的可能性，但通常无法确定其一定会发生，更无法确定其发生的具体时间、形式、强度和规模等。例如，“泰诺”危机是因为美国芝加哥地区连续发生了7人因服用强生公司生产的“泰诺”胶囊而中毒的事件；又如“帕杰罗”事件起源于国家出入境检验检疫局的一纸进口禁令，这些危机事件事出突然，时间急，影响大，往往置企业于仓促应战的克尴尬境地。

（二）危害性

由于品牌的脆弱性，危机一旦发生，就会对品牌形象造成巨大的破坏，并引发由于品牌价值的降低而带来的多方面损失，使组织陷入困难窘迫的破坏，严重时可以使一个品牌灭亡。比如，2000 年 11 月国家药物监督管理局的一个紧急通知，使中美史克康泰克的销售额一夜之间从 6 亿元减到零，而三株药业与湖南一个老汉的一场官司，使得曾经年销售额高达80 亿元，利税 18 亿元，拥有 15 万员工的三株“帝国”轰然倒塌。

（三）冲击性

来势凶猛，发展迅速，往往呈排山倒海之势。不论是不期而至的天灾，还是长期酝酿一朝爆发的人祸，一旦爆发，其来势之猛，发展之快，涉及面之广，影响之深，往往使品牌有无法招架，无能为力的感觉。

（四）关注性

品牌危机爆发时，品牌原来的知名度必然引起广泛的舆论关注，媒体大张旗鼓地报道，常常成为危机处理中最棘手的问题，舆论的偏向直接影响到品牌的存亡。尤其是进入信息时代后，危机的信息传播比危机本身发展要快得多。媒体对危机来说，就像大火借了东风一样。信息传播渠道的多样化、时效的高速化、范围的全球化，使得危机情境迅速公开化，成为公众关注的焦点，成为各种媒体热炒的素材。同时作为危机的利益相关者，他们不仅仅关注危机本身的发展，更关注危机的处理态度和所采取的行动。正因为如此，企业需要认识清楚，对品牌危机的处理是欲盖弥彰的，对所出现的问题采取拖延或逃避的态度是不明智的。

（五）机遇性

品牌危机的机遇性是指尽管有些危机事件难以完全避免，但危机之中也孕育着机遇。正如汉语危机这两个字就分别代表着“危险”和“机遇”两层意思。危机事件就好像是一个分水岭，它有可能走向更坏，也有可能走向更好。每一次危机既包含着导致失败的根源，也孕育着成功的种子。发现、培养以便收获这个潜在的成功机遇就是危机管理的精髓。例如，强生公司通过有效化解泰诺胶囊被氰化物污染的危机，不但恢复了产品市场，而且明显提高了公司的声誉。对品牌危机的恰当处理本质上会给企业带来新生。品牌危机可被理解为一种唤醒企业内部管理者、员工的警钟，它能克服企业员工"品牌自傲"的境况；品牌危机又可以看作企业为处理日后品牌危机而进行的一场真实的"演习"，为企业接种了疫苗。

三、品牌危机的成因

企业要正确地进行品牌危机管理，就势必要对危机产生的原因有深刻的认识。一般来说，危机产生的原因可以从组织外部与内部两方面来分析。其中，组织内部的原因是企业自身的主观原因，而组织外部的原因是企业所处的客观环境。

（一）组织外部的原因

组织外部的原因主要是组织外的伤害，包括他人的陷害、媒体报道、受到其他品牌的牵连、品牌代言人的影响、宏观原因的影响、自然灾害等。

1. 他人的陷害

出于竞争或是其他原因，品牌有受到他人陷害的可能。在消费者不明真相的情况下，这些陷害就变成了品牌的危机。在互联网上，当我们搜索网民对某个品牌的评价时，往往会看到一些帖子把该品牌说得一无是处，当中的内容或许是真的，但也不乏竞争对手在恶意诋毁。历史上，受到陷害而使品牌陷入危机的最著名的案例莫过于泰诺速效胶囊被投毒案。由于一个丧心病狂的人对泰诺投入剧毒氰化钾，导致7名消费者服用后死亡，结果逼得强生公司不得不立即召回市面上和消费者手中所有的泰诺产品。

2. 媒体报道

媒体由于时间的紧迫和知识的局限，或不负责任所导致的错误报道，给企业和品牌带来不必要的损失。如2000年2月27日，英国《星期日泰晤士报》刊登了一篇题为《秘密报告指控甜味剂》的报道，指出包括可口可乐在内的许多饮料使用一种叫作"阿巴斯甜"的甜味剂，这种甜味剂能分解出有毒物质，从而影响大脑的正常工作，同时它还会诱使消费者喝更多的这类饮料。消息很快传遍全球，引起舆论大哗，但事实上，可口可乐系列产品并没有使用"阿巴斯甜"，而且经美国全国饮料协会证明，"阿巴斯甜"并不存在上述问题，已被全球90多个国家批准使用。

更有一些不负责任的媒体为了追求新闻效果，断章取义，将一些小事说大，最后把品牌推上绝路。比如三株口服液，由于惹上官司，媒体争相报道，以讹传讹，结果尽管官司赢了，三株却陷入了严重的品牌危机当中，从此一蹶不振。有时媒体可能是属实报道，但消费者可能会产生误解，如某媒体报道"生产万家乐空调的珠海飞翔达公司由于生产经营不善、资金链断裂，遭到银行查封，供应商纷纷上门讨债"，就对万家乐品牌产生一定的负面影响，而事实上珠海的"万家乐"只是租用了万家乐公司的品牌而已，并不是万家乐公司本身。

3. 受到其他品牌的牵连

很不幸，品牌的声誉还可能会受到其他问题品牌的负面影响。遭遇假冒是很常见的一种情况。假冒品牌不仅影响了原有品牌的销售额，更严重的是降低了原有品牌的形象。据统计，2002年宝洁公司在中国销售的各项产品中平均假冒率高达15%，公司为此损失达1.5亿美元。前几年"南京冠生园陈馅月饼事件"反映出另一种品牌受到负面影响的情况。由于使用往年未售完的陈馅来制作月饼，南京冠生园被媒体曝光，结果全国20多个同名的

冠生园公司都受到牵连，实际上这些冠生园公司与南京冠生园并无归属关系，彼此之间相互独立。还有一个案例也反映了品牌受到牵连的情况。当亨氏公司的“美味源”辣椒酱被查出含有“苏丹红一号”时，作为其供应商之一的调味产品生产企业森馨香精色素公司有重大嫌疑，最后调查表明，“美味源”辣椒酱的另一个供应商才是罪魁祸首，但森馨香精色素公司也在一段时间内无辜地陷入了苏丹红危机。

4. 品牌代言人的影响

现代许多品牌都有形象代言人，代言人的一举一动如果不妥，必然使该品牌形象受到负面影响。例如，1999 年可口可乐公司选择张惠妹作为雪碧的代言人，高质量的电视广告与张惠妹的旺盛人气使雪碧销量大增，但由于之后张惠妹支持“台独”的行径，使其所代言的电视广告被全面封杀，而随后接替张惠妹担任代言人的伏明霞则因在新闻发布会上穿了一条标有不雅文字的裤子而遭到媒体指责，可口可乐代言人的不当行为给可口可乐的品牌形象带来了严重的损害，其损失是难以估量的。

5. 宏观原因的影响

由宏观原因所引起的品牌危机是指由社会不可抗力所造成的组织外部伤害。例如，国家方针政策的变化、新法律条文的颁布、战争、恐怖主义、劫机等。这些改变与发生不是针对某个品牌的，也不是只对某个品牌或某些品牌造成伤害的，而是会造成全社会性变动或伤害的，属于社会背景的变化。

6. 自然灾害

组织外部的原因除了组织外部的伤害外，还包括自然灾害。这里的自然灾害是一个广义的概念，是指非人为原因造成的品牌危机的总称，既包括地震、台风、火灾、洪水、瘟疫等自然现象带来的狭义的自然灾害，也包括迫于其他自然规律的非人力所能控制的原因造成的伤害，如组织关键人物突然死亡、经济规律导致的国际经济形势的变化、流行趋势的变化、社会的不断发展进步等。

（二）组织内部的原因

组织内部的原因主要是组织内部的错误，是指组织内部成员造成的对品牌形象、品牌价值的损害，包括错误决策、低水平的管理、生产性错误、广告错误等方面引起的危机等。

1. 错误决策

错误决策是最可怕的一种错误，它是由公司的决策层，即最高层作出的，极具权威性，并且常常是有关整个组织生存和发展的全局性问题，因而影响范围大、程度深，纠正时往往要伤筋动骨。错误的投资、不适当地开发新产品、品牌定位错误、漠视市场变化而故步自封、盲目扩大规模都属于决策性失误。例如，1985 年可口可乐创始人伍德刚刚去世，新的领导层就改变整个配方，推出新配方的可口可乐，结果遭到消费者的强烈反对，加上老竞争对手百事可乐公司的趁火打劫，可口可乐遭遇到极大的危机，其品牌险些被挤出市场。

2. 低水平的管理

低水平的管理包括机构设置的不合理、组织文化的败坏、规章制度的不严格等。比如，组织内部矛盾导致的组织成员对本组织的恶意报复（如纵火、设置计算机病毒、制造流言组织内人员贪污腐化而挪用公款、制造假账；泄露组织机密、产品秘方、特殊工艺等；生产工具设备长期不检修；高级人才的突然离职）。

例如，美国安然公司，一个居世界500强第7位、2000年营业规模过千亿美元、让世人惊叹的能源巨人，几乎在一夜间倒塌了，其虚报盈利、关联交易等行为使其成为美国历史上最大的商业造假案。不仅能源巨人安然因此而破产，就连一直以来负责其审计工作的全球第五大会计师事务所安达信公司也受到牵连而名誉扫地，被迫关闭。

3. 生产性错误

生产性错误是指由产品质量、数量、技术或服务等生产性原因造成的企业内部错误。比如，以次充好、以假乱真的弄虚作假行为，故意减少产品数量，不履行服务承诺等。由于品牌的实质是承诺，是企业就其产品特征、利益和服务等对顾客作出的一种保证。正是品牌的这种承诺，才使得企业与消费者联系在一起，也是企业获取效益的源泉，而这种关系能否维系或保持取决于企业是否履行承诺以及履行承诺的程度，如果企业提供给顾客的产品或服务未能履行或未能全部履行其品牌承诺，那么该品牌的整体形象在消费者心目中就会受到损伤，所以生产性错误是产生品牌危机的重要成因之一。譬如SK-Ⅱ就是很好的一个例子，这个位居中国高档化妆品前三甲的宝洁公司旗下产品被查出含有禁用物质铬和钕，钕可导致肺栓塞，而铬可引起湿疹，这一致命的产品问题使SK-Ⅱ一度在国内市场下架，品牌形象严重受损。又如，奔驰公司对某一投诉处理不当，其消费者一气之下砸车，使得这家世界顶级的汽车品牌在中国消费者的心中留下了深刻的“傲慢自大”“店大欺客”的不良印记。

4. 广告错误

广告是一种很好的打造品牌、美化品牌的手段，但广告使用不当则会导致毁灭品牌的效果。比如说，广告与东道国的文化相冲突，所选择的表达方式不当等。

这几年，跨国公司在中国就出现过多起广告伤害中国人感情的事件。其中，一起是日本著名油漆品牌立邦。为了突出产品的光滑效果，立邦漆在一个平面广告中描述了一根刷了立邦漆的柱子，由于过于光滑，使得攀附在柱子上的一条龙滑落下来。这一广告创意引起了很多中国人的不满，因为龙是中国人所崇拜的图腾，立邦漆的广告怎么能如此儿戏？这一事件还使得刊文介绍该广告作品的国内权威广告杂志《国际广告》不得不向公众道歉。类似的还有丰田霸道(PRADO)汽车的桥头石狮敬礼的平面广告、耐克在“恐惧斗室”丑化中国的电视广告等。这些品牌危机的出现说明一些跨国企业对当地的社会文化还缺乏了解，在广告创意设计过程中还欠考虑。

第四节 品牌危机管理

企业有了品牌危机，就应该采取措施积极处理，因此我们将针对品牌危机的管理，称为品牌危机管理。要指出的是品牌危机管理并非仅仅指企业在品牌出现危机以后像“救火”一样采取一系列措施。品牌危机管理实质上是一个系统工程，是指企业在品牌经营过程中针对该品牌可能面临或正在面临的危机的一系列管理活动的总称。

一般而言，品牌危机管理系统包括品牌危机的预防、品牌危机的处理、品牌危机的恢复管理这三部分。下面对这三部分进行具体介绍和了解。

一、品牌危机的预防

品牌危机的预防是品牌危机管理的首要任务。所谓“防患于未然”，危机管理的功夫，首先在于预防。若无有效快速的危机预防和预警系统，一旦危机发生，企业只能仓促上阵，被动应付。因此，企业在平时做好品牌维护的基础上，还要做好危机防范工作。

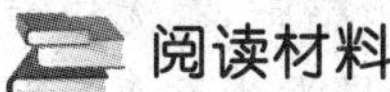

阅读材料

伊 索 寓 言

森林里有一只野猪不停地对着树干磨它的獠牙，一只狐狸见了不解地问："现在没有看到猎人，你为什么不躺下来休息享乐呢?"野猪回答说："等到猎人出现时再来磨牙就来不及啦!"野猪抗拒被捕猎的利器，不是它那锋利的獠牙而是它那超前的"危机意识"。同理，在激烈的市场竞争中，一个企业如果在经营红火时缺乏忧患意识，在顺境时无身陷逆境的准备，那就意味着困难和危机即将出现。

品牌危机的预防着眼于未雨绸缪、策划应变，建立危机预警系统，及时捕捉企业危机征兆，并为各种危机提供切实有力的应对措施。

品牌危机的预防工作包括以下几方面。

1. 树立企业全员的"危机意识"

企业开展员工品牌危机管理教育和培训，增强全体员工品牌危机管理的意识和技能，一旦品牌危机发生，员工应具备较强的心理承受能力和应变能力。

2. 严格监控企业运营各环节

品牌的建立要依靠企业全体成员的共同努力，从质量控制、服务跟进、决策制定，每一个环节出现错误，都可能引发品牌危机。这就要求企业在日常的运营中，对每个环节都要进行严格的控制，不仅要求执行部门要确保工作落到实处，管理层也要努力避免决策失误；对出现问题的环节更要进行及时的调整和反思。只有这样，才能使企业健康稳定地发展。

3. 建立信息监测系统

建立高度灵敏、准确的信息监测系统，及时收集相关信息并加以分析、研究和处理，全面清晰地预测各种危机情况，捕捉危机征兆，为处理各项潜在危机制订对策方案，尽可能确保危机不发生。

危机信息监测系统要便于对外交流，适于内部沟通。其信息内存要突出"优"，信息传递速度要强调"快捷"，信息的质量要求"再确认"。分析后的紧急信息或事项要实施"紧急报告制度"，将危机隐患及时报告主管领导，以便能及时采取有效对策。

4. 建立品牌自我诊断制度

通过建立品牌自我诊断制度，从不同层面、不同角度进行检查、剖析和评价，找出薄弱环节，及时采取必要措施予以纠正，从根本上减少乃至消除发生危机的诱因。这种自检自诊不是有了问题才检查，而是通过检查以防止问题的发生。一个有效的办法就是调查研究品牌危机的历史，其目的有两个：一是以自己或他人的历史为前车之鉴，避免再犯类似的错误；二是从以往的危机处理中吸取经验、教训，找出有效解决危机的方法。

5. 建立品牌危机管理小组

建立一个具有较高专业素质和较高领导职位的人士所组成的品牌危机管理小组，制订和审核品牌危机处理方案，清理品牌危机险情。

二、品牌危机的处理

有了危机预防并不意味着永远不会发生危机，无论采取怎样完善的防范措施，都无法绝对避免危机的发生。实际发生危机时，企业能否战胜危机，进而促进企业发展尤为重要。因而，危机处理是品牌危机管理的核心。

（一）品牌危机处理的原则

1. 主动性

任何危机发生后，都不可回避和被动性应付，当务之急是要积极直面危机，首先要阻断、控制其蔓延、扩散的速度、范围，有效控制局势，挽救品牌生命，为重塑品牌形象，渡过危机奠定基础，切不可因急于追究责任而任凭事态发展。

主动性是一种处理问题的积极态度，表明企业的诚意和决心。然而，很多企业在危机之初总是一味地躲避，不是不接受媒体采访就是“无可奉告”。公关专家帕金森认为，危机中传播失误所造成的真空，会很快被颠倒黑白、胡说八道的流言所占据，“无可奉告”的答复尤其会产生此类问题。这种态度将使得企业无法控制恶劣局势的蔓延，使得品牌形象大大受损。

阅读材料

德国婴儿食品生产商嘉宝的两次品牌危机处理

1986 年，德国婴儿食品生产商嘉宝的产品在美国销售时发现了玻璃碎片，马里兰州当局禁止部分嘉宝产品在该州销售。但嘉宝认为，自己没有做错什么，因为没有证据表明玻璃碎片是因生产过程的失误而引起的，它当然没有责任和义务召回产品。嘉宝认为召回只能引起媒体更多的关注并对销售产生负面影响，而且实施起来代价高昂，因而不予召回。嘉宝的态度最终激怒公众，导致品牌危机进一步恶化。前几年，同样的事件也在嘉宝身上发生过，但嘉宝当时的处理方式非常有效，虽然公司没有在生产环节上发现任何起因，嘉宝还是召回了 50 万罐果汁，因而赢得市场认同，顺利渡过危机。

2. 快捷性

对品牌危机的反应必须快捷，无论是对受害者、消费者、社会公众，还是对新闻媒介，都尽可能成为最先到位者，以便迅速、快捷地消除公众对品牌的疑虑。在危机发生的第一个 24 小时至关重要，如果危机处理失去最佳时机，即使事后再努力，也往往于事无补。2000 年年末，三丽欧公司了解到香港要制作一部电影，讲述一位老妇人被折磨致死后，尸体的一部分被塞进了一个 Hello Kitty 的玩具头里。三丽欧公司认为这部电影违反了公司“充满爱心、友情和欢乐”的伦理观，于是立即发表声明，反对制作这部电影，也不允许在电影中使用三丽欧的玩具形象，从而使三丽欧公司避免了一次品牌形象危机。在这方面，欧典地板就有欠缺之处。当涉嫌虚假宣传的问题出现半年之后，欧典公司的老总才站出来向公众道歉，虽然他解释说花了半年时间组织专家进行调查取证，但消费者的耐心是有限的。

3. 诚意性

消费者的权益高于一切，保护消费者的利益，减少受害者损失，是品牌危机处理的第一要务。因此品牌危机发生后，企业应及时向消费者、受害者表示歉意，必要时还要通过新闻媒介向社会公众发表致歉公告,主动承担应负的责任,以显示企业对消费者、受害者的真诚,从而赢得消费者、受害者以及社会公众和舆论的广泛理解与同情,而切不可只关心自身品牌形象的损害。

在 2005 年我国的"苏丹红事件"当中,有很多"涉红"的跨国公司与国内企业,但真正挺身而出、自曝家丑并公开致歉的只有肯德基一家。和这些企业(也包括个别知名国际大企业)形成鲜明对比的是,肯德基的自曝家丑体现出了一个跨国品牌公司高度的社会责任感和诚信操守,它并未因此而失去市场,恰恰相反,它的诚意赢得了人们的尊重和信赖。

4. 真实性

危机爆发后,必须主动向公众讲明事实的全部真相,而不必遮遮掩掩,像挤牙膏一样,那样反而会增加公众的好奇、猜测甚至反感,延长危机影响的时间,增强危机的伤害力,不利于控制局面。只有真实传播,才能争取主动,把品牌形象的损失降低到最小限度。

河南电视台曝光了郑州光明加盟公司将过期牛奶回收再加工的黑幕之后,光明总公司发出声明称,光明牛奶绝对没有加工销售过期牛奶的行为,只是在子公司管理上出现漏洞。但市场业绩反映出消费者对此并不信服:在长春,光明纯牛奶销量下滑的幅度已在 60%～80%,受此牵连,光明的其他奶制品销量下降幅度也在 50%以上;受此负面消息影响,在短短的四个股票交易日里,光明乳业的市值缩水超过 1 亿元人民币。

5. 统一性

品牌危机处理必须冷静、有序、果断,指挥协调统一,宣传解释统一,行动步骤统一,而不可失控、失真、失序。因为危机一般来得突然,处理时不可能事先有周密安排,需当机立断、灵活处理,才能化险为夷,扭转公众对企业包括品牌的误解、怀疑甚至反感。

麦当劳在处理"薯条危机"的时候,就多处出现信息前后不一致的情况,包括把不利于身体健康的反式脂肪酸含量从过去的 6 克增加到 8 克、把炸薯条所使用的"橄榄油"改为"棕榈油"、在公司的官方网站上悄悄增加了炸薯条"含有小麦、牛奶和麸质成分"字样等。这些改动逃不过媒体和公众的眼睛,麦当劳如此反复无常的行为只会加深公众的质疑和猜测,加重危机的程度。

6. 全员性

企业全体员工都是企业信誉、品牌的创建者、保护者、巩固者,当危机到来时,他们不是旁观者,而是参与者。提高危机透明度,让员工了解品牌危机处理过程并参与品牌危机处理,不但可以发挥其整体宣传作用,减轻企业震荡和内外压力,而且可以使公众通过全员参与,重新树立对企业及品牌的信心。

河北某地有一个大型的食品企业,在公司内部有一本要求全部员工学习的企业的公关小册子。小册子有"遇到哪些问题该怎么处理,遇到什么样的问题该怎么样回答,哪些东西是可以对外宣传的、哪些是不能宣传的、哪些是坚决不能说的"等内容。这个企业的做法虽然有些老土,但是在企业的公关统一口径中起到了很好的作用。因此,尽管从 2000 年以来也遇到了很多麻烦,效益滑坡、管理层震荡、产品质量有问题等,但这个企业并没有在危机面前倒下。

(二) 品牌危机处理的一般措施

当品牌遭遇危机时,企业应迅速作出反应。一般而言,企业在处理危机时采取以下一些措施。

1. 立即成立危机处理小组,全面控制品牌危机的蔓延

企业在遇到危机时绝不能听之任之,应该立即组织有关人员,尤其是专家参与成立危机处理小组,调查情况、对危机的影响作出评估,以制订相应计划控制事态的发展。危机处理小组的任务应包括:对危机事件进行全面调查,为企业采取进一步行动提供支持;组织对外信息的传播工作,及时向相关利益人通报信息;对危机事件采取必要的处理措施;与受害人进行前期接触等。

2. 迅速实施适当的危机处理策略

根据危机的性质和发展趋势,企业应秉着对消费者负责的态度,主动承担责任和损失,迅速采取相关处理措施,如停止产品销售、回收产品、关闭有关工厂等。

3. 做好危机沟通

危机沟通极为重要,如果沟通不当会引起公众的进一步猜疑,并导致更片面的报道,这无异于雪上加霜。企业做好危机沟通,要注意以下三方面。

(1) 明确沟通的对象。企业一定要搞清楚危机传播的对象,开展有针对性、高效率的传播,使传播效应发挥到最大。危机发生后,最关注企业应对举措的不外是这么几种人:受害者、新闻媒体、内部员工、社会公众。

① 受害者。他们是危机的直接受害者,对于企业给予一个明确说法的期望值最高,因为企业的态度将直接关系到他们的利益保障。他们会积极地关注着企业公关的每一个举措,并会对外发表自己的评价。

企业应首先认真了解受害者的情况,冷静倾听受害者意见,主动承担相应的责任,向受害者表达歉意。其次,确定关于危机责任方面的承诺内容与承诺方式、制订损害赔偿方案。最后,向受害者提供后续服务、尽量减少受害者的损失。

② 新闻媒体。新闻媒体是公众的窗口,是危机事件传播的主要渠道。因此企业应争取到新闻媒体的真实客观报道,主动配合新闻媒体的工作,及时向新闻媒体通报危机事件的调查情况和处理方面的动态信息,以避免新闻媒体的过度关注和敏锐反应,而导致的报道失真或非理性化现象的出现。

要避免一个误区:在真相出来之前,尽量避免接触新闻媒体。其实,就是不接触新闻媒体,新闻媒体也会编出种种理由作推测。国内不少危机风波的升级正是没有及时控制不利信息传播的结果。不要试图隐瞒,那样只会使事情越来越糟糕,还不如及时与新闻媒体接触,争取他们客观真实的报道。重视处理危机的企业往往会及时设置危机信息传播热线,保证企业内部信息的畅通,回答消费者的质疑,为新闻媒体提供素材,发挥着信息枢纽作用。

阅读材料

埃克森公司瓦尔迪兹号油轮漏油事件

埃克森公司瓦尔迪兹号油轮漏油事件发生在 1989 年 3 月 24 日,埃克森公司瓦尔迪兹号油轮搁浅并泄出 267000 桶共 1100 万加仑的油,油污进入阿拉斯加威廉王子海峡,此次意外是美国有史以来最严重的漏油事件。当时,人们的第一反应是震惊,因为这种灾难性事故在技术如此发达、人们如此关注环保的情况下发生,对所有人来讲都是难以接受的。

但是，人们也知道没有哪个行业不存在风险。如果公司能够采取合适的行动并及时向公众沟通事故处理情况，就会赢得人们的理解。当时公众急于知道：公司是否尝试并阻止事故蔓延？公司早该预料到可能会发生这种事故，现在是否尽可能快地采取了可能的补救措施？公司对发生的事故是否很在意？埃克森既没有做好上述三点，也没有采取合适的措施来表示对事态的关注，例如，派高层人员亲临现场、指定负责善后的人员，并向公众沟通事件的原委、公司的解决办法以及表示遗憾、情感沟通等。

人们的期待随即转化为愤怒，进而引发了对其产品的联合抵制、股份被迫出售以及很多苛刻的限制和惩罚。很多批评家挑剔埃克森公司主席劳伦斯·洛尔听到大批原油泄漏事故后没有乘坐首次航班前往阿拉斯加，面对公众他也没有说明危机的严重性。

企业危机沟通会伴随着种种猜疑而艰难地进行着，企业要注意及时地把最新情况与进展通报给新闻媒体，也可以设立专门的信息沟通渠道，方便新闻媒体和社会公众的探询，为真相大白做铺垫。

③ 内部员工。无论何种类型的危机，都会或多或少地影响企业内部员工、股东以及员工家属，处理不好内部公众关系，就可能使整个企业人心涣散、流言四起，从而使陷入危机的企业内外交困，无暇应对。因此，在危机时刻，必须搞好内部公众关系，提高内部凝聚力，使整个企业团结一致，群策群力、共渡难关。为此，企业一方面应向员工告知危机的真相和企业采取的具体措施，以此稳定军心；另一方面，收集了解员工的建议意见并做好耐心的解释工作，向员工传达挽回不良影响和重建企业形象的具体措施。

④ 社会公众。作为企业的生产经营活动的利益相关者，他们的支持是企业得以生存发展的支柱。在危机爆发后，如果企业没有就危机事件本身与它们进行合理的沟通协调，他们可能会对企业的生产经营活动进行抵触，甚至与企业发生对抗。加强与社会公众的沟通，获得他们的支持，是企业渡过危机的重要保证条件之一。

(2) 准确选择沟通的时机。危机沟通的原则应该是迅速而准确。这就有了两种时间选择：危机发生的第一时间和危机真相大白的时间。危机发生后，企业要很快地作出自己的判断，给危机事件定性，确定企业危机沟通的原则、立场、方案与程序；既是对危机事件的受害者予以安抚，避免事态的恶化；同时在最短时间内把企业已经掌握的危机概况和企业危机管理举措向新闻媒体做简要说明，阐明立场与态度，争取媒体的信任与支持。

(3) 传播渠道的选择。危机信息的传播不外乎以下几种渠道：广播电视、报纸杂志、互联网、人际口传，也即大众传播媒介和口碑传播。企业危机沟通时，应注意及时、有针对性地占领这些传播渠道，使危机信息的传播负面效应降到最低。

4. 坦陈危机真相

对于品牌危机管理的产生，为了企业长远发展企业要问个为什么，同样公众也会问个为什么，双方关注的焦点都在于为什么会发生对各自本身产生影响的危机？这是个敏感问题，企业往往会避而不谈，其实这种想法是错误的。与其掩耳盗铃，还不如真相大白、自曝隐私，袒露出企业的真诚来。

危机消除后，企业要善于通过新闻媒体把这个问题公开。如果是自己的责任，则应当勇于向社会承认；如果是别人故意陷害，则应通过各种手段使真相大白，最主要的是要随时向新闻界说明事态的发展及澄清无事实根据的“小道消息”及流言蜚语。企业坦陈的结果不仅不会使消费者背离，反而让关心企业发展的人消除顾虑，重新树立对企业的信心，赢得更多的口碑。

在危机处理时，最好邀请公证机构或权威人士辅助调查，以赢得公众的信任。利用权威机构在公众心目中的良好形象，往往对品牌危机的处理能够起到决定性的作用。例如，雀巢公司的“奶粉风波”恶化后，成立了一个由10人组成的专门小组，监督该公司执行世界卫生组织规定的情况，小组人员中有著名医学家、教授、大众领袖乃至国际政策专家，此举大大加强了公司在公众心中的可信性。

阅读材料

百事可乐的注射器针头事件

1993年6月，美国著名饮料公司百事可乐发生罐装百事可乐饮料中发现注射器针头事件。虽然此事不合逻辑，但媒体报道却让人宁可信其有。为了有力地澄清事实，百事可乐公司与美国食品与药物管理局密切合作，由该局出面揭穿这是诈骗案，请政府部门主管官员和公司领导人共同出现在电视荧屏上，更增加了处理这件事的权威性。后来，事实证明该案件涉嫌敲诈，真相既出，百事可乐马上在媒体打出“感谢美国”的大幅广告，百事可乐的销量反而比事前上升1%。

挽救危机的一个关键是争取权威机构的鉴定支持，他们的结论往往是公正评判的最终依据，万万不要自己说自己对。

三、品牌危机的恢复管理

对企业而言，出现品牌危机并不可怕，可怕的是企业不去总结危机中的得与失，不去改正危机中暴露出来的问题。长此以往，类似的危机将可能再次爆发，到那时无论多么完美的辩词都无法帮企业赢回公众的信任。因此，品牌危机的恢复管理仍需要企业给予高度的关注。品牌危机后恢复管理主要包括遗留问题处理和滞后效应处理。

（一）遗留问题处理

1. 对内措施

首先，企业要对本次危机发生的原因、预防和处理措施的执行情况进行系统的调查分析，找出危机管理工作中存在的问题。其次，针对危机中存在的问题进行整改，完善企业品牌危机预警系统，吸取教训，防止类似危机再度发生。最后，加强企业组织内部沟通，让员工了解本次危机的始末、产生的危害以及企业处理的措施，并以此为契机加强对员工的教育，治愈员工在本次危机中受到的心理创伤，获得他们的认同，使企业尽快走上正轨。

2. 对外措施

企业要加强对外传播沟通，及时地向媒体、社会公众通报危机处理的进展情况，并声明愿意负起道义上的责任，以此来重新赢得社会公众的信任。

（二）滞后效应处理

品牌危机一旦发生，无论企业在本次危机处理中的表现多么完美，危机所带来的影响总会对公众的心智产生冲击，这种阴影可能在很长一段时间内都会存在客户头脑中。如何帮助公众快速地忘却这段记忆，重新建立起公众对公司的信心，是本阶段企业工作的重点。比如，企业可以通过推出一项新的服务，开发一种新的产品或者展开一次营销宣传等一系列对社会负责的行为，来向企业利益相关者和社会公众传达企业恢复的信号，唤起他们对企业的信任和好感。

本章小结

品牌维护是指企业针对外部环境的变化给品牌带来的影响所进行的维护品牌形象、保持品牌的市场地位和品牌价值的一系列活动的统称。在品牌管理过程中，品牌维护的现实意义如下：①品牌维护有利于巩固品牌地位，有效地防止品牌老化；②品牌维护有助于保持和增强品牌生命力，更好地满足消费者的需求；③品牌维护有利于抵抗竞争者的攻击；④品牌维护有利于预防和化解危机。

企业的外部环境是经常变化的，一个强势品牌要想在激烈的市场竞争中长足发展，必须清楚了解品牌在市场上的表现，要时时刻刻进行监视和测量，以此来调整和丰富品牌识别，使品牌个性更清晰。品牌监测的方法主要有定性和定量两种。品牌监测的内容有对消费者品牌选择行为的监测、对竞争性品牌的监测和对品牌市场表现的监测。

品牌维护的策略包括品牌的自我维护、品牌的法律维护和品牌的经营维护三部分。品牌经营者为使品牌健康成长，必须注意进行自我维护，具体包括：①防伪打假；②控制品牌机密；③避免互相杀戮等。品牌的法律维护是指品牌所有者在具体的经营活动中运用法律武器对自己品牌合法利益的正当维护。为了基本了解品牌的法律维护的内容，本书以商标维护为例进行具体介绍：①及时注册商标，获得商标权；②及时注册，勿忘续展；③防止商标设计误区，商标设计应该与众不同，不利于仿冒。所谓品牌的经营维护，是指企业经营者在具体的营销活动中所采取的一系列维护品牌形象、保持品牌市场地位的活动。主要包括以下几方面：①保证和提高产品质量，维持高质量的品牌形象；②品牌的更新策略；③建立品牌档案，不断培养消费者的品牌忠诚度。

品牌危机是指由于组织内外部突发原因造成的始料不及的对品牌形象的损害和品牌价值的降低，以及由此导致的使组织陷入困难和危险的状态。品牌危机的特征：突发性、危害性、冲击性、关注性和机遇性。一般来说，危机产生的原因可以从组织外部与内部两方面来分析。组织外部的原因主要是组织外的伤害，它包括他人的陷害、媒体报道、受到其他品牌的牵连、品牌代言人的影响、宏观原因的影响、自然灾害等；组织内部的原因主要是组织内部的错误，是指组织内部成员造成的对品牌形象、品牌价值的损害，包括错误决策、低水平管理、生产性错误、广告错误方面引起的危机等。

品牌危机管理实质上是一个系统工程，是指企业在品牌经营过程中针对该品牌可能面临或正在面临的危机的一系列管理活动的总称。一般而言，品牌危机管理系统包括品牌危机的预防、品牌危机的处理、品牌危机的恢复管理这三部分。

品牌危机的预防是品牌危机管理的首要任务，主要工作包括：①树立企业全员的“危机意识”；②严格监控企业运营各环节；③建立信息监测系统；④建立品牌自我诊断制度；⑤建立品牌危机管理小组。

危机处理是品牌危机管理的核心，其原则有主动性、快捷性、诚意性、真实性、统一性和全员性。一般而言,企业在处理危机时采取以下一些措施:①立即成立危机处理小组,全面控制品牌危机的蔓延;②迅速实施适当的危机处理策略;③做好危机沟通;④坦陈危机真相。

企业在进行危机后恢复管理时应重点处理好遗留问题和滞后效应。

复习思考

(1) 品牌维护的含义是什么?
(2) 简述品牌监测的方法。
(3) 简述品牌监测的内容。
(4) 简述品牌的自我维护策略。
(5) 简述品牌的法律维护策略。
(6) 简述品牌的经营维护策略。
(7) 什么是品牌危机?
(8) 品牌危机的特征有哪些?
(9) 导致品牌危机发生的原因有哪些?
(10) 结合中国企业营销管理实践,谈谈危机管理的重要性。
(11) 品牌危机管理的内容有哪些?
(12) 处理品牌危机有哪些原则?
(13) 结合具体案例阐述品牌危机处理的一般措施。
(14) 品牌危机的恢复管理包括哪几个方面?

案例分析

"掉渣儿烧饼":"中国式比萨"的流星命途

2005年3月,武汉开始刮起一股"掉渣儿烧饼"之风。随后,这个小小的"中国式比萨"横扫了包括北京、上海等在内各大城市的大街小巷。但到了2006年年初,"掉渣儿烧饼"已经风光不再。以武汉为例,昔日排长队购买的景象已一去不复返,大多数店面门可罗雀。更具讽刺意味的是,作为特色小吃的"掉渣儿烧饼",竟沦落到被武汉有名的小吃一条街——户部巷所"驱逐"的境地。"掉渣儿烧饼"曾经像流星一样耀眼,却又像流星一样转瞬即逝。

烧饼本不是什么新鲜事物,然而毕业于湖北工学院(今湖北工业大学)生物工程专业的晏琳却能把一个小小烧饼迅速做大,并香遍各大城市。归纳其成功的原因,主要有以下三点。

1. 产品

"掉渣儿烧饼"的首战告捷很大程度上归功于它起了一个好的名字,并从视觉、嗅觉和味觉这三个方面对一个普通的产品进行了包装。

(1) 视觉

"掉渣儿烧饼"与传统烧饼在制作工艺上并没有太大的差别。所不同的是,"掉渣儿烧饼"添加了肉馅,并且肉馅涂抹在烧饼表层,也因此,表面的肉料易掉渣,"掉渣儿"之名正缘于此。烧饼与肉料的组合，为“掉渣儿烧饼”赢得了“中国式比萨”的美誉。在外形上，“掉渣儿烧饼”的单饼直径约 18 厘米，厚度约 1.2 厘米，比传统烧饼稍大，因此大多数消费者认为 2 元的售价比较实在。在外观上，“掉渣儿烧饼”表面呈金黄色或棕黄色，容易引起人们的食欲。其产品包装也独具匠心，醒目的牛皮袋包装吸引了众多消费者的眼球。门面是用竹子、木条和簸箕装修的，尽管简单朴实，但这种返璞归真的设计如同现代都市中的另类，老远就能吸引住消费者的眼球。

(2) 嗅觉

“掉渣儿烧饼”的“七里香”是吸引顾客最为直接的方式，因为嗅觉最容易引发人们的食欲。

(3) 味觉

“掉渣儿烧饼”以土家风味著称。经过高温烘烤后，肉馅中的油脂渗出，使面饼吃起来更加酥软爽口，并且油而不腻、口味浓香。

2. 特许加盟

以武汉为例，短短 3 个月，“掉渣儿烧饼”的人气就一路飙升，门店达到了 39 家(其中，直营店 4 家、加盟店 35 家)。我们调查发现，其主要动力来自“掉渣儿烧饼”独创的“街头长队十公司承诺”的特许加盟模式。街头长队人气旺，行人受好奇心驱使也纷纷加入。于是队伍越排越长，人气也越集越旺。长队效应表面上聚足了消费者的超强人气，然而实际上也吸引了众多观望的中小投资者的目光。2005 年 3 月，晏琳的第一家店在武汉大学旁开张，学生和行人大排长队的超强人气把投资者们迎至总部门前，而公司的承诺则再推了一把——“一天可卖出 1500 个烧饼，35 天收回成本”，投资者们纷纷掏出了加盟费。

3. 软文宣传

在对“掉渣儿烧饼”总部的调查中，我们了解到该公司除了 2005 年 9 月做了近 1 个月的车载广告外，并没有投入其他的广告宣传。尽管如此，新闻媒体的软文宣传作用，足以产生轰动效应，为“掉渣儿烧饼”的兴起推波助澜。我们调查发现，在不同时期，媒体重点宣传的主题也不相同。2005 年 6～7 月，媒体以宣传“女大学生创业——烧饼梦”为主。随后的 8～9 月，关于“各地刮起烧饼风”的宣传已经铺天盖地。而 10 月至年底，多为对仿冒店的曝光，为晏琳打抱不平。最早关于“掉渣儿烧饼”的报道，可能是在 2005 年 6 月《楚天都市报》刊登的一篇名为《白领丽人的烧饼梦》的文章。自那以后，武汉乃至全国的各大媒体都开始对这一事件进行了跟进报道，尤其到了 2005 年 9 月，达到了顶峰。甚至《楚天都市报》还开通了热线和短信留言，鼓励市民参与讨论“掉渣儿烧饼”何以大行其道的问题。

但从 2006 年年初开始，“掉渣儿烧饼”在武汉开始走下坡路——首家店的建立(导入期)→22 家加盟店(成长期)→39 家店面的全盛(成熟期)→加盟店开始纷纷退出(衰退期)。

案例思考：

(1) “掉渣儿烧饼”兴衰背后的原因是什么？

(2) 中国能否成就像麦当劳、肯德基那样具有世界影响力的百年老店？

第九章

品牌资产管理

开篇引例

小故事　大道理

郑州郊区一位老太太是远近闻名的养鸡专业户。一次她到市里送鸡，也破费到肯德基去开开“洋荤”，买了一个洋鸡腿，这只炸鸡腿花费了她10多元钱。吃过了“异国风味”的炸鸡，她问营业员：你们这里的洋鸡都是从美国运来的吧？营业员告诉她：我们这里做的炸鸡是从郑州某养鸡场购买的。要是从美国运来，那成本多高啊！老太太一听，这不正是我的养鸡场吗？原来我吃的“洋鸡”就是我家养的“肉鸡”啊！回过神来，她决定找经理理论一番：你们从我那里买的鸡，我们给你们的毛鸡价格不到3元，你卖给我的一只鸡腿就要了10多元钱，你不是赚太多啦，你这不是吭我们吗？这位经理心平气和地向她解释：老太太，您吃的不是一般的炸鸡腿，更不是你们通常所说的“烧鸡”。你吃的是一种文化，一种美国的饮食文化——肯德基文化。

思考：

(1) 肯德基为什么可以溢价销售？

(2) 品牌对企业意味着什么？

日益激烈的竞争格局促使企业认识到了品牌的巨大价值。它像企业的厂房、设备一样是企业的一种无形的资产，构成了企业总资产的一部分。因此，如何有效地管理品牌资产、评估品牌资产、维护和提升品牌资产的价值，是企业经营者必须关注的重要问题。本章主要介绍品牌资产概述、品牌资产的建立以及品牌资产的评估方法。

第一节　品牌资产概述

一、品牌资产的定义

20世纪80年代后期，企业间的兼并收购在欧美等国盛行。令人意想不到的是，在几个大规模并购案中，实际收购价格远远超过了被收购企业的账面价值。例如，1985年，英国食品和烈性酒企业大都会公司以55亿美元收购了皮尔斯伯瑞公司。该公司拥有皮尔斯伯瑞、绿巨人、汉堡王等著名品牌，此收购价格比它的股市价值高50%，是有形资产价值的7倍。1998年，瑞士雀巢食品公司以5亿瑞士法郎的价格收购了英国郎利麦金塔什公司，该公司旗下拥有奇巧、八点以后、宝路等著名糖果点心品牌。该收购价格是郎利麦金塔什公司股市价格的3倍，资产总额的26倍。而其收购价格之所以有大量溢价正是品牌起了决定性作用。因此，管理者和学者们开始意识到"品牌"作为一种无形资产在企业价值当中的巨大贡献。于是，品牌资产这个最早出现在20世纪80年代初美国广告界的概念开始在业界盛行起来。

由于研究品牌资产的人员和机构很多，所以关于品牌资产的表述也很多。归纳起来，品牌资产的定义有以下几种。

（一）财务会计概念模型

财务会计概念模型主要着眼于对公司品牌提供一个可衡量的价值指标。这种概念模型认为品牌资产本质上是一种无形资产，因此必须为这种无形资产提供一个财务价值。这种概念模型认为一个强势品牌是非常有价值的，应该被视为具有巨大价值的可交易资产。英国Interbrand品牌咨询公司执行董事Paul Stobart是该概念模型的典型代表，他认为："关于品牌的一个重要问题不是如何创建、营销，而是如何使人看到它们的成功以及在财务上的价值。"

这种概念模型的产生背景：公司必须对股东负责，一家规范的企业必须在一定的时期内向股东报告其所有资产的价值，包括有形资产与无形资产的价值。因此如果不给每一个品牌赋予货币价值，公司管理人员及公司股东就无法知道其公司的真正总价值，甚至会导致价值的低估，从而对企业造成重大损失。尤其是在收购或兼并行动中，就更需要知道品牌的价值。

品牌资产的财务会计概念模型主要可用于以下目的：①向企业的投资者或股东提交财务报告，说明企业经营绩效；②便于企业资金募集；③帮助企业制定并购决策。财务会计概念模型把品牌资产货币价值化。迎合了公司财务人员把品牌作为资本进行运作的需要。但是这一概念模型存在着许多不足之处：①最大不足是过于关心股东的利益，集中于短期利益，很可能导致公司短期利益最大化，从而牺牲品牌的长期增长；②过于简单化和片面化，因为品牌资产的内容十分丰富，绝不是一个简单的财务价值指标所能概括的；③财务会计概念模型对于品牌管理没有任何帮助，它只能提供品牌的一个总体绩效指标，但却没有明确品牌资产的内部运行机制。

（二）基于市场的品牌力概念模型

基于市场的品牌力概念模型认为一个强势的品牌应该具有强劲的品牌力，在市场上是可以迅速成长的，从而把品牌资产与品牌成长战略相联系起来。这种概念模型认为，财务的方法只是在考虑品牌收购或兼并时才很重要，财务价值应只是评估品牌价值的第二位的指标，除此之外，更重要的是要着眼于未来的成长。品牌资产的大小应体现在品牌自身的成长与扩张能力上，例如，品牌延伸能力。品牌延伸能力是体现品牌力的一个重要指标。对于一个企业而言，引入一个全新品牌的成本要比品牌延伸的启动成本高得多，而且失败的概率也要高，因此品牌延伸已为绝大多数企业所使用。而品牌延伸可以把现有品牌资产中的贡献因素向新的产品实现延伸，这些因素包括品牌名称；消费者对品牌的态度；对现有品牌的忠诚度；现有产品与延伸产品之间的适应性；品牌形象等。

基于市场的品牌力概念模型是顺应品牌的不断扩张和成长而提出的，该概念模型与财务会计概念模型最大的不同在于，财务会计概念模型着眼于品牌的短期利益，而基于市场的品牌力概念模型研究的重心则转移到品牌的长远发展潜力。该概念模型中的学者开始比较深入地研究品牌与消费者之间的关系，并第一次把品牌资产与消费者态度、品牌忠诚度、消费者行为等指标联系起来。

（三）基于消费者的概念模型

基于市场的品牌力概念模型尽管也开始注意到消费者与品牌资产的关系，但是该概念模型主要重心还是在于品牌的长期成长及计划。

迄今为止，绝大部分学者都是从消费者角度来定义品牌资产。他们意识到：如果品牌对于消费者而言没有任何意义(价值)，那么它对于投资者、生产商或零售商也就没有任何意义了，因此品牌资产的核心便成为如何为消费者建立品牌的内涵。

有人认为消费者看待品牌资产的关键，首先在于建立一个持久的、积极的品牌形象。品牌形象事实上是一个品牌本身或生产品牌的企业的个性体现，消费者可以用形容词来描述其对品牌或企业的感觉和认识。另外，有些人则认为长期顾客忠诚度的建立，关键在于让消费者了解品牌，让消费者掌握更多的品牌知识。消费者对于品牌知识的了解可以分几个阶段进行，首先是品牌知名度和品牌形象。品牌知名度又分为品牌认知和品牌回忆。如果建立一个好的品牌联想，消费者就会有一个积极的品牌态度。品牌能够越来越多地满足消费者，消费者对品牌的态度就越积极，也就有越多的品牌知识可以进入消费者的脑海。一旦在消费者心目中建立了品牌知识，品牌管理者就要确定品牌的核心价值——即品牌能够满足消费者哪一方面的核心价值。

还有一个模型认为，一个品牌第一必须拥有提示前知名度；第二，品牌必须建立与消费者需求的联系，能够满足消费者的某种核心需要；第三，品牌的产品功能和绩效必须达到消费者的要求；第四，品牌必须表现与其最终消费者建立某种情感联结。只有知道品牌处于金字塔的哪一层位置，品牌经理才能制定适宜的战略和策略来维持或提高顾客忠诚度。

虽然有很多不同的观点，但其中处于统治地位的还是加州大学伯克利分校教授大卫·阿克(David Aaker)关于品牌资产的定义。他认为品牌资产是指一组与一个品牌的名字及符号等相关的资产和负债，它能增加或减少某产品或服务所带给该企业或顾客的价值。在此，“带给企业的价值”是财务收益，而“带给顾客的价值”是顾客利益。这一综合视角的定义，一方面突出了品牌资产对企业的财务利益；另一方面也指出了品牌资产与消费者所获得的价值相关。

二、品牌资产的特征

品牌资产作为一种特殊的资产，具有其他资产所没有的特征。一般认为有以下几种主要特征。

（一）品牌资产的价值性

品牌资产概念的提出让管理者明白，品牌是企业最重要的一项资产。品牌的资产来自该品牌的客户资源，这将支撑品牌在未来很长一段时间内持续获利。可口可乐前总裁伍德拉夫说：“如果可口可乐的工厂一夜之间化为灰烬，我仍然可以在很短的时间内再造一个可口可乐。”他有说这话的底气是因为可口可乐的品牌价值千金。正因为品牌具有价值，所以在企业并购中，除了收购设备、产品、技术、人才等有形资产和无形资产之外，还需要对品牌进行估价。2013 年，微软以 71.7 亿美元的价格收购了诺基亚的手机业务及其技术，尽管其手机业务是亏损的，但仍能以高价出售，就是看到诺基亚在手机领域仍具有不可小觑的影响力。

（二）品牌资产的无形性

品牌资产属于无形资产的一种。根据《国际会计准则》规定，从 1985 年年初开始，购入的品牌价值可以作为一项无形资产，列入资产负债表。这个“购入的品牌价值”实际上也只能是大致估算，因为品牌资产来源于品牌与消费者的关系——一个资产的模糊地带，而不是精确的财务成本简单叠加。可以说，品牌资产的评估是在用定量的方法来测量定性的内容，所以数据无法做到精准。由于品牌资产是无形的，导致很多管理者没有意识到或者经常遗忘品牌的重要性，于是品牌危机、商标抢注等损害品牌资产的事件时有发生。因此，有必要将品牌资产以指标体系和财务数据的形式展现给管理者，随时提醒他们注意当前及未来的品牌行为会对品牌资产产生怎样的影响。

（三）品牌资产的波动性

品牌资产是一个动态的概念，它是企业品牌管理行为的结果。企业正确或错误的品牌行为都会在品牌资产那里得到反映。如果不认清品牌资产的波动性，企业在品牌建设上就会犯一劳永逸的错误。这方面的案例不在少数，在 20 世纪 90 年代初期，太阳神凭着 CI 系统和好的产品在中国保健品行业叱咤风云，但由于疏于对品牌的继续建设，以致如今的保健品行业已是“城头变换大王旗”。再看韩国三星，20 世纪 90 年代初期还是一个给日本三洋等品牌代工的小企业，后来总裁开始狠抓品牌建设工作，品牌业绩和地位直线上升，2013 年在英国 Interbrand 品牌咨询公司全球最佳品牌榜单上三星排第 8 名，已超过丰田(第 10 位)成为亚洲第一品牌。不胜枚举的案例告诉我们，品牌资产是需要规划和呵护的，任由其发展可能会导致品牌资产的下滑。

（四）品牌资产的积累性

品牌资产来源于企业与消费者的关系，而这层关系又是在与营销者、产品、营销活动无数次接触中逐渐形成的。从接触点管理的角度来讲，每一次接触都是建立消费者—品牌关系的关键时刻，也是积累品牌资产的关键时刻。认识到品牌资产的积累性，企业就能够时时以“为品牌资产服务”的理念来规范自己的各项行为。品牌资产的积累性也暗示了“罗马不可一日建成”，没有品牌资产的“速成宝典”。尽管品牌可以通过广告轰炸或媒体炒作“一夜成名”，但品牌知名度只是品牌资产当中若干要素的一部分，而非全部。要想建立雄厚的品牌资产，企业还需踏踏实实地精耕细作，把消费者—品牌关系经营好。

三、品牌资产的构成

品牌资产有别于有形资产，它是一个系统概念，由一系列因素构成。对于品牌资产的构成要素，各派学者也有不同的观点。本书沿用大卫·阿克教授对品牌资产构成要素的论述。

大卫·阿克在 1991 年综合前人的基础上，提炼出品牌资产的“五星”概念模型，即认为品牌资产是由“品牌知名度、品质认知、品牌联想、品牌忠诚和其他品牌资产”五部分组成，如图 9-1 所示。

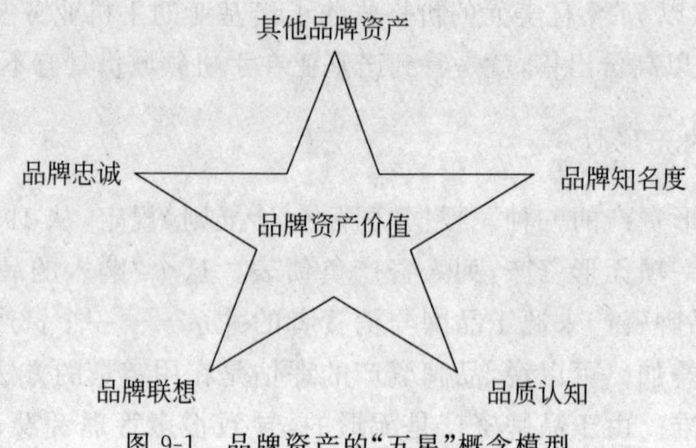

图 9-1 品牌资产的“五星”概念模型

（一）品牌知名度

品牌知名度是指某品牌被公众知晓、了解的程度，它表明品牌为多少或多大比例的消费者所知晓，反映的是顾客关系的广度。品牌知名度是评价品牌社会影响大小的指标。品牌知名度的大小是相对而言的，名牌就是相对高知名度的品牌。

1. 品牌知名度的层级

品牌知名度的范围很大，包括一个连续的变化过程。一般将知名度分为四个层级，无知名度、提示知名度、未提示知名度和第一提及知名度，如图 9-2 所示。四个层次呈金字塔形，品牌达到第一提及知名度，意味达到金字塔的顶端，从底层往上发展，实现难度逐渐加大。

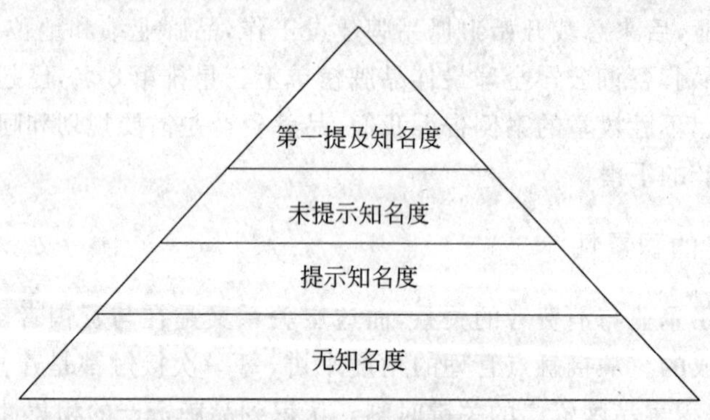

图 9-2 品牌知名度的层级

(1) 无知名度。无知名度是指消费者对品牌没有任何印象，原因可能是消费者从未接触过该品牌，或者该品牌没有任何特色，根本无法引起消费者的兴趣，十分容易被消费者遗忘。消费者一般不会主动购买此类品牌的产品。

(2) 提示知名度。提示知名度是指消费者在经过提示或某种暗示后，可想起某一品牌，能够说出自己曾经听说过的品牌名称。比如，当问及空调有哪些品牌时，可能有人不能马上回答上来。但如果接着问他们知不知道“格力”空调时，他们会给出肯定的答复，那么“格力”就只具有一种提示知名度。这个层次是传播活动的第一目标，它在顾客购买商品选择品牌时具有十分重要的地位。

(3) 未提示知名度。未提示知名度是指消费者在不需要任何提示的情况下能够想起某种品牌,即能正确区别先前所见或听到的品牌。对某类品牌来说,具有未提示知名度的往往不是一个品牌,而是一串品牌。比如,说到笔记本电脑,我们就马上想到IBM、惠普、戴尔;提到运动服,阿迪达斯、耐克、彪马、李宁可能就出现在我们的脑海里了。虽然对于这些具体的品牌来讲,他们都不是唯一被马上想到的,但说明消费者对这些品牌都形成了较深的印象,消费者在选购产品时会在这些品牌中进行比较,哪种品牌的特征更能满足消费者的偏好,哪种品牌的产品就能被消费者选中。

(4) 第一提及知名度。第一提及知名度是指消费者在没有任何提示的情况下,所想到或说出的某类产品的第一个品牌。比如,对某些消费者而言,提到碳酸饮料,就会想起可口可乐;提到家电,就会想起海尔;提到手机,就会想起苹果。"第一提及知名度"的品牌,是市场领导品牌,或者说是强势品牌,当然,不同的消费者对同类产品的"第一提及品牌"是不同的。调研显示,第一提及的品牌在消费者心目中形成了强有力的偏好,是他们购买该类产品的首先品牌。

2. 品牌知名度的资产价值

(1) 品牌知名度是品牌资产形成的前提。品牌知名度是消费者赋予品牌一定资产价值的第一步,因为消费者总是喜欢买自己知道、熟悉的品牌,熟悉意味着拉近距离,意味着减少不安全感。当消费者决定购买某种产品后,便会收集有关产品的信息,显然,消费者所熟悉的这类产品的品牌首先进入其信息库;其次,如果消费者不熟悉该类产品品牌,需要向有关人士咨询这类产品的信息时,他通常首先想知道的是这类产品中知名度高的品牌有哪些,以便于选择,且被咨询者也会首先把自己熟悉的、知名度高的品牌介绍给他人;最后,只有进入消费者产品信息库的品牌才可能成为消费者的最终选择,品牌知名度越高,越容易进入消费者的选择域。大量研究表明,深入人心的记忆与人们的购买的态度和购买行为之间存在着关系,各品牌在测试中被记起的先后次序不同,它们在被优先选择和购买的可能性上就表现出很大的差别。对于经常购买的日用消费品,品牌知名度的作用是至关重要的,因为品牌购买决策一般是在去商店之前就作出了。纵观中外品牌,资产高的品牌无一不是具有极高知名度的品牌。

(2) 弱化竞争品牌的影响。品牌知名度的高低是一个相对的概念,是同类品牌比较的结果。当消费者对某种品牌具有较高的认知时,自然会影响对其他品牌的认知,因为消费者的偏好有限、对信息的存储有限。消费者对信息的吸纳,一般要经过"过滤"这个环节,只有那些对消费者有用的、新鲜的、有特殊意义的信息才有可能进入消费者的"长时记忆"被储存起来。品牌知名度越高,意味着消费者对该品牌的印象越深刻,竞争品牌进入消费者的"印象领域"的难度就越大。

(二) 品质认知

1. 品质认知的含义

产品品质从狭义上理解是指产品的适应性,即产品为达到使用目的应具备的性质;从广义上理解,品质是指产品的使用价值及其属性性能满足社会需要的程度。企业、经销商和最终用户各自对产品品质的评价标准是存在差异的,原因在于评价者在判断产品品质优劣时,不仅渗入了自己的利益因素,还渗入了个性、心理、环境等方面的因素。从这一角度我们可能会觉得产品品质是一个主观的概念。但是消费者作为一个整体,特别是存在统治性的消费者群体,对产品品质的判断会呈现某种共同的图景,潜藏在这一共同图景下的则是消费者所采取的共同或类似的品质评价标准。从这一意义上,品质评价标准具有客观性。根据品质评价标准客观性的原则,我们来分析消费者对产品的品质认知。

品质认知是指消费者对产品或服务的适应性和其他功能特性适合其使用目的的主观理解或整体反应,是消费者对产品客观品质的主观认知,它以客观品质为基础,但又不同于产品的客观品质。不同产品的客观品质可能完全相同,但消费者对不同产品的品质认知却相差甚远。这种例子不胜枚举,许多商品在标上名牌商标后,身价倍增。显然,消费者形成品牌偏好和品牌忠诚的重要影响因素不是产品的客观品质,而是产品的认知品质,它不仅包括产品自身的品质,还包括产品服务的品质。比如,宝洁:世界一流产品;海尔:星级服务,都是消费者对品牌的一种认同。品质认知大体上包括产品功能与特点、适用性、可信赖度、耐用度、外观、包装、服务、价格、渠道等内容。

2. 品质认知的资产价值

产品品质是品牌资产的基础,或者说是维系、发展长期顾客关系的一个重要方面。品质认知的资产价值体现在四个方面:提供购买理由、产生溢价、提高渠道谈判能力、提高品牌延伸力。

(1) 提供购买理由。产品使用价值是消费者选择产品的基本理由,产品品质是体现产品使用价值大小的主要因素。产品品质的高低将直接影响消费者从产品消费中获得的利益。强势品牌受消费者青睐的主要原因在于其卓越的品质,许多消费者愿意购买名牌,是因为这些品牌的产品品质有保证。

(2) 产生溢价。消费者愿意支付更高的价钱购买他们认为高品质的品牌产品。例如,耐克的产品价格要明显高于同类产品,但消费者对耐克产品的高品质认知使得他们愿意花更多的钱购买其产品。

(3) 提高渠道谈判能力。具有高品质产品的企业在与代理商、分销商、零售商等成员谈判时拥有优势。经销商都乐于出售受消费者青睐的品牌,一是销售量有保障;二是减少交易费用;三是提高自身形象。由于经销商的形象直接受其提供的产品或服务的影响,因而,经销高品质产品对经销商自身形象起着举足轻重的作用。

(4) 提高品牌延伸力。品质是被延伸品牌能否被消费者接受的基础,只有拥有高品质印象的品牌在品牌延伸上才可能产生较大的辐射力。消费者对延伸品牌产生认同的主要原因是消费者认为采用延伸品牌的产品与原产品具有同样的品质。

(三) 品牌联想

1. 品牌联想的含义

品牌联想是消费者在看到某一品牌时所勾起的所有印象、联想和意义的总和,比如,产品特点、使用场合、品牌个性、品牌形象等。比如,路易斯·威登(Louis Vuitton)让人联想到奢华、高贵。百事可乐让人充分领略青春动感、活力无限。

品牌联想大致可以分为三种层次:品牌属性联想、品牌利益联想和品牌态度。

(1) 品牌属性联想。品牌属性联想是指对于产品或服务特色的联想,比如,消费者认为产品和服务是什么。品牌属性可分为与产品有关的属性和与产品无关的属性。与产品有关的属性联想是指产品的物理组成和服务要求，它决定着产品的本质和等级。与产品无关的属性并不直接影响产品性能，但它可能影响购买或消费过程。比如，品牌名称、产品价格、使用者状况、品牌标志、品牌原产地等。

(2) 品牌利益联想。品牌利益联想是指消费者感觉某一品牌产品或服务属性能给他带来的价值和意义。品牌利益联想又可分为产品功能性利益联想、产品象征性利益联想和产品体验性利益联想。

(3) 品牌态度。品牌态度是最高层次也是最抽象的品牌联想，是指消费者对品牌的总体评价。品牌态度直接影响消费者对品牌的选择，它通常建立在品牌属性联想和品牌利益联想上。例如，请消费者对餐饮店做总体评价，主要通过这几个方面的考核，如餐饮店的地理位置，店堂的布局、设计，服务的速度、态度、口味、价格等。品牌态度有一定的幅度，包括从厌恶到喜欢的几个层次。值得一提的是，品牌态度是难以改变的。要想改变消费者对品牌的态度，企业需要付出很大的代价。

2. 品牌联想的资产价值

积极的品牌联想意味着品牌被消费者接受、认知，进而可形成品牌偏好和品牌忠诚。品牌联想的资产价值包括以下几个方面。

(1) 促进品牌认知。帮助消费者认知品牌联想，有助于提高品牌认知度，扩大品牌知名度。麦当劳这种有别于中国传统餐饮方式的洋快餐，在用餐形式、餐厅卫生、服务及促销等方面的特征让中国儿童产生了极大的认同感。麦当劳所产生的这种联想使得它在中华大地遍地开花，征服了中国大量的新生代。

(2) 体现品牌差异化。品牌联想的独特性能够在产品同质化的市场中对消费者产生足够的吸引力。品牌联想的差异造就了一道有效的自我保护屏障。运用品牌名称、定位、广告等沟通手段都可以创造差异化的品牌联想。

(3) 提供购买理由。无论是品牌属性联想还是品牌利益联想或消费者对品牌的态度，都直接与消费者利益有关，从而能提供一个特别的理由促使消费者购买或使用这一品牌。例如，英特尔品牌让人联想到功能强大、可靠，装上一颗“奔腾”的“心(芯)”，许多消费者之所以购买这种品牌，是因为由该品牌产生的丰富联想让消费者感到某种满足。

(4) 成为品牌延伸的基础。品牌所具有的联想可以用于其他产品上，因为它们可以共享同一种联想。比如，海尔的“高品质，零缺陷，星级服务”造就了海尔冰箱、海尔洗衣机、海尔彩电、海尔空调、海尔计算机……通过品牌延伸，可以使这些联想更加强劲，并为更多的产品所共享。

(四) 品牌忠诚

1. 品牌忠诚的含义

美国学者奥利弗(Oliver，1997)对品牌忠诚的定义：一种对偏爱的产品和服务的深深承诺，在未来都持续一直地重复购买和光顾，因此产生了反复购买同一品牌或一个品牌系列的行为，无论情境和营销力量如何影响，都不会产生转换行为。这是迄今为止，较为成型的品牌忠诚定义，它包括行为忠诚和态度忠诚两个方面，也是普遍被接受的定义。

品牌忠诚度是品牌资产的中心，拥有一群忠诚的消费者，就像为自己的品牌打造了一道难以跨越的门槛，它能阻挡竞争对手的刻意模仿、破坏性的销价，它也是一个品牌所要追求的最终目标。据美国一个调查公司对22个品牌的消费者进行长期跟踪调查，“平均品牌”(也就是把22个品牌进行综合，以一个“平均品牌”来代表它们的整体特性)的高、中、低度行为忠诚者占被调查者的比例分别为12%、14%、74%。显然，从消费者数量看，高度行为忠诚者所占的比例比较低，只占低度行为忠诚者的16.2%。但是，与此形成鲜明对比的是，高度行为忠诚者的品牌购买量占该品牌销售量的69%，而低度行为忠诚者的品牌购买量仅占5%，这足以说明高度行为忠诚者对于品牌的重要性，品牌忠诚度也是匹配资产中最核心、最具价值的内容。

2. 品牌忠诚的类型

按品牌忠诚的形成过程，品牌忠诚度可以划分为认知性忠诚、情感性忠诚、意向性忠诚和行为性忠诚四种类型。消费者行为领域的学者认为，在消费者态度形成的过程中，消费者会首先收集相关品牌的信息(认知)；其次对这些零碎而复杂的信息进行重新整理、加工之后，会对该品牌作出肯定或否定的综合评价(感情评估)，并在这一综合评估的基础上产生某种行为意向。因而，品牌忠诚的形成过程首先是认知性忠诚；其次是情感性忠诚，再次是意向性忠诚；最后是行为性忠诚。

(1) 认知性忠诚。认知性忠诚是指经由品牌相关信息直接形成的，认为该品牌优于其他品牌而形成的忠诚。对某个品牌认知性忠诚的顾客，仅仅是认可该品牌产品或服务的相关品质，一旦其他竞争品牌产品的品质更好，或者性价比更优惠时，此类顾客就极有可能“跳槽”转向竞争品牌，因而认知性忠诚也是最浅层次的忠诚。

(2) 情感性忠诚。情感性忠诚是指在使用某种品牌并获得持续满意后，形成的对该品牌的偏爱和情感。在很多情况下，情感性忠诚是指某一品牌的个性与顾客的生活方式、价值观念相吻合，顾客对该品牌已产生了感情，甚至引以为豪，并把它当作自己的朋友和某种精神寄托，进而表现出持续购买的欲望和行为。比如，一位美国报纸编辑说：“可口可乐代表美国所有的精华，喝一瓶可口可乐就等于这些美国精华灌注体内，可乐瓶中装的是美国人的梦。”如果顾客持有这一概念的“心理体认”，不论其实际上购买与否，都说明他对该品牌具有较高的情感性忠诚。

(3) 意向性忠诚。意向性忠诚是指顾客十分向往再次购买某个品牌，不时有重复购买的冲动，但是这种冲动还没有转化为行动。顾客的意向性忠诚既包括顾客与品牌保持关系的意愿，也包括顾客追求自己偏好品牌的动机。企业可以根据顾客与品牌保持关系的意愿和顾客的行为意向，来衡量顾客的意向性忠诚，以预测顾客将来的购买行为。

(4) 行为性忠诚。行为性忠诚是指顾客将忠诚的意向转化为实际行动，顾客甚至愿意克服阻碍实现购买。行为性忠诚的顾客反复购买某个品牌的产品和服务，他们的购买决策行动是一种习惯性反应行为，他们不留意竞争对手企业的营销活动，不会特意收集竞争对手企业的信息。行为性忠诚反映顾客实际的消费行为。但出于惰性或因某个企业的市场垄断地位而反复购买某个品牌的产品或服务的顾客并不是真正的忠诚。

3. 品牌忠诚的资产价值

美国的一项调查结果也表明，在许多产品或服务中，如果企业能够将顾客对品牌的忠诚度提高15%，该品牌产品或服务的利润率就会相应提高1%。所以，品牌忠诚是一项战略性资产，如果对它进行恰当的经营开发，那么它就会给企业创造多项价值。品牌忠诚的资产价值分析如下。

（1）降低营销成本。留住老顾客比争取新顾客的成本小得多的原因有二：一是降低直接营销成本，说服老顾客特别是品牌忠诚者购买本企业的产品比说服新顾客要容易得多，相关的沟通、广告、推广费大大减少。一般来讲，一个品牌吸引一个新消费者的费用是保持一个已有消费者的4～6倍；二是降低相对营销成本，本企业品牌的忠诚者是竞争者品牌的新顾客，竞争者要说服本品牌忠诚者购买他们的产品需付出相当大的营销成本代价。为争夺本品牌的忠诚者，竞争者的营销成本却要增加。据有关学者的统计和研究，在汽车行业中，一个终生消费者可以平均为其所忠诚的品牌带来14000美元的收入；在应用制造业，一个终生忠诚的消费者价值超过2800美元；地方超级市场每年可以从忠诚消费者那里获得4400美元左右。

（2）增加渠道谈判力。经销商知道，销售拥有大量品牌忠诚者的品牌比其他品牌要容易得多，这在无形中对商品的进货决策产生控制作用。在企业推出新的产品规格、种类或品牌延伸的产品时，这种作用显得尤为重要。

（3）吸引新顾客。品牌忠诚代表着每一个消费者都可以成为一个活的广告。对于潜在的购买者和高关心度的商品，品牌忠诚可以使一个顾客成为一个品牌倡导者，以优秀的广告和美好的使用经验形成口碑，口耳相传，创造新的使用者。

（4）减缓竞争威胁。品牌如果拥有一批忠诚的购买者，则该品牌抵御竞争产品的攻击的能力会大大增强，因为忠诚的消费者一般对所选择的品牌有一种眷恋感，他们很难发生“品牌转换”。这就给竞争对手造成很大的市场进入阻力，并削弱了竞争者的利润能力。品牌忠诚还为企业争取到了对竞争作出反应的时间。如果竞争者开发了一种新产品，就会逼迫企业对产品进行改进，而品牌忠诚的存在就给企业争取到了对产品进行改良的缓冲时间，以开发出更卓越的产品对抗竞争者。

（五）其他品牌资产

作为品牌资产价值的重要组成部分，其他品牌资产是指那些与品牌密切相关，对品牌的增值有重大影响的，不易准确归类的特殊资产，如专利、专有技术、商标等。例如，可口可乐公司津津乐道的令其感到自豪的“7×”配方即是一种专有技术，正是“7×”配方的神秘感，使可口可乐品牌具有了无可比拟的价值，对可口可乐的个性与形象产生着积极的正面影响。

品牌资产的五项内涵中，品牌知名度、品质认知、品牌联想是代表顾客对品牌的知觉和反应。品牌知名度、品质认知、品牌联想、其他品牌资产有助于品牌忠诚的建立。

品牌资产“五星”概念模型告诉我们：品牌是代表企业或产品的一种感性的视觉和文化的形成，它是存在于消费者心目中代表全部企业的东西，它不仅是商品标志，而且是信誉标志，是对消费者的一种承诺。品牌资产评估就是对消费者如何看待品牌进行评估和确认，由此可以说，消费者才是品牌资产的真正审定者和最终评估者。

第二节　品牌资产的建立

要先让品牌成为资产的一部分，就必须对品牌实施资产化管理，通过不断地对其进行投入来维护和巩固其价值。品牌资产管理要从构成品牌资产的几个要素入手，具体方法如下。

一、建立品牌知名度

建立或提高品牌知名度的基本要点是建立品牌认知和加强品牌记忆。品牌认知是指消费者通过各种渠道获取有关品牌的各种信息,从而对品牌具有一定的认知和了解,或称消费者识别某种品牌的能力。品牌记忆是指消费者在不需要任何提示的情况下能够想起某种品牌的能力,即能正确区别先前所见或听到的品牌。促使消费者主动去识别品牌和记住品牌的关键在于品牌的有效传播,营销传播的方式多种多样,企业应根据具体情况加以选择。

(一)进行有效的广告传播

广告在品牌传播中起着极为重要的作用。进行品牌知名度的广告传播应做到以下几点。

1. 标新立异的广告创意

美国广告大师罗素·瑞夫斯认为,一个优秀的广告遵循三个要点:广告主体必须包括产品的一个具体的效用,这一效用必须是独一无二的;这一主体必须能推动销售;必须是能够影响消费者购买决策的重要承诺。在浩如烟海的广告中要想让消费者对广告产生兴趣,并记住广告的诉求。例如,中国台湾"味全 AC 婴儿奶粉"的广告画面上方是婴儿的两只小脚,非常醒目,也非常可爱。在小脚下面写着两行小字:"将来,这双小脚,将会踏出康庄大道!"这个广告的标新立异,看过的人无不留下深刻的印象。

2. 脍炙人口的广告语

广告的特点就是加强消费者对广告的记忆,而脍炙人口的广告语更是应用了韵律、声调使得品牌名称朗朗上口、易于发音和记忆。这些广告口号或广告歌曲,让消费者在有意无意中十分自然地记住了品牌。例如,我们熟悉的娃哈哈果奶的"甜甜的,酸酸的,有营养,味道好!",雀巢咖啡的"味道好极了!",农夫山泉的"农夫山泉,有点甜"。

3. 恰到好处的标志

广告标志是一个以视觉为中心的品牌识别系统。通过符号、图案等展示的标志更容易让消费者识别和记忆。发展一种能与品牌紧密联系的符号,可以在创造品牌知名度过程中发挥重要的作用。例如,我们熟悉的奔驰汽车的标志、耐克的对钩、麦当劳的金黄色拱门、海尔的小兄弟等,这些象征和标志都强烈地传达着品牌的识别,折射着品牌的个性和文化,给消费者带来很大的视觉冲击。

4. 持续不断的重复

随着时间的推移,对品牌的回想会不断地弱化,建立记忆的基本技术就是重复。独特的创意、精练的口号有助于品牌的识别,要加深消费者对品牌的记忆,必须信息不断地冲击消费者的大脑。恒源祥是国内率先使用重复手段传播其品牌而建立其知名度的。1994 年恒源祥在中央电视台《新闻联播》后的黄金时段播出其广告,在广告中连续三遍重复广告内容。广告构成也是颇为简单的三部分:先是徐缓而清晰地表述品牌名称"恒源祥",之后介绍它所属的产品类别是"绒衫羊毛衫",最后是小女孩连续三遍稚嫩的童声"羊、羊、羊"。这种重复三遍的形式为中国电视广告开创了先河。此后,恒源祥的广告模式一度引来许多企业竞相效仿。恒源祥广告的成功之处就在于抓住知名度广告的基本要素:品牌名称、产品类别、联想的关键点。

(二) 强势公关

在创建企业品牌知名度时,需要综合运用多种公关手段。精心策划的公关活动有时比广告更能让消费者信赖,与广告的高额费用相比,公关活动的成本优势非常明显。比较常见的公关活动有赞助、竞赛、展览、新闻报道、电视或广播访谈、受众参与的互动节目、冠名娱乐节目、设立奖励基金等。

企业与社会公众的关系也会对品牌形象有所贡献。麦当劳深切了解公共关系对品牌形象的重要性,它在北京开业伊始,每周六下午组织员工在附近地铁清洁扶手护栏。此举虽然很难用获利标准来判断它的社会效益和经济效益,但北京媒介的广泛报道使麦当劳树立了一种关心环境、关注民生的有远见的国际化公司形象。

(三) 注重消费者的口传效应

品牌的自我推销有时很难打动那些对广告怀有戒备心理或对广告持有怀疑态度的消费者,而消费者的口传则是以熟知的“证人”、眼见为实的“证物”和信得过的“证词”三者相结合的优势,影响或促进亲朋好友、同事邻居对该品牌的尝试和购买。在营销界有一句谚语“满意的消费者就是最好的推销员”,十分形象地反映了口传对消费者行为的影响力。

在品牌知名度的建立中企业更要注重品牌的根基:产品服务和产品质量。品牌能真正提供使消费者满意的利益是扩大品牌知名度的根本。随着网络技术的发展和普及,网络口碑也成为消费者口传的一种重要方式。

二、建立品质认知

消费者对品牌的品质认知是建立在产品客观品质基础上的主观认知,企业在建立品质认知时可从以下几方面努力。

(一) 高品质的产品和服务

产品的客观表现是品牌最直接的品质表现,保证产品的高品质是建立品质认知的基础。质量决定消费者的满意程度,它贯穿产品生命的全过程。消费者对品质的肯定,是品牌资产的一部分。20 世纪 80 年代海尔还是一家濒临倒闭的企业,如今,海尔品牌成为中国最有价值的品牌之一。截至 2017 年,海尔的品牌价值已达 1786.76 亿元人民币。“高品质,零缺陷,星级服务”是海尔成功的关键。曾有人说,海尔的成功是张瑞敏用锤子砸出来的。这把锤子砸出来的是质量。

为消费者提供高品质的产品是企业基本而长期的追求,这需要企业做到:树立产品品质目标、培养员工质量意识、注重生产高品质的技术保证。在此基础上形成企业独特的品质文化,即创造出一种追求品质的价值观、行为准则和习惯,使品质概念在员工心中根深蒂固。

(二) 展示品质认知

产品的内在品质必须通过外在的展示才能得到消费者的认可。在很多情况下,消费者对品质的判断往往借助于产品或服务本身传出的信号特征。运用广告展示品牌的品质,有助于消费者认知产品品质。广告传达品质信息，要使用理性诉求方式，解释并展示产品的原理、生产过程、组织保障等方面。有时候，一些小的细节对品质的说服作用很大。例如，现在一般的食品外包装袋上都设有方便面消费者撕开的锯齿，如果哪家企业忽略了这一点，它的产品质量和信誉将免不了或多或少地受到质疑。

（三）利用价格暗示

在营销活动中，价格往往是产品品质的一种重要暗示。这在很大程度上是因为顾客对产品质量的主观感知是决定品牌自身价值的一个非常重要的营销变数，而顾客对产品质量的界定或衡量，并不完全以企业提供给他们的技术规格和质量标准为唯一的依据。有研究表明，以下三种状况的高价位意味着高品质：①消费者对商品品质、性能，除了以价格作为衡量标准外，别无其他标准可循，消费者无使用该商品的经验；②消费者对购买感到有风险时，或买后感到后悔时，容易以高价作选择标准；③消费者认为各种品牌之间有品质差异。该研究对企业实际营销活动极具指导意义，高品质产品采用高价策略的重要意义是，在消费者心目中树立了高品质的品牌形象。

（四）提供品质认证证书

一份具有实际意义的保证书能够给品质提供可信的支持。关键的是保证书本身要做得精致，让顾客感到这是一种信誉。一份有效的保证书应该做到：它是无条件的，易懂的，易执行的，有实际意义的。现在国内好多企业逐渐意识到这一点的重要性，那些诸如产品通过ISO 9000体系质量验证、产品由保险公司承保等之类的声音也逐渐在消费者耳边多了起来。还有的品牌对产品实行编号、总裁签名等方式以示承诺。

三、建立品牌联想

任何一种与品牌有关的事情都能成为品牌联想。促使消费者产生品牌联想的因素有很多：品牌名称、产品的性能、包装、价格、销售渠道、广告、促销、产品和服务、企业形象等都能使消费者产生相应的品牌联想。

企业若要建立良好的品牌联想，就需要注意以下这些方面。

（一）把握品牌联想的关键因素

品牌态度是消费者对品牌的总体评价，它通常建立在品牌属性和品牌利益上。在选择品牌联想的关键因素时，我们也应该重点关注品牌属性和品牌利益。

1. 品牌属性

品牌属性主要有品牌名称、产品价格、使用对象、品牌标志、品牌原产地等方面。

(1) 品牌名称。当消费者听到本品牌的名称时，先入为主的联想对一个品牌能否在市场竞争中站稳脚跟至关重要。同样是宝洁公司的洗衣粉品牌，定位于中高端的就叫作“碧浪”，定位于普通消费人群的就叫作“汰渍”。碧，既是一种颜色也是一种清洁意蕴很浓的词语；浪，漂洗衣服时旋转引起的小浪花，整个品牌名称非常富有意境，也符合目标消费群体的消费特征；而汰渍则直接反映“淘汰污渍”的基本功能，也符合一般消费者的沟通水平。一个好的品牌名称要能形象地反映品牌定位，要能引发目标受众一定的、正面的联想。

(2) 产品价格。大多数消费者常常以价格高低作为判断产品质量的参照物,因此当各主要竞争品牌的质量有较大差异时,就可用价格来影响消费者的知觉质量。如果品牌间价格相近,那么就要采取其他的定价途径以创造差异。价格战造成的两败俱伤是任何企业都不愿见到的,因而现在的企业都在试图寻找一种共赢的模式。

(3) 使用对象。在使用对象上,许多品牌都希望建立与名人的联系,因为名人经常能带来强烈的联想。动感地带就让"人气王"周杰伦用"我的地盘我做主"来号召年轻的个性一代。

(4) 品牌标志。品牌标志是传达品牌特性的直接载体。为了更好地适应国际市场,联想启用英文标志 Lenovo,其中,Le 取自原先的 Legend,承继"传奇"之意;novo 则代表创新,整个名称的寓意为"创新的联想"。

(5) 品牌原产地。一个国家或地域的自然环境、资源、文化和传统等与某些类别产品的品质联系非常密切,因而品牌的原产地也会影响消费者的品牌联想。比如,我国新疆的葡萄干、景德镇的瓷器、苏杭的刺绣等,都会让消费者感觉更加正宗、品质更好。从国家的层面上看,我们总是对法国的葡萄酒、时装和香水,德国的啤酒和极品汽车,日本的家电更情有独钟。品牌将因这些联想把品牌与品质联系起来而受益。

2. 品牌利益

品牌利益可分为产品功能性利益、产品象征性利益和产品体验性利益三个层次。

(1) 产品功能性利益。它来自品牌产品内在的品质,使品牌的传播与某些特定产品类别牢牢联系起来,也能更好地促进消费者的品牌联想,如"康必得治感冒,中西药结合疗效好""车到山前必有路,有路必有丰田车"等的诉求。当一种类别中的竞争品牌太多时,我们还可以考虑产品属性是否适合另一种类别。如自行车除了代步外,还可用来健身。

(2) 产品象征性利益。它更多地来源于品牌的附加值,来源于品牌个性带给使用者的情感利益与自我表现性利益。消费过程不仅满足了人的基本需要,也是社会表现和社会交流的过程。如奔驰汽车的驾驶者和佩戴蒂芙尼珠宝的消费者都会感觉到更高贵。

(3) 产品体验性利益。如消费者在星巴克购买的并不是纯粹的咖啡,而是那份难得的体验。

(二) 选择品牌联想的传播工具

传播是创造品牌联想的核心方法。包装、广告语、形象代言人、促销、公共关系等是品牌联想传播的核心工具。

1. 包装

美国杜邦公司有一个十分著名的"杜邦定理"——63%的消费者是根据商品的包装而作出购买决策的。有学者说,能抓住消费者情感的因素有三个:品牌名称、包装和品牌定位。一个好的包装决策包括包装材料、样式、成本、色彩、容量以及对环境的考虑等。对于中国制造的产品,曾被评价为"一流的品质,二流的价格,三流的包装",促进了中国产品在包装上的改进。但是近年来"中秋节"月饼的过度包装又让人觉得过犹不及。可见,包装是个大学问。

2. 广告语

广告语是品牌、产品、企业在市场营销传播的口号、主张、宣传主题及理念。品牌的所有主张或服务承诺就是通过广告语来承载、体现的。广告语按其性质可分为理念、科技、服务、品质、功能五大类。如海尔的"真诚到永远"当属理念类;诺基亚的"科技以人为本"在诉求科技；农夫果园的“农夫果园有点甜”在诉求功能；碧桂园“给您一个五星级的家”属于服务承诺等。同时一些常见的知名品牌广告语都在某种程度上交叉含有其他类型的含义，并具有口语化的趋势，如耐克的“尽量去做”，百事可乐的“新一代的选择”等。

有穿透力、有深度、有内涵的广告语的传播力量是无穷的，而且往往成为目标消费者的某种生活信条，直至成为生活方式。广告语所主张和诉求的价值理念与目标消费者的价值理念是高度和谐与对称的。

3. 形象代言人

形象代言人是品牌的形象标志，它最能代表品牌个性即诠释品牌和消费者之间的感情、关系，从而致使许多形象代言人成为该品牌的代名词。例如，在1954年的世界足球赛中，当时的西德队穿着老阿迪发明的可以更换鞋底的足球鞋击败了世界劲旅匈牙利足球队，从此，“阿迪达斯”开始蜚声体坛。“阿迪达斯”利用体育明星做广告，不仅送给他们产品，还送给他们大笔现金，足球皇帝贝肯·鲍尔、拳王阿里、跳高名将哈里及一些网球巨星都是“阿迪达斯”的老主顾，甚至连大指挥家卡拉扬在指挥乐队时也穿阿迪达斯。阿迪达斯利用名人效应，其销售额占到世界体育用品销售额的60%左右。

作为形象代言人只要是个性化人物就行，并非一定要动用名人明星，关键是人物要与产品个性相吻合。由于明星代言的风险大，成本高，明星如果同时代理若干产品，又会使明星效应稀释、弱化，因而，自制卡通形象逐渐成为许多企业采用的办法。

4. 促销

促销的核心机能是为购买决策带来短期的刺激作用。它的一个明显的负面作用是，过度运用促销，往往会降低品牌的身份，适得其反地损坏品牌形象。但这并不是说促销不能建立或创造积极的品牌联想，关键是要选择恰当的促销手段，使它增加而不是削弱品牌价值。

5. 公共关系

在创造品牌联想上，公共关系有时胜于广告。好的公共关系活动具有可信度，而且吸引人，在处理品牌的危机事件上还具有专门的功效。20世纪80年代中期，日本的健伍(KINWOOD)为了舍弃其“在家里听音乐”的旧有形象，开发为F1汽车大奖赛赞助提供无线通信设备，并成为快艇竞赛的主要发起人，结果健伍成功地塑造了其充满青春活力的形象，在年轻人脑海中深深地烙下了“汽车音响的健伍”的品牌形象联想。

四、建立品牌忠诚

提高顾客品牌忠诚的办法，就是设法加强他们和品牌之间的关系。高知名度、受肯定的品质、强有力的品牌设计及丰富的品牌联想都能协助达到这个目标。顾客对品牌忠诚度的高低是由许多因素决定的，因此，提高品牌忠诚度也须从多方面入手才能取得成效。

(一) 超越顾客的期待

让产品超越顾客的期待，是争取众多顾客、培养品牌忠诚的有效方法。超越顾客的期待，不仅表现在提高服务质量上。品牌的忠诚度往往体现在顾客对产品的重复购买率上，可是要保持较高的重复购买率，没有高水平的售后服务是办不到的，良好的售后服务是企业接近顾客，取得消费者信赖的最直接的途径。据IBM公司的经验，若对产品售后所发生的问题能迅速而又圆满地解决，顾客的满意程度将比没发生问题时更高，这能够使“回头客”不断增加，市场不断扩大。

（二）加强客户关系管理

1. 建立消费者数据库

收集、积累丰富的消费者资料是企业发展的需要。现代消费者的生活正向着个性化和多样化方向发展，一方面，人们带着强烈的自我意识，在日常生活的各个领域中生活着，人们试图通过自我显示来向他人展示自己某一方面的能力，希望通过品牌消费表现出自己独特的个性和品位；另一方面，消费者行为也向着多样化方向发展，生活成为一个剧场，人们大多怀有这样一个渴望，即想要借助一定的道具步入舞台从而可以体验另外一种生活，消费者的生活越来越具有多变和感性的色彩。强化品牌与消费者的关系，必须了解消费者的需求及其变化，在建立顾客资料库的基础上，进行个性化营销。

2. 建立常客奖励计划

对经常购买本品牌的消费者给予相应的让利，是留住忠诚消费者最直接而有效的方法，它能使消费者感觉到自己的忠诚得到了品牌的认可与回报。许多大型商场超市为经常在本商场购买产品的消费者累积分数，达到一定分数便给予消费者相应的折扣或奖励，此举留住了大量的常客。常客奖励不仅可以留住忠诚消费者，还能提高一个品牌的价值。

3. 成立会员俱乐部

与常客奖励计划的静态相比较，会员俱乐部则充满了动感，能让消费者有较高的参与度。它给消费者提供了一个途径，表达他们对品牌的想法和感受，同时还可以与其他和自己有相同嗜好的人分享经验。

用会员俱乐部的促销方法，能不断加强品牌与忠诚消费者的关系。而且，在会员俱乐部内部，各会员之间还可相互交流、沟通、分享有关品牌的信息，核心忠诚会员可进一步带动其他消费者的品牌忠诚。

第三节　品牌资产的评估

品牌资产是战略性资产，它是竞争优势和长期利润的基础，必须由企业的高级管理层亲自参与管理。品牌领导模式的目标不仅是管理品牌形象，更要建立品牌资产。研究品牌资产评估方法对于建立和管理品牌资产是非常有价值的。

基于对品牌资产内涵的不同理解，品牌资产主要存在三种概念模型：财务会计概念模型、基于市场的品牌力概念模型，以及基于消费者的概念模型。构成各种品牌资产评估方法的基本要素也可以分为三大类：财务要素，如成本、溢价、附加现金流等；市场要素，如市场占有率、市场业绩、竞争力、股市价值等；消费者要素，如知名度、品质认知、品牌忠诚度等。本节将各种评估方法的基本分类进行了归纳，如表 9-1 所示。

受到现实中不同的评估目的（例如，并购等财务的需要；品牌管理的需要；市场竞争及战略的需要等）的影响，品牌资产评估更重视方法的选择性和可比性，而不强求建立统一的评估模型。依据各种评估方法的分类，品牌资产价值的评估体系即各体系下具体的评估方法基本可分为以下几种。

表 9-1 品牌资产评估方法的分类

评估方法要素	评估方法的特点	代表性方法
财务要素	品牌资产是公司五星资产的一部分，是会计学意义的概念	成本法、股票价格法
消费者要素＋市场要素	品牌资产是与消费者的关系程度，着眼于品牌资产的运行机制	品牌资产十要素模型
财务要素＋市场要素	品牌资产是品牌未来收益的折现，加入市场业绩的要素对传统的财务方法进行调整	Interbrand 方法和 Financial World 法
财务要素＋消费者要素	品牌资产是相对同类无品牌或竞争品牌而言的，消费者愿意为某一品牌所支付的额外费用	溢价法、品牌抵补模型(BPTO)

一、基于财务的评估

基于财务要素的方法主要有成本法、股票价格法和收益现值法，这些方法都是比较早期的资产评估方法。

(一) 成本法

对一个企业品牌而言，其品牌资产的原始成本占据着不可替代的重要地位，因此，对一个企业品牌的评估应该考虑品牌资产购置或开发的全部原始价值，以及考虑品牌再开发的成本与各项损耗价值之差两个方面。成本法主要分为两种：一种是历史成本法；另一种是重置成本法。

1. 历史成本法

历史成本法是评估资产中历史最悠久的方法之一。历史成本法是依据企业品牌资产的购置或开发的全部原始价值进行估价，是评估品牌最直接的方法。最直接的方法是计算对该品牌的投资，包括设计、创意、广告、促销、研究、开发、分销、商标注册，甚至专属于创建该品牌的专利申请费等一系列开支。

历史成本法存在的一个最大问题便是它无法反映品牌现在的价值。因为历史成本法没有将过去投资的质量和成效考虑进去，使用这种方法有时会高估失败或较不成功的品牌价值。因此应用这种方法的主要问题是如何确定哪些成本需要考虑进去，例如，管理时间费用的计算必要，具体计算方法等都是一个难题。另外，这种方法也没有涵盖品牌的未来的获利能力。因此，这种方法在实践中运用很少。

2. 重置成本法

重置成本法是按品牌的现实重新开发创造成本，减去其各项损耗价值来确定品牌价值的方法。重置成本法主要考虑因素是品牌重置成本和成新率，此二者的乘积即是品牌价值。重置成本是第三者愿意出的钱，相当于重新建立一个全新品牌所需的成本。按来源渠道，品牌可能是自创或外购的。其重置成本的构成是不同的。企业自创品牌由于财会制度的制约，一般没有账面价值，则只能按照现时费用的标准估算其重置的价格总额。外购品牌的重置成本一般以可靠品牌的账面价值为论据，用物价指数调整计算。而成新率是反映品牌的现行价值与全新状态重置价值的比率。一般采用专家鉴定法和剩余经济寿命预测法。

重置成本法的基本计算公式为

品牌评估价值＝品牌重置成本×成新率

其中：

品牌重置成本＝品牌账面原值×(评估时物价指数÷品牌购置时物价指数)

成新率＝剩余使用年限÷(已使用所限＋剩余使用年限)×100％

使用这种方法的一个最大弊端是：重新模拟创建一个与被评估品牌相同或相似的品牌的可能性很小，可行性不大。理由很简单，这样做太浪费时间。因为品牌的创建受多种因素的影响。

此外，对于评估品牌，更注重的应是其价值，而不是成本。而且，成本法没有把市场竞争力作为评定品牌价值的对象，因此，现在已经很少使用成本法评估品牌了。

(二) 股票价格法

股票价格法由美国芝加哥大学的西蒙(Simon)和苏里旺(Sullivan)提出，它适用于上市公司的品牌资产评估。该方法以公司股价为基础，将有形资产与无形资产相分离，再从无形资产中分解出品牌资产。具体做法如下。

第一步，计算公司股票总值 A，这可以通过股价乘以总股数获得。

第二步，用会计上的重置成本法计算公司有形资产总值 B，然后用股票总值减去有形资产总值，即得公司的无形资产价值 $C(C=A-B)$。无形资产由三部分组成：品牌资产 C_1、非品牌因素 C_2(如 R&D 和专利等)以及行业外可以导致获取垄断利润的因素 C_3(如法律等)。

第三步，确定 C_1、C_2、C_3 各自的影响因素。

第四步，建立股市价值变动与上述各影响因素的数量模型，以估计不同要素对无形资产的贡献率，然后在此基础上可以得出不同行业中品牌资产占该行业有形资产的百分比。由 $C_1=B\times B$ 即可以得到品牌资产的数值。

用股票价格法得出的是公司各品牌资产的总值，因此这种方法尤其适用于采用单品牌策略的企业。

(三) 收益现值法

收益现值法又称为未来收益法，或简称收益法。它是通过估算未来的预期收益(通常情况下，收益为"税后利润")，并采用适宜的贴现率折算成现值，然后累加求和，最后确定品牌价值的一种方法。其主要影响因素有超额利润、折现系数或本金化率、收益期限。

收益法是目前应用最广泛的方法，因为对于品牌的拥有者来说，未来的获利能力才是真正的价值。在对品牌未来收益的评估中，有两个相互独立的过程，第一是分离出品牌的净收益；第二是预测品牌的未来收益。收益法计算的品牌价值由两部分组成，一是品牌过去的终值(过去某一时间段上发生收益价值的总和)；二是品牌未来的现值(将来某一时间段上产生收益价值的总和)。其计算公式为这两部分相加。

然而，收益现值法也存在一定的局限性：其一是它在预计现金流量时，虽然重视了品牌竞争力的因素，但没有考虑外部因素影响收益的变化；其二是预期收益额预测难度较大，受较强的主观判断和未来收益不可预见因素的影响；其三是贴现率选取和时间段选取的主观性较大；其四是涉及企业超额收益在品牌与其他无形资产之间分配的难题。

二、基于市场的评估

随着人们逐渐对品牌市场力的重视，品牌评估方法开始考虑品牌给企业带来的市场利益，即品牌的市场表现。有一点需要注意的是：明确地区分基于财务要素的品牌评估法与基于市场要素的品牌评估法并不可行，这主要是因为，基于市场要素的品牌评估法并没有从根本上摆脱财务要素，只是引入了新的市场要素，对财务要素进行了必要的调整，使得该类方法可以反映品牌市场业绩和市场竞争力，这对于品牌资产评估的方法是一种改进。基于市场要素的品牌评估法具有代表性的主要有 Interbrand 方法（英特品牌法）和 Financial World 法（金融世界法）。

（一）Interbrand 方法

英国的英特品牌公司（Interbrand）是世界上最早研究品牌评估的机构，它对世界品牌的评估具有公认的权威性。目前，国际上较通行的品牌价值评估法就是英特品牌法。此法实际上是一种改进的收益现值法。它的一个基本假定：品牌之所以有价值，不全在于创造品牌所付出的成本，也不全在于有品牌产品较无品牌产品可以获得更高的溢价，而在于品牌可以使其所有者在未来获得较稳定的收益。英特品牌模型同时考虑主客观两方面的事实依据。客观的数据包括市场占有率、产品销售量及利润状况，主观判断是确定品牌强度。两者的结合构成了英特品牌模型的计算公式：

$$V = PS$$

式中，V 为品牌价值；P 为品牌收益；S 为品牌强度。

品牌收益即批评带来的纯利润，反映的是品牌近几年的获利能力。英特品牌法中品牌收益的衡量方法非常复杂。品牌收益的计算虽然可以从品牌销售额中减去品牌的生产成本、营销成本、固定费用和工资、资本报酬及税收等，但是品牌收益的计算还要考虑许多其他因素。首先，并非所有的收益或利润都来自品牌，可能有部分收益或利润来自非品牌因素，例如，分销渠道因素。其次，品牌收益不能用某一年份的利润来衡量，而应该用过去 3 年历史利润进行加权平均。

品牌强度又称品牌因子，是指品牌的预期获利年限。品牌强度决定了品牌未来的现金流入的能力。英特品牌公司先后提出了两套计算品牌强度的模式：7 因子加权综合法和 4 因子加权综合法。这两种方法都采用了英特品牌公司自行设计的详细问卷，收集品牌中因子表现的得分。目前，使用最为广泛的是 7 因子加权综合法。具体评价因素及其权重如表 9-2 所示。

表 9-2 Interbrand 方法的 7 因子

评价因素	含　义	权重/%
领导力	品牌的市场地位	25
稳定力	品牌维护消费者特权的能力	15
市场力	品牌所处市场的成长和稳定情况	10
国际力	品牌穿越地理文化边界的能力	25

续表

评价因素	含　义	权重/%
趋势力	品牌对行业发展方向的影响力	10
支持力	品牌获得持续投资和重点支援的程度	10
保护力	品牌的合法性和受保护的程度	5

资料来源：卢泰宏.品牌资产评估的模型方法[J].中山大学学报(社科版),2002(3).

表 9-2 中每个因素的分值均在 0～100,进行品牌资产评估时由专家给出每项评价因子的得分,然后加权平均就得到了品牌强度,即品牌预计获利的年限。

Interbrand 方法的缺点在于：①预期收益额预测难度较大,受较强的主观判断和未来收益不可预见因素的影响,因此存在较大的不确定性；②该方法是用于市场经济较为发达的情况,主要针对国外市场,其市场竞争较为充分,企业及行业之间的规模和利润趋于平均,故没有考虑行业性质的不同对品牌价值的影响；③Interbrand 评定品牌强度所考虑的因素是否囊括了所有重要的方面,以及各个方面的权重是否恰当等仍有待商榷。

（二）Financial World 方法

美国 Financial World(金融世界)的品牌评估起始于 1992 年,其品牌评估法是借鉴 Interbrand 公司创立的方法适当修改而成的,主要不同在于 Financial World 法更多地以专家意见来确定品牌的财务收益等数据。

(1) 该方法强调品牌的市场业绩,首先从公司销售额开始,基于专家对行业平均利润率的估计,计算出公司的营业利润。其次再从营业利润中剔除与品牌无关的利润额,例如,资本净收益(根据专家意见估计出资本报酬率)和税收,从而最终得出与品牌相关的收益。1995 年起,Financial World 的品牌价值评估不再直接使用最近一年的品牌税前利润,而是用最近两年税前利润的加权平均数,其权数分配比例是最近一年的权重是上一年的两倍。

(2) 根据英特品牌的品牌强度 7 因子模型估计品牌强度系数。品牌强度系数是根据被评估品牌的市场领导能力、稳定性、销售状况、国际化能力、发展趋势、所获支持状况和受保护程度七方面指标的综合评定。大量调查结果表明,有价值的品牌最低获利年限约为 6 年,所以为了便于评估,假设品牌获利年限最高不超过 20 年。这样,品牌强度系数的取值范围是 6～20。

阅读材料

万宝路与可口可乐的品牌资产价值如表 9-3 所示。

万宝路与可口可乐的品牌资产价值

步骤	项目	公式	万宝路(1992 年)	可口可乐(1993 年)
1	销售额		154 亿美元	90 亿美元
2	利润率	(行业)	22%	30%
3	利润	1×2	33.88 亿美元	27 亿美元
4	资本比率	(行业)	60%	60%
5	理论资本	1×4	92.4 亿美元	54 亿美元
6	一般利润	5×5%	4.62 亿美元	2.7 亿美元

续表

步骤	项目	公式	万宝路(1992年)	可口可乐(1993年)
7	品牌利润	3－6	29.26亿美元	24.3亿美元
8	税率	(行业)	43%	30%
9	理论纳税	7×8	12.58亿美元	7.29亿美元
10	纯利润	7－9	16.68亿美元	17.01亿美元
11	强度系数	6～20	19	20
12	品牌价值	10×11	316.92亿美元	340.2亿美元

以上两种方法是基于市场要素品牌资产评估中最具代表性的，除此之外，还有其他一些代表性的方法，比如，北京名牌资产评估事务所评估法、评估力模型等。所有这些方法计算出的品牌资产只能是过去和当前品牌价值的市场反映，并不能反映出品牌长期发展的意义。

三、基于消费者的评估

基于消费者的评估方法主要引入了消费者的新角度进行评估，但有些方法还是不能完全抛弃财务因素和市场因素的影响。具有代表性的方法有溢价法、品牌资产十要素模型和品牌资产引擎模型。

(一) 溢价法

溢价法的基本思路是品牌价值的大小可以通过消费者由于选择这一品牌而愿意额外支付多少货币加以衡量。在其他条件相同的情况下，如果消费者为选择某一品牌而愿意支付的额外费用越多，则表明该品牌越有价值。

用溢价法评估品牌资产，首先要解决的问题便是溢出价格的确定，即确定在使用品牌与不使用品牌时相比，消费者愿意额外支付的价格。一般是通过对消费者进行调查，比较同一种产品分别在使用品牌和不使用品牌时，消费者愿意支付的价格，两者之差即为溢价。可以在可控制的较小市场范围内进行比较实验，对得到的结果进行处理，计算出差价，差价乘以该品牌的销量即为超额利润，再用超额利润除以品牌所在行业的平均利润率即得到该品牌价值。

例如，如果某一品牌产品的市场售价为100元，销量为10000件，不使用品牌消费者可接受的价格为50元，行业平均投资利润率为20%，则该品牌评估值为

$$品牌评估值=(100-50)\times 10000\div 20\%=2500000(元)$$

这种方法不仅可用于评估某个品牌的价值，也可用于评估两个品牌之间的比较价值，方法与前面的相同。需要指出的是，两个品牌之间价格的差异并不一定是由品牌造成的，也可能是由其他许多因素造成的，例如，质量、技术水平、服务等。因此，在评估两种不同品牌之间的相对价值时，要注意选择其他方面因素非常接近的产品，以排除其他方面因素的影响。如果两种产品相差较大，评估出的结果可靠性就小。由于市场的变化，产品销量也是不断变化的，在经济繁荣的时候，销量就大一些；相反，经济不景气时，销量就小一些，为了较为准确、客观地反映销量，消除偶然因素的影响，可以用近几年来的销量平均数来减少这个误差。

用溢价法评估品牌资产,关键问题是溢价的确定,一般是通过市场调查及市场实验解决该问题。该方法不足之处是仅仅考虑到品牌当期的获利能力,而没有考虑到品牌资产未来长期的获利能力。该方法的优点是对于同一品牌产品来说,能够较好地把溢价的其他因素剥离出来,对由品牌所造成的价格差异能较准确地加以衡量。

(二)品牌资产十要素模型

品牌资产十要素模型由美国著名的品牌专家大卫·阿克(David Aaker)教授于1996年提出,从五个方面衡量品牌资产——品牌忠诚度、认知质量或领导能力、品牌联想或差异化、品牌认知与市场行为,并提出了这五个方面的十项具体评估指标。

品牌忠诚度评估:价格优惠;满意度或忠诚度。

认知质量或领导能力评估:感觉中的品质;领导品牌或普及度。

品牌联想或差异化评估:感觉中的价值;品牌个性;公司组织联想。

品牌认知评估:品牌认知。

市场行为评估:市场份额;市场价格和分销区域。

品牌资产十要素模型为品牌价值评估提供了一个更全面、更详细的思路。其评估因素以消费者为主,同时也加入了市场业绩的要素。它既可用于连续性研究,也可用于专项性研究。而且该模型所有指标都比较敏感,可以以此来预测品牌价值的变化。其不足之处在于,对于具体某一行业品牌价值的研究,这些指标要作相应的调整,以便更适应该行业的特点。例如,食品行业的品牌价值研究与高科技行业的品牌价值研究所选用的指标可能就有所不同。

(三)品牌资产引擎模型

品牌资产引擎模型是国际市场调查公司的品牌资产研究专利技术。该模型认为,虽然品牌资产的实现要依靠消费者购买行为,但购买行为的指标并不能揭示消费者心目中真正驱动品牌资产的关键因素。品牌资产归根到底是由消费者对品牌的看法,即品牌形象所决定的。

品牌资产引擎模型将决定品牌资产的因素分为两类:一类属性是“硬性”属性,即消费者对品牌产品有形的或功能性属性的认知;另一类属性是“软性”属性,反映出品牌是供给消费者的情感利益。该模型建立了一套标准化的问卷,通过专门的统计软件程序,可以得到所调查的每一个品牌其品牌资产的标准化得分。进一步分解为各子项的得分,还可以了解每个子项因素对品牌资产总得分的贡献,以及哪些因素对品牌资产的贡献最大,哪些因素是真正驱动品牌资产的因素。

国际市场调查公司的这项专利技术着眼于从品牌形象的角度来评估品牌资产,从而进一步摆脱了传统的认知——回忆模型,有助于发现品牌资产的真正驱动因素。它既可用于连续性研究,也可用于专项性研究。该模型的不足之处在于,测量问卷要针对具体行业品牌作相应调整。

本章小结

品牌资产是品牌管理领域最核心的一个概念，可以从财务角度、市场角度、消费者角度三个方面来进行理解。品牌资产具有价值性、无形性、波动性和累积性。

本书沿用大卫·阿克教授提炼出品牌资产的"五星"概念模型，即认为品牌资产是由"品牌知名度、品质认知、品牌联想、品牌忠诚和其他品牌资产"五部分组成。品牌的知名度是指某品牌被公众知晓、了解的程度；品质认知是指消费者对产品或服务的适应性和其他功能特性适合其使用目的的主观理解或整体反映；品牌联想是指消费者在看到某一品牌时所勾起的所有印象、联想和意义的总和；品牌忠诚是指一种对偏爱的产品和服务的深深承诺，在未来都持续一直地重复购买和光顾，因此产生了反复购买同一品牌或一个品牌系列的行为，无论情境和营销力量如何影响，都不会产生转换行为；其他品牌资产是指那些与品牌密切相关，对品牌的增值有重大影响的，不易准确归类的特殊资产，如专利、专有技术、商标等。

建立品牌资产即创造品牌知名度、形成消费者对品牌的品质认知和有利的品牌联想，并发展消费者品牌忠诚的过程。

建立或提高品牌知名度的基本要点是建立品牌认知和加强品牌记忆。促使消费者主动去识别品牌和记住品牌的关键在于品牌的有效传播。品牌传播方式包括广告传播、强势公关和口头传播等。企业在建立品质认知时可从以下几方面努力：高品质的产品和服务；展示品质认知；利用价格暗示；提供品质认证证书。建立良好的品牌联想需要注意以下两个方面：①选择品牌联想的关键因素，主要从品牌属性和品牌利益两方面着眼。②传播是创造品牌联想的核心方法。包装、广告语、形象代言人、促销、公共关系等是品牌联想传播的核心工具。提高顾客品牌忠诚的办法，就是设法加强他们和品牌之间的关系，具体措施包括超越顾客的期待；加强客户关系管理。

对于企业品牌资产的评估方法有很多。与品牌资产的定义相对应，品牌资产评估的方法主要包括三大类：基于财务的评估方法、基于市场的评估方法及基于消费者的评估方法。其中，基于财务的评估方法主要有成本法、股票价格法和收益现值法；基于市场的评估方法中最负盛名的是 Interbrand 方法和 Financial World 法；基于消费者进行评估的代表性方法有溢价法、品牌资产十要素模型和品牌资产引擎模型。

复习思考

(1) 品牌资产的特征是什么？

(2) 品牌资产有哪几个构成要素？试分析这几个构成要素之间的关系。

(3) 如果你是企业品牌经营者，你认为应该如何累积品牌资产？

(4) 品牌知名度和品质认知有什么区别？应如何提高品牌知名度和品质认知？

(5) 如果你在销售一个面向学生群体的手机，品牌获得认知的途径有哪些？品牌有何种联想有待开发？

(6) 简述赢得顾客对其品牌忠诚的措施有哪些？在品牌的忠诚度建设中最重要的是什么？

(7) 简述 Interbrand 品牌资产评估法，试选择某一品牌进行品牌资产的评估练习。

(8) 请评价三类品牌资产评估方法，包括基于财务要素的评估、基于市场要素的评估和基于消费者要素的评估，在评估某品牌资产时的优势和劣势。

(9) 假设 201×年娃哈哈品牌的销售额为 500 亿元人民币，根据产业专业评估，该行业的平均利润率为 22%，餐饮业的资本产出率为 45%，税率为 15%，无品牌资本可以得到的净利润为 8%。求 201×年娃哈哈品牌资产价值(假设品牌强度倍数 $S=20$)。

案例分析

明基—西门子溃败欧洲

2001 年，手机 OEM 厂家明基(BenQ)决定摆脱对代工模式的依赖，建立自己的手机品牌。2005 年，明基收购德国西门子全球手机业务，由此 BenQ 一举跃升为全球第四大手机品牌。从表面上看，明基收购西门子全球手机业务有着明确的目的性和可行性：利用西门子品牌知名度以及成熟的分销渠道迅速打开欧美市场，拓展明基的手机业务；再通过 BenQ-Siemens 联合品牌稳定的市场地位，提升 BenQ 的品牌知名度和美誉度，在欧洲立足。

然而，事与愿违，明基"借船出海"的如意算盘最终没能实现。收购西门子手机部门之后，明基的经营状况就急转直下，其手机产品在进入欧美市场的过程中屡屡延期，反过来又造成了其本土市场占有率的下滑，最终明基宣布停止在欧洲市场开展手机业务。

让明基看似无懈可击的计划变作南柯一梦的根本原因是什么呢？首先，在欧洲手机市场上，西门子品牌早已出现了老化现象。西门子手机业务虽排名世界第四，但其品牌运营早已陷入困境。其次，在收购完成前，西门子的一系列行为进一步使其品牌形象受损。从决定出售手机业务开始，西门子便有计划地采取了大面积的手机抛售行动，将高端价位手机以"跳水价"抛出，西门子为此回收了大笔资金，却严重损害了西门子的品牌声誉。

总之，被明基视为叩开欧美市场敲门砖的西门子品牌早已是明日黄花，其影响力大不如前，增值的潜力微乎其微。明基过于看重西门子品牌以往的辉煌，却没有对品牌资产的发展前景给予足够的重视。

案例思考：

明基—西门子溃败欧洲的真正原因是什么？

参考文献

[1] 梁东，连漪. 品牌管理[M]. 北京：高等教育出版社，2012.

[2] 庞守林. 品牌管理[M]. 北京：清华大学出版社，2011.

[3] 郑佳. 品牌管理[M]. 杭州：浙江大学出版社，2010.

[4] 费明胜，刘燕妮. 品牌管理[M]. 北京：清华大学出版社，2014.

[5] 王海忠. 品牌管理[M]. 北京：清华大学出版社，2014.

[6] 生奇志. 品牌学[M]. 北京：清华大学出版社，2011.

[7] 孙丽辉，李生校. 品牌管理[M]. 北京：高等教育出版社，2015.

[8] 凯文·莱恩·凯勒. 品牌战略管理[M]. 4 版. 吴水龙，何云，译. 北京：中国人民大学出版社，2009.

[9] 黎建新. 品牌管理[M]. 北京：机械工业出版社，2012.

[10] 堪飞龙. 品牌运作与管理[M]. 北京：经济管理出版社，2012.

[11] 崔灿. 品牌定位与品牌识别的关系研究[J]. 社会科学论坛，2006(9)：110-112.

[12] 卢宏泰，黄胜兵. 品牌个性维度的本土化研究[J]. 南开管理评论，2003(1)：4-9.

[13] 朱一超.《中国好声音》的品牌战略解码[J]. 美与时代，2013(4).

[14] Kaplan A. M，Haenlein M. The Early Bird Catches The News：Nine Things You Should Know About Micro-blogging[J]. Business Horizons，2011，54(2)：105-113.

[15] Kaplan A. M，Haenlein M. Users of The World，Unite! The Challenges and Opportunities of Social Media[J]. Business Horizons，2010，53(1)：59-68.

[16] 李明合. 移动电视广告传播特性分析[N]. 中华新闻报，2004-05-03.

[17] 大卫·阿克. 品牌组合战略[M]. 雷丽华，译. 北京：中国劳动社会保障出版社，2005.

[18] 亨利·明茨伯格，布鲁斯·阿尔斯特罗兰德，约瑟夫·兰佩尔. 战略历程[M]. 魏江，译. 北京：机械工业出版社，2012.

[19] 让·诺尔·卡菲勒. 战略性品牌管理[M]. 王建平，曾华，译. 北京：商务印书馆，2000.

[20] Tauber E. M. Brand Franchise Extension：New Product Benefit from Existing Brand Name[J]. Business Horizons，1981，24(2)：36-41.

[21] 周志民，熊义萍. 品牌延伸七步曲[J]. 销售与市场(管理版)，2010(2)：54-57.

[22] 刘常宝，肖永添. 品牌管理[M]. 北京：机械工业出版社，2011.

[23] 西尔维·拉福雷. 现代品牌管理[M]. 周志民，译. 北京：中国人民大学出版社，2014.

[24] 乐民. 重视走出去的风险管理[J]. 企业文明，2005(9).

[25] 韦福祥. 品牌国际化：模式选择与度量[J]. 天津商学院学报，2001，21(1)：27-30.

[26] 张小平. 再联想——联想国际化十年[M]. 北京：机械工业出版社，2011.

[27] Jean-Noel Kapferer. The New Strategic Brand Management：Creating and Sustaining Brand Equity Long Term[M]. 4th ed. London：Kogan Page Limited，2008.

[28] 张维迎. 品牌价值与中国企业的国际化战略[J]. 中外管理导报，2002(6)：5-7.

[29] 卢宏泰. 品牌资产评估的模型与方法[J]. 中山大学学报(社会科学版)，2002(3)：88-96.

[30] 周志民. 品牌关系评估研究范畴[J]. 外国经济与管理，2005(1)：34-40.

[31] 大卫·阿克. 管理品牌资产[M]. 吴进操，常小虹，译. 北京：机械工业出版社，2012.